权威·前沿·原创

皮书系列为
"十二五""十三五"国家重点图书出版规划项目

B

BLUE BOOK

智库成果出版与传播平台

无障碍环境蓝皮书

BLUE BOOK OF ACCESSIBLE ENVIRONMENT

中国无障碍环境发展报告（2021）

REPORT ON THE DEVELOPMENT OF ACCESSIBLE ENVIRONMENT
IN CHINA (2021)

无障碍环境法治化

主　编 / 凌　亢

副主编 / 孙计领　张　蕾　易莹莹

社会科学文献出版社

SOCIAL SCIENCES ACADEMIC PRESS（CHINA）

图书在版编目（CIP）数据

中国无障碍环境发展报告. 2021：无障碍环境法治
化 / 凌亢主编. -- 北京：社会科学文献出版社，
2021. 12
（无障碍环境蓝皮书）
ISBN 978 - 7 - 5201 - 9530 - 0

Ⅰ.①中… Ⅱ.①凌… Ⅲ.①残疾人 - 城市道路 - 城
市建设 - 研究报告 - 中国 - 2021②残疾人 - 城市公用设施
- 城市建设 - 研究报告 - 中国 - 2021③残疾人住宅 - 城市
建设 - 研究报告 - 中国 - 2021 Ⅳ.①U412.37
②TU984.14③TU241.93

中国版本图书馆 CIP 数据核字（2021）第 265590 号

无障碍环境蓝皮书
中国无障碍环境发展报告（2021）
——无障碍环境法治化

主　　编 / 凌　亢
副 主 编 / 孙计领　张　蕾　易莹莹

出 版 人 / 王利民
组稿编辑 / 路　红
责任编辑 / 杨　轩　王　雪　胡圣楠
责任印制 / 王京美

出　　　版 / 社会科学文献出版社（010）59367194
　　　　　　地址：北京市北三环中路甲 29 号院华龙大厦　邮编：100029
　　　　　　网址：www.ssap.com.cn
发　　　行 / 市场营销中心（010）59367081　59367083
印　　　装 / 天津千鹤文化传播有限公司

规　　　格 / 开　本：787mm × 1092mm　1/16
　　　　　　印　张：24.25　字　数：362 千字
版　　　次 / 2021 年 12 月第 1 版　2021 年 12 月第 1 次印刷
书　　　号 / ISBN 978 - 7 - 5201 - 9530 - 0
定　　　价 / 168.00 元

《中国无障碍环境发展报告（2021）》
编　委　会

主编简介

凌 亢（凌迎兵） 博士，二级教授，博士生导师。江苏省政府参事、江苏省督学、中国残疾人数据科学研究院首席专家。入选中宣部文化名家暨"四个一批"人才、人社部"新世纪百千万人才工程"国家级人选，享受国务院政府特殊津贴。现任中国统计学会副会长兼残障统计分会会长、中国统计教育学会副会长兼特殊教育分会会长、国家出版基金委员会委员、南京晓庄学院特聘教授、东南大学和天津财经大学等 12 所大学兼职教授、俄罗斯特殊艺术学院名誉教授。主要研究方向为应用统计。主持完成国家社会科学基金课题 5 项，国家自然科学基金课题 2 项，省部级课题 30 余项（其中重大、重点课题 9 项）。出版专著、教材、工具书 16 部，发表论文 117 篇，独立或作为第一完成人获省部级科研、教学奖励 19 项（其中一等奖 4 项）。

摘　要

　　无障碍环境是充分保障残疾人、老年人等全体社会成员平等参与和平等发展权利的前提条件，是推动人的全面发展和全体人民共同富裕取得实质性进展的重要基础，是衡量国家和社会文明程度的重要标志。在人口老龄化社会和数字化时代，无障碍环境已从残疾人的特需和特惠转向全体社会成员的刚需和普惠，加快无障碍环境建设具有强烈的现实需求、巨大的社会价值和重要的世界意义。我国无障碍环境已有三十多年的发展历程，虽取得了长足发展，但与广大人民群众的美好生活需要相比，仍存在较大差距，亟须在法治轨道上促进无障碍环境建设的系统性、规范性、协调性。因此，本书以无障碍环境法治化为主题，致力于为促进无障碍环境立法提供决策参考。

　　全书包括"总报告""法治篇""发展篇""支撑篇"和"案例篇"五个部分。"总报告"基于《无障碍环境建设条例》立法后评估，全面审视了我国无障碍环境及其法治建设的现状和问题，并提出了加快无障碍环境立法的具体建议。"法治篇"系统研究了我国无障碍环境法治的发展历程、价值取向、地方实践以及贯彻落实无障碍环境法治的标准体系，详细介绍了国际建筑无障碍和信息无障碍的法治状况。"发展篇"全面分析了我国建筑物、城市社区、基本公共服务、手语盲文、互联网信息等领域的无障碍发展现状和问题，并提出了具体的立法需求和建议。"支撑篇"从辅助器具、人才培养、监测评估和文化建设四个方面重点阐释了促进无障碍环境发展的重要保障条件。"案例篇"以成都无障碍旅游为例，具体分析了无障碍环境建设存在的治理难题和破解对策。

本书客观描述了无障碍环境法治建设现状，发现我国无障碍环境法治建设取得了长足发展，初步实现了有法可依，无障碍环境建设整体上解决了"有没有"，但不标准、不好用、质量不高、系统性不足等一系列治理问题还有待进一步解决。无障碍环境的专门法律缺位，现有法规政策存在强制性不足、遵守情况不佳、可操作性不强等问题。无障碍环境法治建设与时代发展脱节，反映客观规律和人民意愿不够，已不能适应高质量发展的要求。良法是善治之前提，无障碍环境建设迫切需要科学立法和高质量立法解决有法好依和严格执法等问题，在法治轨道上推进无障碍环境建设高质量发展。本书建议，立足新发展阶段，面向第二个百年奋斗目标，为贯彻落实习近平总书记重要指示精神和党中央国务院的决策部署，积极适应国家完善法治建设要求，破解无障碍环境治理难题，促进人的全面发展和共同富裕，应深入总结实践经验、积极回应人民群众需求、充分借鉴国际有益经验，加快无障碍环境立法。

关键词： 无障碍环境　合理便利　通用设计　共同富裕　科学立法

目 录 ⌐📊

Ⅰ 总报告

Ⅱ 法治篇

Ⅲ 发展篇

Ⅳ　支撑篇

Ⅴ　案例篇

皮书数据库阅读 使用指南

总 报 告

General Report

B.1

中国无障碍环境发展报告（2021）*

《无障碍环境建设条例》立法后评估课题组**

摘　要： 基于《无障碍环境建设条例》立法后评估，本报告全面审
视了我国无障碍环境的法治建设和实践探索。研究发现，
我国已基本形成无障碍环境建设法律体系，但面临法制统
一性有待维护、无障碍法制理念有待进一步提升、无障碍
定义尚不明确、无障碍环境建设范围不够清晰、无障碍法
制内容有待进一步丰富等问题；无障碍环境建设保障条件
不断改善，资源投入力度加大，政策体系初步形成，标准
体系不断完善，导则和指南填补空白，但有待进一步提

---

* 本报告为国家社科基金年度项目"残疾人融合发展评价及提升路径研究"（项目编号：
20BRK029）阶段性研究成果。

** 受中国残疾人联合会委托，对《无障碍环境建设条例》进行立法后评估，由北京大学人口研
究所陈功教授和南京特殊教育师范学院孙计领副教授共同负责，课题组成员为北京大学人口
研究所张蕾、康宁、索浩宇、张承蒙。本报告执笔人孙计领，研究方向为无障碍与残疾人社
会融合。

高；无障碍环境建设取得显著成效，但仍面临无障碍环境发展不充分、无障碍环境发展不平衡、无障碍设施质量不高、无障碍环境融合发展不足、无障碍环境建设机制不健全等问题。立足新发展阶段，面向第二个百年奋斗目标，应深入总结实践经验、积极回应人民群众需求、科学把握新发展阶段要求、充分借鉴国际有益经验，加快无障碍环境立法。

关键词： 无障碍环境 无障碍权利 残疾人事业 共同富裕

无障碍环境是充分保障全体人民特别是残疾人、老年人平等参与和平等发展权利的前提条件，是推动人的全面发展和全体人民共同富裕取得实质性进展的重要基础，是衡量国家和社会文明程度的重要标志。从 1989 年我国第一部无障碍建设设计标准颁布实施以来，我国无障碍环境有三十多年的发展历程，对保障残疾人等社会成员平等权益和共享经济社会发展成果发挥了重要作用。为依法全面推进无障碍环境建设，无障碍有关要求逐渐纳入相关法规政策中，国务院于 2012 年颁布实施了《无障碍环境建设条例》（以下简称《条例》），有力促进了无障碍环境建设法规政策体系不断完善，"平等、参与、共享"理念逐渐普及，无障碍意识日益深入人心，无障碍环境建设得到全面发展，对保障残疾人等社会成员平等权益和共享经济社会发展成果发挥了一定作用。随着经济社会发展，无障碍环境发展面临新情况、新问题、新要求。《条例》立法位阶低、内容涵盖不全、主体责任不清晰、法律责任不明确，导致遵守情况不佳、执法针对性不足、司法适用性不强、违法不究，与时代发展脱节，反映客观规律和人民意愿不够，已不能适应高质量发展的要求。基于《条例》的立法后评估，本报告全面审视我国无障碍环境的法治建设和实践探索，为在法治轨道上推进无障碍环境高质量发展提供基本依据和决策参考。

一 无障碍环境建设的重要意义

国际经验表明，世界各国在积极应对人口老龄化的过程中，特别注重无障碍环境建设，无障碍环境建设是老年友好社会建设的重要内容。无障碍环境是满足人们美好生活需要、平等参与社会生活、共享社会发展成果和独立生活的必备基础和前提条件。加快无障碍环境建设具有强烈的现实需求、巨大的社会价值和重要的世界意义。

从现实需求来看，无障碍环境日益成为人民美好生活需要的重要内容和基础。我国有8500多万残疾人、2.64亿老年人，在独立生活、便捷出行、平等参与社会生活、获取信息和服务方面还面临很多障碍，导致无法充分共享高质量发展成果和高品质幸福生活。由于建筑物缺乏无障碍设施，很多残疾人不能安全、独立、方便地出入建筑物，甚至不能下楼沐浴阳光；由于缺乏无障碍交通，残疾人出行受阻导致不能享受其他权利，如教育、就业、健康、自由等；由于缺乏无障碍信息交流，很多残疾人、老年人无法享受自由表达权利和共享数字生活带来的便利。随着人口老龄化的持续加深，残疾人、老年人是规模最庞大且规模不断增长的最困难群体，无障碍环境不完善、不系统、不达标是他们面临的最突出问题，平等参与社会生活、共享社会发展成果是他们的最现实利益。习近平总书记在庆祝中国共产党成立100周年大会上的重要讲话中强调，要"着力解决发展不平衡不充分问题和人民群众急难愁盼问题，推动人的全面发展、全体人民共同富裕取得更为明显的实质性进展"。加快无障碍环境建设不仅是及时回应人民群众关切的迫切需求，也是贯彻落实习近平总书记重要指示的有效举措。

从社会价值来看，无障碍环境不仅是特殊群体的利益和需求，也是全体社会成员的共同需要，具有巨大的社会价值。首先，从全人群来看，人类具有多样性，全体社会成员的能力不一，有固定比例的人群迫切需要无障碍环境，如老年人、残疾人、孕妇、儿童等。世界卫生组织和世界银行发布的《世界残疾报告》显示，残疾发生率一般会随着年龄的增长而增长，尤其是步入老年后，残疾发生率非常高，60 岁及以上人口的平均残疾发生率为 38%。因此，随着人口老龄化，残疾人和老年人数量将会日益增长，具有规模大、增速快、占比高等特征。其次，从生命全周期来看，每个人都有无障碍的需求，普通人在年幼和老年时期对无障碍的需求较大，其他时期的某个时刻也会面临障碍和困难，残疾人时刻都有无障碍需求。最后，从方式方法来看，无障碍环境不是为特殊群体提供特殊的设施和服务，坚持通用设计理念，无障碍环境可以使所有空间、地方、物品和服务尽最大可能让所有人使用而无须做出调整或特别设计。通用设计的应用不仅能使残疾人，而且能使所有人平等融入社会，实现融合发展和共享发展，为扎实推进共同富裕奠定基础。因此，无障碍环境不仅是在保障特殊群体利益，更应该被视为社会投资的重要方式和实现共享发展的重要组成部分。

从世界意义来看，加快无障碍环境建设及其法治建设是履行联合国《残疾人权利公约》（以下简称《公约》）和《2030 年可持续发展议程》承诺的关键举措。联合国《残疾人权利公约》把无障碍作为一项基本原则，要求缔约国有义务建设和发展本国无障碍环境。很多国家和地区制定了无障碍法律、标准和技术指南，依法保障特殊群体权益、促进无障碍环境发展。联合国《2030 年可持续发展议程》在 7 项目标和 11 个指标下明确提到残疾人。习近平总书记在《致 2013—2022 年亚太残疾人十年中期审查高级别政府间会议的贺信》中指出："随着联合国《残疾人权利公约》和《2030 年可持续发展议程》实施，保障残疾人平等权益、促进残疾人融合发展越来越成为国际社会和各国的普遍共识和共同行动。"为实现"一个都不能少"的承诺，无障碍环境建设不仅是重要事项，而且是优先事项。中国拥有全球最多的残疾人和老年人，我们已经消除了包括他们在内的绝对贫困，提前 10 年实现减贫目标。进一步消除他们积极融入和平等参与经济、政治、文化、社会活动的各种环境障碍，保障他们享有教育、工作、健康、信息、交通等权利，促进人权事业全面发展，将会改变可持续发展进程的世界版图，提供中国方案和中国智慧，使中国成为全球可持续发展的积极倡导者、有力推动者和主要贡献者，进而推动构建人类命运共同体，具有重要的世界意义。

二　无障碍环境法治建设

经过三十多年的实践和发展，我国已基本形成以《残疾人保障法》《老年人权益保障法》《民法典》《法律援助法》《数据安全法》《乡村振兴促进法》《公共图书馆法》《公共文化服务保障法》《道路交通安全法》《防震减灾法》等法律为基础，以《无障碍环境建设条例》为主体，以相关法规政策为支撑，以地方性法规和政府规章为补充的法律体系，为无障碍环境建设、管理和监督提供了基本的执法依据，但仍存在以下突出问题。

（一）无障碍法制统一性有待维护

《条例》主要依据《残疾人保障法》《老年人权益保障法》《道路交通安全法》《防震减灾法》及联合国《残疾人权利公约》制定。自《条例》实施以来，在上位法中，《老年人权益保障法》于 2012 年 12 月进行修订，增加了两处关于无障碍的条款；《著作权法》于 2020 年 11 月修订，增加了两条关于无障碍的条款。《条例》实施以来，新增上位法 6 部，分别是《法律援助法》（2022 年 1 月施行）、《数据安全法》（2021 年 9 月施行）、《乡村振兴促进法》（2021 年 6 月施行）、《民法典》（2021 年 1 月施行）、《公共图书馆法》（2018 年 1 月施行）、《公共文化服务保障法》（2017 年 3 月施行）。因此，主要依据以上 10 部法律以及《公约》[①] 进行合法性审查。总体上，法制统一性有待维护，《条例》与上位法的规定存在一些不一致的地方，出台新的上位法或上位法进行修改了的，《条例》也未进行及时修改。《老年人权益保障法》规定"优先推进与老年人日常生活密切相关的公共服务设施的改造"，《条例》把第一优先改造的机构规定为"特殊教育、康复、社会福利等机构"，该规定虽然与《残疾人保障法》一致，但与《老年人权

---

① 2008 年 6 月 26 日第十一届全国人民代表大会常务委员会第三次会议批准 2006 年 12 月 13 日由第 61 届联合国大会通过的《残疾人权利公约》。

益保障法》不一致。《著作权法》出现了"阅读障碍者"，《条例》中是"视力残疾人"，二者不一致。

（二）无障碍法治理念有待进一步提升

联合国《残疾人权利公约》是国际社会在 21 世纪通过的第一个综合性人权公约，不仅把无障碍作为《公约》的八大原则之一，而且设立专章对无障碍进行详细阐述，并把无障碍相关要求融入《公约》的其他条款。与《公约》相比，《条例》存在一些理念不一致的地方。第一，在立法宗旨上，《公约》中无障碍的目标更强调人本身，是"为了残疾人能够独立生活和充分参与生活的各个方面"，立足于促进人的权利实现、能力发展和机会均等，而《条例》更强调环境以及改善环境，开宗明义指出是"为了创造无障碍环境"，在目标和价值上存在较大差别。[①] 第二，在立法思想上，《条例》由于主要以《残疾人保障法》为上位法，在立法中缺失残疾人的人权模式。《公约》进一步将残疾人的社会模式发展为人权模式，确立了残疾人的人权主体地位，不仅使残疾人的权利得到最大范围的拓展和确认，而且为无障碍环境建设提供了坚实的理论基础和实现路径。[②] 我国目前的法律和实践仍然在沿用传统的医学模式，联合国残疾人权利委员会已经提出了批评。[③]《条例》把特殊教育、康复、社会福利等作为第一优先改造顺位，未将普通教育机构列入优先推进无障碍设施改造的机构和场所，体现了受医学模式的影响根深蒂固，与立法宗旨"平等参与社会生活"不符，也预示着残疾人进入普通学校接受融合教育仍未获得积极支持和推动。第三，在立法定位上，《公约》不仅

---

① 厉才茂：《无障碍概念辨析》，《残疾人研究》2019 年第 4 期，第 64~72 页。

② Dufour M, O'Reilly R, Charbonneau M, Vice-President, Chaimowitz GA, "The United Nations Convention on the Rights of Persons with Disabilities," *Canadian Journal of Psychiatry. Revue canadienne de psychiatrie* 65 (2020): pp. 668 – 673. https://doi. org/10. 1007/978 – 3 – 319 – 43790 – 3_ 2.

③ 曲相霏：《〈残疾人权利公约〉与中国的残疾模式转换》，《学习与探索》2013 年第 11 期，第 64~69 页。

对无障碍做出了系统规定，而且把无障碍权利庄严地载入了《公约》①，最具特色之处是把"无障碍"作为《公约》的八大原则之一，贯穿《公约》的各个条款。无障碍本质上是为了保障残疾人的权益，保障残疾人的平等参与、平等发展权利，同时使所有人受益。但无障碍的理念引入中国后，一直被当作工程技术问题来处理，其推动过程几乎就是直接引进和制定规范的过程。②这个现象在《条例》中体现得比较明显，《条例》比较注重无障碍环境的改善，特别强调"无障碍设施"的建设，矮化了无障碍的丰富内涵和外延，不利于正确倡导无障碍理念。最重要的是，《条例》没有赋予残疾人和有无障碍需求的主体以民事权利，相应法律责任多为行政责任，当无障碍环境权利受到剥夺时，通常无法对义务主体直接提起诉讼，难以获得有效的司法救济。③第四，在无障碍环境建设方法上，《公约》特别强调通用设计，在拟定货物、服务、设备和设施的标准时提倡通用设计，并且先后出现在《公约》第二条的"定义"和第四条的"一般义务"。《条例》中，仅表述为"国家鼓励、支持采用无障碍通用设计的技术和产品"，不仅少了重要的设施和服务，而且没有突出通用设计的重要性。坚持通用设计理念，无障碍环境不仅能使残疾人，而且能使所有人平等参与社会，实现融合发展和共享发展，这是无障碍环境能使大多数人受益的关键所在。第五，在无障碍环境范围上，《条例》借鉴《公约》，明确无障碍环境建设的范围是"自主安全地通行道路、出入相关建筑物、搭乘公共交通工具、交流信息、获得社区服务"。而《公约》在明确规定与其他人平等的基础上，把无障碍环境的范围界定为所有向公众提供或开放的设施和服务，不仅在范围上更大、更清晰，而且也积极回应了"一切人权和基本自由都是普遍、不可分割、相互依存和相互关联的"。

---

① https：//www.internationaldisabilityalliance.org/sites/default/files/documents/hi_crpd_manual2010.pdf.
② 张万洪、姜依彤：《平等、融合与发展：残障组织权利倡导指南》，社会科学文献出版社，2015，第110页。
③ 张万洪、丁鹏：《中国残疾人事业法治建设三十年之回眸与前瞻》，《残疾人研究》2021年第1期，第14～19页。

（三）无障碍的定义尚不明确

《条例》把"无障碍环境建设"定义为"为便于残疾人等社会成员自主安全地通行道路、出入相关建筑物、搭乘公共交通工具、交流信息、获得社区服务进行的建设活动"。该定义是对无障碍环境建设的定义，存在一个明显的问题就是不清楚无障碍的本质内涵。根据《公约》，我们现在中文所说的"无障碍"，在英文对应的单词是"accessibility"，该词一般被直译为"可及性、可接近性或可访问性"，可能更符合无障碍的本质内涵。通俗而言，无障碍就是人人可听、可见、可行、可用、可享、可懂等。在中文文献（包括翻译为中文的国外资料）中，可能受惯性思维和历史的影响，研究残疾人或无障碍的学者一般把"accessibility"翻译为无障碍或无障碍环境；在基本公共服务领域，一般翻译为"可及性"[①]；在互联网领域一般翻译为"可访问性"[②]。这表明我们对无障碍的认识还不是很清晰，各学科、各领域的交流有待加强，国内对无障碍的学术话语体系尚未统一。无障碍作为舶来词，其内涵和英文表述在国际上已经发生了很大变化。早期的无障碍一般用"Barrier-free"表述。随着人们对无障碍认识的转变，意识到仅仅消除障碍是不够的，可能会对其他人造成障碍，设计者必须从宽广的视角认识和设计无障碍，于是设计理念发生重要转变，从无障碍设计（barrier-free design）转向通用设计（universal design）。[③]无障碍设计可以称为第一代理念，开始于20世纪50年代，主要考虑使用者的便利和"特殊性"，强调以残疾人经验的特殊之处作为设计核心；通用设计可以称为第二代理念，开始于20世

① 任梅、刘银喜、赵子昕：《基本公共服务可及性体系构建与实现机制——整体性治理视角的分析》，《中国行政管理》2020年第12期，第84~89页。

② 李广建等：《基于WCAG 2.0政府网站可访问性评价研究》，《中国图书馆学报》2011年第6期，第27~36页。

③ Hans Persson, Henrik Åhman, Alexander Arvei Yngling, Jan Gulliksen, "Universal Design, Inclusive Design, Accessible Design, Design for All: Different Concepts—One Goal? On The Concept of Accessibility—Historical, Methodological and Philosophical Aspects," *Universal Access in the Information Society* 14 (2015): pp. 505 – 526. https://doi.org/10.1007/s10209 – 014 – 0358 – z.

纪 70 年代，强调最大可能面向所有使用者，不再强调特殊使用者的问题，将个体差异纳入设计过程，采取最大弹性与容纳最多不同群体的理念。① 后来还出现了包容性设计、可及性设计（accessible design）、全民设计。《条例》共出现"残疾人"24 次，以及重点在于消除环境的障碍，反映出我们关于无障碍的表述以及对其内涵的理解处在早期阶段，认识比较落后，理念没有及时更新，这是《条例》的一大缺憾。

（四）无障碍环境建设范围不够清晰

现实中，无障碍环境涉及领域极为广泛，可以说随着我国社会主要矛盾的转化，残疾人、老年人等社会成员的需求决定了无障碍环境的范围在持续拓展，已经从物质生产领域拓展到经济、政治、文化、社会、生态文明"五位一体"。《条例》第二条界定了无障碍环境建设内涵，目的是明确法规调节保障的范围。从定义本身来看，无障碍环境建设的范围包括道路、建筑物、公共交通工具、信息、社区服务五个方面，其中前三个可以归纳为物质环境。② 与《公约》相比，《条例》中关于无障碍环境建设的定义，缺少定语，很难辨别无障碍环境建设的确切范围和价值导向。在道路方面，第九条规定了城镇新建、改建、扩建道路，范围比较大。第十三条只规定了"城市的主要道路"，一方面，很难判断什么是"主要道路"；另一方面，容易造成道路无障碍设施和无障碍服务功能的不连续、不系统、不全面。建议关于道路范围的规定与《道路交通安全法》《城市道路管理条例》等法律法规进一步衔接，或具体指明哪些道路纳入优先保障范畴。比如《道路交通安全法》规定"学校、幼儿园、医院、养老院门前的道路没有行人过街设施的，应当施画人行横道线，设置提示标志"，明确了道路范围，可以增强法律法规的针对性。在建筑物方面，"相关建筑物"指向不明，但在第九、十一、三十一条均指明

---

① 王国羽：《障碍研究论述与社会参与：无障碍、通用设计、能力与差异》，《社会》2015 年第 6 期，第 133 ~ 152 页。

② 张东旺：《中国无障碍环境建设现状、问题及发展对策》，《河北学刊》2014 年第 1 期，第 122 ~ 125 页。

了公共建筑和居住建筑，规定比较合理。在信息方面，一方面需要指明信息交流无障碍的范围，另一方面亟须完善信息无障碍的相关规定。虽然《条例》专列"无障碍信息交流"一章，但只强调了残疾人组织网站和设区的市级以上人民政府网站、政府公益活动网站。在社区服务方面，只规定了紧急呼叫社区公共服务设施、系统服务、贫困家庭的无障碍设施改造和选举服务。与《国务院关于加强和改进社区服务工作的意见》（国发〔2006〕14 号）和《国务院办公厅关于印发社区服务体系建设规划（2011—2015 年）的通知》（国办发〔2011〕61 号）相比，《条例》在社区服务范围上明显较小。

（五）无障碍法制内容有待进一步丰富

第一，关于标准和导则的规定比较缺少。《公约》强调缔约国应当拟订和公布无障碍使用设施和服务的最低标准和导则。《条例》只明确规定了无障碍设施工程建设标准，缺少导则以及服务标准的规定。缺少导则不利于无障碍法规的操作和执行，缺少服务标准不利于无障碍环境全面发展。《公约》强调就残疾人面临的无障碍问题向各有关方面提供培训，促使残疾人无障碍使用新的信息，以及通信技术和系统，这些在《条例》中没有明确规定。无障碍环境建设的贯彻落实需要标准规范的完善、指南图示的辅助和相关技术的培训。《美国残疾人法》1990 年出台，规定美国无障碍专业委员会负责制定设施和交通系统的无障碍指南，并负责提供指南的技术援助和培训。1991 年，《美国残疾人法》实施一周年之际，美国无障碍专业委员会就发布了《美国残疾人法无障碍指南》。第二，信息无障碍的相关规定有待进一步加强。新冠肺炎疫情防控期间，以大数据为代表的数字技术发挥了重要作用，数字经济逆势增长，远程医疗、在线教育、共享平台、带货直播、协同办公、跨境电商等服务广泛应用，为人们的生产生活带来极大便利。加快数字化发展，可以有效创新公共服务提供方式，增强公共服务供给的针对性和有效性，提升公共服务均等化、普惠化、便捷化水平。[1] 但这些智能化服

---

[1] 马兴瑞：《加快数字化发展》，《求是》2021 年第 2 期，第 62～66 页。

务给很多老年人和残疾人带来了很多不便，加强信息无障碍建设逐渐成为社会共识。① 老年人、残疾人如果使用智能手机、互联网遇到"数字鸿沟"问题，就会在出行、工作、消费、获取公共服务等方面遇到障碍。《条例》没有对智能终端产品、智能技术、互联网服务与应用方面进行规定，表明《条例》的时代前瞻性不足。在国家加快推进新型基础设施建设和加快数字化发展的背景下，应在法律体系中增加信息无障碍的内容，消除老年人、残疾人等群体使用智能终端、智能技术和互联网时所面临的接入鸿沟、使用鸿沟和能力鸿沟。第三，法律责任有待强化。法律责任的规定既可以明确义务主体，使责任落到实处；同时当义务主体不履行相关义务时，可以以法律予以制裁，因而法律责任的规定是法律法规得以实施的重要保障。法律责任往往是我国诸多法律的软肋，《残疾人保障法》关于无障碍环境建设的法律责任也不清晰，条文抽象、原则性强，缺乏可操作性，极大影响了我国无障碍环境建设法律法规的实施效果。② 《条例》的法律责任原则性依然较强，法律责任存在不清晰、内容偏少、操作性不高的突出问题。由于《条例》关于法律责任的条文较少，很多义务性规范缺乏罚则，导致很多义务性规范变成了软法性条款，实际上和鼓励性条款、倡导性条款的效力等同，很难依靠国家强制力获得实施，导致《条例》实际贯彻效果打了折扣。总体而言，《条例》立法位阶偏低，加上法律责任存在诸多问题，导致《条例》的强制性不足，不足以规制无障碍环境建设与管理，实现立法目的的空间还很大。

三　无障碍环境建设保障条件

（一）无障碍环境建设资源投入力度加大，但有待进一步加强

资金投入力度加大。家庭无障碍改造覆盖面有效扩大纳入贫困残疾人脱

---

① 韩鑫：《让信息无障碍成为社会共识》，《人民日报》2020 年 11 月 23 日，第 5 版。
② 全国人大内务司法委员会、中国残疾人联合会：《〈中华人民共和国残疾人保障法〉立法后评估报告》，华夏出版社，2012，第 193 页。

贫攻坚总体目标，中央和地方政府投入大量资金支持残疾人家庭无障碍改造。2016—2020 年，全国共有 65 万贫困重度残疾人家庭得到了无障碍改造。[①] 部分地方政府制定了无障碍环境建设专项规划，在保障措施中强化经费投入，明确专项资金。《湖南省无障碍环境建设五年行动计划（2021—2025年）》要求相关责任单位要在年度预算中统筹现有专项资金支持无障碍环境建设，并鼓励通过"冠名"、社会捐赠等方式引入社会力量参与无障碍环境建设。《北京市进一步促进无障碍环境建设 2019—2021 年行动方案》要求做好资金安排，密云区政府在明晰政府投入边界的基础上编列专项改造资金 1000万元。《深圳市无障碍城市总体规划（2020—2035 年）》提出，在经费和投入方面，各责任单位将工作经费列入年度部门预算。《杭州市"迎亚（残）运"无障碍环境建设行动计划（2020—2022 年）》明确责任分工，保障专项经费。

面临的突出问题主要有以下三个方面。第一，无障碍环境建设资金来源渠道单一，支出责任主体一般为地方政府，但各个地方经济发展水平和财政负担能力参差不齐，重视程度不一，导致无障碍环境建设投入在地区间参差不齐。[②] 第二，无障碍环境建设的一个重要内容是旧有改造，消化存量。由于改造存量大、成本高，造成改造需求大与资金投入少的矛盾十分突出，直接影响了相关法律法规的有效执行。第三，无障碍环境建设的另一个重要内容是新建要达标，消灭增量。实践中，正确理解和执行有关标准规范非常关键，由于人才培养和技术培训跟不上，各环节缺乏有力的监管机构，新建设施常出现没有无障碍设施或无障碍设施不达标的情况。

（二）无障碍环境建设政策体系初步形成，但有待进一步完善

国家发展规划纲要明确无障碍环境建设重点任务。以习近平同志为核心的党中央高度重视无障碍环境建设。2016 年，习近平总书记在听取北京冬奥会和冬残奥会筹办工作情况汇报时，以及在全国卫生与健康大会上发表的

---

① 国务院新闻办公室：《〈全面建成小康社会：中国人权事业发展的光辉篇章〉白皮书》，http：//www.gov.cn/zhengce/2021－08/12/content_ 5630894. htm。
② 郑功成主编《中国无障碍环境建设发展报告》，辽宁人民出版社，2019，第 24 页。

重要讲话中都指出要重视无障碍环境建设。2019 年 9 月 25 日，习近平出席北京大兴国际机场投运仪式，实地了解无障碍设施建设等情况。2020 年 9 月 17 日，习近平总书记在湖南考察时指出："无障碍设施建设问题是一个国家和社会文明的标志，我们要高度重视。"2021 年 1 月，习近平总书记在人民大会堂主持召开 2022 年冬奥会和冬残奥会筹办工作汇报会时强调"做好场馆建设和管理，按照标准完善场地和设施设备，按期完成非竞赛场馆建设，同步推进各类配套设施和无障碍环境建设。"在"十四五"规划中，不仅明确了无障碍环境建设的重点和要求，在权利保障、生活性服务业、数字化发展、基础设施、积极应对人口老龄化、收入再分配等领域做出全方位部署，而且基本实现社会主义现代化远景目标为无障碍环境建设提供了导向。"十四五"规划在 2035 年远景目标中提出"人民平等参与、平等发展权利得到充分保障""人的全面发展、全体人民共同富裕取得更为明显的实质性进展"；在加快生活性服务业品质化发展中提出"以提升便利度和改善服务体验为导向，推动生活性服务业向高品质和多样化升级"；在构筑美好数字生活新图景中提出"加快信息无障碍建设，帮助老年人、残疾人等共享数字生活"；在推进新型城市建设中提出"加强无障碍环境建设"；在推进基础设施互联互通中提出"聚焦关键通道和关键城市，有序推动重大合作项目建设，将高质量、可持续、抗风险、价格合理、包容可及目标融入项目建设全过程"；在实施积极应对人口老龄化国家战略中提出"推进公共设施适老化改造""儿童友好城市建设"；在完善再分配机制中提出"增强社会保障待遇和服务的公平性可及性"；在提升残疾人保障和发展能力中提出"加强残疾人服务设施和综合服务能力建设，完善无障碍环境建设和维护政策体系，支持困难残疾人家庭无障碍设施改造"。

国家人权行动计划明确无障碍环境建设在权利保障中的作用。2009 年以来，我国先后制定并实施四期国家人权行动计划，制定国家人权行动计划的意义之一是促进个人尤其是弱势群体的权利伸张。[1] 国家人权行动计划实

---

① 张万洪：《人民幸福生活的计划书》，《光明日报》2021 年 5 月 20 日，第 3 版。

现人权保障政策与人权保障法律在理念、程序和内容上的联结，提高人权保护的有效性。① 加强无障碍环境法治建设和实践是我国充分尊重和保障人权的重要体现。为保障残疾人权利，四期国家人权行动计划均对无障碍环境建设做出了明确要求。国家人权行动计划（2009—2010 年）提出"推动无障碍建设"；国家人权行动计划（2012—2015 年）提出"加快无障碍建设与改造"；国家人权行动计划（2016—2020 年）提出"全面推进无障碍环境建设"；国家人权行动计划（2021—2025 年）在第三期的基础上，又进一步提出"加强和改善信息无障碍服务环境，为老年人、残疾人等网上获取政务信息、办理服务事项、享有公共服务提供便利""运用智能技术，对社区和居家养老服务设施、医疗康复设施和机构进行无障碍化、便捷化、智能化改造"。随着《条例》的实施，无障碍环境建设在国家人权行动计划中的要求从"推动"，到"加快"，再到"全面推进"，不断提高无障碍环境的重要程度、建设范围和扩大保障对象，既明确了国家人权承诺，又衔接《公约》的相关要求。习近平总书记提出构建人类命运共同体重大理念，突出了共荣共惠、共建共享、平衡包容、和平共生的时代追求，既蕴含着民主、平等、自由、公平、正义等人类共同价值，又强调了共同人权、全体人权。② 建党一百年来，中国共产党坚持人民至上，成功走出了一条中国特色社会主义人权发展道路。③ 党的十九届五中全会强调"促进人权事业全面发展"。这些都将更加明确无障碍环境建设在权利保障中的重要作用，保障全体社会成员的平等参与、平等发展权利，保障人民幸福生活的最大人权，促进人的全面发展。

中国共产党和国务院规范性文件强化行政机关主体责任。有的党内规范性文件称为"党的主张类文件"，一般体现为决定、决议、意见、报告等，

① 张万洪、王若茵：《人权保障政策与法律的联结：以〈国家人权行动计划〉为例》，《人权》2019 年第 2 期，第 16～24 页。
② 鲁广锦：《历史视域中的人权：中国的道路与贡献》，《红旗文稿》2021 年第 1 期，第 10～18 页。
③ 国务院新闻办公室：《〈中国共产党尊重和保障人权的伟大实践〉白皮书》，http://www.scio.gov.cn/xwfbh/xwbfbh/wqfbh/44687/46065/xgzc46071/Document/1707311/1707311.htm。

代表特定时期党对重大事项的决策部署以及党的路线方针政策，具有权威性高、约束力强的特征，可以通过推动国家法律和党内法规的立改废释过程进而转化为行为规范。[①] 行政规范性文件俗称"红头文件"，是行政规范的重要组成部分，在行政管理中发挥着非常重要的作用。《条例》实施以来，涉及无障碍环境建设的党内和国务院规范性文件在数量上逐渐增多，在领域上不断拓展，贯彻实施党的政策主张，推动无障碍环境建设融入国家经济社会发展大局，强化行政机关在无障碍环境建设中的主体责任，督促行政机关依法履行无障碍环境建设的责任，促进无障碍环境建设全面发展。对无障碍做出明确要求的大多是与人民美好生活需要相关的民生领域，覆盖城乡，涉及交通、公共法律服务、脱贫攻坚、居民消费、医疗卫生、健康、养老托育、数字化发展、基本公共服务、旅游、金融等，包括设施无障碍、信息无障碍、服务无障碍三个维度，面向的重点群体有残疾人、老年人、儿童。党内规范性文件的规制范围超出纯粹的党内事务，延伸至执行中央决策部署、推动经济社会发展和满足人民群众切身利益，使得党内规范性文件与国家法律调整范围发生了交叉重叠，从而可以通过规范性文件的先行先试，将成熟经验和好的做法转化为国家法律。[②] 大量党内和国务院规范性文件为无障碍环境立法提供了丰富养分。

部门规范性文件助力构建联动融合的负责体制。由于无障碍环境建设是一个复杂的系统工程，不单是某一个部门的责任，几乎涉及每一个行政部门。在各级人民政府的统筹负责下，各个部门不仅要把无障碍环境建设纳入各自主要职责范围内，更需要部门之间的密切协作和残联等群团组织的密切参与。因此，无障碍环境建设依赖于建立联动融合、集约高效的政府负责体制。在横向上，部门间不能相互分割、各自为政，应建立资源共享和工作联动的综合协调机制，通过整合资源、汇聚力量、综合方法实现无障碍环境建

[①] 邵帅：《论党内规范性文件概念及其类型限缩》，《党内法规理论研究》2019 年第 2 期，第 28~44 页。

[②] 王婵、肖金明：《论党内规范性文件向国家法律的转化》，《理论导刊》2019 年第 10 期，第 52~57 页。

设的整体性推进；在纵向上，要做到上下贯通，在顶层设计上统筹有力，在基层实践中做强做实，保证无障碍环境建设法规政策得到有效执行。《条例》规定有关部门在各自职责范围内，做好无障碍环境建设工作；《残疾人保障法》要求各级人民政府应当统筹规划和综合协调无障碍环境建设，这为构建联动融合的负责体制奠定了坚实基础。《条例》颁布实施以来，相关职能部门依法履职，越来越重视无障碍环境建设，联合出台规范性文件的数量明显增加，明确主要任务和职责分工，初步形成了无障碍环境建设工作大格局。中国残联和地方残联发挥了特殊作用，积极发挥桥梁纽带作用，协调联动政府部门，宣传无障碍理念，促进无障碍环境建设。2015 年 2 月，住房和城乡建设部等四部门印发了关于加强村镇无障碍环境建设的指导意见，将无障碍环境建设扩展到量大面广的农村。中国残联、住房和城乡建设等13 个部门联合印发《无障碍环境建设"十三五"实施方案》，把解决残疾人、老年人无障碍日常出行、获取信息作为重难点，联合完善无障碍环境建设相关政策标准，加大贫困重度残疾人家庭无障碍改造工作力度。2018 年11 月，住房和城乡建设部等五部门印发开展无障碍环境市县村镇创建工作的通知，重点任务之一就是建立健全工作机制，由省级部门共同指导，建立由市县政府领导牵头、相关部门参加的创建工作领导小组，健全各司其职、协调配合的工作机制。《中国残疾人事业统计年鉴》（2020）的数据显示，我国无障碍环境建设领导协调组织的总数已经有 1342 个。①

地方性法规和政府规章积极推动无障碍环境建设广泛实践。在《条例》实施以前，地方就已经有了立法先例和经验。在 2000 年 9 月 1 日，北京市施行了《北京市无障碍设施建设管理规定》，是无障碍领域最早的地方政府规章。最新公布的地方政府规章是《杭州市无障碍环境建设和管理办法》，于 2021 年 10 月 1 日起实施。② 2004 年 5 月 16 日，北京市废止《北京市无障碍设施建设管理规定》，开始施行我国第一个省级地方性法规《北京市无

① 中国残疾人联合会：《中国残疾人事业统计年鉴（2020）》，中国统计出版社，2020。
② 统计时间截至 2021 年 8 月 28 日。

障碍设施建设和管理条例》。2021 年 6 月 29 日，《深圳经济特区无障碍城市建设条例》获深圳市人大表决通过，是全国首部无障碍城市建设立法，同时也是第一个关于无障碍的经济特区法规。《条例》实施以来，地方立法、制定规章和出台政策的速度明显加快。截至 2020 年，全国共出台了 674 个省、地、县级无障碍环境建设与管理法规、政府令和规范性文件①，其中，有 22 个省（自治区、直辖市）出台了无障碍环境建设的地方性法规或规章。

法规政策体系存在的问题主要有以下五个方面。第一，无法可依，无障碍环境专门立法尚属空白，现有法律中有关无障碍的条例有待进一步衔接和细化。现有关于无障碍的法律条款主要在《残疾人保障法》和《老年人权益保障法》中，法律条款之间存在衔接问题，前者规定优先推进与残疾人日常工作、生活密切相关的公共服务设施的改造，后者规定优先推进与老年人日常生活密切相关的公共服务设施的改造。公共服务设施是面向大众的，无障碍设施也是通用的，但两个法律的表述对执法造成一定困扰。第二，有些法律条文的科学性亟待进一步深入研讨。以《道路交通安全法》为例，仅仅设置了盲道的条款。关系到道路交通安全的不仅仅有盲道，盲道只是一种道路无障碍设施。由于缘石坡道设置不规范而导致受伤丧命的事件屡有发生，但没有相关的条款进行规制。盲道分为行进盲道和提示盲道。即使在发明盲道的国家日本，目前也很少大面积铺设行进盲道。② 我们国内在实践中把盲道铺设里程作为政绩来宣传。国外最常见的是提示盲道，并且是强制性标准，如美国有详细的铺设标准和指南。此外，盲道的叫法也存在误导，其英文名称是 Detectable Warning Surfaces，可以直译为"可探测的警示表面"，主要功能是提示盲人、低视力者或走路分心者行进规律将会发生变化或前方将有危险。我们经常讨论的盲道不连续、不系统、被占用等问题，大多没有

---

① 《2020 年残疾人事业发展统计公报》，https://www.cdpf.org.cn/zwgk/zccx/tjgb/d4baf2be21 02461e96259fdf13852841.htm。

② 薛宇欣、凌苏杨：《美日等发达国家无障碍环境建设机制的对比分析》，《住区》2020 年第 2 期，第 118~122 页。

抓住根本问题，根本问题首先是整个道路缺乏有效维护，特别是共享单车、汽车增多以后，乱停乱放，占用人行道的情况非常普遍，给所有行人带来了不便；其次是盲道的铺设标准缺乏深入研究；最后是铺设太多导致极难维护，铺设不规范导致利用率极低，非但不能切实满足视障群体的出行需求，而且对轮椅使用者、穿高跟鞋的女性、儿童造成一定困扰。第三，有法难依，有法不好依。《条例》在合法性、技术性、合理性和可操作性方面均存在较多问题，立法理念落后、可操作性弱、内容过时、法律责任薄弱的问题比较突出，结果往往是有法难依。第四，虽然规章比较丰富，但立法层次低及其带来的系列问题不利于无障碍环境高质量发展。适老化、适儿化和无障碍同时出现在国家"十四五"规划中，尚未对这些共同的要素建立整体性解决方案。"红头文件"小散乱的现象将直接影响法治政府建设成效，不仅是法治政府建设的短板[1]，而且会破坏国家法治建设的完整性、统一性和部门之间的有效协同。[2] 第五，地方性法规和政府规章内容不具体、可操作性有待进一步提升。通过分析地方性法规或规章，发现大部分地方立法特色不足、差异较大，内容不具体、不细化，重复立法的现象比较突出。还有部分省份尚未出台省级地方法规和政府规章。部分地方性法规和规章是在《条例》颁布前制定的，未进行及时修改，如甘肃、苏州、成都、武汉等地。《张家口市无障碍设施建设管理条例》从 2019 年 10 月 1 日开始实施，对照上位法《条例》，内容明显偏少，仅有 25 条，覆盖面狭窄，只对无障碍设施进行了规制，实用性可能不足。

（三）无障碍环境建设标准体系不断完善

标准体系是系统开展无障碍环境建设的重要依据，既是引导无障碍环境建设的技术依据，也是监督、体验、评价、认证无障碍环境建设质量的

---

[1] 张维：《将规范性文件统一立法纳入国务院立法计划》，《法治日报》2021 年 7 月 19 日，第 2 版。

[2] 郑功成：《全面提升立法质量是依法治国的根本途径》，《国家行政学院学报》2015 年第 1 期，第 26～30 页。

技术依据。根据《标准化法》，标准包括国家标准、行业标准、地方标准和团体标准、企业标准。根据无障碍环境建设法律法规的相关要求，我国已经初步形成标准体系，包括国家标准、行业标准、地方标准和团体标准。从标准发布日期来看，《条例》实施以后，标准数量不断增加，标准体系不断完善，其中国家标准和团体标准的数量增加比较明显。在内容上，涵盖包装设计、交通、建筑物、道路、标识、信息、网站设计、通信终端等。与无障碍环境法治建设和无障碍环境高质量发展的要求相比，我国无障碍环境建设标准体系还存在以下几个明显的问题。第一，强制性标准和条文非常少。在国家标准中，只有《无障碍设施施工验收及维护规范》和《无障碍设计规范》是强制性标准。《无障碍设施施工验收及维护规范》只有第 3.1.12、3.1.14、3.14.8、3.15.8 条为强制性条文。[1]《无障碍设计规范》只有第 3.7.3（3、5）、4.4.5、6.2.4（5）、6.2.7（4）、8.1.4 条（款）5 个强制性条款。[2] 其余标准均为推荐性标准。第二，标准的规范效力比较差，实施中形同虚设。标准的规范效力来自《标准化法》和相关法律的规定。[3]《残疾人保障法》《老年人权益保障法》《条例》均规定了新建、改建和扩建建筑物、道路、交通设施等，应当符合国家有关无障碍设施工程建设标准，但没有指明是哪些具体标准。无障碍相关标准的规范效力比较差，根源在于强制性标准比较少，以及无障碍相关法律中没有无障碍强制性标准的相关规定。第三，标准体系不健全，还存在很多空白。对照《残疾人保障法》《老年人权益保障法》《条例》等法律法规，我国无障碍环境建设标准亟待完善。第四，标龄过长，修订不及时。世界主要发达国家标准的标龄一般为 3 年到 5 年，我国现行国家标准的平均标龄为 10.2 年。[4]《标准化法》规定"标准的复审周期一般不超过五年。经

[1] http://www.mohurd.gov.cn/wjfb/201201/t20120106_ 208314.html.

[2] http://www.mohurd.gov.cn/wjfb/201205/t20120504_ 209758.html.

[3] 柳经纬：《标准的规范性与规范效力——基于标准著作权保护问题的视角》，《法学》2014年第 8 期，第 98～104 页。

[4] 李蕙：《对我国工程建设标准体系存在的问题分析与建议》，《建筑技术》2010 年第 7 期，第 659～662 页。

过复审，对不适应经济社会发展需要和技术进步的应当及时修订或者废止。"在无障碍的国家标准中，作为无障碍设施建设最主要的依据，《无障碍设计规范》没有完成五年修订一次的要求。第五，标准的实施缺乏有效监管。《标准化法》规定"国家建立强制性标准实施情况统计分析报告制度"。《公约》要求缔约国应当"拟订和公布无障碍使用向公众开放或提供的设施和服务的最低标准和导则，并监测其实施情况"。在无障碍环境建设领域，我国目前尚没有建立统计分析报告制度或者标准的监测制度。

（四）无障碍环境建设导则和指南填补空白

鉴于无障碍技术标准难以理解或理解不到位，不利于正确执行相关标准，结果导致大量无障碍设施建设不规范，造成返工和改建问题，增加建设和改造成本。无障碍环境建设指南与图示采用图文并茂、文字解释的形式，不仅可以更好地理解和落实相关技术标准，而且可以促进无障碍环境建设系统化、规范化。以图文并茂的方式制定无障碍指南在国际上是比较成熟的经验。由于各国的无障碍政策法规、技术标准和具体实践都存在较大差异，为方便奥运会和残奥会主办城市开展无障碍环境建设，国际奥组委整合世界各国的信息，评估各国的差异，吸取各国合理的实践和探索经验，通过树立正确理念，分享优秀实践案例，先后制定了多个无障碍设施建设和服务的技术指南。美国在签署《美国残疾人法》以后，美国无障碍委员会也随即出台了《美国残疾人法无障碍指南》，是美国司法部和交通部执法的基础标准。近几年，在中国残联的大力推动下，一些地方制定了无障碍环境建设导则、指南及图示，积累了有益经验。在今后的修法或立法中，应借鉴国内外经验，设置相关条文，对导则、指南及图示的制定主体、制定内容和监管主体给予明确规定，有利于无障碍环境建设相关标准规范的正确实施和无障碍环境建设的系统开展。

2018 年，北京市发布了《北京市无障碍系统化设计导则》，注重无障碍设施建设在城市公共空间、建筑场地以及建筑内部空间三者之间的系统性。2018 年，北京冬奥组委、中国残联、北京市政府、河北省政府联合印发了《北京 2022 年冬奥会和冬残奥会无障碍指南》。为进一步落实该指南的技术规范，2020 年，北京冬奥组委又发布了《北京 2022 年冬奥会和冬残奥会无障碍指南技术指标图册》，更加直观地展示相关技术参数，可以方便设计单位、施工单位和运行管理单位更准确地执行相关技术规范。《杭州市无障碍环境融合设计指南（试行）》于 2020 年 12 月 1 日起正式施行，不仅进一步明确了无障碍设计要求，而且旨在推动无障碍环境建设实现全龄化、系统化和融合发展。针对杭州市无障碍设施建设系统性不足的问题，提出"无障碍路线"，贯穿不同类型设施的室内外空间中，在解决系统性不足的同时可以提高无障碍设施的利用效率。《西湖大学无障碍环境建设指南及图示》按照国际一流、中国特色、高点定位的要求，把建设友善人文校园、全龄畅行校园的指导思想融入西湖大学的设计工作中，有针对性地对校园无障碍室内外设施进行了专项设计，填补了国内校园无障碍系统化设计的空白，是全国首个系统化、规范化、可视化的通用无障碍校园设计。

四 无障碍环境建设主要成效

（一）无障碍事业全面推进

1989 年 4 月，建设部、民政部、中国残联颁布实施我国第一部无障碍建设设计标准《方便残疾人使用的城市道路和建筑物设计规范（试行）》，标志着我国无障碍设施建设开始起步。经过三十多年的发展，我国无障碍事业全面推进，从制定技术标准规范起步发展到法律法规政策体系基本完善，从无障碍设施建设拓展到无障碍环境全面发展，从公共领域延伸到残疾人、老年人家庭，从方便残疾人出行上升到促进人权事业全面发展，从满足残疾人的特需和特惠发展为全体社会成员的刚需和普惠，从创建无障碍设施建设示范城市到创建无障碍环境市、县、村、镇，从有力支撑残疾人事业发展到积极融入党和国家事业发展大局，对保障残疾人等全体社会成员平等权益和共享经济社会发展成果发挥了重要作用。

截至 2020 年，系统开展无障碍环境建设的市、县数量达到 1753 个（如图 1 所示），呈逐年递增态势；累计创建 469 个无障碍市县村镇。"十五"期间，北京、天津、上海、大连、青岛、南京、杭州、厦门、广州、西安、苏州、秦皇岛 12 个城市获得"全国无障碍设施建设示范城市"称号。"十一五"期间，建设部、民政部、中国残疾人联合会、全国老龄办开展创建 100 个全国无障碍建设城市。"十二五"期间，50 个市县获选全国无障碍建设示范市县，143 个市县获选全国无障碍建设创建市县。

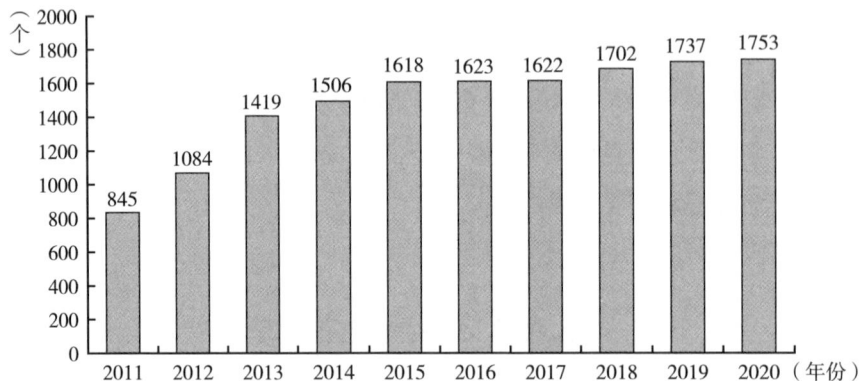

图 1　2011～2020 年系统开展无障碍环境建设的市、县数量

资料来源：根据 2012～2021 年残疾人事业发展统计公报整理而得。

"十三五"期间，无障碍环境市县村镇创建工作的范围不断拓展、内容不断丰富、标准不断提高，使得无障碍环境建设全面推进，取得良好效果，住房和城乡建设部等五部门授予 72 个市县村镇为"创建全国无障碍环境示范市县村镇"，授予 74 个市县村镇为"创建全国无障碍环境达标市县村镇"。在组织管理上，要求健全工作机制、制定法规制度、编制发展规划、多渠道筹措资金、明确相关部门工作内容、制订改造计划；在实施指导与监督上，要求加强监督管理、建立社会监督机制、开展技术和管理人员的培训、开展宣传工作；在道路方面，重点加强缘石坡道、盲道和其他设施的建设和改造；在公共建筑、城市广场和城市绿地方面，重点对新建、改建公共建筑、城市广场和城市绿地进行建设和改造；在公共交通设施方面，重点加强新建、已建公共交通设施和公共交通工具的无障碍环境建设；要求加强福利及特殊服务建筑、公共停车场（库）、居住区、居住建筑等设施的无障碍环境建设；在信息交流上，包括信息化建设规划、政府信息、电视台和影视类录像制品、视力残疾人阅览室、无障碍网站、落实无障碍信息消费政策等方面。

（二）设施无障碍稳步提升

各类设施的无障碍设施覆盖率稳步提升，不仅实现了"有没有"，而且部分地区对无障碍设施的要求从"有没有"转向"好不好"。全国村（社区）综合服务设施中有 81.05% 的出入口、56.58% 的服务柜台、38.66% 的厕所进行了无障碍建设和改造。[①] 中国消费者协会、中国残疾人联合会发布的《2017 年百城无障碍设施调查体验报告》数据显示[②]，无障碍设施的整体普及率为 40.6%，满意度为 70.8 分；无障碍出入口的普及率和满意度相对较高，普及率为 84.7%，满意度为 82.9 分；无障碍扶手的普及率为 63.5%，满意度为 83.1 分；无障碍电梯的普及率最低，仅为 11.4%，满意度为 71.1 分；无障碍卫生间的普及率为 17%，满意度为 66.7 分；盲道普及率也相对较低，为 26.3%，满意度为 73.1 分。此外，分场所类型来看，金融服务、电信营业厅、交通运输和医疗卫生单位无障碍设施普及率相对较高，均达到了 40% 以上，而水电气暖、餐饮住宿、电商自提点的无障碍设施普及率相对较低，均不到 30%；分地区来看，华北、华南和华中的无障碍设施普及率相对较高，华东、西南和东北的普及率相对较低。

在交通领域，无障碍设施建设助力我国交通可持续发展。《中国交通的

---

① 国务院新闻办公室：《全面建成小康社会：中国人权事业发展的光辉篇章白皮书》，2021。
② 中国消费者协会、中国残疾人联合会：《2017 年百城无障碍设施调查体验报告》，http://www.cca.cn/jmxf/detail/27797.html。

可持续发展》白皮书指出[1]，我国持续加强交通基础设施的无障碍环境建设与改造，在重要枢纽设置无障碍设施，多个省份客运设施无障碍建设率达到100%，打造"覆盖全面、无缝衔接、安全舒适"的无障碍交通出行环境；推广无障碍化交通工具，3400余辆动车组列车设置了残疾人专座，公共交通工具设置了"老弱病残"专座，低地板公交车和无障碍出租汽车在各地推广，为残疾人走出家门、充分参与社会生活创造了条件，让人民共享交通发展成果。

（三）信息无障碍加快发展

信息无障碍的发展使得无障碍从物质环境延伸到虚拟环境，不仅极大丰富和拓展了无障碍的内涵和外延，而且数字化发展助力了物质环境无障碍和社会服务无障碍的创新发展。我国信息无障碍从早期的盲文出版物、残疾人专题广播节目发展到互联网、社交媒体、电子商务等新媒体应用，信息无障碍体系建设、技术研发及实践应用均取得了较快发展。[2]

中国互联网络信息中心发布的数据显示，我国网民规模达到了9.89亿，互联网普及率达到了70.4%，在新冠肺炎疫情防控中发挥了很大作用，"健康码"助9亿人通畅出行。[3] 基于互联网应用和智能终端产品的无障碍不仅是信息无障碍的重点，而且呈加快推进之态势。[4] 自2013年起，超过800家政府单位搭建了信息无障碍服务平台，3.2万个政务网站实现信息无障碍。在产品上由点及面，通过培育多元化市场主体、充分调动企业积极性，将信息无障碍的理念融入信息产品的研发和信息服务的运营中。2020年底，工信部印发《互联网应用适老化及无障碍改造专项行动方

---

① 国务院新闻办公室：《〈中国交通的可持续发展〉白皮书》，2020，http：//www. gov. cn/zhengce/2020 - 12/22/content_ 5572212. htm。

② 李东晓、熊梦琪：《新中国信息无障碍70年：理念、实践与变迁》，《浙江学刊》2019年第5期，第14~23页。

③ 中国互联网络信息中心：《第47次中国互联网络发展状况统计报告》，http：//www. cnnic. net. cn/hlwfzyj/hlwxzbg/hlwtjbg/202102/P020210203334634480104. pdf。

④ 韩鑫：《让信息无障碍成为社会共识》，《人民日报》2020年11月23日，第5版。

案》，158 家与各类障碍群体基本生活密切相关的网站和 App 已列入首批改造名单，预计在 2021 年底完成适老化和无障碍改造。行政村通光纤和通 4G 的比例均超过 98%，为包括残疾人、农村居民在内的群体提供了随时随地可接入的网络服务。

手语在信息无障碍中发挥了重要作用。截至 2020 年底，全国共有省级残疾人专题广播节目 25 个、电视手语栏目 34 个，地级残疾人专题广播节目 209 个，数量波动较大（如表 1 所示）。《条例》实施以来，地市级电视手语栏目数量从 2012 年的 184 个增加到 2020 年的 262 个。在疫情防控中，多地爱心人士或社会组织发布手语版新冠肺炎疫情防控知识或手册，北京、上海、天津等地在新冠肺炎疫情防控发布会上增设手语翻译，在突发公共卫生事件中为听力残疾人提供了重要信息。在第七次全国人口普查中，多地手语志愿者制作、宣传人口普查的重要意义。在普查中协助普查员完成人口普查，助力提高人口普查质量。

表1　2012～2020 年中国省级和地市级广播节目、手语栏目情况

单位：个

年份	省级残疾人专题广播节目	省级电视手语栏目	地市级残疾人专题广播节目	地市级电视手语栏目
2012	38	30	468	184
2013	120	36	539	227
2014	17	30	241	201
2015	19	29	216	233
2016	26	29	197	240
2017	25	31	198	264
2018	25	31	205	264
2019	25	32	219	272
2020	25	34	209	262

资料来源：2012 年至 2020 年的中国残疾人事业发展统计公报。

国家大力推广国家通用手语和国家通用盲文，改善残疾人教育支持保障条件。《2019 年中国残疾人事业发展统计公报》显示，国家组织研制国家通用手语和国家通用盲文水平等级标准、手语翻译资格（水平）标准，研建

国家通用盲文测试大纲和题库；开展国家通用手语和国家通用盲文的国家级培训，受训骨干人员 954 人；国家通用手语和国家通用盲文相关学习应用程序正式上线，进入聋校、盲校的部分义务教育阶段教材；全国使用国家通用盲文的新书发稿 824 种，发稿字数 6477 万字，完成图书出版 713 种。全国省地县三级公共图书馆共设立盲文及盲文有声读物阅览室从 2016 年的 850 个增加到 2020 年的 1258 个。"光明影院"项目自 2017 年启动以来，助力无障碍电影取得积极进展，呈现与原片完全相同的听觉体验，保证盲人群体最大程度享有平等的艺术审美权利。① 该项目推出三年以来，累计制作无障碍电影 312 部，让视力残疾人拥有每周欣赏两部电影的机会，在全国范围开展公益放映活动，已建立 20 多个固定放映厅。②

在国家举办的考试中，盲文试卷的使用开始增多，有效保障了视力残疾人的受教育权利。2014 年，我国首次使用高考盲文试卷。据公开信息统计，截至 2021 年高考，已经累计为全国各地的 46 名考生提供了盲文试卷，其中在 2020 年的高考中，为两位藏族考生提供了藏文盲文试卷。此外，根据其他视力障碍考生的无障碍需求，全国还采取了印制大字卷、免听力考试、专人引导、优先进入考场等多种合理便利方式。在 2017 年上半年全国大学英语四六级考试中，首次采用盲文试卷，5 名全盲考生成为首批考生。

人工智能和数字化助力信息无障碍创新发展。人工智能的应用已经非常普遍，为信息无障碍提供了重要的技术支撑。③ 数字时代的来临，不仅深刻地改变着视障群体传统的阅读范式，推动无障碍阅读朝着有声化的方向发展，如喜马拉雅推出的"小雅"AI 音箱，产品覆盖了 300 多类 6000 多万条有声内容，不仅为视力残疾人提供阅读便利，而且方便所有人使用。④ 在人

---

① 高晓虹、陈欣钢：《光明影院：无障碍视听传播的研究与实践》，《中国编辑》2019 年第 3 期，第 4~7 页。
② 牛梦笛、刘江伟：《用声音为他们打开光影世界》，《光明日报》2021 年 3 月 4 日，第 1 版。
③ 郭亚军、卢星宇、张瀚文：《人工智能赋能信息无障碍：模式、问题与展望》，《情报理论与实践》2020 年第 8 期，第 57~63、69 页。
④ 余苗、马璇：《数字时代无障碍阅读的有声化发展与变革》，《科技与出版》2021 年第 7 期，第 155~160 页。

工智能背景下，公共图书馆的信息无障碍服务也发生了重要变化。中国盲文图书馆建立了丰富的数字资源库，包括有声资源时长已达 4.5 万余小时；电子盲文图书 5000 种，累计字数约 5 亿字；上线的讲座和大学公开课共计 600 余种 4000 多小时；人文社科类大众期刊总计 3300 余种，不仅包括为全盲读者提供纯文本版，还为低视力读者提供图文并茂的原貌版；采集眼科知识、视障教育、推拿按摩、中医针灸、康复训练等主题的学术论文共计 55 万篇。① 语音转写产品和服务将语音通过智能转写系统实时转写成文字，可以有效降低信息的交流障碍。②

（四）服务无障碍不断优化

随着《条例》的实施，地方立法和实践特别注重社会服务无障碍等软环境的拓展和升级，政务服务、选举活动、文化和旅游服务、医疗卫生服务、教育教学服务、公共交通出行服务、应急避难服务、就业服务、智能信息服务、社区服务、导盲犬服务、商业服务等各类服务无障碍水平实现从无到有，并且得到不断优化升级，有效保障了残疾人、老年人等社会成员的社会和文化等权利。为残疾人和老年人家庭提供无障碍改造服务纳入《国家基本公共服务标准（2021 年版）》。2011—2020 年，全国 600 多万户残疾人家庭进行了无障碍设施改造，其中，2016—2020 年，全国共有 65 万户贫困重度残疾人家庭得到了无障碍改造，助力打赢脱贫攻坚战。③ 在政务服务中，有些地方的政务服务中心或大厅在进行无障碍设施改造的同时，向听力残疾人提供手语翻译服务，设置低位服务台或爱心窗口，方便为老年人、残疾人提供政务服务。在教育教学服务中，为培养和提高普通学校实施融合教育的能力，很多地方建立了融合教育资源中心或资源教室，为普通学校教师、残疾学生提供专业指导和服务，有效提高了残疾人在普通学校的受教育

---

① http：//www.blc.org.cn/Pages/NumberResources/Default.aspx。
② 凌亢主编《残疾人蓝皮书：中国残疾人事业发展报告（2019）》，社会科学文献出版社，2019，第 331 页。
③ 数据来源于相关年份的《中国残疾人事业发展统计公报》。

质量。在医疗卫生服务中,各地积极为老年人、残疾人等特殊群体提供优先预约挂号、专用通道、专用窗口、人工咨询、导医、药物配送、轮椅、手语等无障碍服务。在交通运输服务中,创新服务模式,在人群密集的交通枢纽场所为老年人、残疾人设立优先无障碍购票窗口、专用等候区域和绿色通道,建立完善语音导航、导盲系统等信息服务体系。

(五)重点工程项目示范引领

近几年,北京冬奥会和冬残奥会场馆、河北雄安新区建设、北京大兴国际机场等重点工程以高标准、人性化建设无障碍环境,是《条例》的成功实践。以北京大兴国际机场为例,无障碍设计坚持问题和需求导向,坚持"国际领先、国内一流、世界眼光、高点定位"的无障碍系统化设计导则,面向行动不便、听障、视障三大群体的需求,把无障碍系统开创性地分解为八大系统。[1] 目前北京大兴国际机场已成为全国无障碍环境建设重大工程的样本典范,传达了融合共享理念,为残疾人、老年人及全社会成员出行创造了更加安全便利舒适的条件。2019 年 9 月 25 日,习近平出席北京大兴国际机场投运仪式,实地了解无障碍设施建设等情况。2020 年,在第 15 届中国信息无障碍论坛暨全国无障碍环境建设成果展示应用推广活动上,中国残疾人事业发展研究会无障碍专业委员会首次推出全国无障碍设施设计十大精品案例。2020 年,中国盲文出版社和中国盲文图书馆组织专家评审出信息无障碍十大精品案例遴选项目。2021 年,在第 16 届中国信息无障碍论坛暨全国无障碍环境建设成果展示应用推广活动上,住房和城乡建设部科技与产业化发展中心发布无障碍环境建设优秀成果案例 22 项,中国视障文化资讯服务中心发布信息无障碍创新成果 20 项。这些重点工程项目、精品案例和优秀成果有效发挥了示范引领作用。

---

[1] 刘琼、胡霄雯:《北京大兴国际机场无障碍设计,北京,中国》,《世界建筑》2019 年第 10 期,第 48~53 页。

五　无障碍环境建设存在的主要问题

（一）无障碍环境发展不充分

无障碍环境发展不充分是指无障碍环境存在发展不足的问题，还不能有效满足残疾人、老年人等全体社会成员的需要，主要体现在以下三个方面。

第一，无障碍设施覆盖率不高。由于《条例》强制性不足，在既有设施中，大部分应改而未改的存量尚未消化，在新建设施中，很多应建而未建无障碍设施的增量还在大幅度增加。我国 102 个城市的无障碍设施平均覆盖率仅有 40%。全国村（社区）综合服务设施中尚有 20% 的出入口、40% 的服务柜台、60% 的厕所没有进行无障碍建设和改造，医院（卫生室、所）和学校、幼儿园的无障碍设施覆盖率也比较低。在城市更新中，大量老旧小区、老旧厂区、老旧街区、老旧楼宇的改造，以及实施积极应对人口老龄化国家战略中的公共设施适老化改造和公共空间适儿化改造，都对提高无障碍设施覆盖率提出了巨大需求。

第二，信息交流无障碍发展滞后。我国互联网普及率整体虽然较高，但在城乡、区域、群体之间存在显著的差距，老年人、残疾人面临明显的"接入鸿沟"。[①] 截至 2020 年，我国网站数量[②]有 443 万个，App 数量为 345 万款。这些网站和 App 的无障碍普及化非常低，适老化水平有待提升，残疾人、老年人群体在使用过程中面临很多障碍，存在明显的"使用鸿沟"。工业和信息化部在 2021 年开展为期一年的互联网应用适老化及无障碍改造专项行动，仅包括与老年人、残疾人等群体工作、生活密切相关的 115 家公共服务类网站以及市场份额排名靠前的 43 个 App。与网站和 App 的庞大规

[①] 邱泽奇、张树沁、刘世定、许英康：《从数字鸿沟到红利差异——互联网资本的视角》，《中国社会科学》2016 年第 10 期，第 93～115、203～204 页。

[②] 网站是指域名注册者在中国境内的网站，网站数量不包含".EDU. CN"下网站，数据来源于第 47 次中国互联网络发展状况统计报告。

模相比，需要进行适老化及无障碍改造的任务还非常艰巨。国家通用盲文和通用手语推广与应用、大字本、导盲、盲文试卷、语音和文字提示、字幕等信息交流服务的提供，还处于刚起步或不成熟阶段，由于人、财、物等资源的短缺，还存在大量未被满足的信息无障碍潜在需求。每年高考使用盲文试卷的考生仅寥寥数人。手语翻译在新冠疫情防控发布会中不仅只在极少数地方使用，而且时有时无，制度化、职业化、普及化的常态还远未形成。

第三，服务无障碍比较薄弱，服务种类少，数量不足。截至 2019 年底，全国共有各类社区服务机构和设施 52.8 万个，城市有 21.2 万个，农村有 31.6 万个。① 截至 2020 年底，残疾人康复机构 10440 个，全国已竣工的各级残疾人综合服务设施 2318 个，残疾人康复设施 1063 个，各级残疾人托养服务设施 1024 个。② 虽然《条例》规定社区公共服务设施应当逐步完善无障碍服务功能，但执行情况并不理想，大量社区服务机构和设施尚不具备无障碍服务功能，残疾人社区参与水平仍比较低。数据显示，全国残疾人社区文体活动参与率虽然从 2015 年的 6.8% 上升至 2020 年的 17.8%③，但仍处于较低水平。"十三五"期间，全国各地政府积极开展了残疾人家庭无障碍改造，并给予了适当的补贴，但由于受资金、技术等客观条件限制，很多地方并未达到应改尽改、按需改造的目标，影响了家庭无障碍改造的服务质量，改造内容简单、标准低、水平不高的现象比较常见，改造内容与改善残疾人生活品质的需求还存在较大差距。"十四五"期间，我国还有 200 万户特殊困难高龄、失能、残疾老年人家庭的适老化改造任务和 110 万户困难重度残疾人家庭的无障碍设施改造任务。公共服务领域手语服务比较缺乏，大部分电视台主要频道、重要新闻播出时没有同步配备手语或中文字幕。残疾人、老年人等特殊群体在各类服务场所不能普遍享受到有效的无障碍服务。

---

① 数据来源于《2019 年民政事业发展统计公报》。社区服务机构和设施包括社区服务指导中心、社区服务中心、社区服务站、未登记的特困人员供养机构、社区养老照料机构和设施、社区互助型养老设施等。
② 数据来源于《2020 年中国残疾人事业发展统计公报》。
③ 数据来源于《2016 年中国残疾人事业发展统计公报》《2020 年中国残疾人事业发展统计公报》。

在突发事件应对中，针对残疾人、老年人等群体的信息获取途径还不畅通，应急避险服务和救助服务的水平和能力还很欠缺。紧急呼救和报警系统还不能普遍被听力和言语残疾人使用。整体而言，政府和社会提供的无障碍服务还远不能满足残疾人、老年人等群体的需要。

（二）无障碍环境发展不平衡

无障碍环境发展不平衡是指无障碍环境各领域、各区域、各方面不够平衡，影响了整体发展水平和效能，主要体现在以下四个方面。

保障对象不平衡。国内外无障碍环境建设基本上起步于消除建筑物和道路等物理环境的障碍，主要是为了方便肢体残疾人或行动不便者出行。美国第一个无障碍设计标准是为了方便肢体残疾人进出和使用建筑物。我国第一部无障碍建设设计标准《方便残疾人使用的城市道路和建筑物设计规范（试行）》明确指出，方便残疾人使用的城市道路和建筑物主要考虑轮椅者、挂拐杖者、视力残疾者的不同要求。截至目前，我国无障碍环境主要是为了保障肢体、视力、听力、言语等残疾人的无障碍需求，保障对象有待进一步扩展到其他类型的残疾人、老年人等全体社会成员，比如针对精神和智力残疾人的无障碍需求。《世界残疾报告》指出，环境包括物理、社会和态度的环境，既能促进残疾人社会参与和融合，也能阻碍残疾人社会参与和融合。[1] 负面的态度是阻碍残疾孩子在学校接受教育的重要障碍。我国仍有近一半的残疾学生不能在普通学校接受教育，特别是孤独症、智力残疾、视力残疾儿童。融合教育是国际教育的发展趋势，应在主流教育的环境中给予残疾孩子特殊的关怀、辅导、心理咨询[2]，以及加强融合教育的支持体系[3]，这些尚未纳入无障碍环境范围之内。失能失智是每个人都会面临的风险，老年人是无障碍环境的刚需群体。无障碍环境也是儿

---

[1]　WHO & World Bank. *World Report on Disability 2011*. Geneva：World Health Organization, 2011.
[2]　周满生：《关于"融合教育"的几点思考》，《教育研究》2014 年第 2 期，第 151～153 页。
[3]　邓猛、颜廷睿：《西方特殊教育研究进展述评》，《教育研究》2016 年第 1 期，第 77～84 页。

童友好的重要内容。① 亟须把老年宜居、友好环境建设②和儿童友好城市的有关内容统筹纳入无障碍环境建设之中，扩大无障碍环境的保障对象。

领域发展不平衡。根据《条例》内容，无障碍环境包括物理环境、信息交流和社区服务。无障碍环境是一项系统工程，只有系统完备的无障碍环境才能发挥整体效能，保障社会成员的独立生活和社会参与。以残疾学生能在普通学校受到公平而有质量的教育为例，首先应树立积极的态度，坚持应随尽随原则，落实就近就便安置制度；其次是完善道路、相关建筑物、交通的无障碍设施；最后是做好信息交流等与服务相关的校园无障碍环境支持体系。当前无障碍环境整体发展仍处于试点示范带动阶段，尚未形成连点成线、连线成面的局面，无障碍环境各领域之间发展不平衡以及领域内部发展不平衡而导致的短板效应会严重制约无障碍环境建设的整体效能。根据法规政策重点、无障碍环境各领域发展历程和专家问卷调查，可以综合判断，无障碍环境各领域存在发展不平衡的明显特征，物理环境相对较好，信息交流次之，服务最差。各领域内部也存在明显的不平衡。在无障碍设施方面，重点是对主要道路、公共建筑、公共交通等设施进行无障碍设施建设和改造。在信息交流领域，重点关注的是政府信息和与残疾人相关的信息、残疾人组织的网站、国家举办的考试、公共服务机构和公共场所的信息交流。服务无障碍的发展一般也仅限于政务、社区、家庭、紧急呼叫等方面。

城乡发展不平衡。我国无障碍环境建设起步于城市，经过"十一五"和"十二五"的无障碍环境创建活动，到2015年初步形成城市无障碍建设的基本格局。长期以来，我国无障碍环境建设面临供需倒挂现象。75%的残疾人生活在农村，③ 农村人口老龄化远高于城镇，但量大面广的村镇无障碍环境建设进展较慢，不能有效满足广大农村残疾人和老年人的需求。

---

① 宗丽娜：《深入理解"儿童友好"的内涵》，《人民日报》2021年8月24日，第18版。

② World Health Organization. *Global Age-friendly Cities: a Guide.* World Health Organization, 2007. https://apps.who.int/iris/handle/10665/43755.

③ 《2006年第二次全国残疾人抽样调查主要数据公报》（第二号），https://www.cdpf.org.cn/zwgk/zccx/cjrgk/f6a18ca7bda04196b4bbf50fa4e7a478.htm。

2015 年，住房和城乡建设部等四部门出台《关于加强村镇无障碍环境建设的指导意见》，标志着无障碍环境建设从城市逐步向农村发展。"十三五"期间，住房和城乡建设部等五部门把无障碍环境创建活动拓展到村镇，并明确了村级无障碍环境的创建要求。在脱贫攻坚中，全国共有 65 万贫困重度残疾人家庭得到了无障碍改造，是乡村无障碍环境建设的重要成果。随着《乡村振兴促进法》的出台，对无障碍环境建设做出了明确规定，标志着无障碍环境建设正式纳入乡村振兴发展大局，助力农业农村现代化。不可否认的是，与已经有三十多年发展历史的城市相比，无障碍环境建设在广大的农村地区才刚刚开始，组织管理尚未建立健全，建设内容尚不清晰，人财物等资源投入尚未明确，城乡差距非常明显。2021 年 1 月 21 日，浙江省丽水市开始实施《乡村景区无障碍环境建设指南》，将乡村旅游和无障碍环境建设充分融合，填补了国内无障碍相关标准的空白，意味着地方实践开始了积极探索。

　　地区发展不平衡。受经济社会发展水平和举办奥运会、亚运会重大赛事等因素的影响，无障碍环境发展在地区之间存在较大差异。从各省（自治区、直辖市）系统开展无障碍环境的县数量占比来看（如图 2 所示），全国的比例是 53%，有 10 个省（自治区、直辖市）达到了 100%，有 10 个省（自治区）在 30% 以下。有的地区已经实现了从"有没有"向"好不好"转变，正处于质量提升阶段。如北京市，得益于两次举办奥运会的大力推动和市委市政府的高度重视，北京市无障碍环境建设三年行动方案成效显著，初步探索形成"群众提需、专班推动、行业定标、属地整改、网格管护、社会评价"的北京经验，截至 2020 年底，对 11 万个点位，98 万处无障碍设施实行台账管理，无障碍设施整改量是 2008 年的 6 倍。[①] 有的地区正对标国际一流要求、借鉴国际经验、衔接国际标准，如上海、深圳等。有的地区处于刚起步阶段，正在努力实现"有没有"，如东北、西北、西南部分地区。无障碍环境建设在地区内部也存在较大差异，即使是无障碍环境建设好

---

　　① https：//sports. gmw. cn/2021－04/19/content_ 34773684. htm。

的城市或地区，不同区域的发展也不平衡，城市郊区一般落后于城市中心区
域，省会城市一般好于其他地级市。

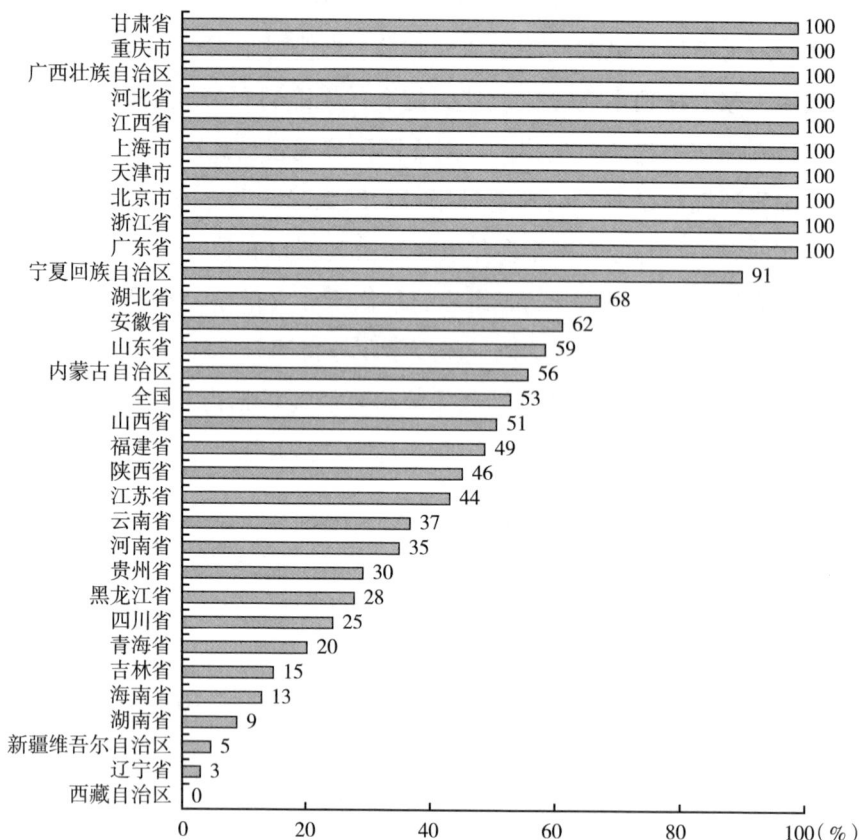

甘肃省 100
重庆市 100
广西壮族自治区 100
河北省 100
江西省 100
上海市 100
天津市 100
北京市 100
浙江省 100
广东省 100
宁夏回族自治区 91
湖北省 68
安徽省 62
山东省 59
内蒙古自治区 56
全国 53
山西省 51
福建省 49
陕西省 46
江苏省 44
云南省 37
河南省 35
贵州省 30
黑龙江省 28
四川省 25
青海省 20
吉林省 15
海南省 13
湖南省 9
新疆维吾尔自治区 5
辽宁省 3
西藏自治区 0

图2　全国及31个省（自治区、直辖市）系统开展无障碍环境建设的县数量占比

资料来源：根据《中国残疾人事业统计年鉴（2020）》测算。

（三）无障碍设施质量不高

无障碍环境建设质量不高主要表现为三个方面，一是无障碍设施不系
统，碎片化的问题比较突出；二是无障碍设施建设不规范，合格率非常低；
三是无障碍设施便利度、人性化不足，不好用的问题比较常见。具体如下。

无障碍设施不系统。无障碍设施不系统的主要原因之一是无障碍设施覆

盖率低。但即使在无障碍设施覆盖率相对较高的地区，碎片化问题也是长期困扰无障碍设施整体建设的突出问题。无障碍设施建设是系统化、全方位的工程，大部分设施需要配置无障碍设施。无障碍设施不系统最主要的原因是缺乏系统的规划和建设，建设单位之间各自为政，缺乏有效的合作和协同，导致无障碍设施之间以及和主体设施缺乏有效衔接。现有文献或媒体常用盲道"断头""不连续"问题具体阐释无障碍设施不系统的问题。其实盲道不系统存在两个方面的问题，一是盲道铺设不规范，提示盲道和行进盲道衔接不系统，该铺提示盲道的地方经常错铺成行进盲道；二是盲道"盲目地"铺设太多很难做到系统连续，盲道的系统连续问题可能是个伪命题。无障碍设施不系统主要体现在无障碍设施之间和无障碍设施与主体设施衔接不到位。作为主体设施的附属设施或重要部分，无障碍设施的最主要目的是方便使用主体设施。调研中发现很多无障碍设施没有做到主体设施的系统连贯，导致无障碍设施成为摆设。例如很多老旧小区花了大量经费加装电梯，却无法平层入户，轮椅使用者仍然无法自主下楼；无障碍卫生间逐渐增多，但无障碍卫生间的出入口有台阶或门不方便打开，导致难以使用。

无障碍设施不达标。无障碍设施合格率低是普遍存在的问题，调研中发存在大量不符合标准规范的无障碍设施。以杭州市人大常委会2020年开展的无障碍环境建设专项监督为例，调研发现6个城区的108个无障碍设施点位中，有91个点位不同程度地存在无障碍设施质量问题。[①] 无障碍设施不达标存在两种常见情况，一是新建、改建或扩建中的无障碍设施不达标，二是无障碍设施改造存在很多不达标的情况，造成重复改造。常见的具体情况有坡道过陡，宽度不足，坡道没有安装扶手或扶手安装不规范，存在安全隐患；缘石坡道的高差过大；无障碍卫生间扶手、抓杆安装不规范或缺失，救助呼叫按钮设置超高；无障碍停车位数量不达标，轮椅通道线宽不足以及位置设置不方便残疾人通行；标识设置不规范，标识数量少、功能欠缺、位置混乱、错用、不醒目的情况比较常见。

---

① https：//z. hangzhou. com. cn/2020/rddesbchy/content/content_ 7756902. html。

无障碍设施不好用。即使符合标准规范，无障碍设施也会经常出现不好用的问题。第一，有些无障碍设施空间布局不合理，便利性不够，不方便有需求的人使用。比如无障碍停车位距离过远；有些城市轨道交通的无障碍电梯数量较少或只有一个，使用起来经常存在绕路现象。第二，很多无障碍设施建设过程中由于缺少残疾人、老年人等群体的亲身体验与参与，不了解真实的无障碍需求，现有的标准规范也不一定能有效满足无障碍需求，导致细节不到位、人性化不足，使用起来仍是障碍重重。第三，既有建筑、道路、交通等设施分布广泛分散、数量大、建设时间早，早期阶段几乎没有考虑无障碍设施建设问题，导致改造难度非常大、成本比较高。即便能进行无障碍改造，也仅能实现无障碍设施"有没有"，难以实现"好不好"。

（四）无障碍环境融合发展不足

《条例》把无障碍环境划分为无障碍设施、信息交流和社区服务三个部分，在政策制定或实践中往往根据主管部门的责任把无障碍环境建设划分为几个相互独立的部分，一定程度上不利于无障碍环境的融合发展。无障碍环境是一个有机整体，某种设施或服务的使用一般不仅需要无障碍设施、信息和服务的有效组合，还有赖于人们无障碍态度、意识、理念、知识、文化的引导、教育或滋养。由于数字化的发展，当前无障碍环境的有些领域逐渐走向融合发展，为无障碍环境的发展带来了无限可能。[1] 首先，信息无障碍越来越重要。当今世界数字化发展迅速，数字经济、数字社会、数字政府建设加快推进，深刻改变着企业的生产经营方式、政府的治理方式、人们的生活方式。在数字化浪潮中，以信息化手段弥补身体机能、所处环境等方面存在的差异，使残疾人、老年人等全体社会成员都能平等、方便、安全地获取、交互、使用信息。其次，信息无障碍的发展能方便所有人。信息无障碍技术、产品和服务不仅仅是解决特殊群体的信息障碍问题，而且会给所有人带

---

[1] 中国信息通信研究院、深圳市信息无障碍研究会：《中国信息无障碍发展白皮书（2019年）》，http：//www.caict.ac.cn/kxyj/qwfb/bps/201907/t20190726_206187.htm。

来便利。最后，信息化、数字化的发展使得建筑、交通、服务、信息等领域的无障碍逐渐走向融合。将信息无障碍理念运用到所有信息设备的开发和信息服务，实现个人信息终端的无障碍，支持所有人融合共享，公共设备和公共服务的无障碍可以体现公共领域的公平性。新一代信息技术进入无障碍领域，与互联网、人工智能、大数据、物联网等技术紧密结合的应用方便了所有人，如语音转文字的技术不仅方便听障人员使用，也方便所有人获取、记录信息；语音导航技术不仅方便视障群体，也方便机动车驾驶人员；基于人工智能的图像识别技术，不仅能帮助视障群体，也助推了无人驾驶的发展；将物联网技术应用于商品、药品的识别，不仅能改善视障群体的食品和用药安全，更重要的是为解决食品和药品安全问题提供了新方法和手段。目前，由于数字化手段的植入和无障碍环境的融合发展，无障碍的价值和作用不再仅仅局限于外部环境的改善，还可以实现残疾人等社会成员的功能补偿、增能赋能、潜能开发和优能发挥。调研发现，无障碍环境建设融合发展不足，数字化技术在设施无障碍、社会服务无障碍中的应用严重不足，数字化盲道、语音转换系统等高科技产品还未得到应用。

（五）无障碍环境建设机制不健全

无障碍环境建设涵盖规划、设计、审查、施工、监理、验收和维护等全流程，但相关主体未严格贯彻法律法规和标准规范的现象较为普遍，无障碍环境全流程的建设与管理机制尚不健全。为促进无障碍环境高质量发展，亟须树立无障碍环境建设全周期管理意识，健全全周期管理机制。当前无障碍环境建设在全流程和全周期管理机制上，主要存在以下几方面问题。

建设环节主体责任落空。无障碍环境建设涉及的主体较多，有建设单位、设计单位、施工单位、监理单位等责任主体。由于法律法规缺乏强制性以及规定责任不具体，导致出现一系列问题。第一，各责任主体一般很少主动考虑无障碍问题，不依法履责、责任落空的现象非常普遍。第二，各责任主体的协同机制缺位，主体之间缺乏有效的协同、互动和合作。第三，尚未建立"人人有责、人人尽责、人人享有"的无障碍环境建设共同体，无障碍环境建设的各环节缺少残疾人、老年人等群体的体验和监督，社会和公众的参与平台与载体比较缺乏，参与渠道还不畅通，参与机制还不健全。最大限度地调动社会和公众参与的积极性、主动性、创造性，可以促进各主体依法履行责任。

审查环节行政监管缺位。针对建设环节主体责任落空的情况，《条例》以及地方性法规或政府规章明确规定了住房和城乡建设主管部门对不符合无障碍设施工程建设标准的依法给予处罚。调研中发现，住房和城乡建设主管部门很少对主体责任落空情况进行严格把关和审查，尚未实现有效监管和做出相应处罚，导致新建、改建和扩建设施不符合无障碍设施标准的存量持续增加。由于相关法律法规的立法缺位，在工程项目办理竣工验收时，无障碍设施不是必备项目，导致无障碍设计和设施不是必须提供的材料。以一判决书为例①，业主共同起诉当地住建委做出的备案登记缺少无障碍设施工程的设计资料，法院对业主的上诉不予采纳，提供的依据是"无障碍设施的施工验收材料并非法规、规章所规定的建设行政主管部门在建筑工程竣工验收备案时必须提供的材料"。

使用环节维护管理不力。目前我国无障碍设施数量很多，尤其在大城市，但"重建设、轻管理和维护"的问题比较突出，主要表现在三个方面。一是占用无障碍设施的情况比较常见，没有形成人人爱护无障碍设施的氛围。由于缺乏日常监督和管理，人们认识不足和自觉意识不强，导致出入口坡道、无障碍卫生间、盲道等无障碍设施经常发生被占用或损坏的情况。二是忽视维护，无障碍设施损坏而导致无法使用。无障碍设施利用率一般比较低，所有权人或者管理人发现损坏后，往往不进行及时维修，导致无法正常使用，甚至带来生命安全隐患。三是任意改变无障碍设施用途或取消无障碍设施。比如无障碍卫生间经常变成储物间；有些设施在扩建和改建过程中，甚至取消原有的无障碍设施。

监督机制尚不完善。党的十八届四中全会首次提出建设中国特色社会主

---

① 中国裁判文书，https：//wenshu. court. gov. cn/。

义法治体系的总目标，要求形成严密的法治监督体系。无障碍环境建设监督体系尚不完善。"重建设、轻监督"是各地无障碍环境建设经常遇到的问题，根源在于立法中的缺位。多元的监督体系是无障碍环境建设顺利开展的重要保障。随着无障碍环境建设的广泛实践，已经取得了多种行之有效的监督方式，亟须通过立法把好的经验上升为法律，在全国进行推广。在人大监督方面，杭州市人大在2020年开展无障碍环境建设专项监督，征集到无障碍环境建设意见建议620条，形成了问题清单和工作建议，有效促进了杭州市无障碍环境改造。在司法监督方面，最高人民检察院和中国残联发布无障碍环境建设检察公益诉讼典型案例，各地做实、做细无障碍环境建设公益诉讼工作，推动无障碍环境建设基层自治、行业自律、系统治理。在社会监督方面，北京市把无障碍环境纳入接诉即办，树立无障碍环境建设人人承担、人人享有的社会意识，拟通过立法把无障碍环境接诉即办进行法治化、规范化。无障碍环境督导员和督导队建设在全国各地取得了积极成效，上海把督导员制度写入《上海市无障碍环境建设与管理办法》中，明确了督导员的队伍构成和权力。

责任机制有待落实。2019年至2021年3月，全国检察机关共立案办理无障碍环境建设公益诉讼案件803件，其中行政公益诉讼案件801件，民事公益诉讼案件2件。[①] 从案件反映的问题来看，主要是部门职责落实不到位。无障碍环境建设权属复杂，法律法规责任规定不明确，容易导致责任机制落空。以浙江省检察院2021年2月组织开展的排查为例，发现机场的行政监管部门比较复杂，责任落实需要综合判断。从产权上看，无障碍设施不达标的机场属于浙江省机场集团有限公司，而该公司作为国企又受国资部门管理；从地方行政监管体制看，住房和城乡建设部门具有无障碍设施建设和综合提升改造的监管职责，交通运输部门对机场、地铁无障碍环境问题具有监管职责；从行业监管体制看，民航部门作为民航机场的行业主管部门对机场无障碍环境具有监管职责。由于责任机制落实不到位，当残疾人、老年人

---

① 《检察公益诉讼助推无障碍环境建设》，《法治日报》2021年5月15日，第3版。

等主体不能无障碍使用设施和获取服务时，很难保障合法权益的救济方式能有效发挥作用。

六　完善无障碍环境法治建设的建议

《条例》实施九周年以来，社会成员的无障碍意识和理念持续提升，无障碍环境建设基本有了执法依据，无障碍环境建设法规政策标准体系不断完善，资源投入力度不断加大，体制机制正逐步形成，无障碍环境各领域、各方面、各环节均取得积极进展，推动无障碍环境建设基本实现了"有没有"，对保障残疾人等社会成员平等权益和共享经济社会发展成果发挥了一定作用。随着无障碍环境建设的深入开展和广泛实践，《条例》立法理念落后、立法位阶低、内容涵盖不全、责任主体不清晰、法律责任不明确、强制性不足等问题凸显，导致《条例》遵守情况不佳、执法不严、违法不究、司法适用性不强、实效性不高等问题。总体而言，《条例》未能准确反映社会发展客观规律和人民意愿的局限性逐渐暴露出来，与时代发展脱节，已经不能适应新发展阶段无障碍环境高质量发展的要求和满足残疾人、老年人等全体社会成员无障碍环境"好不好"的需求。立足新发展阶段，面向第二个百年奋斗目标，为贯彻落实习近平总书记重要指示批示精神和党中央国务院的决策部署，有效应对人口老龄化趋势和数字化发展挑战，破解无障碍环境治理难题，促进无障碍环境高质量发展，推动人的全面发展、全体人民共同富裕取得更为明显的实质性进展，应深入总结实践经验、积极回应人民群众需求、科学把握新发展阶段要求、充分借鉴国际有益经验，适应国家完善法治建设的要求，把《条例》上升为法律，更新立法理念，扩大受众范围，丰富立法内容，通过科学立法推动无障碍环境建设有法可依、有法好依和严格执法。

（一）提高对无障碍的认识

树立正确的无障碍理念，消除对无障碍的认知误区和盲区，是无障碍环境立法最重要的基础。联合国有关报告指出，为加强无障碍相关政策的执行力度，必须开展经常性的教育、文化宣传和交流等活动，抵制污名化和歧视，改变对残疾人的态度，提高对无障碍的认识。① 特别是要纠正对无障碍认识的三大误区：第一，认为无障碍环境建设成本高，实际上如果在设计、建设的早期阶段或在改建、扩建中同步考虑无障碍，几乎不增加任何额外成本；第二，认为投入无障碍环境建设的收益小、成本高，没有意识到无障碍环境带来的回报和收益不仅能抵消付出的成本，而且有助于残疾人、老年人等社会成员独立生活和平等参与社会，并创造更多的价值，可以大幅度节约福利支出；第三，认为无障碍环境是残疾人专属，不了解无障碍环境的广泛受益性，没有意识到通用设计的应用能使所有人都平等参与社会，实现融合发展和共享发展。

立足新发展阶段，要从贯彻落实习近平总书记重要指示批示精神和党中央国务院决策部署理解无障碍的重要意义。以习近平同志为核心的党中央高度重视无障碍环境建设。2020 年 9 月，习近平总书记在湖南考察时指出："无障碍设施建设问题，是一个国家和社会文明的标志，我们要高度重视。"党的十九届五中全会把社会文明程度得到新提高、社会文明程度达到新高度分别作为"十四五"时期的目标和二○三五年基本实现社会主义现代化的远景目标。习近平总书记的重要论述把我们党对无障碍的认识和重视提高到一个全新的高度。党的十九届五中全会还提出"人民平等参与、平等发展权利得到充分保障""促进人的全面发展""健全老年人、残疾人关爱服务体系和设施""促进人权事业全面发展"等一系列具体要求。"十四五"规划做出"加强无障碍环境建设""加快信息无障碍建设""加强残疾人服务设施和综合服务能力建设，完善无障碍环境建设和维护政策体系，支持困难残疾人家庭无障碍设施改造""推进公共设施适老化改造""儿童友好城市建设"等一系列具体部署。《政府工作报告》连续四年提出加强无障碍环境建设相关内容。这些都迫切需要加快无障碍环境建设，保证习近平总书记重要指示精神和党中央国务院决策部署得到贯彻和执行。

---

① https：//www.undocs.org/CRPD/C/GC/2。

（二）深入贯彻习近平法治思想，适应国家完善法治建设的要求

习近平法治思想是习近平新时代中国特色社会主义思想的重要组成部分，是全面依法治国的根本遵循和行动指南，深刻回答了为什么要全面依法治国、怎样全面依法治国这个重大时代课题。① 随着社会主要矛盾的转换，人民群众对民主、法治、公平、正义、安全、环境等方面的要求日益增长。无障碍环境立法是贯彻落实习近平法治思想的重要举措，是坚持以人民为中心的重要体现，根本目的是保障人民权益。当前无障碍环境建设整体上解决了"有没有"，但"标准不标准""好用不好用"的问题比较突出。现有无障碍环境法规政策准确反映客观规律和人民意愿不够，解决实际问题有效性不足，针对性、实用性、可操作性不强。因此，不管是在实践中还是在法规政策制定上，存在的问题集中表现为质量不高，迫切需要提高无障碍环境法立法质量，依法化解治理难题、维护人民权益。

实现提升法治效能的目标，立法环节十分重要，要重点处理好法律体系与重点立法的关系。② 加快无障碍环境立法完全适应国家完善法治建设的要求，主要体现在两个方面。一方面，可以满足人民日益增长的美好生活需要。习近平总书记指出，加快建立健全国家治理急需满足人民日益增长的美好生活需要必备的法律制度。无障碍环境涉及面广、需求量大，虽然取得了长足进步，但发展不平衡、不充分特征比较明显，残疾人、老年人等社会成员平等参与社会生活仍面临较大的环境障碍，已成为满足人民日益增长的美好生活需要的主要制约因素之一。无障碍环境立法积极回应了人民群众的新要求新期待，是加快重点领域立法的题中之义。另一方面，无障碍环境专门立法尚属空白，加快无障碍环境立法可以完善中国特色社会主义法律体系，使之更加科学完备、统一权威。经历60多年的发展和演变，无障碍环境经

---

① 栗战书：《习近平法治思想是全面依法治国的根本遵循和行动指南》，《求是》2021年第2期，第19～25页。

② 江必新：《贯彻习近平法治思想、提升法治建设效能》，《学习时报》2021年5月14日，第2版。

历了两个重要变化。一是设计理念发生重要转变，从无障碍设计（Barrier-free design）转向通用设计（Universal design）；二是在设计理念的转变下，无障碍环境的受益群体从残疾人转向全体社会成员。目前国际上关于无障碍的立法大多嵌入残疾人法案中，这种特定群体权益保障法的立法模式既不能适应无障碍环境发展的需要，更难以满足全体社会成员的需要。特定群体权益保障法有其内在的缺陷，难以适应时代发展和社会进步的需求，既不能独自维护特定群体完整的社会权益，也无法作为特定群体实现自身某一项具体权利的直接法律依据，特殊群体的一般权益维护应当基于与社会成员平等的原则，主要是通过一般立法采取非歧视性原则加以解决，只有不能通过一般性立法解决的特定社会权益才适用于专门立法。[1] 无障碍环境是残疾人、老年人需要的，也是全体社会成员需要的，无障碍问题很难通过一般性法律解决。此外，目前涉及无障碍条款的一般性法律越来越多，表述不一，碎片化、衔接性不足的问题越来越突出，法制统一性有待维护。因此，无障碍环境需要通过专门立法加以规制，不应当由《老年人权益保障法》或《残疾人保障法》来规制，不仅可以保障残疾人、老年人等全体社会成员的无障碍权益，还可以促进其他相关法律在制定或修改时设置无障碍条款，同时保持与无障碍环境法的统一性、协调性、衔接性。

（三）明确社会法的立法定位以及在立法中明确无障碍权利

在立法定位上，建议将无障碍环境法定位为社会法。作为中国特色社会主义法律体系七大部分之一，社会法不仅关系到基本民生、基本人权，也关系到社会治理、社会文明、社会进步和社会公平。也有学者认为，由于国家干预明显、法律关系主体的不对等性、权利具有公共利益性，无障碍权更是一种行政法上的权利。[2] 行政法是规范公权力行使的法律，为公权力的行使提供支撑。社会法与行政法有密切的联系，社会法的法律渊源大量表现为行

① 郑功成等：《社会法总论》，人民出版社，2020，第10页。
② 李牧、王侄晴：《论新时代无障碍环境权的行政法保护》，《武汉理工大学学报》（社会科学版）2019年第6期，第7~14页。

政立法形态，行政执法是社会法实施的重要形态。但行政法和社会法存在明显的差异，行政法强调行政机关应当遵守法律规范、法律原则，而社会法更强调弱势群体保护、社会安全，为国家设定愈来愈多的积极义务。① 课题组认为无障碍环境立法十分契合社会法的要求，是人民的社会权利法、国家民生的保障法和社会的公平共享法。在我国，宪法是社会法的基石。宪法的相关规定为无障碍环境立法提供了直接依据，宪法规定的公民基本权利为无障碍环境立法和实施提供了权利基础。《公约》强调"无障碍的物质、社会、经济和文化环境、医疗卫生和教育以及信息和交流，对残疾人能够充分享有一切人权和基本自由至关重要"。无障碍环境立法不仅是对《公约》的积极回应，而且是以宪法为依据，将进一步弥补社会领域的法律空白，为公民实现基本权利夯实前提基础和提供实现路径。

正确客观认识无障碍权利，并在立法中明确赋予人们无障碍权利，是坚持以人民为中心的重要体现。无障碍是每一个人的权利，是全体社会成员平等参与社会、平等发展的前提条件和重要基础。同时不能把无障碍权利孤立地看待，无障碍权利必须与其他基本权利联合起来才有意义②，比如无障碍＋经济、社会、文化、环境权利。无障碍权利既不是一个新的权利，更不是残疾人的专有权利。《公约》也明确表示，《公约》没有为残疾人创造新的权利，无障碍是残疾人独立生活和平等参与社会生活的前提条件。③《公约》实际上是强调了残疾人同样享有一切人权和自由，无障碍应该被视为残疾人等社会成员享有平等权利和机会的一种重申和确认。④《公约》的哲学基础是残疾的社会模式，但《公约》又超越了社会模式，形成了残疾的

---

① 栗燕杰：《论社会法与其他法律部门的关系》，《内蒙古社会科学》2020年第3期，第20～25页。

② Seatzu F. (2017) Article 9［Accessibility］. In：Della Fina V., Cera R., Palmisano G. (eds) The United Nations Convention on the Rights of Persons with Disabilities. Springer, Cham. https：//doi. org/10. 1007/978 - 3 - 319 - 43790 - 3_ 13.

③ 曲相霏：《〈残疾人权利公约〉与残疾人权利保障》，《法学》2013年第8期，第105～112页。

④ 联合国第七十四届会议决议：《执行〈残疾人权利公约〉及其〈任择议定书〉：无障碍》。

权利模式，与社会模式有显著的不同，不仅使无障碍权利的范围得到最大程度的扩展和确认，而且为无障碍权利提供了坚实的理论基础和实现路径。[1]在理论基础上，权利模式解释了法律面前为什么残疾人是权利主体，解释了残疾人为什么享有广泛的无障碍权利。在无障碍权利范围上，《公约》涵盖权利的范围最广，包含了一切人权和自由的无障碍，涵盖了公民、政治权利和经济、社会、文化权利，权利模式使得无障碍权利得到最大范围拓展。从权利视角出发，当权利主体的无障碍权利受侵犯时，义务主体应承担相应的责任，应该是无障碍环境立法的目的。通过立法确认无障碍权利，不仅是现行法律的补充，明确权利的行使边界和救济方式，同时也为相关责任主体履行无障碍环境建设义务提供合法性基础，强化相关主体在无障碍环境建设中的责任。但依据现行法律法规，由于权利设定不明确、行政执法不到位、救济途径不通畅，使得无障碍权利难以实现。[2]

（四）明确无障碍定义和立法调整范围

《条例》实施以来，我国加快了对无障碍的研究和实践，但是始终没有形成关于无障碍概念全面、简明而权威的中文定义。[3] 国际发展历程表明，随着经济社会的发展以及残疾模式的演变，无障碍的内涵和外延发生了很大变化，所以在英文表述中，无障碍有多种不同表达，但是在联合国官方文件以及中文文献中一般统一翻译为无障碍或无障碍环境，难以区分英文中无障碍代表的不同含义和历史演变趋势，以至于我们对无障碍的定义出现不一致的状况，导致无障碍的内涵和外延比较模糊，甚至对无障碍出现一些错误和狭隘的认识。到底什么是无障碍，这是一个重要的基础性问题，既关系到无障碍法律法规政策的顶层设计，又关系到无障碍的落地实践。亟须在立法中

---

[1] Degener T.（2017）A New Human Rights Model of Disability. In：Della Fina V.，Cera R.，Palmisano G.（eds）The United Nations Convention on the Rights of Persons with Disabilities. Springer，Cham. https：//doi. org/10. 1007/978 - 3 - 319 - 43790 - 3_ 2.

[2] 李牧、王侄晴：《论新时代无障碍环境权的行政法保护》，《武汉理工大学学报》（社会科学版）2019 年第 6 期，第 7 ~ 14 页。

[3] 厉才茂：《无障碍概念辨析》，《残疾人研究》2019 年第 4 期，第 64 ~ 72 页。

明确无障碍的中文含义。明确无障碍的内涵非常有必要，广泛认可、权威、且具有国际可比性的无障碍定义可以为研究、比较、标准化、监测、评估、立法、司法、执法等一系列活动提供一个通用框架和指向。联合国经济和社会事务部社会政策和发展司在一篇报告中对无障碍的概念进行了明确定义①，无障碍指提供无论是虚拟还是实体的灵活的设施和环境，以满足每个用户的需求和偏好，这可以是容易接近、到达、进出、与之交互、理解或以其他方式使用的任何场所、空间、项目或服务②，并指出无障碍既是一个人权问题，也是一个发展问题。该定义基本上沿用了国际标准化组织在建筑环境国际标准中对无障碍的定义③，而且是得到联合国采纳和各国认同的主流定义。

明确无障碍定义可以进一步明确无障碍环境的范围，即哪些范围的设施和服务必须实现无障碍的目标，关系到无障碍环境法的调整范围。进入新发展阶段，人们对高质量发展和高品质生活的追求，会进一步拓展无障碍环境的范围。但是落实到法律规制领域，为了使无障碍环境建设与经济社会发展水平相适应，确保法律制定具有合理性、可行性，避免造成不必要的负担，需要明晰法律规制的边界，厘清责任主体和义务内容的边界。④ 国际发展历程表明，发展阶段不同，法律规制的无障碍环境建设范围也有所不同。以美国为例，最早规制的无障碍环境建设范围是联邦政府资助的设施，后来随着《美国残疾人法》等法律的出台，逐渐向私营领域和通信、信息领域延伸。关于无障碍的范围，在起草《公约》时是讨论比较多的问题之一。⑤ 最终，

---

① United Nations, Department of Economic and Social Affairs Inclusion. *Accessibility and Development-Mainstreaming disability in the post – 2015 development agenda*, 2013, https：//www. un. org/development/desa/dspd/2013/12/accessibility – and – development – mainstreaming – disability – in – the – post – 2015 – development – agenda/.

② 该定义是目前国际上比较权威和通用的无障碍定义，后来在联合国大会秘书长的报告《无障碍与〈残疾人权利公约〉及其任择议定书的现况》中（A/74/146）被直接使用，是联合国认可的定义。

③ 国际标准化组织 21542：2011 年标准。

④ 乔静漪：《我国残障者无障碍环境建设法律制度研究》，北京大学硕士学位论文，2019。

⑤ Seatzu F. (2017) Article 9 [Accessibility]. In：Della Fina V., Cera R., Palmisano G. (eds) The United Nations Convention on the Rights of Persons with Disabilities. Springer, Cham. https：//doi. org/10. 1007/978 – 3 – 319 – 43790 – 3_ 13.

《公约》把无障碍环境的范围扩大到最大，即不管是公共的还是私有的，城市的还是农村的，只要是向公众提供的设施和服务，国家都应该采取措施，保障残疾人在与其他人平等的基础上获取所有向公众开放或提供的设施和服务，重点列举了建筑物、道路、交通和其他室内外设施（包括学校、住宅、医疗机构、工作场所）；信息、交流和其他服务，包括电子服务、应急服务，但不仅限于这些设施和服务。

《公约》所提倡的无障碍环境范围是理想状态下的要求。事实上，联合国一直在优先提倡和推动公共领域设施和服务的无障碍。因为使用财政资金提供的设施和服务要优先解决公平问题，必须保障所有人可以使用和获取。也就是说政府采购或资助的设施和服务必须优先符合无障碍要求。2016年，在联合国第七十一届会议上，秘书长提交报告《全面实现对残疾人包容和无障碍的联合国》。[①] 该报告指出，无障碍是联合国系统内的优先问题，联合国内部成立了由多部门组成的工作队，解决联合国内部的无障碍环境问题，创造有利于残疾人参与的工作环境。2019年，联合国第七十四届会议形成的决议文件《执行〈残疾人权利公约〉及其〈任择议定书〉：无障碍》中提出，督促各国考虑关于政府采购的法律、政策和程序，以确保残疾人能够在与他人平等的基础上无障碍获取向公众开放的任何服务或设施。然而，在大多数情况下，政府采购并不符合残疾包容[②]和无障碍标准，无障碍建筑环境、无障碍信息和通信以及无障碍服务的不足和缺乏是扩大残疾人与其他社会成员不平等的根本原因。[③] 国际上用法律规制无障碍环境范围的历程和经验可以给我们立法范围带来三点重要启示。首先从内容上，可以讨论是设施，是服务（包括信息服务），还是产品。其次从性质上，是优先强制公共

① https://undocs.org/A/71/344。
② 残疾包容（disability-inclusive）在联合国的文件中是一个专有词汇，也可以翻译为残疾融合，比如残疾融合（包容）战略、残疾融合（包容）发展，意思是在主流发展或战略中考虑残疾人问题，把残疾人事务纳入主流。
③ ESCAP. Disability-inclusive public procurement：Promoting universal design and accessibility. *Social Development Policy Paper*, No. 2019/01, https://www.unescap.org/resources/disability-inclusive-public-procurement-promoting-universal-design-and-accessibility.

领域，还是涵盖私人领域。最后从地区上，是优先城镇，还是优先农村；是优先经济发达地区，还是优先经济落后地区。

（五）坚持问题导向、目标导向和结果导向相统一

无障碍环境建设是一项长期而系统的任务，涉及的领域多、内容多、环节多、主体多。只有通过立法才能有效保障无障碍环境建设的系统性、规范性、协调性。为更好地发挥法治固根本、稳预期、利长远的保障作用，就要求坚持问题导向、目标导向和结果导向相统一。

习近平总书记指出，要坚持问题导向，提高立法的针对性、及时性、系统性、可操作性。① 联合国残疾人权利委员会根据《公约》缔约国家和地区提交的报告，发现有三大原因导致各个国家和地区落实《公约》情况和无障碍环境建设参差不齐②：一是认识不足；二是缺乏保证切实执行无障碍标准和政策法规的监测机制，监测的工作由地方政府负责，但地方政府缺乏足够的人才、财力、物力和技术知识；三是相关利益主体得不到培训，残疾人及其代表组织没有充分参与无障碍环境建设、管理与维护的过程。我们国内无障碍环境建设存在的主要问题有四个方面。一是相关主体无障碍意识不强，认识存在误区，重视程度不够，专业知识缺乏。二是法治保障不足，缺乏保证切实执行无障碍政策法规和标准规范的监管主体与机制，人才、财力和物力投入不足。三是无障碍环境涉及环节较多，各环节的责任主体和法律责任尚不清晰，职责存在交叉，各环节的协同机制缺位，政府职责落实不到位，社会参与机制不健全。四是无障碍环境发展质量不高，主要表现为无障碍设施质量问题比较突出，合格率低、系统性差、安全性不高、便利性不足；信息交流和社会服务无障碍发展比较滞后；数字化应用不足，无障碍环境各领域融合发展程度不高。因此，坚持问题导向，重点在于明确标准制定、专项规划和专项资金，加强宣传、教育和培训，明确责任主体，完善体制机制，加强监督管理，强化法律责任。

---

① 习近平：《论坚持全面依法治国》，中央文献出版社，2020，第73页。
② 残疾人权利委员会第十一届会议《第2号一般性意见（2014）：第九条：无障碍》（CRPD/C/GC/2），https://www.undocs.org/CRPD/C/GC/2。

坚持目标导向，立法要坚持以人民为中心，把促进人的全面发展和实现共同富裕作为重要目标。对于落实联合国《公约》和《2030 年可持续发展议程》而言，无障碍既是手段也是目标。缺乏无障碍环境是造成残疾人等群体被排斥的根本障碍，迫切需要解决这一问题，以促进残疾人等社会成员的独立生活和社会参与。因此，无障碍是实现共享与发展的前提条件和重要基础。习近平总书记指出，只有坚持以人民为中心的发展思想，坚持发展为了人民、发展依靠人民、发展成果由人民共享，才会有正确的发展观、现代化观。贯彻新发展理念、构建新发展格局、推动高质量发展，归根结底是不断推进全民共享与全面共享，最终实现全体人民的共同富裕。习近平总书记在庆祝中国共产党成立 100 周年大会上强调，在新的征程上要"推动人的全面发展、全体人民共同富裕取得更为明显的实质性进展"。因此，进入新发展阶段，党和国家把扎实推动共同富裕和促进人的全面发展摆在更加重要的位置，表明在全面建设社会主义现代化阶段，共同富裕不再是一个远景目标，而是要有实际举措并且要见到成效，这是社会主义的本质要求。实现共同富裕，最困难的群体之一是残疾人，并且随着人口老龄化，残疾人数量会显著增加。早在 2017 年，习近平总书记在《致 2013—2022 年亚太残疾人十年中期审查高级别政府间会议的贺信》中就指出，"中国将进一步发展残疾人事业，促进残疾人全面发展和共同富裕"。共同富裕立足于共同权利、生成于共同发展、实现于共同享用①，要求更加注重发展共享和人的全面发展，是全体人民的富裕，是人民群众物质生活和精神生活都富裕，必须克服和消除阻碍共同富裕的各种障碍，无障碍同样既是手段也是目标。

坚持结果导向，立法更要坚持以人民为中心，扩大受众范围，审视各项法治措施的最终成果是不是更多更公平地惠及最广大的人民群众，尤其是残疾人和老年人，是否促进了他们的平等参与和平等发展。随着通用设计的普及和残疾普同模式的流行，无障碍环境的受益群体从残疾人转向全

---

① 葛道顺：《新时代共同富裕的理论内涵和观察指标》，《国家治理》2021 年第 30 期，第 8 ~ 11 页。

体大众，无障碍环境的受益群体不断扩大，以至于全体社会成员都能得到无障碍环境带来的便捷。残疾普同模式的提出者左拉提出"普遍的障碍感"和"需求的普遍性"，前者是指尽管有些人不把自己当作残疾人，但是在生活中会感受到"障碍"的存在，后者是指所有人在一生中都存在患病或残疾的风险，意味着每个人都可能是一个潜在的残疾人，每个人对无障碍都有潜在的需求。[①] 第七次人口普查数据显示，我国 60 岁及以上人口有 2.64 亿，占总人口的比重为 18.7%。人口老龄化已成为今后一段时期我国的基本国情，具有规模大、程度深、速度快等特征。2006 年第二次全国残疾人抽样调查数据显示，在 8296 万残疾人中，60 岁及以上的人口有 4416 万，占比为 53.24%，残疾老龄化比较突出；4416 万残疾老年人占 2006 年全国老年人总数的比例为 29.6%，老龄残疾化比较明显。[②] 与 1987 年全国残疾人抽样调查相比，60 岁及以上残疾人数增加了 2365 万，占全国残疾人新增总数的 75.5%。[③] 人口老龄化是残疾人数量增加的最主要因素。随着中度老龄化和重度老龄化的到来，社会对无障碍环境的需求势必会更加强烈。

（六）坚持借鉴国际经验和立足中国实践相结合

国际经验表明，随着人们对残疾模式认知的变化，无障碍环境在不同发展阶段的理念、需求和重点有所不同。由于过去几十年残疾社会模式的主导，很多国家出台无障碍相关法律、政策或行政指导意见。联合国《残疾人权利公约》把无障碍作为一项基本原则，要求缔约国有义务建设发展本国无障碍环境，并制定无障碍法律、标准和技术指南。很多国家和地区的立法宗旨大多是为了保障残疾人的平等参与权和独立生活，立法形式多样，立法理念不一，立法内容各有侧重，为我国提供了丰富经验。在立法形式上，

---

① 杨锃：《残障者的制度与生活：从"个人模式"到"普同模式"》，《社会》2015 年第 6 期，第 85~115 页。

② https://www.cdpf.org.cn/zwgk/zccx/cjrgk/f6a18ca7bda04196b4bbf50fa4e7a478.htm。

③ http：//www.stats.gov.cn/tjgz/tjdt/200612/t20061205_16908.html。

无障碍相关要求大多嵌入残疾人法律中。大约 92% 的《残疾人权利公约》缔约国在通过的残疾人法律中，包含明确的无障碍环境条款或隐含要求无障碍措施的条款。这种以特殊需要方式为残疾人提供很多专门的法规措施，虽然能一定程度推动无障碍环境发展，但是在某些情况下，可能会导致与主流分离的单独服务，造成社会排斥。有的国家和地区采用了综合立法形式。如《欧洲无障碍法》重点以老年人和残疾人为适用对象，重点内容是消除现代科技产品和服务中的各种障碍；《无障碍加拿大法》涉及就业、建筑、通信、商品、服务、交通等。也有采用分散式立法方式，如日本的《交通无障碍法》《无障碍阅读法》，美国的《建筑无障碍法》。

立足中国实际和实践，我国地域广阔、区域差异大，难以用一部法律具体指导全国无障碍环境建设。无障碍环境立法在强调全国统一性的同时，也要把握无障碍环境发展不平衡不充分的特征，避免立法要求过高带来的负面效果。一方面要充分吸纳实践证明行之有效的社会政策，及时固化为法律，以在更大范围内更加有效地发挥无障碍环境立法的引领和推动作用，另一方面深入总结实践基础，充分借鉴地方立法经验，发现、总结、概括各个地方好的经验与做法，使之上升为全国层面的法律。近年来，在总结经验实践的基础上，上海、湖南、海南、安徽等 22 个省、自治区、直辖市和张家口、成都、兰州等一些地市相继出台了无障碍环境建设的地方性法规或规章。有的地方性法规或规章在《条例》基础上取得了创新和突破，更新立法理念、扩大受众范围、拓展立法内容、明确责任主体、完善体制机制、强化法律责任，可操作性、针对性明显提升。如《上海市无障碍环境建设与管理办法》细化政府及相关部门职责，明确无障碍设施建设与维护要求，完善无障碍社会服务，鼓励和支持社会参与，加强监督管理和责任处罚。《深圳经济特区无障碍城市建设条例》是全国首部无障碍城市建设立法，将立法适用范围扩大为残疾人和老年人、伤病患者、孕妇、儿童及其他有需要者，健全统筹协调工作机制，设立无障碍城市宣传日，建立社会监督员制度，强化科学技术赋能，创设无障碍城市建设公益诉讼制度。《杭州市无障碍环境建设和管理办法》首次明确了"无障碍环境建设是全社会的共同责任"，规定任何单位和个人都可以就无障碍环境建设情况向有关部门提出意见和建议，聚焦特殊群体的信息化需求，并纳入杭州智慧城市建设内容。此外，经过基层首创和探索，我国无障碍环境建设检察公益诉讼取得了明显成果。① 但无障碍环境建设还不属于检察公益诉讼的法定领域，检察机关在无障碍环境领域专业水平不足，残疾人或老年人组织尚不具备原告资格，亟须加快立法，强化无障碍环境的社会监督和法律监督。

无障碍相关法律法规执行情况不理想是世界各国普遍面临的问题。美国解决法律法规执行难的经验值得借鉴。为保证无障碍相关法律法规的执行，美国成立了美国无障碍委员会，是一个独立的联邦机构，主要职责是领导无障碍设计、发展无障碍指南和标准，促进残疾人的平等参与。② 该委员会成立于1973年，当初旨在确保联邦资助的设施达到无障碍标准，现在是无障碍设计（accessible design）的主要信息来源。委员会不仅制定和维护建筑环境、运输车辆、电信设备、医疗诊断设备和信息技术的设计标准，还提供有关这些要求和无障碍设计的技术援助和培训，促进对标准与指南的正确理解和执行。该委员会是联邦机构之间的协调机构，直接代表公众，特别是残疾人。委员会的成员中有12名是来自联邦部门的代表。总统任命其他13人作为公众成员（Public Members），其中大多数人必须是残疾人。作为部门间的综合协调机构，美国无障碍委员会主要负责标准、规范、指南的制定与培训，有效解决了人才培养和技术培训问题，从而保障无障碍法律法规的贯彻落实。建立综合协调机制是中国的特色。但综合协调机制在实践中也会存在很多问题，比如法律地位模糊不清、权利义务不清、决议效力不明确，协调机制成员的权责影响其工作常态化和有效化开展，人、财、物的保障不能有效落实。建议在立法中，明确综合协调机制的法律地位和成员构成，加强和细化无障碍环境建设综合协调机制及其委员的权责。

---

① 吕世明：《以检察公益诉讼推进无障碍环境建设》，《人民论坛》2021年第13期，第6～9页。

② 美国无障碍委员会官网，https：//www. access - board. gov/about/。

法 治 篇

Law-based Governance Reports

B.2

中国无障碍环境建设立法
研究报告（2021）*

李 牧 马 卉 李群弟 胡哲铭**

摘 要： 国家"十四五"规划明确指出，完善无障碍环境建设和维护政策
体系，保障残疾人基本权益。本报告以我国无障碍环境建设立法
为研究对象，回顾了我国经历"起步创设""立法发展""质量
提升"三个阶段的无障碍环境建设立法历程，并从法律、行政法
规、地方性法规等方面分析了我国无障碍环境建设立法的基本现

---

* 本报告为中央高校基本科研业务费专项资金资助项目"中国残疾人保障研究"（项目编号：
2020VI058）、湖北省人大研究项目"我国无障碍环境建设立法研究"（项目编号：HBRDYJKT2019117）
研究成果。

** 李牧，武汉理工大学法学与人文社会学院院长，武汉理工大学中国残疾人发展事业研究中心
主任、教授，博士生导师，研究领域为行政法学、残疾人事业发展理论与权益保障；马卉，
武汉理工大学无障碍标准化研究与服务中心执行主任、副教授，研究领域为民商法学、无障
碍立法、融合教育；李群弟，武汉理工大学马克思主义学院博士在读，研究领域为法治与思
想政治教育、残疾人事业发展；胡哲铭，武汉市新洲区人民政府双柳街道办事处科员，研究
领域为行政法学。

状。尽管出台了一系列无障碍环境建设领域的相关法律文件，但仍存在明显不足。基于现行相关立法存在的问题，提出制定无障碍环境建设法，完善立法体系；丰富立法内容，明晰法律关系；完善立法程序，推动残疾人参与无障碍立法；规范立法评估，确保实施成效等对策，以期更好地促进我国无障碍环境建设立法。

关键词： 无障碍　无障碍环境　权益保障　科学立法

一　我国无障碍环境建设立法的历史进程

自 20 世纪 80 年代起，我国无障碍环境建设立法开始起步。通过 30 余年的探索和积累，无障碍环境建设立法经历了从抽象化到逐步具体化的过程，基本形成了无障碍环境建设的法律体系，其立法沿革大致可以概括为起步创设期、立法发展期和质量提升期三个阶段，各阶段有关无障碍环境建设的立法文件统计数据如表 1 所示。

表1　各阶段有关无障碍环境建设的立法文件统计数据

发展阶段	1986~2000	2001~2011	2012 年至今
法律	1	2	7
行政法规	0	2	5
部门规章	2	5	14
地方性法规	54	171	380
地方政府规章	18	115	165
中央规范性文件	18	135	152
地方规范性文件	19	1278	2238

资料来源：阿尔法数据库，分别通过普通检索和高级检索统计分析所得。

（一）起步创设阶段：在物质环境领域逐步探索无障碍设施（1986~2000年）

1986 年，我国制定了第一部无障碍建设设计标准，即《方便残疾人使用的城市道路和建筑物设计规范（试行）》①，标志着我国无障碍环境建设立法工作的起步（见表2）。1990年颁布的《残疾人保障法》对交通道路、公共设施等环境建设提出了更为具体的无障碍设计要求。2000年修订的《方便残疾人使用的城市道路和建筑物设计规范》，扩大了建筑物设计应考虑残疾人的范围，如增加了残疾人停车车位等规范内容。可以发现，在起步创设阶段，无障碍环境建设立法的主要目的是保障残疾人基本生活，确保其能便利地融入社会生活，逐步探索无障碍设施的建设，着重强调物质环境的无障碍建设和改造。

表2　起步创设期相关立法

效力级别	发布时间	名称
法律	1990年12月28日	《残疾人保障法》
部门规章	1986年9月20日	《方便残疾人使用的城市道路和建筑物设计规范(试行)》
	1998年10月15日	建设部关于印发《建筑工程项目施工图设计文件审查试行办法》的通知

注：本表仅列至部门规章。

（二）立法发展阶段：无障碍建设范围扩大，受众群体增加（2001~2011年）

进入21世纪，随着我国人口老龄化进程的加快，无障碍环境建设的受众群体从单纯的残疾人开始延伸至社会全体成员。为此，国家不仅修订了涉及无障碍环境的《残疾人保障法》《防震减灾法》，出台了《公共文化体育设施条例》《道路交通安全法实施条例》等相关法规；同时，还积极探索制定无障碍环境建设的标准规范，与法律法规相配套。2001年，三部联合发

---

① 1986年，《方便残疾人使用的城市道路和建筑物设计规范（试行）》由建设部、民政部、中国残疾人福利基金会共同编制。

布的《规范》^①中将无障碍环境的部分建设标准列为国家强制性标准，要求各城市建设无障碍环境必须依照此标准执行；2009 年，为适应经济社会发展及残疾人、老年人等弱势群体的社会生活需求，对《规范》再次进行了修订。2008 年修订的《残疾人保障法》专章规定了无障碍环境；2009 年修订的《城市道路和建筑物无障碍设计规范》扩大了无障碍环境建设的范围，增加了信息无障碍内容。之后，无障碍建设领域进一步扩大，强调学校的无障碍设计，如 2011 年颁布的《特殊教育学校建设标准》中规定要确保基础设施无障碍设计，促进特殊教育资源的平衡（见表 3）。

表 3　立法发展期相关立法

效力级别	发布时间	名称
法律	2008 年 4 月 24 日	《残疾人保障法》(2008 修订)
	2008 年 12 月 27 日	《防震减灾法》(2008 修订)
行政法规	2003 年 6 月 26 日	《公共文化体育设施条例》
	2004 年 4 月 30 日	《道路交通安全法实施条例》
部门规章	2001 年 11 月 30 日	《船舶引航管理规定》
	2002 年 7 月 2 日	《运输类旋翼航空器适航规定》(2002 修订)
	2009 年 4 月 20 日	《道路旅客运输及客运站管理规定》(2009 修正)
	2010 年 12 月 25 日	《光荣院管理办法》
	2011 年 7 月 1 日	《民政信访工作办法》(2011)

注：本表仅列至部门规章。

（三）质量提升阶段：信息无障碍深度拓宽，满足残疾群体多元需求（2012年至今）

《无障碍环境建设条例》（以下简称《条例》）的颁布不仅是无障碍环境建设领域的第一部行政法规，同时也拉开了我国无障碍环境建设的新帷

---

① 该《规范》主要是指建设部、民政部、中国残联在 2001 年 6 月联合发布的《城市道路和建筑物无障碍设计规范》（正文中简称《规范》）。

幕。该《条例》对无障碍设施建设、无障碍信息交流以及无障碍社区服务等做出了具体规定，明晰各政府部门在无障碍环境建设的具体职责。同年12月通过的《老年人权益保障法》修订案，也细化完善了有关无障碍环境建设的内容，规定应当加强对老年人无障碍环境的建设，如第六十四条、六十五条及八十二条等。聚焦当下，2021年颁布的《数据安全法》也规定提供智能化公共服务，为残疾人提供便利。这一阶段，我国在无障碍权益保障的立法内容上，也从服务残疾人、老年人等群体基本的生活需要转变为满足多元社会需求为主（见表4）。

表4　质量提升期相关立法

效力级别	发布时间	名称
法律	2012年12月28日	《老年人权益保障法》（2012修订）
	2015年4月24日	《老年人权益保障法》（2015修正）
	2016年12月25日	《公共文化服务保障法》
	2017年11月4日	《公共图书馆法》
	2018年10月26日	《公共图书馆法》（2018修正）
	2018年10月26日	《残疾人保障法》（2018修正）
	2018年12月29日	《老年人权益保障法》（2018修正）
	2021年4月29日	《乡村振兴促进法》
	2021年6月10日	《数据安全法》
	2021年8月20日	《法律援助法》
行政法规	2012年6月28日	《无障碍环境建设条例》
	2017年2月1日	《残疾人教育条例》（2017修订）
	2017年2月7日	《残疾预防和残疾人康复条例》
	2017年10月7日	《中华人民共和国道路交通安全法实施条例》（2017修正）
	2018年9月18日	《残疾预防和残疾人康复条例》（2018修正）
部门规章	2012年3月14日	《道路旅客运输及客运站管理规定》（2012修正）
	2014年9月30日	《出租汽车经营服务管理规定》
	2016年3月4日	《大型飞机公共航空运输承运人运行合格审定规则》（2016修订）
	2016年3月17日	《运输类飞机适航标准》（2016）
	2016年8月26日	《巡游出租汽车经营服务管理规定》（2016修正）
	2017年1月23日	《小型航空器商业运输运营人运行合格审定规则》（2017修正）

续表

效力级别	发布时间	名称
部门规章	2017 年 4 月 1 日	《运输类旋翼航空器适航规定》(2017 修订)
	2017 年 9 月 4 日	《大型飞机公共航空运输承运人运行合格审定规则》(2017 修订)
	2018 年 5 月 21 日	《城市轨道交通运营管理规定》
	2018 年 7 月 31 日	《港口经营管理规定》(2018 修正)
	2018 年 7 月 31 日	《交通运输部关于修改〈港口经营管理规定〉的决定》(2018)
	2018 年 11 月 16 日	《运输机场运行安全管理规定》(2018 修正)
	2019 年 4 月 9 日	《港口经营管理规定》(2019 修正)

注：本表仅列至部门规章。

二　我国无障碍环境建设的立法基本现状

法律、行政法规、地方性法规和规章是我国无障碍环境建设的基本立法体系。同时，我国的无障碍环境建设立法体系还包含诸多其他法律渊源，如技术标准（规范）等。

（一）法律：以《残疾人保障法》为核心，其他法律为补充

1990 年《残疾人保障法》的通过，不仅为残疾人权益保障提供了法律支撑，同时也为我国无障碍环境建设提供了法律保障和指引。举例来说，《残疾人保障法》第四十六条之规定内容[①]，对推进无障碍环境建设的逐步开展发挥了重要作用。[②] 之后，为回应残疾人对社会的时代关切，对《残疾人保障法》进行了相应修订，具体修改主要体现在以下方面：一是补充了信息无障碍环境建设[③]；二是增加了一条关于违反无障碍环

---

① 《残疾人保障法》第四十六条：国家和社会逐步实行方便残疾人的城市道路和建筑物设计规范，采取无障碍措施。
② 彭喆一：《我国无障碍环境建设立法研究》，武汉理工大学硕士学位论文，2019。
③ 《残疾人保障法》第五十二条：国家和社会应当采取措施，逐步完善无障碍设施，推进信息交流无障碍，为残疾人平等参与社会生活创造无障碍环境。

境建设和维护的法律责任规定。① 三是为满足残疾人融入社会生活的迫切现实需求，也为了响应国家政策号召和保障残疾人人权，无论是《老年人权益保障法》还是最近颁布的《乡村振兴促进法》《数据安全法》《法律援助法》等法律法规中，都对无障碍环境建设进行了相关规定，如《数据安全法》第十五条规定了智能化服务应当考虑残疾人、老年人的需求。②

（二）行政法规：出台《无障碍环境建设条例》，细化无障碍环境内容

2004 年国务院陆续发布的《残疾人教育条例》，以及 2011 年修订的《道路交通安全法实施条例》，均对公共交通、公共道路及特殊教育场所的无障碍建设进行了规定。各部门也积极制定了部门规章对其所属领域的无障碍环境建设进行了细化规定，且在实践中取得了较好成果。2012 年通过的《无障碍环境建设条例》（以下简称《条例》）不仅满足了广大残疾人的实际需要，也适应了国内社会发展的时代要求。《条例》的通过为明确无障碍环境建设的目的提供了制度基础。同时，《条例》中强调各级政府部门要承担起无障碍环境建设责任，积极引导社会全体成员共同参与，给予残疾人一定特殊照顾。③

（三）地方性法规和规章：结合地区实际，制定无障碍环境建设配套细则

为更好地满足残疾人的社会生活需求，各地结合自身特色，在不违背《残疾人保障法》等上位法的前提下，有针对性地制定了无障碍环境建设的

---

① 薄绍晔：《我国无障碍建设概况》，《北京规划建设》2007 年第 6 期，第 45～48 页。
② 《数据安全法》第十五条：国家支持开发利用数据提升公共服务的智能化水平。提供智能化公共服务，应当充分考虑老年人、残疾人的需求，避免对老年人、残疾人的日常生活造成障碍。
③ 国务院法制办等：《无障碍环境建设条例释义》，华夏出版社，2012，第 56～58 页。

配套实施细则。据统计，截至 2020 年，全国共出台了 674 个省、地、县级无障碍环境建设与管理法规、政府令和规范性文件，开展无障碍建设的市、县达到 1753 个。[①]

通过调查，发现大多数省市以出台政府规章为主，如《深圳市无障碍环境建设条例》。2021 年，北京市发布了《北京市无障碍环境建设条例》（征求意见稿），不仅与国务院发布的《条例》法规名称上保持一致，同时也规定了更为详细的内容，比如界定了无障碍设施的改造及维护管理责任人。地方性法规与地方政府规章的颁布，对于加快推进公共场所和设施的无障碍改造，深入开展信息交流无障碍建设和稳步推进农村地区无障碍环境建设提供了法律依据。这些法规与规章在交通、教育、金融、旅游、食品药品、信息网络、紧急避险和应急疏散等行业和领域规定了一系列无障碍环境建设规范，极大地推动了残疾人更好地融入社会生活的进程。

（四）技术标准（规范）：形成层级分明、覆盖较全面的技术标准体系

虽然各地方已经出台了多部地方性法规与地方政府规章支持无障碍环境建设，但规定仍然不够具体。实践中，各地方政府主要依据各相关职能部门和技术部门制定的技术标准进行无障碍环境建设监督和管理。至此，经过十余年的无障碍环境建设实践，关于无障碍环境建设的技术标准体系基本上呈现出"层级分明、覆盖较为全面"的特点。首先，关于"层级分明"，我国目前涉及无障碍环境建设的标准可以分为四个层级。[②] 其次，关于"覆盖较为全面"，截至目前，无障碍环境建设标准涵盖众多领域，比如交通运输、建筑、家庭改造、信息产品、药品等领域。

[①] 中国残疾人联合会：《2020 年残疾人事业发展统计公报》，2021 年 4 月 9 日，https：//www.cdpf. org. cn/zwgk/zccx/tjgb/d4baf2be2102461e96259fdf13852841. htm。

[②] 我国目前涉及无障碍环境建设的标准可以分为：国家标准、行业标准、地方标准、团体标准等。

三 我国无障碍环境建设立法存在的问题

（一）立法体系：缺乏无障碍环境建设基本法，各层级立法尚未协调统一

目前，我国关于无障碍环境建设的立法还未上升到法律层面，仅有一部专项行政法规，即《无障碍环境建设条例》，尚未制定专门的无障碍环境建设基本法。与此同时，现行立法中也尚未规定无障碍环境权，一定程度上导致无障碍环境权在实践中难以落地。此外，无障碍环境建设立法的内容还未涉及具体专业领域，比如《铁路法》《民用航空法》等，仅仅在《残疾人保障法》《条例》中进行了比较宏观的规定，缺乏一定的针对性和可操作性。显然，上述情况会在很大程度上影响无障碍环境建设的立法进程，导致残疾人等弱势群体的基本权益无法落地。

（二）立法内容：主体、义务、责任规定有缺陷

1. 法律主体不清晰，责任义务设定不明确

在无障碍环境建设过程中，责任主体涉及政府部门、建造主体、改造主体、监管主体以及使用主体等多方主体。然而，我国目前对无障碍环境建设相关法律主体的法律义务规定尚不明晰，导致实践中出现相互推诿或不作为等现象，如《残疾人保障法》对无障碍环境建设的建造人、维护人及相应的管理人等规定模糊，导致实践中发生无障碍设施被占用、破坏等行为时难以获得有效保护。同时，无障碍环境设施使用方未合理妥善使用无障碍设施，或因不当使用造成无障碍设施损坏的，法律对此类行为的法律后果未明确。

2. 责任主体不全面，责任追究有难度

目前已经规定的法律责任部分，其中大多数为政府及其工作人员、无障碍设施的建造单位、改造单位等违反规定时所应承担的行政法律责任的相关规定，缺乏破坏无障碍环境建设的单位和个人应承担法律责任的条款。显

然，存在责任主体不全面的漏洞。同时，由于责任主体的不全面和不明确，造成法律责任难追究，进而导致残疾人权益难保障。[①]

（三）立法程序：参与立法机制不全，残疾人意愿难表达

无障碍环境建设立法的重要特征是具有特定的保障对象，残疾人、老年人等其他有特殊需求的社会弱势群体对立法的整体需求度和契合度要求较高。现有的无障碍环境建设相关立法表明，通过残疾人参与相关立法听证或由残联主导起草的法律规范较少，残疾人直接参与相关立法的机会不多，难以通过相关立法程序表达自己的意愿。实践中，残疾人还存在参与意识不强、参与能力和参与途径有限等问题，严重影响了残疾人参与无障碍环境建设立法的实际效能。参与立法机制的不健全，导致残疾人难以获取相关信息，其需求只能通过相关代表表达，自身难以表达真实意愿。

（四）立法评估：评估内容单一，实施成效亟待加强

从立法评估实践来看，我国针对无障碍环境建设立法前评估仍然主要是内部主体。单一的评估主体仍面临一系列窘境，具体如下。一是缺乏评估机构和人才，评估主体缺乏竞争机制。评估主体资质要求和认定的相应规定存在空白，评估主体资质参差不齐、市场化程度不高，缺乏竞争机制，致使立法评估主体垄断化，进而影响评估结果的公正性、客观性。[②]实践中存在立法评估的针对性和实用性不强、与社会实践脱节等问题。二是评估结果的应用及反馈机制不健全，可能会使评估活动流于形式。具体到无障碍环境建设的立法活动中，除少数法律开展了规范科学的立法评估，如2012年我国对《残疾人保障法》展开了立法后评估，并依据评估

---

① 曲相霏：《残疾人权利公约中的合理便利——考量基准与保障手段》，《政法论坛》2016 年第 2 期，第 3 ~ 18 页。

② 王方玉：《地方立法前评估的内涵与主体模式解析——基于对立法后评估的借鉴》，《西部法学评论》2018 年第 6 期，第 111 ~ 121 页。

报告完善了配套法规，大部分法规的立法评估结果的应用及反馈机制不健全，严重影响实施效果。①

四 促进我国无障碍环境建设立法的对策建议

（一）制定无障碍环境建设法，完善立法体系

在中央立法层面不应将无障碍环境建设立法囿于行政法规层级，而应该结合当前较为成熟的立法时机和条件，贯彻落实习近平法治思想，加快无障碍环境建设立法，适应国家法治建设需求，补充此前未能涉及的重要内容，明确各方主体责任，适时提高立法层级、制定无障碍环境建设法。

法律的权威性和强制性会在一定程度上提高社会各界的无障碍意识，促使社会形成尊重残疾人差异性、支持家庭无障碍、社会无障碍等的改造。为此，需要将无障碍环境建设纳入全国人大立法计划，尽快制定有关无障碍环境建设的法律。

无障碍环境建设立法解决的不仅仅是残疾人等社会弱势群体的权益保障问题，而且是涉及全体成员的立法。《无障碍环境建设法》是一部事关每一个人的法律，需要在立法总则里写明以残疾人、老年人、少年儿童为对象的法律。与此同时，随着社会实践和理论研究的不断发展变化，《无障碍环境建设条例》《残疾人保障法》等有关无障碍环境建设的专门法律法规在某些方面已经落后或者不适应残疾人的现实需求，需要做出相应的补充和修改，具体来说：一是关于创新无障碍环境建设立法内容问题。当前无障碍环境建设立法需要与时俱进，根据社会发展现状和残疾人需求做出相应调整。如将无障碍环境建设与智慧城市建设相衔接，在全面推进智能化城市的浪潮中融入无障碍因素，在移动支付、人工智能等新兴领域贯彻无障碍理念，满足残

---

① 张倩昕、苏志豪、蔡若佳：《我国无障碍环境建设的发展历程》，《老区建设》2015 年第 22 期，第 45 ~ 47 页。

疾人参与社会活动的现实需求。二是关于无障碍环境权益被侵害后的救济问题。对于残疾人在使用无障碍设施，程中权益受到侵害时寻求司法救济的法律依据，可以在今后的立法过程中进一步明确无障碍环境权，与此同时也要明确当事人提起诉讼时的主体资格、违法行为及法律责任等内容。三是关于无障碍环境建设立法操作性不强问题。针对此问题，可以通过减少倡导性或鼓励性法律条款，增加禁止性条款，确保无障碍环境建设的各方主体在具体执法过程中有法可依，保障严格执法。

（二）丰富立法内容，明晰法律关系

1. 政府部门的责任：加强政府主导

推动无障碍环境建设发展，最重要的是明确政府部门责任。无障碍环境建设过程中，政府部门应充当排头兵和引路人，这种主导作用主要体现在以下方面。首先，完善无障碍环境建设制度基础。制度是前提保证。促进无障碍环境建设发展，需要完备的制度基础，制定完善的法律法规以及详细的实施细则，为保障残疾人等弱势群体的合法权益提供指引和理想进路。其次，细化无障碍设施设备配置的行业标准。为满足残疾人对无障碍融入社会生活的需求，应细化公共场所的无障碍设施配备标准，加快制定无障碍服务行业标准。[①] 与此同时，重视无障碍信息化建设及其标准规范。此外，以立法形式明确规定政府部门在无障碍建设过程中的监管责任。概言之，政府部门的职责主要包括维护、改造、管理设施，以及监督无障碍设施的使用等。

2. 建设主体的责任：明晰建设职责

无障碍化建设涉及众多主体，如设计单位、施工单位、维护主体等，但各方主体的主要职责存在差异。比如，建设单位主要负责无障碍的建设、改造、验收等；而设计单位的主要任务是按照《无障碍设计规范》进行设计；按照国家有关施工规范、标准进行无障碍设施施工是施工单位的主要职

---

① 李炜冰：《无障碍环境建设中的政府责任》，《苏州大学学报》（哲学社会科学版）2010 年第 2 期，第 28 ~ 30 页。

责。① 同时，为规范无障碍环境建设主体的行为，确保无障碍设施真正为残疾人所用，行政主管部门对无障碍设施的设计、施工、建设等各个环节严格监督。若无障碍设施在使用过程中由于建造主体自身责任造成使用者或者其他人员权益受损的，其也要承担相应的民事责任，造成重大事故的要追究刑事责任。此外，改造主要是针对已建成但需要进行无障碍改造的各类设施。一般来说，公共建筑、公共交通设施、居住区等设施的所有权人或使用人承担改造责任。

3. 管理主体的责任：规范维护职能

由于无障碍设施维护管理人的失职，导致无障碍设施无法使用的，应当由有关行政部门责令限期改正。一般来说，维护管理人的义务履行标准以无障碍设施的正常使用为准。对于无障碍设施的维护管理人因维护管理不当造成人身、财产损害的情形，根据民法典等相关法律的规定，维护管理人应该承担相应的赔偿责任。在无障碍环境建设的相关立法中，同样应当明确维护管理人的具体责任。

4. 使用主体的责任：补充法律义务

残疾人、老年人等社会特定群体作为无障碍设施的使用方和受益方，他们在享受无障碍设施为其带来的便利时，同样也应该承担合理使用无障碍设施、积极维护无障碍环境建设的责任。目前，我国现行无障碍环境建设立法，很少涉及针对使用主体的法律责任。从理论上说，上述人群因为使用无障碍设施最为频繁和普遍，从而对设施的破坏和损害程度的可能性也就更大，现行立法体制却忽略了这一现象，将重心完全偏向管理和维护责任。基于上述缘由，今后无障碍环境建设立法中建议增加类似于"无障碍环境设施使用方应合理妥善使用无障碍设施，因不当使用造成无障碍设施损坏的应承担赔偿责任"等相关表述，从另一个侧面保障无障碍环境建设，使无障碍环境"可持续"发展。

---

① 彭喆一：《我国无障碍环境建设立法研究》，武汉理工大学硕士学位论文，2019。

5. 完善主体追惩机制，强化执法、守法效果

在明确政府部门、建造主体、改造主体、管理主体以及使用主体等多方主体的法律责任后，应当完善相应的责任主体追惩机制，确保各方主体尽职履责，强化执法、守法效果。具言之，主要是通过明确监督权责，加大责任追究和处罚力度，进而实现上述目标。根据《条例》规定，城市规划行政主管部门和建设行政主管部门是无障碍环境建设的主管行政机关，应强化其对无障碍环境其他执法主体的监督。① 同时，补充具体执行部门的监管职责，严格追究责任。

（三）完善立法程序，推动残疾人参与无障碍立法

"没有我们的参与，不要做有关于我们的决定"。一直以来，我国都是行政主导型立法，社会公众缺乏参与无障碍环境建设立法的积极性。立法活动上缺少公众参与，这导致部分生效法律法规的可操作性和针对性都不强。因此有必要建立无障碍立法的公众参与机制，吸收社会公众尤其是残疾人及有关组织参与无障碍环境建设的立法活动。一方面，允许并鼓励公众在立法前以参加听证会或建议书等方式将相关建议反馈给无障碍规章制定者；另一方面，应考虑残疾人的实际情况，采取多种有效方式收集残疾人的立法意愿。无障碍规章制定者也可以问卷调查或者访谈等方式收集社会公众对于无障碍环境建设的建议，尤其针对残疾人的建议，充分考虑其实际需求。② 残疾人参与无障碍环境建设立法活动，不仅有利于保障立法程序的民主性，也有利于充分表达和追求其自身的利益诉求，避免公共权力的专断意志和决策肆意。

（四）规范立法评估，确保实施成效

从立法评估的工作机制方面来看，可以从评估主体选定、评估标准设

---

① 李牧、王侄晴：《论新时代无障碍环境权的行政法保护》，《武汉理工大学学报》（社会科学版）2019 年第 6 期，第 7~14 页。

② 王利明、马玉娥、安守廉：《残疾人法律保障机制研究》，华夏出版社，2008，第 71~77 页。

置、评估程序设计、评估报告效力及回应机制等方面完善无障碍环境建设立法前评估制度。

具体来讲应该包括：一是评估主体选定。一般来说，组织、实施、参与立法评估的单位或者个人属于无障碍环境建设立法评估主体。如前所述，只有起草单位来评估立法存在很大问题，因此，还需要引入残疾人、残联、专家学者和科研院所等第三方来参与无障碍环境建设立法前评估，建立多元化的立法前评估主体参与机制，综合各方面的信息和数据，提高立法前评估的民主性和科学性。二是评估程序设计。从各地进行的立法前评估的实践来看，各地的立法前评估程序仍处于制度的探索阶段。综合四川、广东、湖北等地的几次立法前评估经验，无障碍环境建设立法前评估的程序应当包括前期准备、实施评估、形成报告等几个阶段：首先，评估的准备阶段，主要是针对需要评估的无障碍环境建设立法草案，制订具体的评估方案，应由多方主体，如立法机关、委托的第三方机构等共同确定评估的标准、指标、方法，评估的时间、地点及工作进度安排等问题。其次，评估的实施阶段，全面收集并综合分析无障碍环境建设法案实施的各种信息。最后，评估的完成阶段，评估的实施主体向立法机关提交评估报告或自评报告以及评审意见，做出评估结论，供立法机关决策时参考。三是评估报告效力及回应机制。立法机关在审议无障碍环境建设立法草案时应当参考评估报告结论，及时回应评估报告是否采纳、如何采纳，或反馈没有采纳的具体原因等，提高评估报告的刚性效力。

B.3
中国无障碍法制建设
价值取向报告（2021）

吕洪良*

摘　要： 中国无障碍环境建设经历了30多年的实践探索，初步构建了包括法规、政策、标准在内的法规体系，推动了全国各地全面开展无障碍环境建设，实现了"由无到有"的转变。在这一过程中，技术、制度、观念层面的问题充分暴露出来，成为制约无障碍建设进一步发展的因素。无障碍环境建设要实现"由有到优"的跨越，必须通过更高位阶的立法来促进。这是中国无障碍法制建设的关键一步。本报告集中阐述了无障碍法制建设的价值取向：权利取向、公正取向、尊严取向、普惠取向和实效取向。提出这五个价值取向旨在破解发展难题、建立治理机制、维护社会公正、促进融合发展，探索化解各种问题的有效途径，推动无障碍环境建设高质量发展。

关键词： 无障碍环境　无障碍法制

一　无障碍法制建设的历程

（一）中国无障碍法制建设的历程

探究中国无障碍法制建设的未来，必先了解它的发展历程。中国无障碍

---

* 吕洪良，博士，东北财经大学无障碍发展研究中心主任，高级实验师，研究领域为无障碍发展规划、城市经济学。

发展的起点是 1985 年 3 月。北京市建筑设计研究院研究员周文麟在参与设计中国第一所康复中心（中国康复研究中心）时检索并收集了大量关于无障碍设计的国外文献资料。① 后由中国残疾人福利基金会组织北京市残疾人协会和北京市建筑设计院发起了"残疾人与社会环境"研讨会。会议发布了《为残疾人创造便利的生活环境的倡议》。此后北京市政府将西单至西四等 4 条街道作为无障碍改造试点。同年 4 月，在全国人大六届三次会议和全国政协六届三次会议上，部分人大代表、政协委员提出"在建筑设计规范和市政设计规范中考虑残疾人需要的特殊设置"的建议和提案，得到了与会代表和领导的重视与支持。② 1986 年 7 月，中国首个建工行业工程建设标准《方便残疾人使用的城市道路和建筑物设计规范（试行版）》发布。1989年 4 月，《方便残疾人使用的城市道路和建筑物设计规范》正式实施。1990 年12 月，《残疾人保障法》颁布，首次在法律层面明确规定建设无障碍设施。

2001 年，北京成功取得了奥运会和残奥会的主办权——这是中国大力推进无障碍环境建设的转折点。为了迎接 2008 年北京奥运会，包括北京在内的 12 个城市开始了大规模、全方位的无障碍化改造。在激烈的争论中，长城、故宫等名胜古迹也增加了无障碍设施。如果说北京奥运会和残奥会推动了中国无障碍建设实践，那么，联合国《残疾人权利公约》的签署则促成了《残疾人保障法》的修订，在中国无障碍法制建设上实现了与国际接轨。2008 年 4 月，《残疾人保障法》的修订不仅增加了"无障碍环境"章节，而且明确强调"残疾人的公民权利和人格尊严受法律保护""禁止基于残疾的歧视"。这意味着从法律层面上把无障碍环境与残疾人的权利和尊严、基于残疾的歧视联系起来。这在一定程度上借鉴了联合国《残疾人权利公约》（下文简称《公约》）的原则精神。③

---

① 厉才茂：《无障碍概念辨析》，《残疾人研究》2019 年第 4 期，第 66~67 页。
② 吕世明：《我国无障碍环境建设现状及发展思考》，《残疾人研究》2013 年第 2 期，第 4 页。
③ 《残疾人权利国际公约》，联合国网站，2007 年 3 月 30 日，https：//www.un.org/chinese/disabilities/convention/convention.htm。《残疾人权利公约》序言和第一条强调了残疾人的权利和尊严，第二条提出"基于残疾的歧视"，第九条阐述了"无障碍"的基本要求。《残疾人保障法》的修订借鉴和参考了《残疾人权利公约》的内容。

在以上进程的关键时间节点上，《方便残疾人使用的城市道路和建筑物设计规范》先后经过 1998 年、2001 年、2009 年三次修订，最终更名为《无障碍设计规范》，上升至国家标准。直到 2012 年才出现了新的突破。2012 年 8 月，《无障碍环境建设条例》颁布实施。这是国内第一部无障碍专项行政法规，在中国无障碍法制建设中具有里程碑意义。同年，《无障碍设计规范》再次修订。2012 年之后，中国无障碍法制建设有两个趋势：一是多省市出台了无障碍建设地方法规，部分城市制定了无障碍发展规划、设计导则及实施行动方案；特别是 2021 年以来，上海、深圳、杭州、北京等城市陆续推出了无障碍行政法规/规章，引发了各城市对无障碍地方立法的密切关注；二是交通部、住建部、中国残联等部委相继出台各项政策，如 2018 年，交通部等七部委联合印发了《关于进一步加强和改善老年人残疾人出行服务的实施意见》、住建部等五部委联合印发了《关于开展无障碍环境市县村镇创建工作的通知》，还有全国文明城市、国家卫生城市、国家园林城市创建工作，持续推动着中国城市无障碍环境建设的进程。

中国无障碍发展初期的特点是外部驱动发挥了重要作用。21 世纪初开展的大规模无障碍环境建设是由国际奥委会及残奥委会对城市无障碍环境的硬性要求这一外部因素驱动的。中国无障碍法制建设的起点——《残疾人保障法》的修订也是由签署《残疾人权利公约》这一外部因素引发的。而近年来中国无障碍建设发生了显著的变化：随着行业政策和地方法规的大量出台，中国的无障碍建设由被动转向主动、由外部驱动转向内部驱动、由临时政策转向长效机制。尽管杭州亚运会、北京冬奥会等外因仍发挥作用，但多数省市的无障碍立法是自觉的行为，旨在以法制建设推动无障碍环境建设，这是具有深远意义的转变。

（二）中国无障碍法律体系的解读

有学者将中国残障法律体系概括为"一法四条例"，指出这一体系具有"福利取向的归责""过于原则的口号式归责""缺乏法律后果的归责"和

"来自归责的直接歧视"特点。① 无障碍法律体系不仅包括《残疾人保障法》，还包括《老年人权益保障法》（这一法律的"宜居环境"章节是关于无障碍建设的规定）；此外还包括国务院的《无障碍环境建设条例》、各省市的无障碍建设地方法规。还有国家标准《无障碍设计规范》及各个行业、各个地方的规范标准。各市的规划、导则和实施行动方案则属于地方法规的政策衍生品；住建部、交通部等部委发布的无障碍政策则是国务院法规的政策衍生品——这两者形成了条块交织的政策体系（见图1）：《残疾人保障法》从国家层面对无障碍环境建设提出了宏观要求，《无障碍环境建设条例》对各部门在无障碍环境建设方面的具体职责进行了明确，对无障碍环境建设的具体要求做了全面、系统的规定，《无障碍设计规范》从技术层面确定了无障碍环境建设的规范标准；由它们衍生出的地方法规、行业政策、地方和行业标准、地方规划和实施方案直接作用于无障碍环境建设实践。

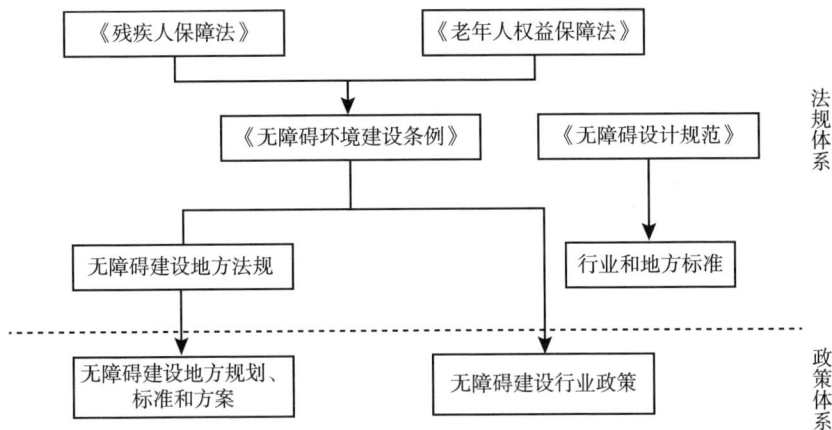

图1 中国无障碍法律政策体系的结构

无障碍法律体系总体上是权利取向的，极少涉及福利政策；比如，辽宁省的无障碍法规中有对肢体残疾人免收停车费的规定，既可以作为福利政策，也可以视为旨在消除经济障碍的权利。"过于原则的口号式归责""缺

---

① 金希：《中国残障法体系浅评》，《残障权利研究》2018年第1期，第24~31、209~210页。

乏法律后果的归责"这两个问题确实在无障碍法律体系中不同程度地存在。比如,《残疾人保障法》在无障碍建设法律责任方面没有明确的规定;《无障碍环境建设条例》在履行无障碍建设义务的主体特征方面需要进一步细化。而无障碍建设地方法规的出台在一定程度上弥补了上位法的不足。比如,《辽宁省无障碍环境建设管理规定》第二十条对城市公共停车场应设置无障碍停车位的规定非常具体和明确;第二十三条到第二十五条对违反规定的法律责任、处罚措施、执行主体都做了具体规定,具有一定的可操作性。而城市层面的规划、导则、实施方案要确定明确的目标、明确的标准、明确的法律责任、处罚措施、执行主体都做了具体规定,具有一定的可操作性。① 作为一个法律体系,由抽象总括到具体细化——这种衍生关系是一种必然的逻辑。

从动态的角度,无障碍法律体系的演进是一个持续试错和优化的过程。初期制定的法律必然采取审慎的态度,倾向于对原则性内容做出规定,而不涉及更多的细节。随着无障碍建设实践的推进,各种矛盾和问题突显出来,从而为法律法规的优化提供了方向。法律的演进是一个干中学(Learning By Doing)的渐进过程。所以,"过于原则的口号式归责""缺乏法律后果的归责"是无障碍法律体系在演化中的阶段性特征。这意味着未来无障碍法制建设的方向应该是:根据实践经验和主要矛盾将原则性内容逐步转化为具有可操作性的具体措施,并且尽量体现在上位法中。这种由抽象到具体的演化、由下位法到上位法的递进,将大大提升无障碍法律体系的执行力度和实施绩效。

现行的《无障碍环境建设条例》位阶低,实效差,没有针对无障碍建设实践的突出问题做出有力回应,特别对无障碍建设的治理体制、规划设计的前端控制、群众和专家全程参与、违法违规行为的事后惩处等都没有做出明确规定。可以说这是一部在无障碍环境建设初始阶段制定的试验性法规。当无障碍环境建设实现了"由无到有"向"由有到优"的阶段跨越时,《无

---

① 《辽宁省无障碍环境建设管理规定》,辽宁省人民政府网站,2017 年 11 月 29 日,http: // www. ln. gov. cn/zfxx/zfwj/szfl/zfwj2011_ 119231/201801/t20180123_ 3150922. html。

障碍环境建设条例》已不适应形势发展的需要了。目前，在中国无障碍法律体系中缺乏一部权威性的上位法，如英国 2010 年颁布的《平等法案》（Equality Act）和日本 2005 颁布的《关于促进高龄者、残疾者等的移动无障碍化的法律》——这是中国未来无障碍立法的定位，也是中国无障碍法制建设的关键一步。

推动无障碍环境建设不能仅仅依靠某一部法规独立发挥作用。行业和地方的规划、标准、导则、政策、计划等在无障碍环境建设实践中的作用更加直接、更加灵活、更具可操作性。高位阶、统领性的法规则应致力于派生一个完整而缜密的法规体系，以使其目标和意志得以实现。行业和地方法规政策应纵横交错、条块分明、互相协调、互相强化，形成一个有序的网络体系，将抽象的高阶法规转化为具体明确、具有可操作性的实施行动方案。

二 无障碍环境建设的现状

（一）中国无障碍环境建设的发展

中国无障碍法制建设应从实践出发，坚持问题导向，因此，需了解中国无障碍环境建设的发展史。改革开放伊始，在残疾人群体的强烈呼吁下，中国无障碍环境建设拉开了序幕。1985 年，北京以王府井大街等主要街道为试点开展市政道路无障碍改造；1991 年，北京蓝靛厂盲人聚集区修建了中国历史上第一条盲道。这是城市局部无障碍改造，并没有进一步推广的计划。

2002 年，建设部等部委联合开展了全国无障碍设施建设示范城（区）创建工作；北京、天津、上海等 12 个城市被确定为"全国无障碍设施建设示范城市"。2005 年，作为城市综合类评比的最高荣誉，"全国文明城市评选"首次把"道路、公园、公厕等公共场所设有无障碍设施"纳入考核指标。2007 年，建设部等部委联合开展"创建全国无障碍建设城市"活动，北京市等 60 个城市被评为全国无障碍建设先进城市。2018 年，住建部等部委开展了无障碍环境市县村镇创建工作。以上全国性政策的显著作用是提高了无障碍设施的普及率。特别是"全国文明城市"创建对无障碍建设的影响周期性地发挥着作用。但是这一时期无障碍环境建设的显著特点是无障碍环境的规范性和系统性比较差，不能形成有效的无障碍环境系统。

除了各部委联合发文推进无障碍建设之外，各省市积极建章立制，从区域层面推进无障碍环境建设。2019 年，哈尔滨市编制了《无障碍专项规划设计导则》和《信息无障碍专项设计导则》，制定了《无障碍城市创建工作"三年行动方案"》，提出国内一流水平无障碍"畅享城市"创建目标。2019 年，杭州市为筹办 2022 年杭州亚（残）运会，组建了无障碍环境建设领导小组，出台了《杭州市"迎亚（残）运"无障碍环境建设行动计划（2020—2022 年）》。2018 年，深圳市提出了在"十三五"期间将实施"八个一工程"，率先创建全面无障碍城市；同年完成了《深圳市创建无障碍城市行动方案》；2019 年，深圳市发布了《深圳市无障碍城市总体规划（2020—2035 年）》。2018 年，北京市规划和国土资源管理委员会编制了《北京市无障碍系统化设计导则》，着重强调城市公共空间、建筑场地以及两者之间的无障碍设施的系统性和连续性。2019 年，在北京市委的支持下，北京市残联制定了《北京市进一步促进无障碍环境建设 2019—2021 年行动方案》，以北京 2022 年冬奥会为契机，补足缺口短板，完善长效机制，不断提升无障碍设施的规范化、精细化、常态化管理水平。综上所述，近年来以城市为主体的区域性无障碍建设以某种特殊事件为驱动，在机制体制、规划标准、实施方案上全面展开，推动无障碍环境建设向系统化和规范化发展。

在无障碍环境建设过程中，中国残联发挥了关键性的推动作用。近年来，中国残联成立了无障碍环境建设推进办公室；指导各地残联成立无障碍促进社会组织，创办了全国无障碍通用设计研修营，多次举办全国无障碍督导员培训班；与最高人民检察院联合推动各级检察院开展无障碍公益诉讼，引导无障碍促进社会组织融入社会治理体系，依法推进无障碍环境建设；以人大建议的形式联合市场监管总局推进无障碍环境认证，从设计前端控制无障碍建设质量；指导推动成立了清华大学无障碍发展研究院、天津大学无障碍通用设计研究中心等 60 多家全国无障碍智库单位；以智库单位为依托举办了多期全国无障碍年会、圆桌会议、成果展示应用推广会，发布了《通用无障碍发展北京宣言》《无障碍发展天津倡约》等多部倡约；在中国残疾人事业发展研究会中推动成立了无障碍环境专业委员会，在中国民用机场协会中推动成立了无障碍环境建设专家库；聘请了数十位无障碍专家，参与北京大兴国际机场、北京 2022 冬奥会和冬残奥会运动场馆、雄安新区大型公共场所等国家重大工程的无障碍设计和评审。2020 年 9 月 22 日，第 15 届中国信息无障碍论坛暨全国无障碍环境建设成果展示应用推广活动在浙江大学举行，评选出全国无障碍设施设计十大精品案例，标志着我国无障碍建设从扩展数量阶段向注重品质阶段的飞跃。

无障碍评审认证、无障碍公众参与、无障碍公益诉讼——从无障碍环境建设的前、中、后三个阶段依法依规进行全程质量控制，推动无障碍环境建设高质量发展。这三种途径的重要意义在于将无障碍建设纳入法制轨道，从而也对中国无障碍法制建设提出了迫切的要求。

（二）中国无障碍环境建设的问题

从技术层面看，目前中国无障碍环境的主要问题是不系统和不规范。无障碍设施只有形成一个系统性的环路，才能保证其充分发挥效能。而碎片化的无障碍环境无法保证障碍人士独立走出家门、融入社会的需求。障碍人士的独立性是对无障碍环境完善度的主要评价指标之一。不规范意味着无障碍设施不能正常使用，其效能在一定程度上降低或丧失。不规范的无障碍设施成为无障碍环境系统链条中的断点，加深了无障碍环境的不系统性。我们在实践调查中发现：不系统和不规范是当前无障碍环境的显著特征。这也意味着当前我国很多城市的无障碍建设尚处于初级阶段。初级阶段是探索的过程，其特点是重数量、轻质量，无障碍设施普及率逐步提升，但问题则以更快的速度累积。

技术层面的问题直接源于制度层面的缺失。如果法规制度健全、规定详细明确、规划设计科学、兼顾无障碍环境系统的协调均衡发展，则无障碍环境就不会出现严重的系统性问题。如果体制机制完善，组织高效有力，从设计、施工到验收均严格按照国家标准落实到位，则无障碍环境的规范性问题也不会普遍存在。解决无障碍环境的系统性和规范性问题必须从法规、规划、体制、标准等制度层面入手，架构起"政府—专家—群众"三位一体的无障碍环境建设治理体系。比如，国务院《无障碍环境建设条例》将无障碍建设的主管单位确定为住建部门。住建部门在系统内部上下级之间可顺畅地行使权力，但在系统外部、特别是平级之间，住建部门则很难实施管理职能。法规的授权并没有派生出具有执行力的制度安排。住建部门没有专门的无障碍审批和监管机构，通常只有一个岗位兼做无障碍相关工作。无障碍环境建设的管理主体处于长期缺位状况，而无障碍环境建设的责任主体则更不明确，几乎所有的责任都推卸给各级残联机构。残联其实是监督、协调部门，而没有相应职权，也不适合作为主管部门。主管部门缺位导致无障碍环境建设从设计到验收没有部门监管，完全处于自由的状态：有无无障碍设计、是否系统规范，都没有任何监管。对于群众反映的无障碍问题，有关部门推诿扯皮，敷衍了事，没有从根源上解决问题。从 2002 年开展"创建全国无障碍设施建设示范城（区）"活动以来，住建部等部委所制定的创建标准对制度都提出了明确要求，但城市在落实过程中仅仅停留在形式上。比如，多数城市成立的由市长牵头的无障碍环境建设领导小组名存实亡，没有任何实际行动，常设机构在机构改革中自行消失。2018 年以来以冬奥会、亚运会等事件驱动的城市无障碍建设，2021 年以来上海、深圳、杭州、北京的地方立法都强调了机制体制的构建，实际效果有待进一步考证。

无障碍建设初级阶段的根本问题是观念问题。我们在无障碍促进实践中总结了三种观点：无障碍设施无用论、残疾人不宜独立出行论、无障碍环境成本论。有人因为看不到残疾人使用无障碍设施，就推断无障碍设施是无用的，无障碍建设是形式主义的表现。这种观念没有认识到：无障碍设施使用效率低并非意味着需求群体小，而是因为无障碍环境的系统性和规范性问题导致障碍人士无法独立出行。有人认为残疾人属于"病人"，必须有人陪护才能出行；残疾人、老年人等障碍人士不宜独立出行。事实上大多数障碍人士在无障碍环境中借助一定的辅助器具可以完成独立出行，关键因素是无障碍环境的完备性与完善性。无障碍建设的最终目标就是实现障碍人士独立生活、融入社会。有人认为政府在配置财政资源时应优先考虑多数人的需求，而不应为障碍人士付出太高成本，因为障碍人士属于少数群体。这种无障碍环境成本论实质是一种功利主义的观点：一则没有认识到无障碍设施是必需品，而不是奢侈品，是服务于所有公众的，而不单纯惠及障碍人士；二则没有认识到无障碍环境建设重在设计范式的改变，成本增长并不显著，而无障碍环境建设中的形式主义却造成了巨大的财政收入和社会资源浪费。观念问题是制度和技术层面问题的根源。

在实践中，无障碍建设问题是错综复杂的，同时涉及技术、制度和观念三个层面（见表1）。比如，盲道的修建不是孤立的，而需要在保证人行道有效通行宽度的基础上，妥善解决机动车停放问题，并要求规范设施带、绿化带以及城市家具等设施的设置，还要协调缘石坡道和人行横道设置。在这些约束条件下，盲道的设计是一个高难的技术问题，而消除这些约束就面临诸多棘手的制度问题。政府部门之间缺乏有效的协调机制，平级单位之间无法行使管辖权和处罚权，社会组织和专家团队的参与（特别是在设计阶段的参与）合法性和权威性缺乏有效的制度保障，而执法检查和公益诉讼等手段更需要完善的法规体系作为基础。当然，根本问题是观念问题。建设单位以没有盲人出行为由对盲道的铺设采取敷衍了事的态度，在修建之前没有进行任何设计，也没有开展技术培训。所以，孤立地解决某一个层面的问题都是没有意义的。只有通过立法全面而系统地针对不同层面的问题进行综合治理，才能取得理想的效果。当然，观念转变不是短期内可以实现的，但制度变迁却可以通过立法取得立竿见影的效果。

表1　中国无障碍建设问题的溯源

技术层面	无障碍环境不系统、无障碍设施不规范	问题
制度层面	地方法规、规划、政策、标准、导则、设计与施工验收规范和流程等缺失	直接原因
观念层面	无障碍设施无用论、残疾人不宜独立出行论、无障碍环境成本论	根本原因

三　无障碍法制建设的价值取向

（一）中国无障碍法制建设的价值取向

中国无障碍法制建设经历了 30 多年的实践探索，积累了丰富经验，初步形成了无障碍建设法律体系。同时，中国无障碍环境建设也经过了 30 多年的实践探索，既涌现出不少无障碍设计精品工程，也凸显出低品质扩张、粗放式发展的问题——这是无障碍建设从初级阶段进入新发展阶段所必须逾越的障碍。提升无障碍法规位阶、强化无障碍法规实效，是解决当前无障碍建设主要矛盾、推动无障碍建设"由有到优"高质量发展的重要途径。下一阶段无障碍法制建设应正本清源，加强全国人大立法，针对观念层面和制度层面的问题进行有力且有效的规范。现行的法规侧重于技术层面，对制度和观念层面的问题缺乏应有的重视和有效的规范。如果从全国人大推进无障碍立法，首先应在价值取向上有所突破和创新。价值取向是指在法制建设中所遵循和强化的原则应充分体现何种价值观。价值取向是法规的灵魂，决定了法规的高度，并将影响无障碍法制建设的发展方向。因此，对未来中国无障碍法制建设，我们提出以下几个主要价值取向：

1. 权利取向

自 2008 年《残疾人保障法》修订以来，联合国《残疾人权利公约》便是中国残障领域法制进程的指针。《公约》认为："确认残疾是一个演变中的概念，残疾是伤残者和阻碍他们在与其他人平等的基础上充分和切实地参与社会的各种态度和环境障碍相互作用所产生的结果。"[①] 这是残障社会模式的体现，也是无障碍的视角——不仅是环境障碍，也包括社会态度，即前文所阐述的观念问题。以社会模式为基础的《公约》确立了包括"无障碍"

---

① 《残疾人权利国际公约》，联合国网站，2007 年 3 月 30 日，https：//www.un.org/chinese/disabilities/convention/convention.htm。

在内的八大原则，以权利作为核心，为中国无障碍法制建设提供了范式。杰拉德·奎因（Gerard Quinn）等进一步提出了残障人权模式，指出："人类尊严是人权的核心。每个人都被视为具有至高的价值，没有人是微不足道的。人们被尊重并不是因为他们在经济上有贡献或者有别的什么用处，而是因为他们内在的自我价值……"① 这从更纯粹的角度明确了残疾人应有的权利。无障碍作为一种保障和提升所有人固有尊严和价值的手段，属于权利的范畴。因此，不能以用户的某些属性和特征而否定无障碍的意义。基于权利的无障碍应是法律义务，而非道德问题。

当前，履行《公约》是我国一项重要国际义务。联合国残疾人权利委员会对中国无障碍环境建设成就予以高度评价。同时，该委员会在中国履约的《结论性意见》中表达了对中国法律中缺少一个全面的、反残障歧视定义的关切；对各类法律中就歧视问题的规定有冲突的现象表达了担忧；并认为中国法律中没有合理便利②的概念及合理便利与不歧视关联关系的规定。因此，该委员会建议：中国的法律中需增加残障歧视的定义，并明确禁止间接歧视；为反映《公约》精神，在一般的无障碍环境建设之上要有一个涵盖必要的、适当的、依据个案情况做调整的合理便利的概念，且需要明确拒绝合理便利即构成残障歧视的这一关联关系。③ 为了回应这些意见，中国无障碍法制建设应明确赋权是无障碍法制建设的根本，并一以贯之。

2. 公正取向

机会平等不意味着结果平等。机会平等是障碍人士参与社会的必要条件，而非充分条件。要实现实质平等必须通过合理便利为障碍者创造融入社

---

① Tneresia Degener，《残障的人权模式》，陈博译，《残障权利研究》2016 年第 1 期，第 161 ~ 191、207 页。

② 根据《残疾人权利公约》，"合理便利"（Reasonable Accommodation）是指根据具体需要，在不造成过度或不当负担的情况下，进行必要和适当的修改和调整，以确保残疾人在与其他人平等的基础上享有或行使一切人权和基本自由；基于残疾的歧视包括一切形式的歧视，包括拒绝提供合理便利。

③ 李敬：《透视〈联合国残疾人权利公约〉中的不歧视原则》，《反歧视评论》2014 年第 0 期，第 3~28 页。

会的条件。与不歧视原则不同，合理便利是一种积极的策略，也是一种个性化的需求。比如，允许残疾人和健全人一样参加高考，这属于平等；为残疾人高考提供合理便利（如向视障人士提供盲文试卷、向脑瘫人士提供计算机试卷、免除听障人士外语听力测试等），则是基于公正的考量。作为社会主义国家，我们所秉持的是"一个人都不能少"①的价值观——这是公正取向，而不是功利主义取向。中国无障碍法制建设应充分体现中国特色的社会主义核心价值观，强调合理便利和最大限度包容性的重要意义。

教育和就业是应用合理便利原则的主要领域，也是残疾人权利保障的重要方面。但其他领域也有创造性的应用。比如：为避免某些残疾人独自出行所带来的风险（如在航空运输或景区旅游过程中发生意外伤害），航空公司或景区管理方可以给予残疾人两种选择：一是签署免责声明，表明自己在常规服务下可以确保独自出行的安全；二是自带一名陪护。如果选择后者，必然增加残疾人的经济负担——这是一种无形的障碍。相关管理者就应给予陪护者一定的优惠政策：或者残疾人正常收费、陪护者免费，或者两人均享受半价优惠。这其实也是一种合理便利。无障碍法制建设应坚持公正取向，不仅保证机会平等，而且应鼓励通过合理便利保障障碍人士实现实质平等。

3. 尊严取向

无障碍环境建设的最终目标是实现障碍人士自主和自立。独立生活是衡量无障碍建设水平的终极指标。只有自主和自立，才能让障碍人士保有固有尊严和价值。因此，无障碍法制建设应致力于消除直接歧视和间接歧视，从而消除有形障碍和无形障碍，特别是歧视性的观念意识和社会态度，使每个人——无论处于任何阶段、任何状态——都能拥有平等机会和选择自由。

长期以来，对障碍群体的歧视在中国不是以恶的形式存在，而是以善的表象出现。《礼记》中提到"使老有所终，壮有所用，幼有所长，矜（同

---

① 《微视频 | 一个都不能少》，人民网 - 人民视频，2020 年 10 月 26 日，http：//tv. people. com. cn/n1/2020/1027/c61600 - 31907484. html。在视频中，习近平总书记指出："社会主义就是要让人民过上幸福美好的生活，人民的美好生活，一个民族，一个家庭，一个人都不能少。""一个也不能少""一个也不落下"这些表述也出现在其他媒体中。

"鳏"）、寡、孤、独、废疾者皆有所养。"这是古代儒家设想的"大同世界"景象。在生产力不发达的农业社会，保障弱势群体的生存权确实是一种进步。但在当今信息时代，这种基于残障医疗模式的观念已经过时。只要有完善的无障碍环境，障碍人士完全能够实现独立生活、融入社会。但目前主流文化倾向于把障碍人士视为"弱者"，宣扬"弱者"对"强者"的依附关系。"强者"的道德优越感以牺牲"弱者"的尊严、贬低"弱者"的价值为代价。

无障碍法制建设应消除这种特殊形式歧视的消极作用。比如，无障碍立法可以强调无障碍服务的作用。但同时应明确：无障碍服务是对无障碍设施和信息环境的必要补充，但不是替代方案。如果以提供无障碍服务为由而不建设无障碍设施、违背合理便利原则、有损于残疾人的人格尊严，应视为一种间接歧视，而不是一种爱心行为。

4. 普惠取向

无障碍法制建设不应苑囿于残疾人群体，而应将受益范围扩展到全体社会成员，体现普惠的价值取向，强调对人类多样性的尊重。残疾人、老年人、孕妇、儿童等弱势群体固然是无障碍环境的刚性需求者，是无障碍立法重点关注的对象，但应考虑到全体社会成员在不同情境中对无障碍的特殊需求，提升整个社会环境的包容性。比如，在医疗机构，临时伤残者、病弱者都会对无障碍环境产生强烈需求；携带重物的人也是坡道、电梯等无障碍设施的受益者。更应认识到无障碍环境建设是对城市环境宜居性的整体提升，会给所有人无差别地带来生活舒适和出行便利。比如，在楼梯和电梯的选择上，如果不需要付出等待的时间，绝大多数人会选择更节省体力的电梯。因此，无障碍环境是一种更符合现代人生活价值观的"美好生活需要"。

无障碍法制建设应厘清"重点保障"和"普遍提升"两个不同范畴：重点保障特殊群体环境需求的同时应普遍提升全体社会成员的宜居畅行环境品质，对重点群体的需求也要进行细分。比如，肢残人对标识系统性、老年人和先天智力障碍人士对图形和色彩标识、视障人士对声音标识都有特殊的需求。兼顾需求的多样性、提升环境的包容性、以通用设计打造全方位的友善环境，是当前中国无障碍法制建设积极推进的目标，也是匡正无障碍设施无用论、无障碍环境成本论两种错误观念的有效途径。

5. 实效取向

以上四种价值取向主要针对观念层面的问题，阐明了一些原则，也探讨了一些策略，其指导性大于实操性。对于位阶较高的法律，这种原则性规定是非常必要的。实效取向主要针对制度和技术层面的问题，强调无障碍法制建设应坚持问题和需求导向，充分体现针对性和实效性。原则性与实效性相结合，应是未来无障碍立法的重要特征。首先，中国无障碍环境建设经历了30多年的实践探索，一些行之有效的模式可以固化下来，形成法律条文。比如，城市无障碍环境缺乏系统性，是因为缺少地方法规和规划的支持。如果地方法规和规划明确公共领域（如市政道路、公共交通）、公共部门（如政府机关、事业单位、公立学校和医院等）、大型公共场所（如交通枢纽、旅游景区、达到一定营业面积的商业中心、酒店宾馆等）都应按照国家标准分期分批实施无障碍改造，那么，城市无障碍环境的系统性将全面提升。如果地方法规和规划进一步明确无障碍设施、信息及服务所涵盖的具体项目，并明确施工图设计编制的深度，那么，公共建筑的无障碍环境系统性也将大幅提升。

无障碍设施规范性问题的解决，要求城市政府建立跨部门、权威性的联动机制和官员、专家、群众代表协同参与的治理机制，设立专门机构，保障充足编制，制定具体标准，开展评审认证，从设计、施工、验收等环节对城市无障碍环境建设进行全程监管。其中，强化前端设计控制、保障利害相关者的话语权、明确责任主体和惩罚制度是落实无障碍法规的关键。最终应形成"设计阶段评审认证——施工阶段专家监督——验收阶段群众参与——使用阶段公益诉讼"的无障碍环境建设全程质量保障机制。与初级阶段无障碍法制建设重在探索不同，新阶段的无障碍法制建设应把行之有效的模式提炼、升华和固化，转化为明确而详细的法律条文；讲求实效，避免"过于原则的口号式归责"和"缺乏法律后果的归责"。

（二）无障碍环境建设的案例分析

中国无障碍法制建设是一个复杂而艰巨的进程，需要更多元化的原则和理念支持，因此并不限于以上五个价值取向。上述价值取向的确定既来自无障碍促进的实践经验，也受到诸多新闻事件所暴露出的社会问题的启发。近年来随着残疾人群体对无障碍建设的呼声不断提高，新闻媒体开始关注无障碍环境。多数报道是针对无障碍环境的问题和残疾人的体验，其实，更值得关注的是社会公众对残疾人群体的态度和对无障碍的认识。因此，我们选择了以下案例来佐证上文所阐述的价值取向的必要性。

1. 深圳残疾人陈某某摔落死亡事件

2021 年 1 月，深圳残疾人陈某某在路过一个缘石坡道（一种市政道路无障碍设施）时由于坡度过大、轮椅侧翻，不慎从轮椅上摔落，后经抢救无效死亡。事故发生后，当地残联出面协调，相关部门互相推诿，无法明确这处无障碍设施的建设和管理部门。[①]

深圳市近年来在无障碍建设方面做了大量的顶层设计，但是缺乏权威性的地方法规，也没有市政道路无障碍设计和施工的地方标准，管理部门缺位，责任主体不明，没有建立起有效的"检查—反馈—整改"机制，最终导致了悲剧的发生。虽然深圳市在全国无障碍建设中有不俗的外在表现，但没有按照实效取向抓住重点和难点，没有把无障碍建设的系统性和规范性提到首要的位置上，所以，无障碍环境改善是碎片化的，个别案例可能非常突出，但城市环境作为一个系统缺乏整体性的质的飞跃。最近深圳市从创建无障碍城市出发颁布了无障碍地方法规，是对前几年无障碍建设工作实效性不足的弥补。

2. 视障者发体验视频遭怼事件

2020 年 9 月，一位视障人士在社交平台上分享了自己坐电梯时遇到的

---

① 王佳薇：《残疾人陈小萍之死：无障碍设施应用困境》，《南方周末·人物周刊》，2021 年 4 月 9 日，https://www.nfpeople.com/index.php/article/10607。

不便。从视频上看，这部电梯既没有语音播报，也没有盲文标识，导致他无法知道自己所到的楼层。不料，这则短视频引起大量负面评论。比如，"盲人就别出门了，这个世界本来就不是给你们（残疾人）体验的""社会为大众服务的，大众都是正常人，你也没有权利要求什么都以盲人为主吧。有就用了，没有也不是应该给你们准备。残疾人可以帮助理解，但是一味地向社会索求就不对了吧。""那你一个盲人，你自己要出去干什么？难道没有人陪你？""请不要像巨婴一样，抱怨没有便利到你自己的地方。""（残疾人）优胜劣汰吧，（无障碍）成本太高。"①

这一事件虽然只是偶然发生，背后却存在着必然因素——社会潜意识里存在着很深的偏见与歧视，只是由于委婉的民族性格和尚善的道德文化，这种歧视没有转变成对抗性的社会冲突。以所谓"正常人"为中心的社会意识对于残疾人可以给予同情和帮助，但不承认其拥有平等参与社会的权利。基于道德的社会关爱本质上就是一种隐性歧视和社会压迫，是以剥夺残疾人自由、贬低残疾人价值、损害残疾人尊严为代价的；给或不给、给多或给少完全由所谓"正常人"随心所欲地掌握，从而成了一种"道德施舍"。因此，无障碍法制建设应坚持权利取向、尊严取向，消除直接歧视、间接歧视等一切形式的歧视，将平等机会和选择自由还给所有被环境所囚禁的障碍群体。

3. 自闭症者乘动车被拒事件

2020年9月末，一位父亲带着自闭症儿子欲乘动车回老家。由于国庆节前夕车站乘客较多，环境嘈杂，自闭症少年变得焦躁不安，出现了刻板行为，站务人员因此拒绝承运父子二人。②

这其实也是一个无障碍问题。自闭症少年的刻板行为主要是由嘈杂的环

---

① 陆一鸣：《残疾人就别出门了，这世界不是给你准备的》，《新周刊》，2020年9月18日，https://mp.weixin.qq.com/s/zyiGvbBAZsrG48IfLd0wQg。
② 大米和小米：《福州，14岁自闭症少年乘动车被拒，还被告诉要用绳子绑起来，火车站最新回应——》，大米和小米微信公众号，2020年10月4日，https://mp.weixin.qq.com/s/J3ekQF7MdFOc4cH0pB8QYQ。

境引起的，只要车站配备专门的通道、车辆配置专用的封闭空间，就可以解决类似自闭症乘客的承运问题。在日本新干线高铁上配有一间多功能室，主要是满足老年人、智力障碍者、精神障碍者、临时伤残或病弱者等群体安静休息的需求，在中国高铁上增加这样的空间也是可行的。中国高铁车站通常有贵宾通道，可以临时向类似自闭症者的乘客开放，避免不利的环境对特殊旅客产生不良刺激——这些措施都属于合理便利范畴。自闭症者乘动车被拒，除了相关方面缺乏专业知识之外，更主要的是相关单位没有提供合理便利，导致自闭症者对环境产生了不适应。因此，无障碍法制建设应坚持公正取向，通过合理便利来实现实质平等。

自闭症者乘动车被拒事件与视障者发体验视频遭怼事件有一个共同点：基于功利主义的歧视。无障碍设施通常会被社会公众与"高成本""奢侈品"联系起来。这一方面说明公众对无障碍设施作为必需品和标准配置的性质缺乏了解，另一方面，这种功利主义的计算是对残疾人、老年人等障碍群体的固有尊严和价值的否定。上文所阐述的前四个价值取向实质上主要针对基于功利主义的歧视。

四　结语

中国无障碍环境建设自20世纪80年代以来经历了30多年的实践探索，在取得一定成就的同时也暴露出一些矛盾和问题。发展中的问题需要在改革和发展中解决。无障碍法制建设是推动无障碍建设发展的重要力量。我们根据无障碍环境建设的主要问题提出了中国无障碍法制建设的五个价值取向，旨在通过高位阶、统领性的立法推动体制改革、化解突出矛盾、维护社会公正、促进融合发展，推动中国无障碍环境建设从"由无到有"跃迁到"由有到优"的高质量发展阶段。

B.4
中国地方无障碍环境建设
管理制度报告（2021）

于一凡 刘 冰 王舸洋*

摘　要：　无障碍建设的地方法规、政府规章和相关技术标准，是完善
　　　　　地方无障碍建设管理制度的主要内容，是落实我国《残疾人
　　　　　保障法》《老年人权益保障法》《无障碍环境建设条例》等
　　　　　上位法的必然要求，也是推进包容性社会、建设全龄友好城
　　　　　市及社区的关键。本报告系统分析了我国地方无障碍环境建
　　　　　设管理规定的发展历程，评估了地方无障碍建设管理规定的
　　　　　现状特征和总体适应性，考察各地在无障碍建设管理规定方
　　　　　面的实践探索。针对我国地方无障碍建设管理规定存在的不
　　　　　平衡、不充分、不适应等问题，提出加快地方无障碍建设管
　　　　　理规定的修订与立法工作和技术标准的制定和完善工作。

关键词：　无障碍环境　全龄友好城市　全龄友好社区

　　无障碍环境建设是保障残疾人、老年人等社会成员平等参与社会生活，

---

* 于一凡，博士，同济大学建筑与城市规划学院教授、博士研究生导师，上海市城市更新及其
空间优化技术重点实验室全龄友好社区研究中心主任。主要研究方向为城乡人居环境、健康
城市和城市更新。刘冰，博士，同济大学建筑与城市规划学院教授、博士研究生导师，主要
研究领域为交通－空间整合规划、绿色健康交通、无障碍环境建设等。王舸洋，城乡规划硕
士，上海同济城市规划设计研究院有限公司助理规划师，主要研究方向为综合交通规划、居
民出行行为等。

促进社会文明进步的重要手段。无障碍环境建设的受益群体不仅是残疾人、老年人，也包括儿童、妇女等广大的群体。据中残联网站显示，根据第六次全国人口普查我国总人口数及第二次全国残疾人抽样调查我国残疾人占全国总人口的比例，推算 2010 年末我国残疾人总人数 8502 万。[1] 而随着人口老龄化程度的加深，我国残疾人口规模仍在继续增加。根据第七次全国人口普查结果，2020 年 11 月 1 日全国人口中，65 岁及以上人口为 190635280 人，占 13.50%。与 2010 年第六次全国人口普查相比，65 岁及以上人口的比重上升 4.63 个百分点[2]，数据呈现连年增长趋势，老年宜居环境的建设成为当务之急。优化和完善无障碍环境是支持残疾人、老年人积极从事户外活动和参与社会生活的主要手段，也是改善城乡整体居住环境宜居水平的重要举措。

《中华人民共和国残疾人保障法》（2018 修正）第五十二条明确规定"国家和社会应当采取措施，逐步完善无障碍设施，推进信息交流无障碍，为残疾人平等参与社会生活创造无障碍环境。各级人民政府应当对无障碍环境建设进行统筹规划，综合协调，加强监督管理"。《中华人民共和国老年人权益保障法》第六十四条规定"国家制定无障碍设施工程建设标准。新建、改建和扩建道路、公共交通设施、建筑物、居住区等，应当符合国家无障碍设施工程建设标准"。[3] 随着我国社会治理体系的完善与公民平等意识的提高，无障碍环境建设以及相关管理规定与技术文件的编制不断推进。

以 1990 年颁布的《中华人民共和国残疾人保障法》为起点，各地陆续颁布了关于无障碍设施建设的管理规定。据《2020 年中国残疾人事业发展

---

[1] 中国残疾人联合会：《2010 年末全国残疾人总数及各类、不同残疾等级人数》，中国残疾人联合会网站，2012 年 6 月 26 日，http://2021old.cdpf.org.cn/sjzx/cjrgk/201206/t20120626_387581.shtml。

[2] 国家统计局、国务院第七次全国人口普查领导小组办公室：《第七次全国人口普查公报（第五号）》，国家统计局，2021 年 5 月 11 日，http://www.stats.gov.cn/tjsj/tjgb/rkpcgb/qgrkpcgb/202106/t20210628_1818824.html。

[3] 《中华人民共和国残疾人保障法》，中国人大网，2018 年 11 月 5 日，http://www.npc.gov.cn/npc/c12435/201811/5eae4f9c3afa432285f04be42e50fc01.shtml。

统计公报》，截至 2020 年底，全国共出台了 674 个省、地市、县级无障碍建设与管理法规、规章和规范性文件；系统开展无障碍建设市、县、区 1753 个。① 但由于涉及的设施种类多、覆盖广、规模大、主体多样，各地在形成适合自身发展的地方规章、技术标准和管理实施等环节中仍面临着诸多困难、问题和挑战。

一 我国无障碍环境建设管理规定的发展历程

无障碍设施或环境建设管理规定旨在约束无障碍建设、使用和维护行为。本报告以地方管理规定为主要对象，具体指《中华人民共和国立法法》中指定的地方性法规（条例）、地方政府规章，以及相关的地方政府规范性文件。此外，地方技术标准是无障碍建设的工程依据，可以提高无障碍环境建设水平和质量，对地方无障碍管理规定的执行和完善具有支持作用，故纳入本研究的内容范畴。

我国无障碍法规制定历程可以分为两个阶段、三个时期，即以 2012 年《无障碍环境建设条例》颁布为标志，前后分为两大阶段。其中，2012 年前这一阶段又可进一步细分 2000～2005 年的起步期、2006～2012 年的普及期、2012 年之后的提高期（见图 1）。

（一）起步期（2000～2005 年）

我国于 1990 年底颁布《中华人民共和国残疾人保障法》，其第四十六条规定"国家和社会逐步实行方便残疾人的城市道路和建筑物设计规范，采取无障碍措施"，以法律形式对无障碍设施建设提出了要求。②

地方出台专门的无障碍设施建设管理相关规定始于 2000 年。2000 年颁

---

① 中国残疾人联合会：《2019 年残疾人事业发展统计公报》，中国残疾人联合会网站，2021 年 4 月 9 日，https：//www.cdpf.org.cn/zwgk/zccx/tjgb/d4baf2be2102461e96259fdf13852841.htm。
② 《中华人民共和国残疾人保障法》，中国人大网，2000 年 12 月 5 日，http：//www.npc.gov.cn/wxzl/gongbao/2000-12/05/content_5004544.htm。

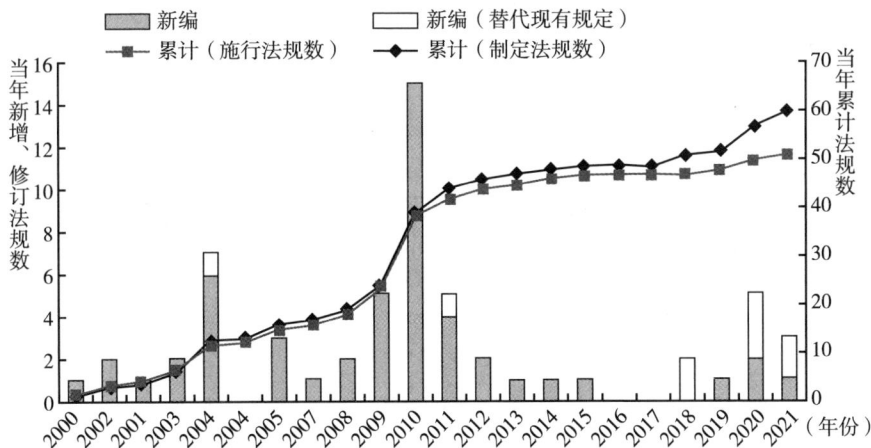

图1 2000～2021年我国无障碍法规制定情况

注：以生效时间为准，统计时间截至2021年9月1日。

布生效的《北京市无障碍设施建设管理规定》是无障碍设施建设管理方面最早的地方政府规章。此后，各地市开始制定本地的无障碍设施建设管理规定，2003年，上海市制定了《上海市无障碍设施建设和使用管理办法》。次年，北京出台了《北京市无障碍设施建设和管理条例》，这是无障碍设施建设管理方面的首部地方法规。同一时期，由住建部等部门组织的"全国无障碍设施建设示范城市"工作在全国展开，北京、天津、上海等12个城市获得"全国无障碍设施建设示范城市"称号。

2005年，辽宁省、广东省先后颁布《辽宁省无障碍设施建设使用管理规定》和《广东省无障碍设施建设管理规定》，这是我国最早的由省或自治区人民政府制定的无障碍设施建设管理规定。

（二）普及期（2006~2012年）

在"十五"期间"全国无障碍设施建设示范城市"取得了较好成效的基础上，2007年住建部等部门开展了创建全国无障碍建设城市工作，组织100个城市开展"创建全国无障碍建设城市"活动。

2008 年，《中华人民共和国残疾人保障法》修订，第七章"无障碍环境"明确规定"国家和社会应当采取措施，逐步完善无障碍设施，推进信息交流无障碍，为残疾人平等参与社会生活创造无障碍环境"。①

2009 年，深圳市颁布《深圳市无障碍环境建设条例》，这是我国第二部无障碍地方法规，也是我国第一部以"无障碍环境"而非"无障碍设施"为主题的无障碍相关地方管理规定。

仅在 2010 年，各地市颁布的无障碍设施建设管理规定就有 14 部，为历年最高。多个无障碍建设城市如常州、佛山、洛阳，于此年制定了本市的无障碍设施建设管理规定。同年，国务院开始了《无障碍环境建设条例》的制定工作。

与此同时，河北、湖北、内蒙古等省与自治区进行了无障碍地方法规的编制工作。2011 年，甘肃省颁布《甘肃省无障碍建设条例》，成为第一个制定无障碍建设地方法规的省。

（三）提高期（2013年至今）

2012 年，国务院颁布《无障碍环境建设条例》，以行政法规的形式对无障碍环境建设工作做出了要求。

2013 年，中国残联发布了《关于加快制定〈无障碍环境建设条例〉地方性法规、规章的指导意见》，《意见》指出"制定地方无障碍环境建设法规、规章，是当前刻不容缓的一项重要工作任务，也是依法推进我国无障碍环境建设深入开展的重要保障"。②

《无障碍环境建设条例》颁布后，各省及自治区开始积极推进无障碍环境地方立法工作。一是此前未制定无障碍建设相关法规、规定的省、自治

---

① 《中华人民共和国残疾人保障法》，中国人大网，2018 年 11 月 5 日，http：//www. npc. gov. cn/npc/c12435/201811/5eae4f9c3afa432285f04be42e50fc01. shtml。

② 中国残疾人联合会：《关于加快制定〈无障碍环境建设条例〉地方性法规、规章的指导意见》，中国残疾人联合会网站，2013 年 8 月 12 日，http：//2021old. cdpf. org. cn/special/6dh/2013－08/12/content_ 30451373. htm。

区，开始编制本地无障碍环境建设的政府规章，如吉林、江西、山东、宁夏等省及自治区颁布了本地区的无障碍环境建设管理规定。二是此前制定过无障碍设施建设管理规定的，开始制定新的无障碍环境建设管理规定，如广东、河北、湖北等省制定了无障碍环境建设管理规定。

与省级地方法规的制定相比，这一时期各城市无障碍环境相关地方管理规定的制定工作较上一阶段略有放缓、但不断向深度推进。

在此期间，制定了无障碍环境建设地方政府规章的城市有承德、邢台等；将无障碍设施修订为无障碍环境建设地方规章的城市有天津、临沂等。常熟市在苏州市无障碍设施管理规定的基础上，进一步制定了县级市层面无障碍设施管理的地方政府规章，以保障各项无障碍建设管理工作的具体落实。2019年10月，《张家口市无障碍设施建设管理条例》正式生效，张家口成为我国第三个制定无障碍建设管理地方法规的城市。

目前，无障碍环境建设地方立法工作正在有序推进。截至2021年8月，重庆、四川、江苏、贵州等省市组织编制了本省市无障碍环境建设管理规定，重庆市、四川省现已发布征求意见稿，江苏省已将无障碍环境建设立法工作纳入2021年立法工作计划，贵州省将无障碍环境立法工作纳入调研。

总体而言，在"十一五"期间，我国城市地方无障碍环境建设管理规定的制定工作取得了显著进展。在空间覆盖上，呈现出"东部沿海示范城市先行、中西部地区城市扩展、后期整体保持稳定"的特征。尽管如此，个别省份仍处于空白状态。从省级地方管理规定来看，以无障碍设施建设为适用对象的有北京市、福建省；以无障碍环境为适用对象的有19个省与直辖市。

二 我国地方无障碍环境建设管理规定的梳理分析

（一）地方无障碍环境建设管理规定的立法等级

我国已制定的无障碍地方管理规定以地方政府规章为主，采用地方法规形式的仅占总体一小部分。由于地方无障碍建设管理规定的立法层级较低，影响了地方管理规定的执行效力。

我国最早订立无障碍设施建设管理地方法规的是北京市，为《北京市无障碍设施建设和管理条例》，北京市也是第一个以地方法规替代地方政府规章的城市。

深圳市是我国第一个制定关于无障碍环境地方法规的副省级市，《深圳市无障碍环境建设条例》是我国最早以"无障碍环境"为对象的地方管理规定。2021年，深圳市颁布《深圳经济特区无障碍城市建设条例》。

张家口市的《张家口市无障碍设施建设管理条例》是唯一的地级市无障碍建设管理地方法规。该法规比政府规章具有更高的法律效力，但其适用对象局限在无障碍设施，而没有扩展到无障碍环境。

甘肃省是我国第一个订立无障碍地方法规的省。《甘肃省无障碍建设条例》规定了无障碍建设的内容包括无障碍设施、无障碍信息交流等，也明确规定了省内无障碍建设的重点区域和重点场所。[①] 但由于该法规的制定早于《无障碍环境建设条例》，在内容上没有涵盖无障碍社会服务相关的建设活动。

《海南省无障碍环境建设管理条例》是《无障碍环境建设条例》颁布后首部由省颁布实施的无障碍环境建设管理地方法规。该条例除对《无障碍环境建设条例》的相关内容进行深化外，还根据本省实际情况增补了部分规定，体现出地方特色：如第十六条规定"4星级以上旅馆应当配置一定比例的无障碍客房""旅游景区的出入口、游客中心等应当设置无障碍通道"。[②]

（二）地方无障碍环境建设管理规定的主要内容

我国关于无障碍建设的地方管理规定，根据其适用范畴的扩大调整可分

---

① 《甘肃省无障碍建设条例》，甘肃人大网，2015年1月21日，http：//www.gsrdw.gov.cn/html/2015/lfdt_0121/2914.html。

② 《海南省无障碍环境建设管理条例》，海南省人民代表大会常务委员会网站，2020年4月8日，http：//www.hainanpc.net/hainanpc/xwzx/szyw/981748/index.html。

成两类：一类是无障碍设施建设管理规定，另一类是无障碍环境建设管理规定。

地方无障碍设施建设的管理规定大多制定于《无障碍环境建设条例》颁布之前，个别地方在 2012 年后制定了仅针对无障碍设施的管理规定，如张家口市。① 这类规定主要明确无障碍通道、电梯、厕所、停车位等各类无障碍设施在设计、施工、监理、验收、使用、维护过程中的有关要求。无障碍设施建设管理规定一般包括总则、无障碍设施的设计与施工、无障碍设施的管理与维护、罚则、附则几部分内容。

地方无障碍环境建设的管理规定大多数颁布于《无障碍环境建设条例》之后，以《无障碍环境建设条例》为指导。这些规定的范畴除了无障碍设施、无障碍交通等物质环境外，还包括无障碍信息交流、公共服务、社区服务等非物质环境。各地还根据实际情况，对《无障碍环境建设条例》中各个事项的有关规定进行了进一步具体深化。无障碍环境建设管理规定一般包括总则、无障碍设施的设计与施工、无障碍设施的管理与维护、无障碍信息交流、无障碍公共服务、罚则、附则几部分内容。

1. 地方无障碍环境建设管理规定的上位依据

较早制定的无障碍设施建设管理规定主要依据《中华人民共和国残疾人保障法》《中华人民共和国老年人权益保障法》，如南京市②、长沙市③、成都市④、海口市⑤等。在《无障碍环境建设条例》颁布之后，有的省、市

① 《张家口市无障碍设施建设管理条例》，张家口市人民代表大会常务委员会网站，2019 年 9 月 24 日，http：//www.zjkrd.gov.cn/article/37/1307.html。
② 《南京市无障碍设施建设管理办法》，南京市人民政府网站，2004 年 11 月 11 日，http：//www.nanjing.gov.cn/zdgk/200803/t20080307_1056311.html。
③ 《长沙市无障碍设施建设和管理办法》，长沙市人民政府网站，2010 年 10 月 29 日，http：//www.changsha.gov.cn/szf/zfgb/2010/1013/201101/t20110106_9864.html。
④ 《成都市无障碍设施建设与管理办法》，成都市人民政府网站，2011 年 1 月 27 日，http：//www.chengdu.gov.cn/chengdu/c101176/2011-01/27/content_9c143aa1f4fd442092b6fbe0332a9.shtml。
⑤ 《海口市无障碍设施建设管理办法》，海口市人民政府网站，2009 年 8 月 24 日，http：//www.haikou.gov.cn/xxgk/szfbjxxgk/zcfg/szfwj/201111/P020111107234757091211.pdf。

将《条例》单独作为地方管理规定的依据，如辽宁省①、河北省②、河南省③、张家口市④等地。总体上，大部分省、市将《无障碍环境建设条例》与《中华人民共和国残疾人保障法》《中华人民共和国老年人权益保障法》共同作为依据。

2. 地方无障碍环境建设管理规定的适用范围

《无障碍环境建设条例》第二条规定"本条例所称无障碍环境建设，是指为便于残疾人等社会成员自主安全地通行道路、出入相关建筑物、搭乘公共交通工具、交流信息、获得社区服务所进行的建设活动"。一些地方管理规定沿用了国家《条例》的适用范围，也有部分地方管理规定将适用范围在"道路、相关建筑物、公共交通工具、信息、社区服务"的基础上扩展至家居生活，如《广东省无障碍环境建设管理规定》⑤《山东省无障碍环境建设办法》⑥。广东省、广州市等地方管理规定，对于无障碍设施或环境的服务对象除了侧重残疾人的群体，也将老年人、伤病患者、孕妇、儿童等详细列出，以强调无障碍建设的包容性和通用性要求。

3. 地方无障碍环境建设管理的事权

《无障碍环境建设条例》第五条规定"国务院住房和城乡建设主管部门负责全国无障碍设施工程建设活动的监督管理工作，会同国务院有关部门制定无障碍设施工程建设标准，并对无障碍设施工程建设的情况进行监督检查。国务院工业和信息化主管部门等有关部门在各自职责范围内，做好无障

---

① 《辽宁省无障碍环境建设管理规定》，辽宁省人民政府网站，2017 年 11 月 19 日，http：// www. ln. gov. cn/zfxx/zfwj/szfl/zfwj2011_ 119231/201801/t20180123_ 3150922. html。
② 《河北省无障碍环境建设管理办法》，河北省人民政府网站，2013 年 12 月 25 日，http：// info. hebei. gov. cn//eportal/ui？ pageId = 6806152&articleKey = 6188649zc&columnId = 6806589。
③ 《河南省无障碍环境建设管理办法》，河南省人民政府网站，2018 年 2 月 13 日，https：// www. henan. gov. cn/2018/05 - 31/237107. html。
④ 《张家口市无障碍设施建设管理条例》，张家口市人民代表大会常务委员会网站，2019 年 9 月 24 日，http：//www. zjkrd. gov. cn/article/37/1307. html。
⑤ 《广东省无障碍环境建设管理规定》，广东省人民政府网站，2016 年 12 月 26 日，http：// www. gd. gov. cn/gkmlpt/content/0/145/post_ 145701. html#6。
⑥ 《山东省无障碍环境建设办法》，山东省人民政府网站，2019 年 3 月 15 日，http：// www. shandong. gov. cn/art/2019/3/15/art_ 97741_ 54274. html？ xxgkhide = 1。

碍环境建设工作"①。从地方层面来看，大多强调市政府对无障碍环境建设的统一领导，要求由县级以上人民政府领导协调地方的无障碍环境建设工作。部分城市成立了专门的领导小组（如三亚市②）或形成联席会议制度（如深圳市③），以保障各个部门工作的协调，加强无障碍环境建设管理规定的执行效力。具体实施过程中的职责分工一般采用两种模式：一种是人民政府领导协调、住建部门监督管理、其他部门配合，如北京市④和福建省⑤；另一种是住建部门负责监督管理，其他部门配合，如苏州市。其中，苏州市又将无障碍设施的建设和使用监管与无障碍设施维护的监管做了细分，分别由住建和市容市政部门负责。⑥

《无障碍环境建设条例》颁布后，一些地方无障碍管理规定的适用范围随之调整，纳入了无障碍信息交流、公共服务、社区服务等内容，相关行政主管部门的数量也明显增加。为此，这些地方管理规定中相应补充了无障碍信息交流中工信、广电、文化、旅游等部门的职责，交通无障碍中交通运输、公安、城管等部门的职责，公共服务和社区服务无障碍中林业、园林等部门的职责，以及下级的街、镇政府职责。对于无障碍设施建设的监督管理工作，大多数地方仍然明确由住建主管部门负责。

4. 地方无障碍环境建设管理中的专项规划

《无障碍环境建设条例》第四条规定"县级以上人民政府负责组织编制

---

① 《无障碍环境建设条例》，中国政府网，2012 年 7 月 10 日，http：//www. gov. cn/zhengce/zhengceku/2012 –07/10/content_ 4580. htm。

② 《三亚市无障碍设施建设管理规定》，三亚市人民政府网站，2011 年 9 月 2 日，http：//www. sanya. gov. cn/sanyasite/szfwjxx/201109/6524401aab7d4ecea02ad5786e706a12. shtml。

③ 《深圳经济特区无障碍城市建设条例》，深圳人大网，2021 年 7 月 6 日，http：//www. szrd. gov. cn/szrd_ zlda/szrd_ zlda_ flfg/flfg_ szfg/content/post_ 706638. html。

④ 《北京市无障碍设施建设和管理条例》，北京市人民代表大会常务委员会网站，2020 年 4 月 27 日，http：//www. bjrd. gov. cn/rdzl/rdcwhgb/sswjrdcwhgb 201906/202101/t20210105_ 2197884. html。

⑤ 《福建省无障碍设施建设和使用管理办法》，福建省人民政府网站，2010 年 8 月 5 日，http：//www. fujian. gov. cn/zwgk/zfxxgk/szfwj/jgzz/fgfz/201008/t20100830_ 1135835. htm。

⑥ 《苏州市无障碍设施管理办法》，苏州市人民政府网站，2011 年 7 月 12 日，http：//www. suzhou. gov. cn/szsrmzf/szfzfgz/202104/433b0a72525742479563bb837e92e5da. shtml。

无障碍环境建设发展规划并组织实施。编制无障碍环境建设发展规划，应当征求残疾人组织等社会组织的意见。无障碍环境建设发展规划应当纳入国民经济和社会发展规划以及城乡规划"。① 近年来，首先，无障碍规划的内容从无障碍设施专项规划扩展到无障碍环境建设发展规划。为了保证规划的实施，这些专项规划被要求纳入国民经济与社会发展规划（如北京②、上海③）、国土空间规划（如上海④）。除了城市无障碍，江西省⑤、辽宁省还特别强调乡村无障碍建设，要求将乡村无障碍设施纳入村镇规划和新农村建设规划⑥。

5. 地方无障碍建设管理中的奖励与鼓励政策

《无障碍环境建设条例》第六条规定"国家鼓励、支持采用无障碍通用设计的技术和产品，推进残疾人专用的无障碍技术和产品的开发、应用和推广"。第七条规定"国家倡导无障碍环境建设理念，鼓励公民、法人和其他组织为无障碍环境建设提供捐助和志愿服务"。第八条规定"对在无障碍环境建设工作中做出显著成绩的单位和个人，按照国家有关规定给予表彰和奖励"。⑦ 在《无障碍环境建设条例》颁布之前制定的地方管理规定，大多缺失这方面的内容。较晚时间制定的地方管理规定补充了奖励与表彰方面的内

---

① 《无障碍环境建设条例》，中国政府网，2012 年 7 月 10 日，http：//www. gov. cn/zhengce/zhengceku/2012 –07/10/content_ 4580. htm。

② 《北京市无障碍设施建设和管理条例》，北京市人民代表大会常务委员会网站，2020 年 4 月 27 日，http：//www. bjrd. gov. cn/rdzl/rdcwhgb/sswjrdcwhgb 201906/202101/t20210105 _ 2197884. html。

③ 《上海市无障碍环境建设与管理办法》，上海市人民政府网站，2021 年 4 月 8 日，https：//www. shanghai. gov. cn/nw12344/20210408/5454bb4b76624498a6a54cc3d5e4892e. html。

④ 《上海市无障碍环境建设与管理办法》，上海市人民政府网站，2021 年 4 月 8 日，https：//www. shanghai. gov. cn/nw12344/20210408/5454bb4b76624498a6a54cc3d5e4892e. html。

⑤ 《江西省无障碍环境建设办法》，江西省人民政府网站，2018 年 7 月 3 日，http：//www. jiangxi. gov. cn/art/2018/7/3/art_ 5147_ 264579. html。

⑥ 《辽宁省无障碍环境建设管理规定》，辽宁省人民政府网站，2017 年 11 月 19 日，http：//www. ln. gov. cn/zfxx/zfwj/szfl/zfwj2011_ 119231/201801/t20180123_ 3150922. html。

⑦ 《无障碍环境建设条例》，中国政府网，2012 年 7 月 10 日，http：//www. gov. cn/zhengce/zhengceku/2012 –07/10/content_ 4580. htm。

容，许多地方规定把奖励表彰与宣传、教育放在同一条款内，如湖北省①、广东省②、河南省③、张家口市④等。

6. 地方无障碍环境建设管理的宣传与教育内容

宣传、教育工作是提高全民无障碍意识，推进无障碍环境建设的重要手段。许多地方，尤其是早于《无障碍环境建设条例》制定的地方规定缺失这部分内容。颁布时间较晚的地方管理规定普遍补充了这方面内容，如《张家口市无障碍设施建设管理条例》⑤。

7. 无障碍设施设计、审批与施工的管理规定

就技术标准而言，多数地方管理规定当中，无障碍设施设计的技术规范均采用国家规范。在 2011 年前制定的地方管理规定，多采用《城市道路和建筑物无障碍设计规范》；在 2012 年之后制定的地方管理规定，则主要采用《无障碍设计规范》与《无障碍设施施工验收及维护规范》。一些城市制定了专门的地方标准，如北京市《居住区无障碍设计规程》（DB11/1222 - 2015）、上海市《无障碍设施设计标准》（DGJ08 - 103 - 2003）等。

由于《无障碍环境建设条例》并未对审批环节做出详细规定，故在具体工作中地方差异较大，包括施工图审核机构审批，如天津市⑥；施工图审查机构审批后建设部门依据情况办理许可证，如苏州市⑦。

---

① 《湖北省无障碍环境建设管理办法》，湖北省人民政府网站，2018 年 12 月 28 日，http：//www. hubei. gov. cn/zfwj/szfl/201901/t20190111_ 1711186. shtml。
② 《广东省无障碍环境建设管理规定》，广东省人民政府网站，2016 年 12 月 26 日，http：//www. gd. gov. cn/gkmlpt/content/0/145/post_ 145701. html#6。
③ 《河南省无障碍环境建设管理办法》，河南省人民政府网站，2018 年 2 月 13 日，https：//www. henan. gov. cn/2018/05 - 31/237107. html。
④ 《张家口市无障碍设施建设管理条例》，张家口市人民代表大会常务委员会网站，2019 年 9 月 24 日，http：//www. zjkrd. gov. cn/article/37/1307. html。
⑤ 《张家口市无障碍设施建设管理条例》，张家口市人民代表大会常务委员会网站，2019 年 9 月 24 日，http：//www. zjkrd. gov. cn/article/37/1307. html。
⑥ 《天津市无障碍环境建设管理办法》，天津市人民政府网站，2018 年 1 月 13 日，http：//www. tj. gov. cn/zwgk/szfwj/tjsrmzf/202005/t20200519_ 2365903. html。
⑦ 《苏州市无障碍设施管理办法》，苏州市人民政府网站，2011 年 7 月 12 日，http：//www. suzhou. gov. cn/szsrmzf/szfzfgz/202104/433b0a72525742479563bb837e92e5da. shtml。

同样，由于《无障碍环境建设条例》并未对无障碍设施建设的验收和备案流程做出详细规定，地方管理规定中也大多没有明确的验收要求。不过，验收环节的重要性已逐步引起地方政府关注。部分城市提出了应在验收环节纳入老年人与残疾人的试用环节，如《深圳经济特区无障碍城市建设条例》①《天津市无障碍环境建设管理办法》② 等，这对于提高无障碍设施建设水平起到了非常积极的作用。

8. 无障碍交通工具与无障碍交通设施的相关规定内容

在无障碍地方规定制定的起步期，仅有少数城市提出了无障碍交通工具的相关内容，如《北京市无障碍设施建设和管理条例》。进入无障碍地方规定普及期后，无障碍公共交通工具的配置、字幕与语音报站系统逐步出现在地方管理规定中，如《哈尔滨市城市无障碍设施建设管理办法》③《济南市无障碍设施建设管理办法》④ 等。同时，《无障碍环境建设条例》颁布后，地方规定对于无障碍停车位的相关要求也逐步得到完善。

9. 无障碍信息交流的相关规定内容

无障碍信息交流是无障碍环境建设的重要组成部分。《无障碍环境建设条例》中，将无障碍设施建设与无障碍信息交流作为并列的两章。无障碍信息交流的地位与无障碍设施建设同等重要。

10. 无障碍社区服务的相关规定内容

无障碍社区服务是无障碍环境建设中重要的"软件"内容。根据《无障碍环境建设条例》第四章规定："社区公共服务设施应当逐步完善无障碍服务功能，为残疾人等社会成员参与社区生活提供便利""地方各级人民政

① 《深圳经济特区无障碍城市建设条例》，深圳人大网，2021 年 7 月 6 日，http：//www. szrd. gov. cn/szrd_ zlda/szrd_ zlda_ flfg/flfg_ szfg/content/post_ 706638. html。
② 《天津市无障碍环境建设管理办法》，天津市人民政府网站，2018 年 1 月 13 日，http：// www. tj. gov. cn/zwgk/szfwj/tjsrmzf/202005/t20200519_ 2365903. html。
③ 《哈尔滨市城市无障碍设施建设管理办法》，哈尔滨市人民政府网站，2017 年 9 月 27 日，http：//xxgk. harbin. gov. cn/art/2017/9/21/art_ 13332_ 8676. html。
④ 《济南市无障碍设施建设管理办法》，济南市人民政府网站，2009 年 9 月 3 日，http：// www. jinan. gov. cn/art/2009/9/3/art_ 2614_ 2045964. html。

府应当逐步完善报警、医疗急救等紧急呼叫系统，方便残疾人等社会成员报警、呼救"。① 《条例》还规定，对需要进行无障碍设施改造的贫困家庭，县级以上地方人民政府可以给予适当补助。

11. 无障碍环境建设的监督与处罚

只有对无障碍环境建设使用行为进行有效监督并对违法行为做出处罚，才能保证无障碍环境建设管理相关规定得到落实。《无障碍环境建设条例》第五条规定"国务院住房和城乡建设主管部门负责全国无障碍设施工程建设活动的监督管理工作，会同国务院有关部门制定无障碍设施工程建设标准，并对无障碍设施工程建设的情况进行监督检查"。② 目前，地方无障碍建设管理规定当中的监督措施几乎都是双轨制，即以建设部门为代表的相关政府部门监督和以残联为代表的社会团体以及个人监督。

处罚规定是不同地区地方管理规定之间存在较大差异的部分。大多数地方管理规定当中包含三类处罚行为：对不按标准对无障碍设施进行设计施工的处罚、对占用和损坏无障碍设施的处罚、对国家机关工作人员在无障碍设计施工过程中违法行为的处罚。一部分在《无障碍环境建设条例》颁布之后制定的地方管理规定补充了无障碍环境相关的处罚内容。

12. 无障碍环境建设的技术标准体系

无障碍技术标准在保障无障碍法规落实方面有重要作用。我国的无障碍技术标准可分为国家与地方两个层面。

国家层面包括国家标准、行业标准与团体标准。我国现行的无障碍建设相关国家标准有《无障碍设计规范》《无障碍设施施工验收及维护规范》《城市公共交通设施无障碍设计指南》《铁道客车及动车组无障碍设施通用技术条件》等。无障碍建设相关的行业标准有《民用机场旅客航站区无障碍设施设备配置》《通用机场建设规范》等。

---

① 《无障碍环境建设条例》，中国政府网，2012 年 7 月 10 日，http://www.gov.cn/zhengce/zhengceku/2012 – 07/10/content_ 4580. htm。

② 《无障碍环境建设条例》，中国政府网，2012 年 7 月 10 日，http://www.gov.cn/zhengce/zhengceku/2012 – 07/10/content_ 4580. htm。

地方层面可分为地方标准、地方工程标准与技术性指导文件。无障碍建设相关的地方标准如北京市《公园无障碍设施设置规范》等，地方工程标准如上海市工程建设规范《无障碍设施设计标准》等。地方技术性指导文件如《北京市无障碍系统化设计导则》《青岛市无障碍设施建设技术导则》等。

关于无障碍设施设计的技术要求，在其他相关标准中也有规定。如铁路局与民航局将本行业的无障碍设计要求编入了《铁路旅客车站设计规范》《通用机场建设规范》等通用标准当中。部分地方标准也采取了相似的处理方式，如北京《住宅设计规范》、上海《老年宜居社区建设细则》等均含有无障碍设计的相关内容。

（三）案例城市分析

1. 北京市

北京市在我国无障碍法规建设方面拥有多个"第一"：北京市是我国第一个制定无障碍地方政府规章的城市、我国第一个制定无障碍地方法规的城市、我国第一个提升无障碍设施管理规定立法级别的城市，对其他城市的无障碍建设管理规定的编制有重要影响。

《北京市无障碍设施建设和管理条例》制定于2004年，是我国最早的无障碍地方法规，相比于同一时期的其他地方管理规定有以下几个特点：

（1）对无障碍建设提出了明确的技术要求。该《条例》对无障碍设施提出了八条具体要求，这项内容是同时期其他地方规定普遍缺乏的，为后来的许多地方无障碍设施建设管理规定所参考。

（2）对改造有十分详尽的规定。该《条例》第十五条至第十九条是关于既有建筑无障碍设施改造的。对于无障碍设施改造计划的编制、无障碍设施改造工作的责权做出了较详细的规定。同时规定"未按改造计划改造的建筑进行改扩建申请时，建设部门不予批准"，确保了其执行力。

（3）在无障碍设施范围上做出了拓展。该《条例》纳入了无障碍交通工具与无障碍社区服务的内容，是国内很早涉及非物质环境的无障碍地方管理规定。①

此外，北京市的技术标准体系编制在我国处于前列水平。北京市现有无障碍设施相关的地方标准、导则等 20 余部。地方标准有《公园无障碍设施设置规范》《人行天桥与人行地下通道无障碍设施设计规程》《居住区无障碍设计规程》《城市轨道交通无障碍设施设计规程》等，地方导则有《北京市文化活动场所无障碍设施建设和改造工作实施导则》《北京市无障碍设施建设和改造规划导则》《北京市文物古迹无障碍设施改造导则》《北京市无障碍设施建设和改造商业建筑专项细则》《北京市老旧小区无障碍设施改造导则》《北京市无障碍系统化设计导则》等。

《北京市无障碍系统化设计导则》范围涵盖了城市街区、公园绿地、行政办公建筑、居住建筑、村镇建筑等，同时涉及无障碍建设中的非物质要素。② 北京市的其他地方标准，如《住宅设计规范》，充分考虑了无障碍设计要求，对于出入口坡道、门厅轮椅回转空间等做出了详细规定。③

北京市的无障碍建设工作在系统化、重点工程、细节规定等方面，均起到了很好的示范作用。2019 年 9 月投入使用的北京大兴国际机场，其无障碍设计充分考虑了使用者需求，获得了很高评价。

由于《北京市无障碍设施建设和管理条例》制定时间较早，北京市组织了该条例的修订工作，《北京市无障碍环境建设条例》已于 2021 年 9 月表决通过，于 2021 年 11 月起生效。新《条例》在原《条例》基础上增补了无障碍信息交流、无障碍社会服务等内容，修订了部分条文，同时加入了如"食

---

① 《北京市无障碍设施建设和管理条例》，北京市人民代表大会常务委员会网站，2020 年 4 月 27 日，http：//www.bjrd.gov.cn/rdzl/rdcwhgb/sswjrdcwhgb 201906/202101/t20210105＿2197884.html。

② 《北京市无障碍系统化设计导则》，北京市规划和自然资源委员会网站，2020 年 2 月 20 日，http：//ghzrzyw.beijing.gov.cn/biaozhunguanli/bz/cxgh/202002/P020200220594125898392.pdf。

③ 《住宅设计规范》，北京市规划和自然资源委员会网站，2021 年 1 月 6 日，http：//ghzrzyw.beijing.gov.cn/biaozhunguanli/bz/jzsj/202101/t20210106＿2200766.html。

品、药品信息识别无障碍"等反映残疾人、老年人实际需求的内容。①

2. 上海市

上海市我国较早制定无障碍地方法规的城市，也是我国最早制定无障碍地方标准的城市。

上海市在制定《上海市无障碍设施建设和使用管理办法》的同时，组织了上海市无障碍建设推进工作联席会议，发布了《上海市无障碍设施日常管理养护的若干规定》等一系列文件对无障碍设施建设管理工作进行指导。

同时上海市也进行了大量无障碍相关标准与导则的编制工作。上海市《无障碍设施设计标准》（DGJ08 - 103 - 2003）是我国最早的无障碍地方标准。除此之外，上海市还组织编制了《轨道交通无障碍设施建设实施导则》《养老设施建筑无障碍设施建设实施导则》《体育建筑无障碍设施建设实施导则》等无障碍相关导则以及《老年宜居社区建设细则》（DB31/T 1023 - 2016）等与无障碍密切相关的地方标准。

上海在无障碍设施建设方面起步较早，《上海市无障碍设施建设和使用管理办法》已经不能适应新时代无障碍环境建设的相关要求。2021 年 3 月，上海市颁布《上海市无障碍环境建设与管理办法》。新《办法》包括无障碍设施建设与维护、无障碍信息传播与交流、无障碍社会服务等内容。新《办法》体现了与时俱进的特征，对网络视频、移动终端应用等新兴事物的无障碍信息传播做出了规定，提出"运用 5G、物联网、人工智能等新一代信息技术，建设更高标准的无障碍环境"等要求。②

3. 广州市

广州市是我国最早一批制定无障碍设施建设管理地方政府规章的城市。与北京、上海类似，广州市曾以亚运会为契机，在全市推进了无障碍建设工作。

---

① 《北京市无障碍环境建设条例》，北京市人民代表大会常务委员会网站，2021 年 9 月 24 日，http：//www.bjrd.gov.cn/rdzl/dfxfgk/dfxfg/202109/t20210927_ 2502697.html。

② 《上海市无障碍环境建设与管理办法》，上海市人民政府网站，2021 年 4 月 8 日，https：//www.shanghai.gov.cn/nw12344/20210408/5454bb4b76624498a6a54cc3d5e4892e.html。

由于制定时间较早，2003 年颁布的《广州市无障碍设施建设管理规定》已不能适应无障碍环境建设要求。广州市重视无障碍环境相关法律的修订工作，于 2020 年 3 月公布了《广州市无障碍环境建设管理规定》。

这一规定是《无障碍环境建设条例》《广东省无障碍环境建设管理规定》的进一步深化，同时根据广州市无障碍环境建设中的实际问题，在上位规定的基础上进行了内容扩充。①

4. 深圳市

深圳市无障碍环境建设管理规定的制定工作起步较晚，但是具有标志性。《深圳市无障碍环境建设条例》是我国最早的无障碍环境建设地方管理规定，也是我国第二部无障碍建设相关地方法规。

《深圳市无障碍环境建设条例》内容十分详细，共有 65 条，在当时是所有地方无障碍建设管理规定中条目数最多的。同时，该《条例》对非物质要素如无障碍规划、宣传与教育等进行了规定。②

深圳市的法规修订工作十分及时，2021 年 6 月，深圳市在《深圳市无障碍环境建设条例》基础上，制定并颁布了《深圳经济特区无障碍城市建设条例》，提出"无障碍城市"这一概念。新《条例》共 73 条，包括规划和标准、出行无障碍、信息无障碍、服务无障碍、保障措施等内容。这一新《条例》对于保障措施一节规定详尽，提出了"无障碍志愿服务时间储蓄制度""无障碍城市建设社会监督员制度"等配套保障措施。③

5. 香港特别行政区

香港的无障碍相关法律主要制定于英占时期，香港回归后，依照《中华人民共和国香港特别行政区基本法》继续沿用并持续进行修订完善。

---

① 《广州市无障碍环境建设管理规定》，广州市人民政府网站，2020 年 3 月 17 日，http：//www. gz. gov. cn/zwgk/fggw/zfgz/content/post_ 5735286. html。
② 《深圳市无障碍环境建设条例》，深圳人大网，2019 年 8 月 2 日，http：//www. szrd. gov. cn/szrd_ zlda/szrd_ zlda_ flfg/flfg_ szfg/content/post_ 685583. html。
③ 《深圳经济特区无障碍城市建设条例》，深圳人大网，2021 年 7 月 6 日，http：//www. szrd. gov. cn/szrd_ zlda/szrd_ zlda_ flfg/flfg_ szfg/content/post_ 706638. html。

1996 年的《残疾歧视条例》是香港在无障碍建设方面的基干法律，该条例第二十五条"进入处所"规定，由于设计施工原因使得残疾人无法进入特定建筑即构成歧视。第八十四条"建筑批准"规定"即使任何其他条例（不论是在本条例生效前或之后制定的）有任何条文，但除第（3）款另有规定外，凡任何公共主管当局有权批准任何建筑工程，除非就任何新的建筑物或现存的建筑物的改建、改动或加建谋求批准的人，令该公共主管当局信纳会为残疾人士提供到达该建筑物或其设施的在有关情况下属合理的通道，否则不得就有关工程批准建筑图则"。① 由此可见，香港特别行政区的无障碍设施使用范围有两个特点，一是适用范围极广，所有残疾人可能需要进入的建筑物全部属于无障碍建设范畴；二是依赖个人裁量与判例，这一特征体现了英美法律对香港法律的影响。

在《残疾歧视条例》发布前，香港即以规例形式明确了无障碍建设要求，1984 年，香港《建筑物（规划）规例》[Building（Planning）Regulation]增加第七十二条"建筑物须经规划以供残疾人士使用"，规定"除第（3）另有规定外，并且尽管有本规例的任何其他条文（本条的条文除外）的规定，任何建筑物如有或在合理情况下预期会有残疾人士进出，则该建筑物的设计须能便利残疾人士进出和使用建筑物及其设施，并达到建筑事务监督满意的程度"②，后该条经过部分修订，整体内容基本不变。

香港的无障碍地方标准性文件是《设计手册：畅通无阻的通道》，由香港特别行政区政府屋宇署组织编制，有 1984、1997、2008 三个主要版本。2008 版进行过 4 次局部修订，最新一次修订是 2020 年 10 月。该手册的部分内容被编入《建筑物（规划）规例》作为强制性条文。③

---

① 香港特别行政区立法会：《残疾歧视条例》，电子版香港法例，2020 年 6 月 19 日，https：//www. elegislation. gov. hk/hk/cap487。

② 香港特别行政区立法会：《建筑物（规划）规例》，电子版香港法例，2020 年 1 月 12 日，https：//www. elegislation. gov. hk/hk/cap123F。

③ 香港特别行政区政府屋宇署：《设计手册：畅通无阻的通道 2008》，香港特别行政区政府屋宇署网站，2008 年，https：//www. bd. gov. hk/doc/tc/resources/codes – and – references/code – and – design – manuals/BFA2008_ c. pdf。

6. 澳门特别行政区

与香港的情况类似，澳门的无障碍相关规定也大多制定于葡占时期，依照《中华人民共和国澳门特别行政区基本法》继续沿用。

澳门无障碍方面的基干性法规是 1983 年颁布的《建筑障碍的消除》以及配套的《关于在文化及体育设施、酒店及同类设施消除建筑障碍的指令》。《建筑障碍的消除》规定，新建由政府出资的楼宇以及公众出入的楼宇应配套无障碍设施。对于已有建筑的无障碍改造工作应适当予以鼓励：政府建筑予以优先，非政府建筑可享受税务减免，但是并没有强制性改造要求①。《关于在文化及体育设施、酒店及同类设施消除建筑障碍的指令》是配套命令，规定了旅游司、教育司等政府部门在无障碍设施建设过程中监督职责。

澳门的无障碍设施标准是《建筑障碍的消除》的附件以及专门的《澳门特区无障碍通用设计建筑指引》。政府楼宇与供公共使用之设施建设时，应遵循《建筑障碍的消除》附件的相关规范要求。由于《建筑障碍的消除》公布时间较长，部分内容不能适应现在的使用需求，澳门特区政府组织了社会工作局、卫生局等部门联合制定了《澳门特区无障碍通用设计建筑指引》②。

三 我国地方无障碍环境建设管理规定的特征

（一）地方无障碍环境建设管理规定的总体适应性

1. 总体适应性分析框架

以地方管理规定为主线，考虑与技术标准的协同关系，建立无障碍建设地方管理规定的适应性评估框架。前者根据地方管理规定的立法级别，将其分为地方法规与地方政府规章两大类；后者根据地方是否专门制定了无障碍

---

① 澳门特别行政区立法会：《建筑障碍的消除》，澳门特别行政区政府印务局网站，1983 年 10 月 3 日，https：//bo. io. gov. mo/bo/i/83/40/lei09_ cn. asp。

② 《澳门特区无障碍通用设计建筑指引》工作小组、《澳门特区无障碍通用设计建筑指引》技术小组：《澳门特区无障碍通用设计建筑指引》，澳门特别行政区政府社会工作局网站，2018 年 8 月，https：//www. ias. gov. mo/wp – content/themes/ias/tw/download/wzazj2. pdf。

建设的技术标准，划分为有标准和无标准两大类。

依此将我国各地的无障碍建设管理规定分为四个象限：地方法规＋地方标准，仅地方法规，地方政府规章＋地方标准，仅地方政府规章。地方管理规定的内容也被纳入评估分析，以具体条款的数目作为评测依据。

2. 总体适应性分析结论

基于上述评估框架，可得到我国地方无障碍建设管理规定的总体适应性评价结果，如图2所示。横轴上侧为有地方标准的城市，下侧为没有地方标准的城市；纵轴左侧为采用地方政府规章形式的城市，右侧为采用地方法规形式的城市；坐标系原点为2000年，至原点距离为管理规定的生效日期距离2000年的时间长短（以现行规定为准，不计已废止规定）；图标大小代表管理规定的条目数量，圆圈越大，地方管理规定的条目数量越多；空心圆图标代表无障碍设施建设的管理规定，实心圆图标代表无障碍环境建设的管理规定。

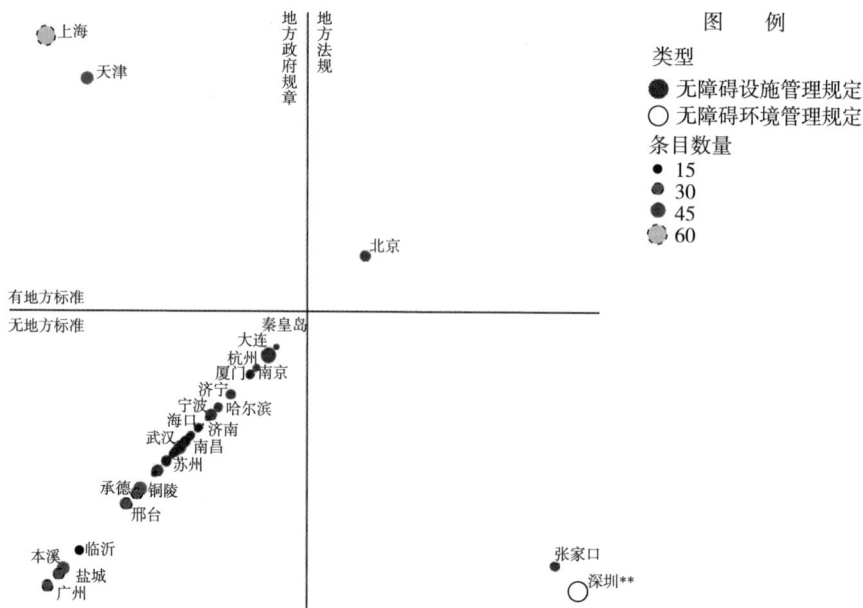

*原点为2000年，距离原点越远表示颁布生效时间距今越近
**已发布《深圳市无障碍设计标准》征求意见稿

图2 适应性评价结果

注：以生效时间为准，统计时间截至2021年9月1日。

在图 2 中，仅北京 1 市位于第一象限，天津与上海位于第二象限，张家口与深圳位于第四象限，多数城市落在第三象限，即无障碍立法级别低且缺乏专门的地方标准，适应性总体不足。

但从时间维度上看，靠近原点为空心圆、远离原点为实心圆的图标分布特征明显，说明我国早期的地方无障碍建设管理规定停留在无障碍设施的范畴，在国家《无障碍环境建设条例》颁布后，地方管理规定的适用范围得到扩充，由无障碍设施拓展至无障碍环境，符合无障碍环境建设的趋势要求。

（二）地方无障碍环境建设管理规定的演进特征

从我国地方无障碍建设管理规定的发展演进历程来看，有以下几个特征。

1. 地方无障碍建设管理法规体系日趋完善

我国关于无障碍环境的地方管理法规体系建设已进入提升期，无障碍环境建设管理制度日益完善。自《无障碍环境建设条例》颁布后，地方法规和规章的编制有了直接上位法依据，已颁布的地方无障碍建设管理条例和政府规章的数量明显增加，无障碍建设地方标准的编制工作也同步加大。当前，制定无障碍建设地方政府规章的城市已深入到县级市，出现了颁布无障碍建设管理条例的地级市，地方无障碍环境建设管理制度及其效力进一步加强。

地方无障碍建设管理规定的适用范围从残疾人扩展到老年人及更大的需求群体，他们在无障碍规划或改造计划制定、无障碍设施建设监管中的参与度提高，有利于促进以人为中心的包容性社会建设。

2. 地方无障碍建设管理规定的编制水平提高

经过多年的发展实践，我国地方无障碍建设管理规定的编制水平不断提高。地方管理规定的适用范围不断扩大，内容逐渐丰富，涵盖了城乡地区和无障碍环境的诸多方面。政府部门的事权划分更加清晰，对各项具体建设活动的规定逐步细化，从早期仅规定无障碍设施的设计、施工行为扩展到对其维护、改造的全过程做出规定。对无障碍环境建设的参与主体也不断扩展，更加重视公众参与。因此，在各地无障碍建设管理规定的内容和要求上，进一步体现了政府部门领导、多主体协调、多方位覆盖、全过程监管的特点。

3. 各地无障碍建设管理的制度特点显现

针对自身的需求、问题和体制特点，有些省、市积极探索编制适合各自地方的无障碍环境建设管理规定，积累了丰富的经验。北京市的地方管理法规制定工作起步早，以"条例（设施）＋标准建设"为两大抓手，管理规定立法地位高、地方标准体系较为全面，总体发展水平高。深圳市的系统性、前瞻性强，最早制定了针对无障碍环境建设的地方管理规定，具有"条例（环境）＋机制创新"的特点。深圳重视规划环节的源头管理作用，建立了规划评估、联席会议、公众参与等制度。有些地方理顺了无障碍建设中的多部门事权和各环节的责权关系，明确了各类新建、改造无障碍设施的责任主体，并对相关具体事项的要求做出了详细规定。在广东省，形成了国家 – 省级 – 市级的无障碍管理规定逐级深入扩充的特点，既有连贯性、又有针对性。这些地方为全国其他省市无障碍建设管理规定的制定或修订提供了可资借鉴的经验。

4. 地方无障碍技术标准的制定工作得到加强

在国家和相关行业标准基础上，地方层面近阶段也加强了无障碍建设技术标准的制定工作，现已初步形成了指导无障碍环境各项建设的综合性技术标准体系，这对落实《无障碍环境建设条例管理》起到了积极作用。为了指导地方的无障碍环境建设，上海、北京在无障碍建设管理规定中明确提出了制定地方性标准的要求。上海制定了无障碍设施设计标准和若干设计导则；北京出台了居住区、公园、轨道交通、人行天桥和地下通道等场所的无障碍设施设计规程或设置规范；天津则针对无障碍设施改造制定了技术要点、构造图集和工程验收要点等。河北省、山东省、陕西省等也制定了若干省级地方标准。

四　我国无障碍环境建设管理规定存在的主要问题

（一）地方管理规定制定工作的不平衡问题突出

在全国范围内，无障碍建设管理规定制定工作的地方不平衡现象尤其突出。在东部经济较为发达地区，已逐步形成了"无障碍环境建设条例－省级无障碍环境建设地方规定－市级无障碍建设管理规定"三级逐级深化递进的无障碍法规体系。相比之下，西部地区的地方管理规定欠缺严重，部分省、自治区尚未完成无障碍建设管理规定编制，市、自治州的覆盖情况也不理想，许多省份仅有一两个城市制定了无障碍建设管理规定。个别省、自治区在地方无障碍建设管理规定的制定上仍存在空白，尚未制定地方无障碍建设管理规定的城市数量还较多。

同时，各地无障碍环境地方法规建设的完善程度不同。我国仅有 5 个省市编制了无障碍相关地方法规，其中直辖市 1 个、省 2 个、设区的市 2 个，不足总数的 10%。由于无障碍建设相关的地方性法规数量少，立法等级低，制约了其执行效力和全方位无障碍环境的建设。

不同地方之间无障碍建设管理规定的制定水平及实施状况差距也很大。部分城市地方管理规定的内容不全面，增加了规定在具体执行上的困难。还有一部分城市由于无障碍建设管理规定编制的时间早，受到当时的条件限制，其内容无论广度与深度都不能很好地适应现阶段无障碍环境建设的需要。

（二）针对地方层面建设管理要求的规定不充分

在《无障碍环境建设条例》颁布前编制的地方无障碍建设管理规定，借鉴其他地区已有规定的情况较多；而在颁布后编制的地方管理规定，存在大致沿用国家《无障碍环境建设条例》相关规定的现象。对于当地紧迫性、难点性、特殊性的一些问题，尤其是对地方无障碍建设管理政策和体制机制创新的针对性不足。一些地方管理规定对本地具体管理事项的要求不够深化，不利于管理规定的有效执行，也不利于无障碍建设目标的有效落实。

我国地方管理规定普遍存在着具体事项的要求表述过于宽泛的问题，对规范无障碍建设行为的规定不够具体细致。其一，常对"城市道路、公园、居住区、公共建筑"做出统一要求，而对不同用途、不同规模的建筑无障碍设施建设要求没有做出细分。各地由于社会经济发展水平差异，对无障碍环境建设的实际需求有别，但未在上位管理规定的基础上提出更多适应本地建设要求的细化规定。其二，对一些例外情况的界定不明确，如文保建筑、规模过小难以进行全面无障碍设施建设的建筑，没有做出具体的适用情况说明，容易导致执行过程中法定依据不足的问题。其三，部门事权安排以及相关责任主体的界定较为模糊，在地方无障碍建设管理规定中，经常出现"各司其职""有关部门"这类措辞，部门权责不明，容易导致"三不管""踢皮球"等不良结果。

（三）面对新发展形势变化表现出的不适应性

进入新发展阶段，人们对美好生活的需要日益增长，不仅无障碍环境建设的内容不断扩展，而且对地方无障碍环境建设的水平也提出了更高的要求。然而，由于我国无障碍建设管理和立法的滞后性，地方无障碍环境建设管理规定尚不健全且修订工作不到位，表现出诸多的不适应性。

第一，地方管理规定的内容较为陈旧。有的因为制定时间较早，仅限于对无障碍设施建设的管理规定，适用范围明显过小；有些地方管理规定对各种建设活动的约束要求偏低或者不明确，存在与当前实际要求脱节的现象，无法很好地规范无障碍环境建设和品质提升的工作。因此，亟待通过管理规定的修编或立法对上述事项加以调整。

第二，地方管理规定的立法等级不足。大多数省市仍以地方政府规章的形式颁布，强制性和约束性较低，导致管理规定的执行力不足。

第三，与政府部门的职能和事权变化不相适应。在国家治理现代化的过程中，无障碍环境建设相关的职能部门和机构也有所变化，比如施工图审查制度改革、城市管理综合执法推进等对无障碍环境建设、管理过程中的部门事权划分产生了重要影响。而早期的地方管理规定多已不符合实际情况，有些地方没有及时做出相应的修编，影响了管理规定的有效执行。

第四，配套的技术标准制定不到位。我国各地的自然条件与经济发展水平差异巨大，但多数城市仅规定无障碍环境建设采用国家标准，不能很好地满足无障碍设施设计和使用的差异性需要。而且，部分建设管理规定所依据的一些建设工程设计标准已经废止，与新的技术标准不相匹配，不利于促进无障碍环境设计和建设水平的提高。

五　健全我国无障碍环境建设管理制度的发展建议

（一）加快推进面向无障碍环境全面提升的地方管理制度建设

我国地方无障碍环境建设将逐步进入全面提升的阶段，无障碍环境建设的重点也将随之变化。针对新时代下残疾人、老年人等各种人群平等参与社会生活中出现的新要求，以及城乡一体化建设、脱贫攻坚等对无障碍环境建设提出的新挑战，今后地方无障碍建设管理制度的建设应更具有针对性、差异性、前瞻性。

相应地，针对我国地方无障碍环境建设中存在的一些具体问题，如覆盖不全、衔接不足、水平参差等问题，应进一步通过完善地方无障碍环境建设管理规定加以解决。下一阶段，可从推进全方位无障碍环境建设、因地制宜地适度提高建设标准、加强基于评估闭环的全过程管理等方面，重点推进地方管理规定的建设。

同时，要重视地方管理规定与技术标准的协同发展。一方面，无障碍环境建设相关法规中的技术性内容需要通过标准深化、细化以确保其有效落实；另一方面，技术标准需要由法律法规保障其实施。在对无障碍相关法律规章进行制定、修订的同时，建议加强地方技术标准的同步编制工作。以地方管理规定与技术标准制定相结合的形式，强化无障碍环境建设要求，提高无障碍设施建设水平。

此外，要普及无障碍理念，加大无障碍环境管理规定的宣传与教育力度。利用报纸、电台电视、网站和其他媒体形式，设置无障碍专题栏目，针对不同对象（残疾人、设计从业人员、一般市民等）的不同需求，宣传无障碍环境理念、法规、技术、政策等内容，并不定时更新。结合地方无障碍管理规定的评估环节，加强公众参与，提升无障碍环境的设计、建设和管理水平。

（二）加快推进地方无障碍建设管理规定的修订与立法工作

1. 推进地方无障碍环境建设管理地方规定的全面覆盖

我国无障碍环境建设地方规定已经由数量增长阶段进入质量增长阶段，然而，尚有一定数量的地区存在无障碍环境建设地方法规的盲区，这些地区的补缺工作是广泛推进地方无障碍环境建设管理规定编制的重点。

省级无障碍环境建设管理规定在我国无障碍环境法规体系当中起着承上启下的重要作用，可以给地市级法规的编制提供参考，有效促进地方规定的全面覆盖。省级无障碍环境建设管理规定可以针对省内各地方遇到的特定问题做出回应，对《无障碍环境建设条例》中的内容进行深化，提高《无障碍环境建设条例》的可操作性。为此，应加紧推动完善省级的无障碍环境立法和管理制度建设工作。

进一步以省会城市，经济强市、强县和住建部无障碍环境建设市县为重点，推动地市及县级地方无障碍环境建设管理规定的编制。下位管理规定应逐级深化，增加细化的或新的内容，避免对上位管理规定完全照搬。

2. 推进无障碍设施管理规定的修编工作

早期制定的不少地方管理规定局限在"无障碍设施"的范围，与实际无法适应，亟待修编。对于所属省份已制定了无障碍环境建设管理规定的地市，应以省级管理规定为基础，针对自身具体事务的问题和特点加以研究制定。

对于所属省、自治区尚未编制无障碍环境建设管理规定的地市，修编工作可予以不同处理。全面修编需求不太迫切时，可先对其中明显过时的部分内容进行修正，待时机成熟再全面升级为无障碍环境建设的地方法规。对于现有内容过于陈旧的地市，可对现行规定的适用范围、重点事项、标准依据、事权安排、责权关系等进行调整，以满足当前地方无障碍建设管理的需要。

3. 制定无障碍环境建设的地方法规，提高法律效力

我国地方现行的无障碍设施及无障碍环境建设管理规定仍以地方政府规章为主，立法效力相对较低。应鼓励地方制定无障碍环境建设方面的地方法规，提高其法律效力保证其实施。这一工作可以与无障碍设施建设管理规定的修编工作相结合，各省市在将原有无障碍设施建设管理规定修编为无障碍环境建设管理规定时，可根据自身情况，以地方法规的形式出台新规定，提升立法等级并提高其法律效力。

4. 与住建部"无障碍环境市县村镇"的创建工作相结合

地市无障碍设施建设管理规定的编制工作可以与住建部等五部委"无障碍环境市县村镇"的创建活动相结合。也可以进一步对创建无障碍环境工作标准进行相应的调整，将法规修编工作纳入创建无障碍环境工作标准，推动地方对无障碍设施管理规定进行修编。

5. 建立健全地方无障碍建设管理规定的评估制度

应加强对地方管理规定的不定期评估，在发生重大条件改变、上位法调整、行政区划改变、相关技术标准调整以及管理部门或相关机构的职能和名称变化等情况时，能够及时对地方管理规定进行修订、补充。同时，可采取无障碍环境日、无障碍教室、残疾人体验活动等方式，加强不同使用人群对无障碍环境建设状况的评估反馈。

6. 推进落实地方无障碍建设管理规定的保障和激励制度

在制定或修订地方无障碍环境建设管理规定过程中，应鼓励各地进行制度创新，以推进全方位无障碍环境建设。可结合地方法规的编制，完善无障碍环境建设的奖惩机制，对无障碍环境建设工作过程中可能出现的违规行为实现罚责全覆盖，避免处罚盲点。在经济水平高的地方，可以通过奖励机制

引导人们主动采用更高的建设标准，为此需要与之匹配的地方法规与技术标准并分步骤分区域逐步推进。奖励机制的试点工作可以在部分直辖市、副省级市先行，视情况进一步推广。

（三）加快推进地方无障碍技术标准的制定和完善工作

1. 鼓励有条件的省市编制地方标准，标准编制因地而异

对于一部分经济实力强、城市建设水平要求高的城市，应鼓励其制定地方无障碍设计标准，全面提高无障碍环境建设水平。地方标准的编制工作应充分体现地方特色，满足地方无障碍建设需要。地方标准宜实现各类无障碍设施的全覆盖，其编制宜以国家《无障碍设计规范》为基础，在国家标准上提高建设要求、提出新的建设要求、扩展应用范围等。

鼓励各地区针对本地区建设过程中的重点问题，如适老化建设、旧城更新、乡村振兴、教育培训等，围绕面对需求群体的主要服务机构和活动场所，编制相应的专门标准。地方标准编制工作应与地方无障碍环境建设管理规定的新编修编工作相结合，以法规形式保证地方无障碍设计标准落实。此外，鼓励地方编制无障碍设计相关的导则并进行公布，供设计从业人员参考使用。

2. 促进地方无障碍环境技术标准体系化、完整化

无障碍环境技术标准应形成系统、完整的体系。在地方无障碍环境相关技术标准编制工作中，要做到"横向针对不同建筑与设施的标准、纵向针对不同层次不同执行效力的标准"的全面覆盖，形成层次清晰、适用对象分明的无障碍环境技术标准体系。

3. 无障碍相关内容与其他地方标准结合

在地方编制部分与无障碍环境建设密切相关的标准时，如老年照料建筑设计规范、特殊学校设计规范、居住区设计规范、交通场站设计规范等，应注意与无障碍设计相结合，在地方标准中增加无障碍设计要求。这些地方建设标准中的无障碍设计内容应以国家及地方的无障碍设计标准为基础。

4. 配合奖励机制编制诱导性技术标准

在制定奖励机制的同时，需要以技术标准形式明确无障碍设施应达到怎样的建设水平。诱导性技术标准应比强制性标准更加严格，且具有前瞻性。诱导性技术标准应在现有强制性标准基础上，扩展建筑及其场地中应当无障碍化的设施范围。对于定量标准，应根据高水平建设要求提高；对于非定量标准，应本着最大程度方便各类人群使用的原则，提出新的要求。同时，强化对无障碍相关新技术的应用。

5. 强化连续的无障碍通道相关标准编制

现有的标准对无障碍通道的连续性重视不足，无障碍设施的连续性较差，对于"门到门"的无障碍设施覆盖不足。在下一阶段无障碍设施技术标准编制工作当中，应在现有标准中增添关于各类无障碍设施衔接的相关技术标准内容。对于老年人、残疾人可能通过的地区实现无障碍设施的连续全覆盖。

6. 面向其他障碍人群需求对无障碍设施技术标准进行提升

现有的无障碍设施标准中，无障碍设施的服务对象以肢体残疾、知觉残疾等残疾人为主，对智力残疾、精神残疾等残疾人的关注不足，也没有考虑一些近年来新出现的障碍人群对无障碍设施的特别需求。例如人工肛门佩戴者对无障碍厕所中的器具有特别需求。由于各类障碍人群的分布不同，服务其他障碍人群的无障碍设施标准应根据各地实际情况进行编制。

B.5
中国无障碍环境建设标准
体系报告（2021）

王　烨　陈从建　苏海花　严　莹　周序洋[*]

摘　要：　无障碍环境建设标准体系是无障碍立法的重要组成部分。
本报告在回顾中国无障碍环境建设标准系统化建设发展历
程的基础上，与国外相关无障碍环境建设标准体系做了比较
分析，发现现有标准存在体系不完善、评价标准和认证机制
缺乏、强制性不足等问题，提出加快无障碍环境建设立法、
完善无障碍环境建设全过程标准体系、推动建设无障碍信息
化产品和无障碍服务标准体系、强化实施无障碍环境建设社
会监督制度、建立和完善无障碍环境建设后评价体系等
措施。

关键词：　无障碍环境　无障碍法规　标准体系

一　中国无障碍环境建设标准发展的历史沿革

中国无障碍环境建设标准的研制工作起步于 20 世纪 80 年代。1989 年

---

* 王烨，江苏开放大学无障碍环境建设协同研究中心讲师，研究方向为无障碍技术标准体系、
适老建筑；陈从建，南京无障碍研究中心副研究员，研究方向为无障碍环境建设；苏海花，
江苏开放大学无障碍环境建设协同研究中心副教授，研究方向为旅游无障碍；严莹，南京无
障碍研究中心副教授，研究方向为无障碍设计；周序洋，南京无障碍研究中心教授，研究员
级高级工程师，研究方向为无障碍环境建设标准体系。

中国首部无障碍技术标准《方便残疾人使用的城市道路和建筑物设计规范》（JGJ50 – 88）的实施，标志着城市道路和建筑物无障碍设施规范化建设的开始。1990 年颁布的《中华人民共和国残疾人保障法》（下文简称《残疾人保障法》），第四十六条无障碍设施中规定"国家和社会逐步实行方便残疾人的城市道路和建筑物设计规范，采取无障碍措施"①，2008 年修订的《残疾人保障法》将无障碍环境列为第七章，其中第五十二条规定"国家和社会应当采取措施，逐步完善无障碍设施，推进信息交流无障碍，为残疾人平等参与社会生活创造无障碍环境"②。1996 年颁布的《中华人民共和国老年人权益保障法》（下文简称《老年人权益保障法》）中规定"新建或者改造城镇公共设施、居民区和住宅，应当考虑老年人的特殊需要，建设适合老年人生活和活动的配套设施"③。后续修订的《老年人权益保障法》中增加了宜居环境专章。2008 年，全国人大常委会正式批准我国加入联合国《残疾人权利公约》。公约将"无障碍"作为一项基本原则，我国是公约的积极倡导者和支持者，并积极履行公约规定的义务，大力推进无障碍环境建设④。全国多个省、市制定了无障碍环境建设与管理的法规、政府令和规范性文件。2012 年国务院《无障碍环境建设条例》颁布实施，标志着我国无障碍环境建设步入了法制化轨道。2011 年颁布实施的国家标准《无障碍设施施工验收及维护规范》（GB50642 – 2011）、2012 年修编的《无障碍设计规范》（GB 50763 – 2012）由行业标准升为国家标准，形成无障碍环境建设从设计、施工、验收到维护管理较为完善的标准体系。经过三十余年的不断探索和发展，中国已初步形成了以国家标准为基础，行业标准、团体标准和地方标准为补充，标准实施细则和图集等技术文件为配套支撑的无障碍环境建设标准体系。中国无障碍环境建设标准的发展可以划分为以下三个阶段（见表1）。

---

① 《中华人民共和国残疾人保障法》（1990）第四十六条。
② 《中华人民共和国残疾人保障法》（2008）第五十二条。
③ 《中华人民共和国老年人权益保障法》（1996）第三十条。
④ 《加强无障碍环境建设　保障残疾人权益》，中国政府网，2012 年 8 月 1 日，http：//www. gov. cn/jrzg/2012 – 08/01/content_ 2196086. htm。

表1 中国无障碍环境建设标准各发展阶段情况分析

发展阶段	主要法律及法规	主要标准及规范	主要特点
1988～1999年探索起步阶段	1. 1990年颁布《残疾人保障法》； 2. 1996年颁布《老年人权益保障法》	1. 制定《方便残疾人使用的城市道路和建筑物设计规范》（JGJ50-88）； 2. 制定《老年人建筑设计规范》（JGJ122-99）	1. 建设理念主要为方便残疾人、老年人便利出行和居家生活； 2. 设计规范建设围主要为城市道路和公共建筑，以及专供老年人使用的居住建筑和公共建筑； 3. 标准的执行力较弱，主要靠行业自律
2000～2011年逐步完善阶段	1. 2008年修订《残疾人保障法》（增设无障碍环境专章）； 2. 多个省、市颁布无障碍环境建设相关法规、政府令和规范性文件	1. 修订《城市道路和建筑物无障碍设计规范》（JGJ 50-2001）； 2. 制定《无障碍设施施工验收及维护规范》（GB 50642-2011）； 3.《住宅卫生间功能及尺寸系列》（GB/T 11977-2008）等多部规范在修订时增加无障碍相关内容和要求； 4. 制定民航、铁路、特殊教育学校等无障碍相关行业无障碍设施建设标准； 5. 制定《信息无障碍-身体机能差异人群-网站设计无障碍技术要求》（YD/T1761-2008）等一系列信息交流无障碍建设标准； 6. 上海市、北京市、河北省等多个省、市制定无障碍相关地方标准	1. 建设理念主要为方便残疾人、老年人等社会特殊群体以及全体社会成员的出行和参与社会生活； 2. 设计规范建设围增加了桥梁及立体交叉无障碍设施，学校、居住建筑及居住小区无障碍设计等内容； 3. 各项标准规范在修订时开始增加无障碍相关内容和要求，多个行业根据其行业特点和特殊要求制定无障碍相关行业标准； 4. 制定无障碍设施施工验收及维护规范，关注无障碍环境建设的全过程； 5. 开始重视信息无障碍环境建设标准的制定； 6. 国家标准、行业标准、地方标准逐渐完善，标准规范的执行效力有所提升

发展阶段	主要法律及法规	主要标准及规范	主要特点
2012～2020年全面发展和实施阶段	1. 2012年颁布《无障碍环境建设条例》； 2. 2012年修订《老年人权益保障法》（增设宜居环境专章）； 3. 多地根据《无障碍环境建设条例》颁布无障碍环境建设相关法规、政府令和规范性文件	1. 修订《无障碍设计规范》（GB 50763－2012）； 2. 修订、制定民航、铁路、特殊教育学校、信息无障碍等相关行业的行业规范； 3. 制定旅游、银行、工业建筑等方面的团体标准； 4. 制定若干地方标准	1. 建设理念开始转向通用无障碍； 2. 设计规范建设范围增加了信息无障碍、城市绿地、历史文物保护建筑无障碍建设与改造等内容； 3. 明确无障碍环境建设的内容包含无障碍设施、信息交流和社区服务； 4. 逐步重视村镇无障碍、信息无障碍和家庭无障碍环境建设； 5. 法律、法规逐步完善，初步形成由国家标准、行业标准、团体标准、地方标准（含导则、指南等技术文件）组成的无障碍环境建设标准体系

（一）1988～1999年：探索起步阶段

1988年9月由国家建设部、民政部和中国残联联合发布并于1989年4月实施的工程建设行业标准《方便残疾人使用的城市道路和建筑物设计规范》（JGJ 50－88），是中国首部无障碍设施建设技术标准规范，标志着城市道路和建筑物的无障碍设施建设有了设计标准规范。1999年10月，由国家建设部、民政部联合颁布的工程建设行业标准《老年人建筑设计规范》（JGJ 122－99）实施。该规范中规定："专供老年人使用的居住建筑和公共建筑，应为老年人使用提供方便设施和服务，具备方便残疾人使用的无障碍设施，可兼为老年人使用。"[①] 这一时期是中国无障碍环境建设标准从无到有的探索起步阶段。无障碍环境建设标准的服务对象特指残疾人和老年人，

---

① 《老年人建筑设计规范》（JGJ 122－99）第一章《总则》。

建设范围主要为城市道路以及专供老年人使用的居住建筑和公共建筑，主要关注点是残疾人、老年人的便利出行和居家生活。

（二）2000~2011年：逐步完善阶段

2001年，《方便残疾人使用的城市道路和建筑物设计规范》（JGJ 50 - 88）编写组根据规范实施的反馈意见，参考相关国际标准和先进技术，对原规范进行了部分修订，并更名为《城市道路和建筑物无障碍设计规范》（JGJ 50 - 2001）。2001版规范名称的中心词以"无障碍"替代"方便残疾人使用"；将使用对象从特指"残疾人"转变为"行动不便者"；修订了部分无障碍设施的类型、实施范围及设计参数；增加了术语和公共交通等内容；并包含了24条（款）强制性条文，提高规范的约束力。2003年9月，该规范配套的国家建筑标准设计图集《建筑无障碍设计》（03J926）出版。

这个阶段，很多行业的标准规范在修订时开始增加无障碍相关内容和要求，多个行业根据其特点和特殊要求制定了无障碍行业标准，如《民用机场旅客航站区无障碍设施设备配置标准》（MH 5062 - 2000）、《特殊教育学校建筑设计规范》（JGJ 76 - 2003）、《铁路旅客车站无障碍设计规范》（TB 10083 - 2005）等。此外，2006年，信息产业部开始制定实施《信息无障碍 - 身体机能差异人群 - 网站设计无障碍技术要求》（YD/T 1761 - 2008）等一系列信息交流无障碍建设标准。这些标准针对各行业的无障碍需求，对无障碍环境建设标准进行分类细化，完善了无障碍环境建设标准体系。

2002年国家建设部、中国残联等相关部门组织开展的国家无障碍城市创建活动，首批确定了北京、天津、上海、大连、青岛、南京、杭州、厦门、广州、西安、苏州和秦皇岛12个城市为全国无障碍设施示范城市。此后，从"十五"到"十三五"期间，持续开展全国无障碍城市创建工作，制定了创建无障碍城市工作标准，并将创建范围由地级市逐步拓展为市、县、村镇。全国范围的无障碍城市创建活动对我国无障碍环境建设以及标准体系的完善起到了巨大的推动作用。为解决无障碍环境建设过程中在安全性、功能性和系统性等方面存在的突出问题，住建部标准定额司于2009年组织编制了《无障碍建设指南》。

无障碍城市创建工作的经验显示，无障碍设施的施工验收和维护管理是无障碍环境建设的薄弱环节。2011 年 6 月 1 日，由住建部组织编制的国家标准《无障碍设施施工验收及维护规范》（GB50642 – 2011）颁布实施，该规范填补了国内无障碍设施施工验收和维护管理标准的空白，使无障碍环境建设从设计、施工、验收到维护管理形成了较为完善的标准体系。此外，该规范进一步明确无障碍环境建设是为了"方便残疾人、老年人等社会特殊群体以及全体社会成员出行和参与社会活动"[①]。

这一阶段还有很多地区根据无障碍环境建设的需求编制发布了无障碍环境建设地方标准，对无障碍环境建设起到了积极的推动作用，如上海市颁布实施的《无障碍设施设计标准》（DGJ 08 – 103 – 2003），北京市颁布实施的《公园无障碍设施设置规范》（DB 11/T 746 – 2010）和《人行天桥与人行地下通道无障碍设施设计规程》（DB 11/T 805 – 2011），河北省颁布实施的《无障碍设施工程施工质量验收规程》［DB 13（J）67 – 2007］、陕西省颁布实施的《城镇道路和建筑物无障碍设施施工质量技术规程》（DBJ 61 – 52 – 2009）、天津市颁布实施的《天津市无障碍设计标准》（DB 29 – 196 – 2010）、山东省颁布实施的《公共场所无障碍标志标识设置原则与要求》（DB 37/1682 – 2010）等。

总体而言，这一时期是中国无障碍环境建设标准体系逐步完善的阶段。无障碍环境建设的服务对象从"残疾人、老年人"扩展到"包括残疾人、老年人等社会特殊群体在内的全体社会成员"。建设范围扩大至覆盖城镇道路、城市广场及绿地、交通设施、各类公共建筑、居住区和居住建筑等。无障碍设施施工验收及维护管理标准得到进一步落实，信息交流无障碍建设标准规范的编制受到重视。

（三）2012 ~ 2020 年：全面发展和实施阶段

2012 年 9 月，国家标准《无障碍设计规范》（GB 50763 – 2012）颁布实

---

① 《无障碍设施施工验收及维护规范》（GB 50642 – 2011），第一章《总则》。

施，替代行业标准《城市道路和建筑物无障碍设计规范》（JGJ 50 – 2001），《无障碍设计规范》由行业标准升级为国家标准，进一步提升了标准的约束力。新规范增加了信息无障碍、城市绿地、历史文物保护建筑无障碍设施建设与改造等内容，使得无障碍设计的内容更加完整。该规范配套的国家建筑标准设计图集《无障碍设计》（12J926）同步出版，用于替代《建筑无障碍设计》（03J926）。《城市公共交通设施无障碍设计指南》（GB/T 33660 – 2017）、《铁道客车及动车组无障碍设施通用技术条件》（GB/T 37333 – 2019）、《信息无障碍　第 2 部分：通信终端设备无障碍设计原则》（GB/T 32632.2 – 2016）等相关领域无障碍技术应用的国家推荐标准也丰富了无障碍环境建设标准体系。2013 年，住建部标准定额司组织编制了《家庭无障碍建设指南》，对残疾人和老年人的家庭无障碍改造起到积极的指导作用。

行业标准方面，2018 年 9 月颁布的《铁路旅客车站设计规范》（TB 10100 – 2018），将《铁路旅客车站无障碍设计规范》（TB 10083 – 2005）与《铁路旅客车站建筑设计规范》（GB 50226 – 2007）合并，使无障碍设计规范融入建筑设计规范之中。此外，《老年人照料设施建筑设计标准》（JGJ 450 – 2018）、《特殊教育学校建筑设计标准》（JGJ 76 – 2019）等涉及各行业无障碍设计特点的行业规范相继修编更新。

团体标准方面，无障碍环境建设的团体标准从 2018 年开始快速发展，颁布了由中国肢残人协会批准的《旅游无障碍环境建设规范》T/CAPPD 1 – 2018、《银行无障碍环境建设标准》（T/CBA 202 – 2018）和《多层工业建筑无障碍指南》（T/CAPPD 2 – 2018），以及由中国民用机场协会批准的《民用机场无障碍服务指南》（T/CCAATB 0002 – 2019）等。通过规定不同应用场景中无障碍实施细则，增强无障碍设施的安全性和功能性，满足无障碍环境建设高质量发展的需求。

为推进无障碍环境建设高质量发展、落实无障碍环境标准化建设目标，各地相继编制和颁布了无障碍环境建设相关的地方标准。这一时期，出现了北京市发布的《居住区无障碍设计规程》（DB 11/ 1222 – 2015）和《城市轨道交通无障碍设施设计规程》（DB 11/ 690 – 2016），杭州市发布的《饭店无障碍设施与服务规范》（DB 3301/T 0300 – 2019）等多部无障碍环境建设地方标准。值得一提的是，江苏省于 2020 年 8 月发布了《江苏省民用建筑及市政工程施工图无障碍设计文件技术审查要点》，该审查要点依据《无障碍设计规范》（GB 50763 –2012）确定审查条文，包括强制性条文和部分涉及无障碍设施安全性和功能性要求的非强制性条文，是国内首部从设计源头对无障碍环境建设进行审查的技术性文件。此外，随着信息时代的快速发展，针对老年人和残疾人在居家生活、交通出行、参与社会活动等方面信息交流的实际需求，由中国互联网协会发布的《Web 信息无障碍通用设计规范》（T/ISC – 0007），在信息交流无障碍方面发挥了积极的推动作用。

总之，这一时期中国的无障碍环境建设标准体系进入了全面建设和具体实施阶段。国务院颁布的《无障碍环境建设条例》，为无障碍环境建设提供了法律保障，条例中明确了无障碍环境建设内容包含"无障碍设施建设、无障碍信息交流、无障碍社区服务"。无障碍设计规范上升为国家标准；家庭无障碍改造和信息无障碍建设的内容得到进一步重视。这一阶段无障碍环境建设相关的国家标准、行业标准、团体标准、地方标准相继颁布实施，初步形成了包含设施无障碍、信息交流无障碍、社区服务无障碍的较为完善的无障碍环境建设标准体系。"无障碍环境建设是为包括残疾人、老年人等特殊群体在内的全体社会成员提供便利"这一通用无障碍设计理念受到党和政府的高度重视和全社会的共同关注。以法律法规为保障、国家标准为引领、团体标准和地方标准为补充的无障碍环境建设标准体系正在不断完善，无障碍环境建设开始融入新时代以人民为中心的宏图伟业。

二　中国无障碍环境建设标准发展现状

（一）中国无障碍环境建设标准体系的构成

中国的无障碍环境建设的标准体系由国家标准、行业标准、团体标准、地方标准以及技术文件组成。无障碍环境建设涉及众多行业和领域，相关内容分布在各类标准规范之中。本报告借助全国标准信息公共服务平台和工程建设标准化信息网两个数据平台,以"无障碍"为关键词搜索标准、规范进行统计(见图1),截至2020年12月,以上两个数据平台共检索出名称包含"无障碍"的现行标准规范34部,其中国家标准9部,行业标准15部,团体标准4部,地方标准6部。2011~2020年全国共颁布无障碍环境建设相关法规、政府令和规范性文件4798个,呈现逐年增长态势,其中2019年和2020年增长较快(见图2)。

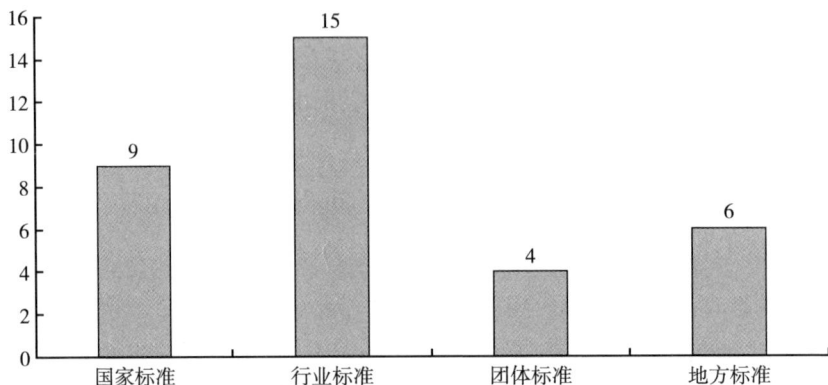

图1 现行无障碍环境建设标准规范数量

资料来源:全国标准信息公共服务平台、工程建设标准化信息网。

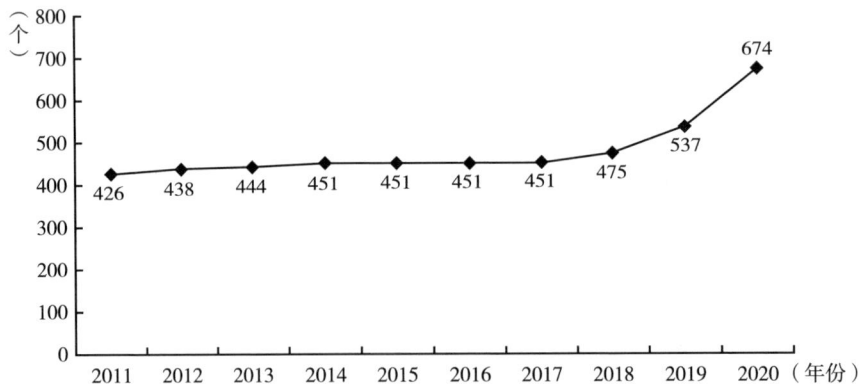

图2 2011~2020年无障碍环境建设相关法规、政府令和规范性文件数量

资料来源:《中国残疾人事业发展统计公报》(2011~2020)。

（二）无障碍国家标准和技术文件情况

无障碍相关的国家标准和技术文件主要包含设计工程建设类、交通设施类和信息交流类三种类型共计 16 部（见表 2）。其中，工程建设类包含 5 部国家标准和 4 个技术文件；交通设施类包含 2 部国家标准；信息交流类包含 5 部国家标准。

表 2　无障碍环境建设相关国家标准和技术文件统计

类别	名称
工程建设类	《无障碍设计规范》（GB 50763－2012）
	《无障碍设施施工验收及维护规范》（GB 50642－2011）
	《住宅卫生间功能及尺寸系列》（GB/T 11977－2008）
	《住宅厨房及相关设备基本参数》（GB/T 11228－2008）
	《无障碍设计》（国家建筑标准设计图集）（12J926）
	《城市道路无障碍设计》（国家建筑标准设计图集）（15MR501）
	《无障碍建设指南（2009）》
	《家庭无障碍建设指南（2013）》
交通设施类	《城市公共交通设施无障碍设计指南》（GB/T 33660－2017）
	《铁道客车及动车组无障碍设施通用技术条件》（GB/T 37333－2019）
信息交流类	《标志用公共信息图形符号　第9部分:无障碍设施符号》（GB/T 10001.9－2008）
	《公共信息导向系统　基于无障碍需求的设计与设置原则》（GB/T 31015－2014）
	《信息无障碍　第2部分:通信终端设备无障碍设计原则》（GB/T 32632.2－2016）
	《包装无障碍设计一般要求》（GB/T 37434－2019）
	《信息技术　互联网内容无障碍可访问性技术要求与测试方法》（GB/T 37668－2019）

注：数据统计截至 2020 年 12 月 31 日。

（三）无障碍行业标准情况

行业标准是由国务院有关行政主管部门组织制定的标准。无障碍相关的行业标准主要包含工程建设类、产品设备类和信息交流类三种类型共 20 部（见表 3）。其中，工程建设类行业标准 6 部；产品设备类行业标准 3 部（其中 2 部已废止）；信息交流类行业标准 11 部。

表3　无障碍环境建设相关行业标准统计

类别	名称
工程建设类	《民用机场旅客航站区无障碍设施设备配置技术标准》（MH/T 5047 - 2020）
	《铁路旅客车站设计规范》（TB 10100 - 2018）
	《特殊教育学校建筑设计标准》（JGJ 76 - 2019）
	《老年人照料设施建筑设计标准》（JGJ 450 - 2018）
	《建筑地面工程防滑技术规程》（JGJ/T 331 - 2014）
	《城市公共厕所设计标准》（CJJ 14 - 2016）
产品设备类	《无障碍低地板、低入口城市客车技术要求》（CJ/T 207 - 2005，已废止）
	《沿斜面运行无障碍升降平台技术要求》（JG/T 318 - 2011，已废止）
	《无障碍开门喷水按摩浴缸》（QB/T 4769 - 2014）
信息交流类	《移动通信终端无障碍测试方法》（YD/T 3694 - 2020）
	《移动通信终端无障碍技术要求》（YD/T 3329 - 2018）
	《信息无障碍　视障者互联网信息服务辅助系统技术要求》（YD/T 3076 - 2016）
	《网站设计无障碍技术要求》（YD/T 1761 - 2012）
	《网站设计无障碍评级测试方法》（YD/T 1822 - 2012）
	《信息终端设备信息无障碍辅助技术的要求和评测方法》（YD/T 1890 - 2009）
	《信息无障碍　术语、符号和命令》（YD/T 2313 - 2011）
	《信息无障碍　语音上网技术要求》（YD/T 2098 - 2010）
	《信息无障碍　呼叫中心服务系统技术要求》（YD/T 2097 - 2010）
	《信息无障碍　公众场所内听力障碍人群辅助系统技术要求》（YD/T 2099 - 2010）
	《信息无障碍　用于身体机能差异人群的通信终端设备设计导则》（YD/T 2065 - 2009）

注：数据统计截至2020年12月31日。

（四）无障碍团体标准情况

团体标准是依法成立的社会团体为满足市场和创新需要，协调相关市场主体共同制定的标准。无障碍环境建设相关团体标准主要有6部（见表4）。

表4　无障碍环境建设相关团体标准统计

团体	名称
中国肢残人协会	《旅游无障碍环境建设规范》（T/CAPPD 1 - 2018）
中国银行业协会	《银行无障碍环境建设标准》（T/CBA 202 - 2018）
中国肢残人协会	《多层工业建筑无障碍指南》（T/CAPPD 2 - 2018）

团体	名称
中国民用机场协会	《民用机场无障碍服务指南》(T/CCAATB 0002 – 2019)
中国产学研合作促进会	《家用及类似用途电器无障碍通用设计技术要求与评测》(T/CAB CSISA 0028 – 2019)
中国建筑装饰协会	《老年人设施室内装饰装修技术规程》(T/CBDA 38 – 2020)

注：数据统计截至 2020 年 12 月 31 日。

（五）无障碍地方标准和技术文件情况

为推进无障碍城市创建和无障碍环境建设，多地制定了无障碍环境建设相关地方标准和导则、指南、图集等技术性文件（见表 5）。

表 5　无障碍环境建设相关地方标准和技术文件统计

地区	名称
杭州市	《饭店无障碍设施与服务规范》(DB3301/T 0300 – 2019)
北京市	《城市轨道交通无障碍设施设计规程》(DB11/ 690 – 2016)
北京市	《居住区无障碍设计规程》(DB11/ 1222 – 2015)
河北省	《公园无障碍设施设置规范》(DB13/T 2068 – 2014)
北京市	《人行天桥与人行地下通道无障碍设施设计规程》(DB11/T 805 – 2011)
北京市	《公园无障碍设施设置规范》(DB11/T 746 – 2010)
上海市	《无障碍设施设计标准》(DGJ08 – 103 – 2003)
天津市	《天津市无障碍设计标准》(DB/T29 – 196 – 2017)
河北省	《无障碍设施工程施工质量验收规程》[DB13(J)67 – 2007]
山东省	《公共场所无障碍标志标识设置原则与要求》(DB37/1682 – 2010)
陕西省	《城镇道路和建筑物无障碍设施施工质量技术规程》(DBJ61 – 52 – 2009)
重庆市	《无障碍设计标准》(DBJ50/T346 – 2020)
丽水市	《乡村景区无障碍环境建设指南》(DB3311/T 158 – 2020)
丽水市	《居家无障碍设施改造技术规范》(DB3311/T 152 – 2020)
四川省	《城市道路和建筑物无障碍设施图集》(西南 10J904)
北京市	《北京市无障碍系统化设计导则》(2018)
北京市	《北京 2022 年冬奥会和冬残奥会无障碍指南》(2018)
北京市	《北京 2022 年冬奥会和冬残奥会无障碍指南技术指标图册》(2020)
江苏省	《江苏省民用建筑及市政工程施工图无障碍设计文件技术审查要点》(2020)

续表

地区	名称
安徽省	《安徽省无障碍环境建设导则》(2020)
青岛市	《青岛市无障碍设施建设技术导则》(2010)
哈尔滨市	《哈尔滨市无障碍系统化专项规划设计导则》(2019)
哈尔滨市	《哈尔滨市信息无障碍专项规划设计导则》(2019)
杭州市	《杭州市无障碍环境融合设计指南》(2020)

注：数据统计截至 2020 年 12 月 31 日。

三 中国与发达国家无障碍环境建设 标准的比较分析

（一）美国无障碍环境建设标准的发展情况

1961 年，美国制定了全球首部无障碍设施标准《便于肢体残疾人进入和使用的建筑设施的美国标准》（ANSI - A117.1），该标准作为民间标准，在发布之初并无强制性约束力，后来通过行政和立法的方式加强了规范的执行效力。1968 年美国国会通过《建筑障碍法》（ABA），要求由联邦政府资金参与设计、建造、改建或租借的建筑必须能够无障碍通行。1973 年颁布的《康复法》及后来的修订案，将无障碍环境建设受益主体进一步拓展到老年人和智力残疾群体。1982 年制定《无障碍设计最低需求指南》（MGRAD）作为《建筑障碍法》的配套设计规范。1988 年修订的《公平住宅补充法案》进一步将民用住宅也纳入无障碍环境建设的范围。1990 年由美国残疾人委员会制定在《美国残疾人法》（ADA）等法律覆盖下关于建筑环境、交通车辆、电信和电子信息技术的设计标准。1991 年颁布《残疾人法案无障碍纲要》（ADAAG），1996 年美国通过《通讯法案》，促进了信息无障碍的发展。2010 年，美国司法部将《残疾人法案无障碍纲要》修订为

《残疾人法案无障碍设计标准》，[①] 涵盖国家与地方政府设施无障碍设计标准、公共设施与商业设施的无障碍设计标准和残疾人可通行的指导方针。

（二）英国无障碍环境建设标准的发展情况

1967 年英国标准协会出版无障碍设计标准《方便残疾人进入建筑》（CP96），1979 年该标准修订为国家标准《方便残疾人进入建筑的实践规范》（BS 5810）。2001 年更新为《满足残障人士需求的建筑设计规范》（BS 8300：2001），现行版本为《无障碍包容性建筑内外部环境设计规范》（BS 8300 - 1：2018）。1987 年制定《建筑规范 M 部分 - 方便残疾人使用的建筑设计》，要求在办公室、商店、工厂的主要楼层、教学楼及公共经营场所提供残疾人通道和设施。[②] 1995 年通过《禁止歧视残疾人法案》，明确了新建筑的无障碍环境建设要求。2005 年颁布《英国通用设计管理标准》，开始强调包容性设计理念。

（三）日本无障碍环境建设标准的发展情况

日本于 1949 年颁布《身体残障者福利法》，并在 1973 年实施"福利城市政策"，建议 20 万以上人口的城市实施无障碍改造，提高残疾人和老年人的社会活动参与能力。无障碍理念也从"为身心残疾者而建造"转变为"创造为大众福利着想的都市"。1982 年，日本制定了公共设施无障碍设计的指导原则。1983 年发布《关于公共候车室配备残疾人用设施的指导方针》。1986 年的《长寿社会对策大纲》提出了拥有无障碍化设计的"社区老年人住宅计划"，推进了老年人住宅的无障碍设施建设进程。1993 年日本出台《残疾人基本法》，1994 年颁布《创造福利生活大纲》和《关于无障碍化特定建筑的有关规定》，按照公共建筑面积大小实施不同等级的无障碍标准。1995 年制定了《与长寿社会相适应的住宅设计标准》，完善住宅建筑

① 常璐：《辽宁省养老社区中景观的适老化设计研究》，沈阳建筑大学硕士学位论文，2017。
② 陈苏娜：《当代交通建筑无障碍设计研究》，北京交通大学硕士学位论文，2016。

无障碍设计要求。2000 年，制定《交通无障碍法》，2005 年，《交通无障碍法》与《爱心建筑法》合并，修订为《促进高龄者、残疾人士等移动的无障碍化法》。在无障碍设施维护方面，2004 年发布的《道路设计方针》，对人行道的无障碍设计以及无障碍设施的维护管理提出强制性要求，对无障碍人行道的清扫、设施修缮及使用限制提出要求。[①] 2017 年制定"通用设计 2020 行动计划"和《东京 2020 无障碍环境导则》。

（四）中国与发达国家无障碍环境建设标准的比较分析

美国、英国、日本等发达国家的无障碍环境建设开展时间较早，无障碍相关法律、法规和标准规范较为完善，并且实施较为严格，往往辅以补贴等鼓励性措施，整体实施效果良好。美国是国际上最早颁布无障碍法律的国家之一，在《美国残疾人法案》的基础上，由司法部门颁布《残疾人法案无障碍技术标准》。美国的技术标准与法律效力相同，为美国无障碍建设提供强有力的法制支撑和保障。英国的无障碍环境建设突出包容性和通用性的设计理念，通过《禁止歧视残疾人法案》体现人人生而平等。[②] 日本的无障碍法律法规体系与我国基本相似，无障碍环境建设标准体系较为完善，但是日本的无障碍环境建设法规条文详尽细致、实用操作性强，为无障碍环境建设的设计、施工和验收提供了可靠依据。发达国家的无障碍环境建设呈现以下特点：其一，无障碍环境建设标准起步早，执行力度大；其二，通过对所有人（包含残疾人、老年人）的空间使用功能进行界定，实现无障碍通用设计或包容性设计的理念；其三，通过建立无障碍设计研究机构，对无障碍设施进行实验改进和指导无障碍建设标准的制定；其四，公众积极参与推进了无障碍建设标准的制定，残疾人、老年人及相关社会组织参与无障碍立法过程和相关标准的制定，使得无障碍环境建设标准的制定更加透明化和人性化。

---

① 彭喆一：《我国无障碍环境建设立法研究》，武汉理工大学硕士学位论文，2019，第 32 页。
② 韩笑宓、聂婷婷、姜彩良、赵昕：《发达国家交通无障碍环境建设经验及对我国的启示》，《交通运输研究》2021 年第 7 期。

与美国、英国、日本等发达国家相比，中国的无障碍环境建设标准体系建设起步较晚，但发展较快。在国家立法层面，有《残疾人保障法》和《老年人权益保障法》作为目前我国无障碍环境建设最基本的法律保障。国务院颁布的《无障碍环境建设条例》对无障碍设施建设的规划、设计、施工、验收和使用维护做出明确规定；对无障碍信息交流和无障碍社区服务也提出具体要求，同时明确无障碍环境建设法律责任，包括行政责任、民事责任和刑事责任。此外，多项关于无障碍环境建设的国家标准、行业标准、团体标准、地方标准的颁布实施，对完善无障碍环境建设标准体系，全面提升无障碍设施规范化、无障碍交流信息化和无障碍服务优质化提供了全面而细致的法规和技术保障。

表6 中国与发达国家无障碍环境建设标准的比较

	美国	英国	日本	中国
发展起点	1961年《便于肢体残疾人进入和使用的建筑设施的美国标准》 1974年《康复法》（修订案）	1967年《方便残疾人进入建筑》	1949年《身体残障者福利法》	1982年《宪法》
主要法律、法规	1990年《美国残疾人法》	1995年《禁止歧视残疾人法案》	2005年《促进高龄者、残疾人士等移动的无障碍化法》	2008年《残疾人保障法》 2012年《无障碍环境建设条例》
其他重要法律、法规	《建筑障碍法》《公平住宅补充法案》《通讯法案》	《英国通用设计管理标准》	《老年人住宅法》	《老年人权益保障法》
核心设计规范	《残疾人法案无障碍设计标准》	《建筑规范M部分》	《无障碍建筑设计标准》	《无障碍设计规范》
发展阶段	强调通用设计	强调包容性设计	强调通用设计	通用设计起步
实施状况	法规强制性保障及税收调节相结合,实施效果良好	标准规范实施效果良好	鼓励措施为主、强制惩罚为辅	法规有惩罚性条文,新建项目实施总体良好,设施管理和维护存在不足

四 中国无障碍环境建设标准存在的问题

习近平总书记指出"无障碍设施建设，是一个国家和社会文明的重要标志"。加强无障碍环境建设是落实"以人民为中心"的发展理念的重要举措，通过"消除障碍、融合共享"，满足包括残疾人、老年人等特殊群体在内的全体人民向往美好生活的需要。我国无障碍环境建设经过三十多年的快速发展，无障碍设施建设、无障碍产品开发、无障碍信息交流和无障碍社会服务提升都取得举世瞩目的成绩，全体人民特别是残疾人、老年人等特殊群体平等参与社会生活和社会活动的便利性有了很大提高，居家生活无障碍、交通出行无障碍和信息交流无障碍惠及包括残疾人、老年人在内的全体社会成员。但是，对照新时代"人民对美好生活的向往"的需求，无障碍环境建设的法律法规、标准体系还存在一些亟待解决的问题。具体体现在如下几个方面：

（一）国家层面的无障碍立法需要进一步推动

目前，由国务院颁布实施的《无障碍环境建设条例》作为我国无障碍环境建设的行政法规，在无障碍环境建设、无障碍城市创建过程中充分发挥保障作用，但是与发达国家比较，我国缺少无障碍建设的国家法律，在多年的全国"两会"期间，人大代表、政协委员关于"无障碍环境建设"的提案逐年增加。无障碍环境建设亟须法律保障，制定《无障碍环境建设法》是我国无障碍环境建设之急需，是丰富《无障碍环境建设条例》等无障碍法规政策的切实举措，无障碍环境建设国家层面立法进程需要进一步推动。应从国家层面组织制定具有法律意义的强制性无障碍国家标准，切实解决目前国家无障碍标准中强制性条文较少，执行力度较弱的问题，全面提升无障碍设施建设、无障碍信息交流、无障碍社会服务的整体水平。

（二）现有标准未能全面融入全龄友好环境等无障碍理念

我国无障碍环境建设的服务对象经历了从特殊群体到全体社会成员的扩展，从 1989 年颁布实施《方便残疾人使用的城市道路和建筑物设计规范》（JGJ 50 - 88）中特指为残疾人，到 2012 年《无障碍设计规范》（GB50763 - 2012）扩展为包括残疾人、老年人等特殊群体在内的全体社会成员。《中华人民共和国国民经济和社会发展第十四个五年规划和 2035 年远景目标纲要》中"一老一小"服务项目里提出建设儿童友好城市，"加强公共空间适儿化改造，完善儿童公共服务设施"，提醒未来的无障碍环境建设标准既要考虑残疾人、老年人，也要考虑包含儿童在内的更多特殊群体。在通用无障碍理念下，无障碍标准应具有前瞻性，兼顾残疾人、老年人、儿童、伤病员、临时有需求者等全体社会成员，全面考虑不同群体的差异，才能更好地构建包容、共享的无障碍环境。但是现有的标准、规范未能全面融入通用无障碍、全龄友好环境等无障碍理念。

（三）无障碍环境建设标准在各行业和应用领域发展不均衡

当前无障碍相关行业标准和团体标准主要涉及信息交流、民航机场、铁路车站、特殊教育学校、老年人设施、工业建筑、银行等行业和应用领域，大量与广大人民群众的生活息息相关的领域缺少相应的无障碍环境标准，如航运交通无障碍、社区无障碍、校园无障碍、乡（镇）村无障碍等，我国的无障碍环境建设标准在各行业和应用领域发展还不均衡。

（四）无障碍环境建设标准体系不够完善

1. 无障碍环境建设发展规划的编制技术标准缺失

《无障碍环境建设条例》中规定：县级以上人民政府负责组织编制无障碍环境建设发展规划并组织实施，并规定无障碍环境建设发展规划应当纳入国民经济和社会发展规划以及城乡规划。① 2020 年国家"十三五"创建无

---

① 《无障碍环境建设条例》（国务院令第 622 号），第一章第四条。

障碍市县村镇的验收标准要求县级以上的无障碍城市应编制无障碍环境建设发展规划。当前缺少无障碍发展规划的编制标准，由于无障碍环境建设发展规划标准规范的缺失，从"十三五"国家无障碍市县村镇创建的实地抽查情况看，各地编制无障碍发展规划的目标与策略、理念与制度、内容与要素之间不能协调统一，无障碍环境建设发展方向和改造目标不明确，将直接影响无障碍环境建设发展规划的制定和实施。

2. 无障碍相关材料、产品、设备、构配件的标准体系尚未建立

从目前的统计数据来看，我国与无障碍环境建设相关材料、产品、设备、构配件的标准体系尚未建立，无障碍设施产品、无障碍信息交流产品缺少统一的国家产品认证和技术标准，无障碍设施和产品的生产企业缺少企业标准，很多无障碍环境建设的不规范案例都可以归因于使用材料和产品生产标准缺失。积极推动无障碍设施使用材料、产品、设备、构配件的技术标准体系建设，对保证无障碍设施的安全性和功能性，推动无障碍环境建设的设施建设标准化、产品设备工业化具有深远意义。

3. 无障碍服务标准体系尚不健全

无障碍环境建设包含：无障碍设施、信息交流和社会服务三个方面，我国的标准规范在发展初期主要针对无障碍设施，后来逐步重视信息无障碍建设的标准研究，但是无障碍社会服务相关的标准规范较少。现行冠以"无障碍"和"服务"的标准规范只有两部。无障碍服务只在民航、饭店和电信产品有部分行业、团体或地方标准，更多领域的无障碍服务标准亟待进一步完善。

（五）缺少无障碍环境建设的评价标准和认证机制

目前，我国的无障碍环境建设缺少统一的评价标准和认证机制。现有无障碍环境建设评价指标分散在各类创建文件中，如住建部等部门开展无障碍环境市县村镇创建的"创建无障碍环境工作标准"、中央文明办全国文明城市评比的"全国文明城市测评体系"等。由于缺少无障碍环境整体评价标准以及认证标准，造成难以对无障碍环境建设进行系统性认证和评价。

（六）标准的强制性和执行效力有待强化

我国的无障碍环境建设标准体系包括四个层面，国家标准规范、行业标准、团体标准和地方标准。在无障碍环境建设过程中的规划、设计、施工、验收、运行、维护、管理等各环节互相协同和制约，通过工程建设技术标准规范和无障碍设施建设技术标准规范的实施，保证无障碍环境的系统性和无障碍设施的安全性和功能性。但现有国家标准《无障碍设计规范》和《无障碍设施施工验收及维护规范》的强制性条文太少，标准规范的强制性执行力度有待提高。根据 2020 年国家"十三五"创建无障碍市县村镇的实地抽查数据统计，通过验收投入使用的城市道路和建筑物，有 50% 以上的无障碍设施存在功能性缺损，部分无障碍设施存在安全隐患。主要原因是无障碍设计过程中审查不严，无障碍设施施工操作规程缺失，无障碍设施施工验收地位不突出，无障碍设施使用维护管理责任不落实。

五 中国"十四五"时期无障碍环境建设 标准体系的发展展望

总结我国无障碍环境建设法律法规和标准规范 30 多年的建设成果，围绕国家"十四五"发展目标，以习近平新时代中国特色社会主义思想为指导，要将无障碍环境建设标准体系的建设与高质量建设现代化文明社会、基于实现包括残疾人、老年人等特殊群体在内的全体社会成员的可持续融合发展的权利结合起来。坚持新的发展理念，围绕"以人民为中心"服务全国无障碍环境建设的大局，全面梳理现行无障碍环境建设标准，完善无障碍环境建设标准体系建设，强化无障碍环境建设标准的实施指导监督，提高无障碍环境建设标准水平，为新时代的无障碍事业的高质量发展提供法律保障和技术支撑。

（一）加快无障碍环境建设立法进程

目前，我国无障碍环境建设立法尚处于起步阶段，需要从国家层面加快无障碍环境建设立法进程，制定《无障碍环境建设法》，是丰富《无障碍环境建设条例》等无障碍法规政策的切实举措。应加强无障碍环境建设标准的顶层设计，深化工程建设标准化工作改革，政府制定强制性标准、社会团体制定自愿采用性标准，逐步用全文强制性工程建设规范取代现行标准中分散的强制性条文，逐步形成由法律、行政法规、部门规章中的技术性规定与全文强制性工程建设规范构成的"技术法规"体系。建立国家层面的无障碍环境建设标准体系，强化无障碍技术规范的执行力度。同时还应充分发挥行业部门、地方政府和社会团体在无障碍法律法规和技术标准建设中的作用，加快无障碍环境建设的行业标准、团体标准的研发和制定，推动地方法律法规和标准规范的制定工作，鼓励企业根据技术需求和产品特点制定无障碍设施建设、无障碍产品开发和无障碍服务的企业标准和服务规范。

（二）完善无障碍环境建设全过程标准体系

无障碍环境建设标准既是无障碍立法的重要组成部分，也是提高无障碍环境建设水平，保障残疾人、老年人等特殊群体便利出行、参与社会活动、居家养老的基础保障。无障碍环境建设标准的系统化就是以国家标准规范为准则，推动行业标准规范、团体标准规范、地方标准规范和企业标准规范的系统性建设。制定无障碍环境建设标准要吸收美国、英国、日本等发达国家的先进技术和理念，遵循实用、易行、广泛受益的原则，强化无障碍技术标准规范的执行力度。从无障碍环境建设的全过程出发，组织编制《无障碍环境建设发展规划编制规范》国家标准，推动强制性工程建设规范颁布实施，完善和修订已颁布实施的《无障碍设计规范》（GB 50763－2012）和《无障碍设施施工验收及维护规范》（GB 50642－2011）。编制无障碍设施施工操作规程，编制无障碍设施产品、无障碍信息交流产品的认证和技术标准，将无障碍环境建设标准覆盖无障碍环境建设规划、设计、施工、验收、维护和管理的全过程。

（三）推动建设无障碍信息化产品和无障碍服务标准体系

我国已经进入全面信息社会，对残疾人、老年人等特殊群体而言，信息无障碍较之设施无障碍具有同等甚至更为重要的意义。按照党中央、国务院要求，坚持"创新、协调、绿色、开放、共享"的发展理念，以通用化、系统化、人性化为引领，[①] 国家行业主管部门应在现有信息无障碍和服务无障碍标准体系的基础上，充分发挥互联网等相关行业的优势，推动建设无障碍信息化产品标准体系和无障碍标准化服务体系，明确无障碍信息化产品的标准和技术检测方法及要求。同时要以政务、民航、铁路、金融等服务行业窗口为基础，针对残疾人、老年人等特殊群体，制定和完善无障碍标准化服务体系。

在无障碍信息化产品和无障碍服务标准体系的建设过程中，要深入考量不同人群对无障碍设施、产品和服务的需求，在国家标准层面尽力做到通用性、人性化要求。在行业标准和团体标准层面，结合具体无障碍环境应用场景的特点，努力做到无障碍设施、信息交流和社会服务的无缝衔接，最终使三者完全融合。在多样性需求及以人为本的社会发展理念下，要积极推动及落实包容性设计，让生活环境、设计与服务可以满足更多以用户为中心的多样性族群的使用需要，全面提高无障碍设施、产品质量和服务水平。

（四）加快建立无障碍新产品、设备研发标准体系

无障碍环境建设中涉及的材料、产品、设备、构配件主要包括地面铺装材料、盲道砖材料、安全抓杆、扶手、自动门、无障碍电梯、升降平台、救助呼叫装置等。完善无障碍环境建设中涉及的材料、产品、设备、构配件的标准，一方面可以更好地推动无障碍环境规范化、精准化建设；另一方面可以逐步培育无障碍产业市场，更好地推动无障碍产业化发展，为开展无障碍环境认证打下良好的基础。此外，可以结合装配式、BIM 技术等先进的建造和设计方法，推动无障碍环境建设的工业化，提高设计的一体化和精细化。[②]

---

① 《稳步推进城乡无障碍环境建设　保障全社会成员平等参与社会生活》，《人民政协报》2017 年 6 月 12 日，第 4 版。
② 焦舰：《中国由无障碍设计向通用设计发展的趋势分析》，《世界建筑》2019 年第 10 期，第 10～14、124 页。

在信息无障碍方面，工信部等相关部门应组织制定无障碍产品、设备等研发标准，组织有关企业加强无障碍信息技术和产品的研发，推动人工智能新技术、新产品的推广和应用。丰富无障碍服务内容，让残疾人分享信息通信技术进步成果。[①]

（五）强化实施无障碍环境建设社会监督制度

通过 2020 年国家无障碍城市创建实地抽查，目前全国示范和达标的市县村镇的无障碍设施，还存在比较多的安全性和功能性问题，直接影响残疾人、老年人等特殊群体的交通出行、居家生活和信息交流。必须强化无障碍环境建设的监管和监督，要强化实施无障碍环境建设的社会监督制度，发挥人大代表、政协委员、媒体部门和使用群体的社会监督作用，对无障碍设施、无障碍产品和无障碍服务实施全过程、全方位、全天候的监督，国家检察机关可根据残疾人、老年人等特殊群体的需求，开展无障碍环境建设检察公益诉讼，残联、老龄委在无障碍环境建设中，要积极主动参与工程建设过程中无障碍设施的体验式验收、无障碍产品的试用体验和无障碍服务的过程监督，为残疾人、老年人等特殊群体交通出行无障碍、信息交流无障碍和居家生活无障碍提供保障。

（六）建立和完善无障碍环境建设后评价体系

通过建立完善的无障碍设施评价政策机制，建立无障碍设施建设后评价体系，是保障无障碍设施建设质量的当务之急。借鉴绿色建筑评价机制，构建统一的无障碍环境评价体系，制定实施无障碍环境认证标准，建立无障碍设施建设后评价体系。针对该标准研究开发科学的、易于操作的评价方法，进一步推动无障碍环境认证。以现行无障碍环境建设和技术标准为依据，制定无障碍设施建设后评价标准，采取强制和鼓励相结合的方式，采取分级评

---

① 《稳步推进城乡无障碍环境建设　保障全社会成员平等参与社会生活》，《人民政协报》2017 年 6 月 12 日，第 4 版。

估的方式，以合规评估方式作为强制监督手段，对优良的无障碍设施给予奖励，对评估不合格的无障碍设施进行处罚。严格按照低、中、高三级指标水平进行评价。当前在中央文明办全国文明城市评比的"全国文明城市测评体系"中仅设置了无障碍设施测评内容，未包含信息交流无障碍和社会服务无障碍相关内容，不够全面。国家标准《美丽乡村建设指南》（GB/T 32000－2015）中则未涉及无障碍环境建设的相关内容。建立无障碍设施建设后评价体系后，可以在无障碍市县村镇、文明城市、文明村镇、美丽乡村等创建评比中嵌入"无障碍环境评价标准"，推动无障碍环境建设确立科学、高效、规范、统一的评价体系。

参考文献

贾巍杨：《美英无障碍法规发展与我国的比较研究及其启示》，《建筑与文化》2014年第7期，第90～91页。

贾巍杨、王小荣：《中美日无障碍设计法规发展比较研究》，《现代城市研究》2014年第4期，第116～120页。

吕世明：《加快建立无障碍设计和设施产品认证制度》，《工程建设标准化》2020年第6期，第26、39页。

罗文斌、代丹丹：《认证推动高品质无障碍环境建设初探》，《建设科技》2019年第11期，第34～37、62页。

汪晓春、焉琛、陈睿博：《无障碍设计、通用设计与包容性设计的比较研究》，《第四届中国设计理论暨第四届全国"中国工匠"培育高端论坛论文集》，中国设计理论与技术创新学术研讨会，2020年9月。

朱燕梅、刘芳：《中外无障碍环境建设法规比较研究》，《建筑与文化》2021年第2期，第62～65页。

B.6
发达国家建筑无障碍法规与标准体系的发展状况及对我国的启示

林婧怡　周燕珉*

摘　要： 发达国家的无障碍环境建设起步早，无障碍立法较为完备，形成了"法律—法规—标准"这一明晰的层级体系。其中，与建筑环境相关的技术法规及标准的制定是无障碍立法建设工作中的重要组成部分，也是确保法律规定得以落实的配套措施。本报告选取美国、英国、日本三个国家，研究了其无障碍建筑技术法规及标准的发展历程、体系架构与制定特征。通过对发达国家发展共性与差异的分析，探讨了建筑技术法规及标准对于推进无障碍环境建设及相关立法工作的重要意义。发达国家的经验对我国的启示是推进制定建筑无障碍技术法规以充实无障碍立法体系，优化无障碍建筑法规与标准的制定思路与方式以明晰无障碍环境建设理念、方法和要求。

关键词： 建筑无障碍　无障碍环境　无障碍法规

无障碍环境建设包括物质环境的无障碍建设和信息、交流的无障碍建设。在物质环境层面，建筑环境的无障碍是重中之重，也是各国无障碍环境建设时最先着手推动的领域之一。对建筑环境无障碍需求的认识催生了若干

---

* 林婧怡，清华大学建筑学院博士后，研究领域为适老宜居环境、建筑标准；周燕珉，清华大学建筑学院教授，研究领域为老年人、残疾人建筑及住宅建筑。

法规和标准的出台，并进一步促进了各国的无障碍立法。目前中国的无障碍环境建设需求大，立法体系不够完整，与建筑无障碍相关的法规和标准有待增加及优化。

美国、英国、日本等发达国家的无障碍环境建设起步早，与建筑无障碍相关的法律、法规和标准发展相对成熟，值得我们借鉴和参考。本文梳理了美国、英国和日本的无障碍立法历程，重点研究了与建筑无障碍相关的法规与标准体系特点，对比总结了其基本理念、内容架构、编写特色及制定方式的特色与异同，并参考发达国家无障碍环境立法体系的发展经验和成熟做法，对未来中国建筑无障碍技术法规和标准提出改进思路和建议。

一 发达国家建筑无障碍法规与标准体系的发展状况

美国、英国、日本的无障碍环境建设起步早，与建筑环境无障碍相关的法律、法规和标准建设已纳入无障碍建设立法体系之中，法律、法规与标准相互配套，构成有层次的体系。

（一）美国的建筑无障碍法规与标准体系

1. 美国相关法律、法规和标准的发展历程

美国与无障碍环境建设最为相关的法律是 1968 年颁布的《建筑障碍法》（ABA）和 1990 年颁布的《美国残疾人法》（ADA）。[①]《建筑障碍法》是美国国会为确保残疾人进入建筑环境而出台的第一项措施，其中规定采用联邦政府资金设计、建造、改造或由联邦机构租用的建筑物都需要做到无障碍。《美国残疾人法》则进一步规定了私人拥有、租赁或经营的公共设施和建筑场所也需要做到无障碍。

为统筹协调无障碍环境建设工作，美国联邦政府设立了专门机构美国无

---

① 贾巍杨、王小荣：《中美日无障碍设计法规发展比较研究》，《现代城市研究》2014 年第 4 期，第 116～120 页。

障碍委员会（U. S. Access Board）来负责制定和发布无障碍相关指南及标准。该机构于 1984 年发布了《联邦统一无障碍标准》（UFAS），来配合《建筑障碍法》的执行，并于 1991 年发布了《ADA 建筑物和设施无障碍指南》（ADAAG），配合《美国残疾人法》的执行。该机构后续合并修订上述标准和指南并于 2004 年发布了《ADA 与 ABA 无障碍指南》。这一指南主要对需考虑残疾人进入的建筑物和设施的范围进行了界定，并给出了设计、建造和改造时的最低要求。

以上述指南为基础，美国交通部（DOT）和司法部（DOJ）分别于 2006 年和 2010 年制定并发布了《ADA 交通设施标准》和《ADA 无障碍设计标准》，这两个标准通常统称为《ADA 无障碍标准》。美国邮政署（USPS）、总务署（GSA）、国防部（DOD）以及住房和城市发展部（HUD）则共同编制了《ABA 无障碍标准》。美国邮政署、总务署和国防部陆续于 2005 年和 2008 年通过了该项标准，而美国住房和城市发展部则暂未通过，目前仍沿用《联邦统一无障碍标准》。这些无障碍标准均由政府机构批准执行，具有法律效力。

除联邦层面制定的法律、法规和标准之外，美国还有大量的由独立机构或组织制定的建筑规范和标准。其中最有代表性的是由美国国际规范委员会（ICC）制定的建筑模式规范和美国国家标准学会（ANSI）制定的国家标准。

美国国家标准学会于 1961 年发布的《身体残疾人可进入和使用的建筑物和设施的规范》①（ANSI A117.1）是第一个被批准为美国国家标准的无障碍标准。该标准旨在为所有建筑物和设施的建造提供无障碍最低要求，供行政当局采用和执行。后续几十年间，这部标准经历了若干次修订，于 1998 年更名为《可进入和使用的建筑物和设施》②，并沿用至今。目前最新修订版是 2017 年版。

---

① Specifications for making buildings and facilities accessible to, and usable by, the physically handicapped.

② Accessible and usable buildings and facilities.

美国国际规范委员会（ICC）制定的《国际建筑规范》（IBC）是建筑模式规范中最为重要、认可度最高的一部建筑规范，涵盖了包括无障碍在内的各方面技术要求。但这部规范并不直接具备法律效力，只有被地方政府采用并批准为当地的技术法规之后，才具有法律效力。《国际建筑规范》中与无障碍相关的要求也参考了《可进入和使用的建筑物和设施》等标准。

2. 美国无障碍法规与标准体系特征

美国的无障碍建筑技术法规与标准体系架构如图1所示。可以看出，联邦层面各部门主要负责制定无障碍环境建设相关法律法规以及具有法律效力的无障碍标准。美国国际规范委员会、美国国家标准学会等非政府机构也会发布与无障碍有关的规范和标准。这些法规和标准中的无障碍要求呈强关联性和一致性，但并非严格的递进关系，而是彼此穿插和渗透。[1] 例如联邦政府部门在制定《ADA 无障碍标准》时参考了美国国家标准《可进入和使用的建筑物和设施》，而后者在修订时又会考虑针对各政府部门规定的无障碍要求进行一定程度的调整。

特别应提到的是，美国无障碍委员会在联邦层面法规和标准的制定过程中发挥了至关重要的作用。[2] 该委员会一方面通过编写《ADA 与 ABA 无障碍指南》为各政府部门制定法规和标准提供统一的基础，另一方面还与各部门合作编制了解释标准要求的使用指南（即《ADA 标准配套指南》和《ABA 标准配套指南》），以促进对标准的正确理解。

总的来说，美国无障碍法规和标准的体系架构呈现以下特征：（1）法律法规体系完备，各个政府部门所负责的无障碍环境建设工作均有纵向贯穿的法规和标准作为支撑；（2）有统一的制定标准的指南发挥统筹作用，使各部门标准之间能够横向衔接，实现有效联动；（3）政府部门标准与民间机构标准在技术要求上会相互参照和协调。

---

[1] 赵尤阳：《美国无障碍环境建设法律法规和运行机制研究》，《建设科技》2019 年第 11 期，第 28 ~ 33 页。

[2] 黎建飞、窦征、施婧葳、李丹：《我国无障碍立法与构想》，《残疾人研究》2021 年第 1 期，第 28 ~ 38 页。

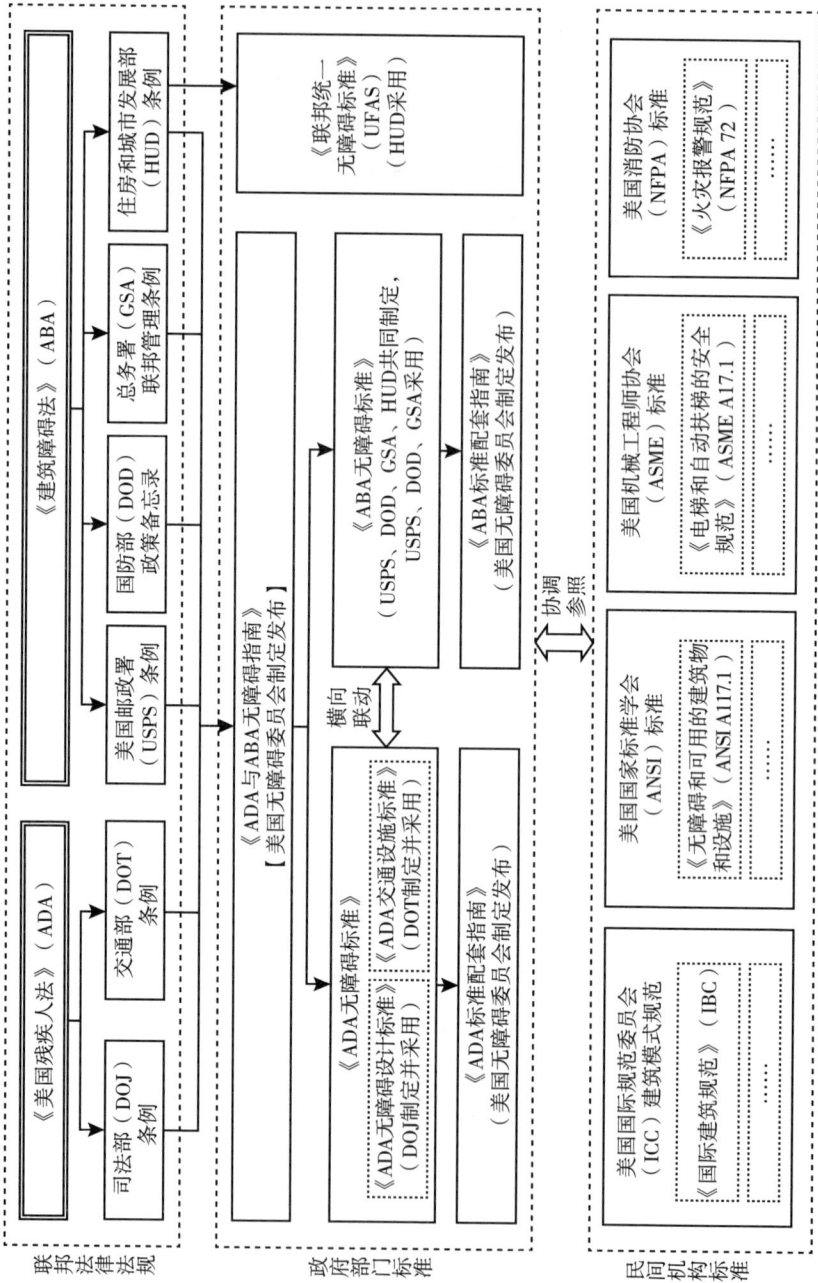

图 1　美国无障碍法规与标准体系

（二）英国的建筑无障碍法规与标准体系

1. 英国相关法律、法规和标准的发展历程

英国与无障碍相关的法律主要是 2010 年颁布的《平等法》。这部法案是在整合汇集《反残疾歧视法》（1995）、《反性别歧视法》（1975）等多部反歧视法案的基础上制定而成①。《平等法》规定有义务对提供服务和具有公共职能的建筑物和设施等进行合理调整，以避免使残疾人处于不利处境。

英国对无障碍环境建设的要求主要由《建筑法规》进行规定。《建筑法规》依据《建筑法》制定，属于法律之下的次级立法，现行版本于 2010 年颁布。《建筑法规》针对建筑工程的功能和质量给出了概括性的技术规定，并分成十余个部分进行阐述。其中，与无障碍相关的技术规定主要集中在 M 部分——进入和使用建筑。为配合《建筑法规》的实施，英国政府又批准发布了一系列文件（即《批准文件》），分别对应每部分技术规定，提供了满足其要求的具体设计依据和技术方案。针对无障碍的批准文件为《批准文件 M：进入和使用建筑》②。该文件最早发布于 1999 年，后续又进行过多次修订，最新版本为 2015 年版。《建筑法规》和《批准文件》均由英国住房、社区和地方政府部及其设立的建筑法规咨询委员会（BRAC）负责制定和修订。

与美国类似，除政府发布的法规文件之外，英国也有若干由民间机构发布的标准。最具有影响力的是英国标准协会（BSI）发布的英国国家标准。1976 年，英国标准协会就出版了《方便残疾人进入建筑》③（CP96），而后将该导则修订为《方便残疾人进入建筑的实践规范④》（BS 5810），同期发

---

① 张洋：《英国无障碍立法实施及启示研究》，山东师范大学硕士学位论文，2020，第 11 ～ 12 页。

② Approved document M：Access to and use of buildings.

③ Access for the Disabled to Buildings.

④ Code of practice for access for the disabled to buildings.

布了《方便残疾人的住房设计实践规范》[①]（BS 5619）。2001 年，又发布了《满足残疾人需求的建筑设计及其方法：实践规范》[②]（BS 8300），整合并取代了先前的两部标准。该标准后续又经历了几次修订，并于 2018 年修订时更名为《无障碍和包容性的建筑环境设计》[③]，分为外部环境和建筑物两部分，给出具有包容性并能满足所有人（不仅仅是残疾人）使用需求的设计方法和建议。[④]

2. 英国无障碍法规与标准体系特征

英国的无障碍建筑技术法规与标准体系架构如图 2 所示。与美国相比，英国的无障碍法规和标准体系更为简明，政府部门发布的《建筑法规》及其配套的《批准文件》构成了国家层面无障碍法规和标准的主体。《平等法》虽然也对建筑物和设施的无障碍提出要求，但并不直接给出具体技术层面的规定。《平等法》等法案所倡导的平等、反歧视等原则更多是对建筑法规和标准的制定起到理念引领的作用。

英国《建筑法规》具有强制性，但《批准文件》所列的具体方法和措施则不是强制的，如有其他方式能够满足法规的要求也可采用。这一体系在确保法律效力的同时又给了合规方式一定的灵活性。

英国标准协会发布的国家标准是制定《批准文件》时重要的技术参考资料。《批准文件 M：进入和使用建筑》明确列出了其参考的八项英国国家标准，并采用了这些标准中的技术要求。

简言之，英国无障碍建筑法规和标准主要由英国住房、社区和地方政府部实行集中管理，体系架构简洁明晰。建筑无障碍与其他技术要求并列而设，在指导建筑工程建设中起到重要作用。

---

① Code of practice for design of housing for the convenience of disabled people.
② Design of buildings and their approaches to meet the needs of disabled people-Code of practice.
③ Design of an accessible and inclusive built environment.
④ 马蕾：《英国公共建筑无障碍设计方法研究》，长安大学硕士学位论文，2018，第 28 页。

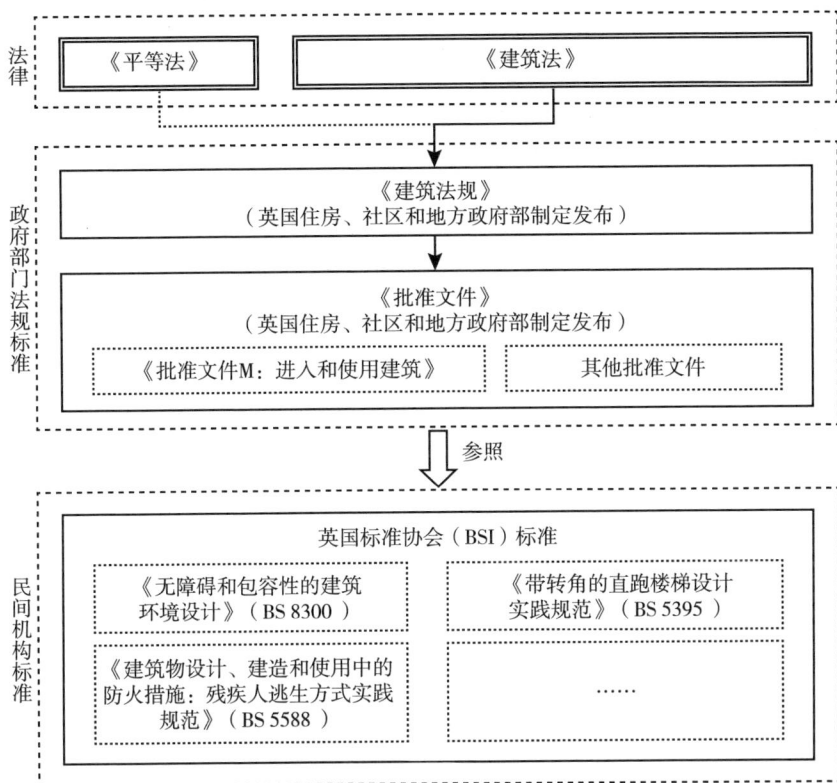

图2 英国无障碍法规与标准体系

（三）日本的建筑无障碍法规与标准体系

1. 日本相关法律、法规和标准的发展历程

日本 1970 年颁布了《残疾人基本法》①，该法案是日本无障碍法律体系的基础，为各项支持残疾人独立和参与社会的措施确立了基本原则。1994 年，日本颁布了《关于促进老年人、身体残疾者等便利使用特定建筑物的法律》②（简称《爱心建筑法》），此后于 2000 年颁布了《关于促进老年人、身体残疾

---

① 障害者基本法。
② 高齢者、身体障害者等が円滑に利用できる特定建築物の建築の促進に関する法律。

者等利用公共交通工具便利出行的法律》①（简称《交通无障碍法》）。2013年，日本又颁布了《关于促进消除以残疾为由的歧视的法律》②（简称《残疾人歧视消除法》），制定相关措施确保所有公民不因残疾而受到歧视。

目前，日本无障碍环境建设的核心法律是《关于促进老年人、残疾人等便利移动的法律》③（简称《无障碍法》）。该法案最初颁布于 2006 年，是以《爱心建筑法》和《交通无障碍法》为基础合并修订而来。与之前相比，《无障碍法》最为明显的变化是在法律名称中删去了"身体"二字，将保障对象从身体残疾者扩展到更为广泛的残疾人群体，确保老年人和残疾人在使用建筑物和利用公共交通工具时均能实现无障碍。伴随 2020 年东京奥运会和东京残奥会的筹备和举办，日本政府自 2018 年以来对《无障碍法》进行了多次修订，进一步扩大了无障碍服务对象和无障碍设施建设范围。④

以《无障碍法》为基础，日本国土交通省颁布了一系列配套的实施令和实施条例，例如《无障碍法实施条例》⑤ 和《制定关于引导建筑物特定设施的建造和配置以方便老年人、残疾人等便利使用的标准的条例》⑥（简称《建筑物便利移动引导标准》），针对《无障碍法》所规定的无障碍设施给出了最低技术要求。

与此同时，日本国土交通省还制定了《考虑老年人、残疾人等便利移动的建筑设计标准》⑦（简称《无障碍建筑设计标准》）。这部标准为设计人员、建设方、审查人员、设施管理者和使用者提供了在实际设计时需要达到的无障碍标准及相关设计信息。该标准最早发布于 1982 年，后续随着无障碍法律法规的更新不断修订，目前最新版为 2020 年版。标准内容不仅包含

---

① 高齢者、身体障害者等の公共交通機関を利用した移動の円滑化の促進に関する法律。
② 障害を理由とする差別の解消の推進に関する法律。
③ 高齢者、障害者等の移動等の円滑化の促進に関する法律。
④ 高桥仪平、潘奕：《日本的无障碍设计发展沿革与面向东京 2020 奥运会·残奥会的通用设计展望》，《世界建筑》2019 年第 10 期，第 15 ~ 19、124 页。
⑤ 高齢者、障害者等の移動等の円滑化の促進に関する法律施行規則。
⑥ 高齢者、障害者等が円滑に利用できるようにするために誘導すべき建築物特定施設の構造及び配置に関する基準を定める省令。
⑦ 高齢者、障害者等の円滑な移動等に配慮した建築設計標準。

法律法规所规定的必须达到的底线要求，还加入了一些能为使用者提供更多便利和舒适使用的建议性要求。

除了国土交通省发布的标准，日本工业标准（JIS标准）体系下也有许多涉及无障碍设施设备等相关要求的标准，例如《老年人、残疾人设计指南》系列标准。日本工业标准由国家标准化机构日本工业标准委员会（JISC）①组织制定、审议和发布，对规范日本全国的工业产品规格、操作方法等起到重要作用。国土交通省的《无障碍建筑设计标准》在制定时参考了若干JIS标准，主要包括《公共卫生间厕位内操作部位的形状、颜色、配置和设备位置》②（JIS S0026）、《引导视觉障碍者的盲道砖等突出物的形状、尺寸及排列方式》③（JIS T9251）等。

2. 日本无障碍法规与标准体系特征

日本的无障碍建筑技术法规与标准体系架构如图3。日本的法律体系细分程度较高，且不同法律之间的界限划分较为明晰。《残疾人基本法》等法律主要起到界定"残疾人"相关概念，明确核心理念的作用。在建筑法体系下，虽然最为核心的法律是《建筑基准法》，但其仅针对建筑的结构安全、卫生安全等给出了相应的技术要求，并不涉及无障碍相关内容。对于无障碍的技术要求则专门由《无障碍法》进行规定。因此，日本的《无障碍法》及其配套法规和标准自成一套独立体系。

可以看出，日本国土交通省是推动无障碍建设的核心部门，其发布的《无障碍法实施条例》《建筑物便利移动引导标准》和《无障碍建筑设计标准》构成了从底线要求到推荐性要求的层层递进的法规标准体系，为建筑环境的无障碍设计提供了充分的支持和有效的引导。总而言之，日本无障碍法规与标准体系具有独立性高、系列化强的显著特点，且在法律法规层面即有较为细致具体的无障碍技术要求④。

---

① 日本经济产业省设立的理事会，负责组织制定、审议和发布JIS标准。
② 公共トイレにおける便房内操作部の形状、色、配置及び器具の配置。
③ 視覚障害者誘導用ブロック等の突起の形状・寸法及びその配列。
④ 薛宇欣、凌苏杨：《美日等发达国家无障碍环境建设机制的对比分析》，《住区》2020年第3期，第118~122页。

法
律

《残疾人基本法》、
《残疾人歧视消除法》等

《关于促进老年人、残疾人等便利移动的法律》
（简称《无障碍法》）

政府部门法规标准

无障碍法实施令

《无障碍法实施条例》
（国土交通省制定发布）

《制定关于引导建筑物特定设施的建造和配置以
方便老年人、残疾人等便利使用的标准的条例》
（简称《建筑物便利移动引导标准》）
（国土交通省制定发布）

《考虑老年人、残疾人等便利移动的建筑设计标准》（简称《无障碍建筑设计标准》）
（国土交通省制定发布）

参照

国家标准化机构标准

日本工业标准（JIS）

《公共卫生间厕位内操作部位的形状、
颜色、配置和设备位置》（JIS S0026）

《引导视觉障碍者的盲道砖等
突出物的形状、尺寸及排列
方式》（JIS T9251）

……

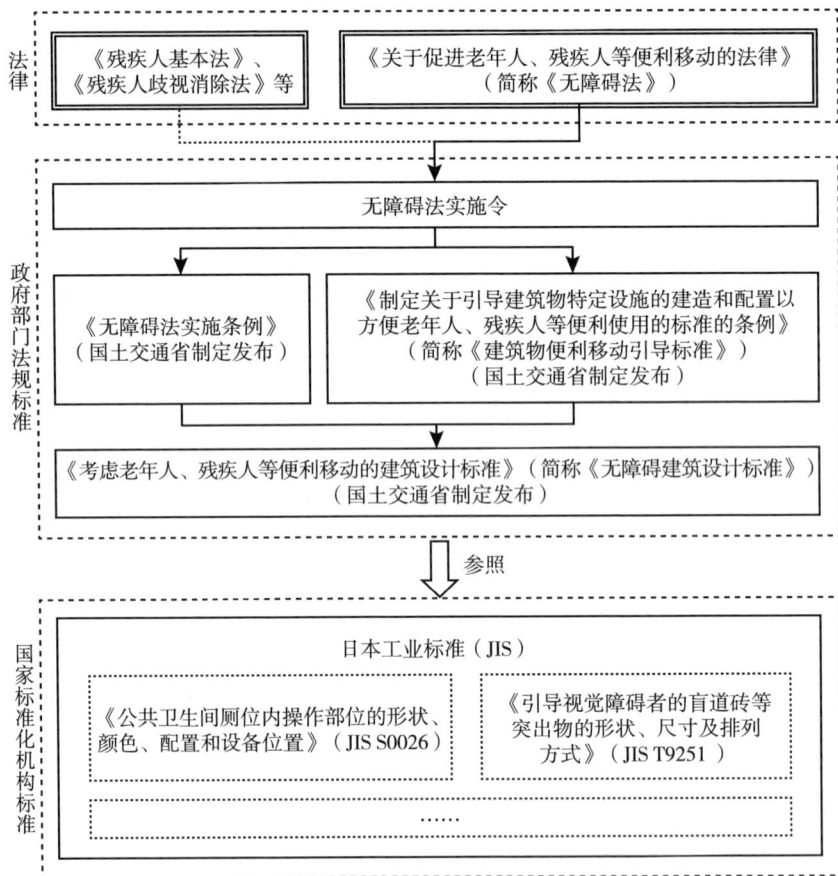

图 3　日本无障碍法规与标准体系

二　发达国家建筑无障碍法规与标准的制定特征

（一）发达国家无障碍法规与标准的基本理念与保障范围

建筑无障碍法规与标准虽然主要从技术层面为无障碍环境建设提供具
体原则与要求，但其技术要求的制定理念与目标能够反映出社会整体层面
对无障碍的认识。表1归纳总结了美国、英国、日本无障碍法规与标准背

后所体现的基本理念、保障目标与人群，以及技术要求适用范围，从中可以看出不同国家在"残疾""无障碍"等概念界定和保障范围层面的共性与差异。

比较来看，各国法规与标准背后的理念均强调消除歧视、倡导残疾人与非残疾人在物质环境中的平等地位。从保障人群来看，各国的保障对象均不再是狭义上的身体残疾者，而是扩展至会在日常生活和社会生活中感受到一定程度限制的广泛群体。英国的建筑法规《批准文件M》更为直接地指出，无障碍设计要考虑所有人群，无论是否残疾、无论何种年龄或性别。从技术要求的适用范围来看，各国法规和标准对适用的建筑物和设施的划定方式有较大差异，这与不同国家的建筑行业监管制度有关，其共性则体现在强调提供公共服务的建筑物和设施要做到全面的无障碍。对于住宅建筑，美国《建筑障碍法》和《美国残疾人法》中没有强调私有住宅（非公共住宅）的无障碍设计，日本《无障碍法》实施范围不包括独立住宅。英国的建筑法规《批准文件M》则分为"住宅建筑"和"其他非住宅建筑"两卷，对住宅建筑提出了针对性的无障碍要求，主要划分为三类：第1类为可访问住宅，即能让大多数人群到达和进入住宅，并能使用入口层居住空间和卫生设施；第2类为无障碍和适应性住宅，即能让大多数人群到达、进入和使用住宅，并具有适合老年人、行动不便者和部分轮椅使用者等广泛居住人群的特征；第3类为轮椅使用者住宅，即能让轮椅使用者居住并使用住宅及相应的户外空间、停车场和公共设施。

表1　发达国家无障碍法规与标准的基本理念与保障范围

	美国	英国	日本
理念与目标	（根据《美国残疾人法》）提供明确、有力、一致、可执行的标准来解决对残疾人的歧视	（根据《平等法》）对建筑物或设施的物理特征做出合理调整，避免使残疾人与非残疾人相比处于实质性不利地位	（根据《无障碍法》）消除社会中对老年人、残疾人以及所有公民的日常生活或社会生活构成障碍的事物、制度、做法、观念和所有其他事物

续表

	美国	英国	日本
保障人群	（根据《美国残疾人法》）因身体、精神障碍或主要身体机能有损而造成其主要生活活动严重受限的人士	（根据《批准文件M》）所有人群，无论是否残疾、无论何种年龄或性别	（根据《无障碍法》）老年人、残疾人或其他在日常生活或社会生活中受到限制的人
适用范围	（根据《ADA无障碍标准》和《ABA无障碍标准》）所有新设计、新建的建筑物和设施，以及既有建筑物和设施的改造部分，包括临时和永久性建筑物（根据《美国残疾人法》和《建筑障碍法》）政府部门提供的公共服务设施，以及由私人实体经营的公共服务设施；对公众开放的建筑物或设施，或身体残疾者在其中就业或居住的建筑物或设施	（根据《批准文件M》）新建建筑和建筑部分功能改造（如扩建、改变使用性质等），包括住宅和其他非住宅建筑	（根据《无障碍法》）大多数人使用的建筑物，以及为不特定人群使用或主要供老年人、残疾人使用的一定规模以上的建筑物

（二）发达国家无障碍法规与标准的内容构成与编写形式

不同国家的法规和标准受发布部门、执行效力等因素的影响，在编写体例、内容构成及表达形式上会有一定差异。为便于统一对比，此处以各国政府部门发布的具有法律效力（或同等执行效力）的法规和标准作为代表进行梳理和分析（见表2）。

表2　发达国家无障碍法规与标准的内容构成与编写形式

	美国《ADA无障碍标准》	英国《批准文件M》	日本《无障碍建筑设计标准》
整体架构	第1章　应用与实施第2章　范围界定与概括性要求第3章　建筑基本模块	共分为两卷，分别为M1卷（住宅建筑）和M2卷（其他非住宅建筑）。以M2卷为例，主要分为：	第1章　关于促进创造有利于老年人和残疾人的环境的说明第2章　各空间设计

续表

	美国 《ADA 无障碍标准》	英国 《批准文件 M》	日本 《无障碍建筑设计标准》
整体架构	第4章 无障碍通道 第5章 场地和建筑构件 第6章 管道设施 第7章 信息交流设施 第8章 特殊房间、空间及设施 第9章 内置设施 第10章 娱乐设施	使用指引 法规要求说明 第0章 总则 第1章 到达建筑 第2章 进入建筑 第3章 建筑内的水平与垂直流线 第4章 建筑内的设施 第5章 建筑内的卫生场所	（包括室外道路，停车场，建筑物出入口，室内通道，楼梯，电梯/自动扶梯，厕所/盥洗室，居室出入口，客房，浴室/淋浴室、更衣室，剧场、体育场等的观众席，商店内部，疏散设备及设施，室内设施、设备） 第3章 基本尺寸 （包括轮椅使用者尺寸、拐杖使用者尺寸、引导视觉障碍者的盲道的铺设等）
内容组成	技术规定 + 参考建议	设计目标 + 设计考虑要素 + 技术规定	法规要求 + 设计考虑要素 + 设计要点 + 技术规定 + 注意事项 + 设计实例
技术规定表述形式	采用"应/不应"等规范性用词进行表述	采用"应/不应"等规范性用词进行表述	采用"应/不应"和"最好"两个层次的规范性用词进行表述
内容呈现形式	文字 + 表格 + 图示	文字 + 表格 + 图示	文字 + 表格 + 图示 + 照片
图示形式	单色技术图纸	单色技术图纸	单色技术图纸 + 彩色示意图 + 照片

从内容构成来看，各国标准整体架构的组织逻辑虽然不太相同，但所规定的技术内容都围绕着建筑物出入口、室内外通道、卫生间以及室内设施等重点场所和位置。美国《ADA 无障碍标准》采用了较为常见的技术标准编写体例，以技术规定条文为主，部分条文辅以"参考建议"（Advisory）作为补充（见图4）。英国《批准文件 M》在编写形式上呈现"目标导向"特征，每一章开头会给出该章节的整体设计目标，再细分至不同层面的技术内容进行阐述；对于每项技术内容，也先阐明设计考虑要素与技术目标，再给出能满足上述目标的技术规定（见图5）。日本《无障碍建筑设计标准》相较美国、英国的标准而言，内容更为丰富，不仅有技术规定，还专门附带了

设计实例。在技术规定部分，会先以表格形式列出法规中的相关条款，梳理并给出设计考虑要素和设计要点，进而再逐项给出技术规定，部分规定会辅以"注意事项"作为补充说明。

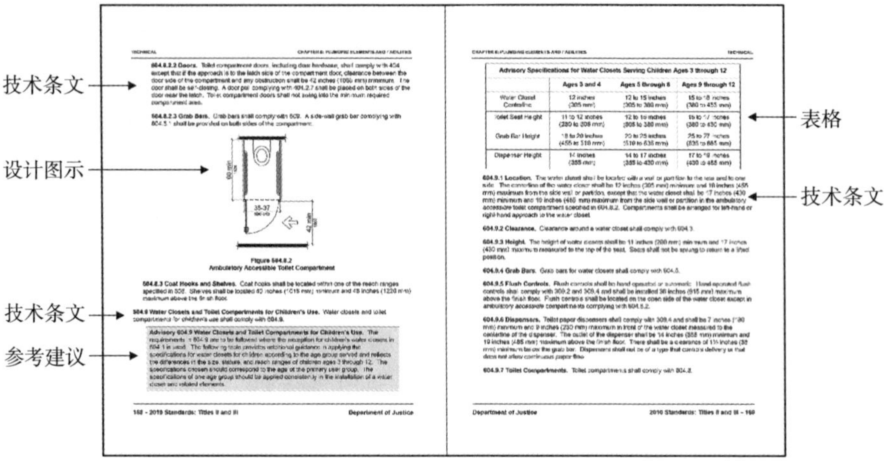

图 4　美国《ADA 无障碍标准》内页编写形式

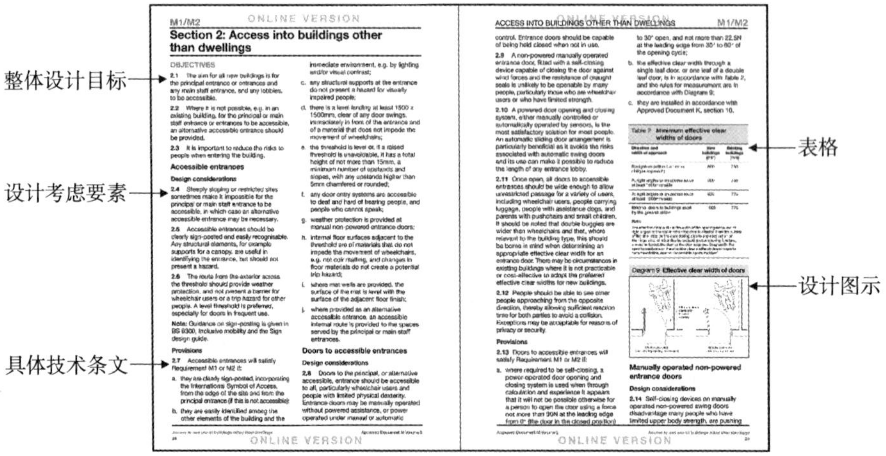

图 5　英国《批准文件 M》内页编写形式

从技术规定表述形式来看，美国和英国标准的技术条文均采用"应/不应"等规范性用词进行表述，均为底线要求。日本标准除了"应做到"的底线要求外，还给出了"最好做到"的推荐性要求。

从标准内容的呈现形式来看，美国和英国标准侧重于文字表达，辅以表格和图示，用于说明关键的尺寸要求或给出标准的设计示例，图示形式为单色（黑白）技术图示为主。日本标准则更具有图文并茂的特征，除技术类的图表之外，还采用了大量彩色照片来展现好的设计实例，使标准内容更加生动易懂（见图6）。

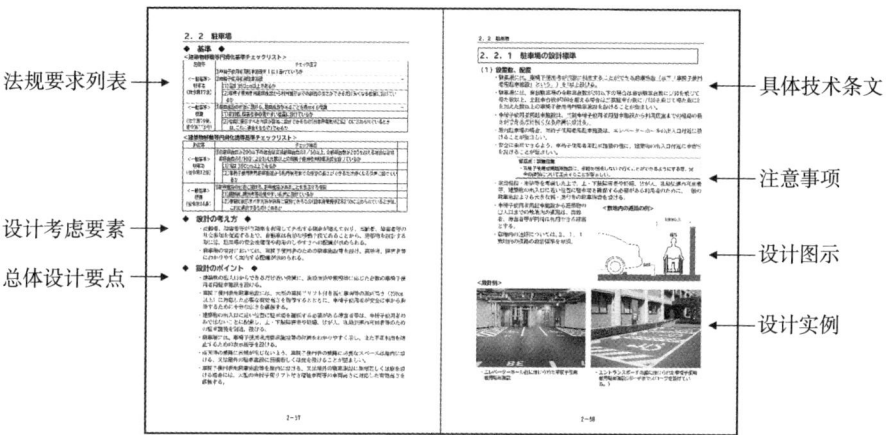

左侧标注：法规要求列表、设计考虑要素、总体设计要点
右侧标注：具体技术条文、注意事项、设计图示、设计实例

图6　日本《无障碍建筑设计标准》内页编写形式

（三）发达国家无障碍法规与标准的制定方式

表3列出了各国无障碍法规与标准的制定机构和制定过程。美国、英国、日本的无障碍法规与标准主要由相关政府部门或政府设立的专门机构来负责制定，其制定流程通常遵循各国法规及标准的惯例，在收集和听取公众意见的基础上，召集利益相关方，进行充分的研讨与协商，从而确定内容。其中，日本的《无障碍建筑设计标准》在制定时特别强调了将老年人和残疾人团体组织纳入研讨委员会，使其参与决策过程。

此外，发达国家还非常重视标准制定流程中相关工作文件的公开性，除公示标准文件本身之外，还会公开发布所收集的意见、对意见的处理结果报告以及参与制定标准的顾问（研讨）委员会名单，从而使标准的制定工作更加开放和透明。

表3　发达国家无障碍法规与标准的制定方式

	美国 《ADA 无障碍标准》	英国 《批准文件 M》	日本 《无障碍建筑设计标准》
制定机构	美国无障碍委员会及相关政府部门	英国住房、社区和地方政府部 建筑法规顾问委员会	国土交通省
制定过程	美国无障碍委员会组织建立顾问委员会或管理协商委员会，起草标准拟议稿并公示，征求公众意见、举行公开听证会。审查公众意见并做出相应修改，提交联邦政府审批后发布最终内容	英国住房、社区和地方政府部负责制定和修订，建筑法规顾问委员会负责提供咨询和建议。 通过公开征询获取对建筑法规及批准文件的意见，政府部门与顾问委员会共同对收集来的意见进行研究和讨论，并公布对意见的处理结果，由政府部门确定并发布最终的内容	国土交通省组织建立由学术专家、老年人/残疾人团体、产业协会、建筑行业相关组织、地方公共组织等组成的研讨委员会，对需要制定的内容进行研讨，公开相关研讨记录，由国土交通省确定并发布最终的内容

三　发达国家建筑无障碍法规与标准发展经验对我国的启示

（一）推进建筑无障碍技术法规制定

1. 建筑无障碍技术法规是无障碍立法体系的重要组成部分

发达国家无障碍环境建设的顶层制度比较完善，一方面是在确保残疾人拥有平等权利、消除社会歧视等人权保障层面进行立法，另一方面还针对建筑无障碍设立专项的法律或法规，将其纳入国家整体的无障碍立法体系之中，形成了多角度的制度保障。法律、法规与标准相互配套，构成具有层次性的体系。

发达国家的建筑标准体系为"技术法规—标准"体系。所谓技术法规，即规定技术要求的法规，是由国家立法机构、政府部门或其授权的其他机构制定的文件，是具有法律效力的、需要强制执行的文件。标准则是由公认机构（标准化团体）批准的技术规范或其他公开文件，是自愿执行的。通过对美国、英国、日本无障碍法规与标准体系的梳理可以看出，各国在建筑技术法规体系下或有专门针对无障碍的建筑法律法规（如日本、美国），或在整体的建筑法规中有专门针对无障碍的主题篇章（如英国）。从其发展经验来看，建筑无障碍技术法规的制定强化了相关技术规定的约束力，通过与其他无障碍法律法规的衔接与配合，充实了无障碍立法体系，有助于全面和有效地推动无障碍环境建设的落地。

2. 我国应加快推进无障碍建筑技术法规的制定

我国《残疾人保障法》中虽然有与"无障碍环境"相关的章节条款，但仅为框架性的规定。2012 年发布的行政法规《无障碍环境建设条例》中提到了无障碍设施、无障碍信息交流、无障碍社区服务等建设要求，但对于保障范围（保障人群及物质环境范围）的界定不够明晰，对于建筑的无障碍要求也不够系统，缺乏对所要达到的建设目标的阐述。长期以来，我国针对建筑无障碍环境的建设要求主要依托相关工程建设标准来给出规定，例如《无障碍设计规范》（GB 50763）。该标准中虽然有部分强制性条文，但严格来说并非真正的法律文件，与发达国家的无障碍建筑法规和标准相比，效力较为有限。[①]

我国的建筑标准体系与发达国家相比存在一定差异。长期以来，我国建筑领域并没有"技术法规"层级，导致许多技术规定的刚性约束力不足。2016 年住房和城乡建设部印发了《深化工程建设标准化工作改革的意见》，我国工程建设标准体制步入改革期。目前，住房和城乡建设部正在组织制定

---

① 薛宇欣、凌苏杨：《美日等发达国家无障碍环境建设机制的对比分析》，《住区》2020 年第 3 期，第 118 ~ 122 页。

一批具有强制约束力的全文强制性工程建设规范，以取代现行标准中分散的强制性条文。这些工程建设规范主要围绕保障人民生命财产安全、人身健康、工程安全、生态环境安全、公众权益和公共利益等建设目标进行制定。其中，与建筑无障碍有关的要求被纳入《建筑与市政工程无障碍通用规范》。该规范已于2021年9月发布，内容包含对无障碍设施的建设和运营维护规定，全部条文必须严格执行。可以说，《建筑与市政工程无障碍通用规范》是无障碍建筑技术法规的雏形，在一定程度上能使无障碍相关技术规定的效力级别有所上升，但与真正的建筑技术法规相比仍有一定差距。未来应依托我国的无障碍立法体系建设工作，进一步提升其效力等级，明确其在我国无障碍环境立法体系下的层级定位，为无障碍环境建设发挥更有效的保障作用。

（二）优化无障碍建筑法规与标准的制定思路与方式

1. 明确无障碍环境建设理念与保障范围是制定法规和标准的前提

发达国家的建筑无障碍法规和标准中对无障碍环境建设所遵循的理念或需要达到的目标有明确的阐述，并对保障范围有清晰的界定。例如什么是"残疾"、什么是"障碍"，以及要在多大范围内实现怎样程度的"无障碍"。这些内容根植于各国的无障碍立法理念，是制定技术法规时的重要指引和依据。即便不同类型的法规和标准有不同的功用和保障范围，但其在无障碍环境建设目标层面具有高度的统一性。

相对而言，我国长期以来的建筑无障碍标准主要是给出一些偏技术视角的术语定义和适用范围界定，缺少对制定理念与目标的传达。这些内容即便不出现在标准中，也应在其他法律法规文件中进行阐释和界定。然而目前我国的无障碍立法体系中相关内容仍有缺失，使得技术规定在制定和修订时缺少上位依据和统一的目标指引，也使无障碍技术法规和标准与《残疾人保障法》等法律法规的对位与衔接关系不明晰。

无障碍环境建设是一项系统且复杂的工作，涉及多个部门、多个专业领域的协调与配合，明确无障碍环境建设理念与保障范围有助于建立社会整体层面的普遍共识，这样才能为统筹协调无障碍环境的发展和建设打下良好基础。

2. 加强法规与标准制定工作的开放性，使更多的被保障群体参与其中

发达国家近年来愈发重视让残疾人等被保障群体参与法规和标准的决策过程。残疾人等群体作为无障碍环境建设最核心的利益相关方，应有更多的机会和适宜的条件参与到法规和标准的制定中。[①] 目前我国的无障碍法规和标准制定也有残障人士参与其中，他们能从实际生活中遇到的障碍和对无障碍设施的使用体验出发，为技术规定的制定者提供更多的视角和思路。

为了使残疾人等被保障群体更有效地参与法规和标准的制定工作，需要建立相应的机制保障。其中最基本的保障是使制定流程中的各环节工作更为公开化、透明化，方便其了解和参与标准的制定进程与意见协调过程。与发达国家相比，目前我国在这一方面还有较大的改进余地，特别是在意见征集与处理环节，应提高相关信息的公开化程度，确保易获取性。

3. 建筑无障碍法规和标准的编写形式应易于"无障碍"使用

建筑无障碍法规和标准的特点在于，其所关注的内容都围绕着人们的日常生活环境，且许多技术规定并不带有很强的专业门槛。在无障碍环境建设中，除专业技术人员的参与之外，还需要政府部门、社会团体、服务提供方和设施管理者等各方共同协作，因此建筑无障碍法规和标准的使用群体是很广泛的，应让各界人士都能"无障碍"使用。发达国家的法规和标准基本都做到了图文并茂，特别是日本，标准中附带了大量的设计图示和设计实例，以使其内容能够被更广泛的群体所理解，即便没有专业背景的人士也能看懂，[②] 真正做到技术知识"无障碍"。虽然我国的建筑法规和标准有其惯用的编写体例，但仍可以为无障碍法规和标准提供配套的使用指南和更为细

---

① 朱燕梅、刘芳：《中外无障碍环境建设法规比较研究》，《建筑与文化》2021 年第 2 期，第 62~65 页。

② 宫晓东、高桥仪平：《日本无障碍环境建设理念及推进机制分析》，《北京理工大学学报》（社会科学版）2018 年第 2 期，第 170 页。

化、生动的技术导则，从而更好地向社会各界人士传达正确的无障碍环境建设理念、方法和要求，提升全民的"无障碍"意识。

参考文献

日本国土交通省，《高齢者、障害者等の移動等の円滑化の促進に関する法律》（令和二年法律第二十八号による改正），2020。

日本国土交通省，《高齢者、障害者等の円滑な移動等に配慮した建築設計標準》，2021。

日本内閣府，《障害者基本法》（平成二十五年法律第六十五号による改正），2013。

U. K. Government, *Equality Act 2010.* 2021.

U. K. Government, *The Building Regulations 2010.* 2018.

U. K. Ministry of Housing, Communities & Local Government, *Approved Document M: Access to and use of buildings.* 2015.

U. S. Government, *The Architectural Barriers Act of 1968.* 1986.

U. S. Government, *The Americans with Disabilities Act of 1990.* 2008.

U. S. Access Board, *Americans with Disabilities Act and Architectural Barriers Act Accessibility Guidelines.* 2004.

U. S. Department of Justice, *2010 ADA Standards for Accessible Design.* 2010.

U. S. Department of Transportation, *Americans with Disabilities Act（ADA）Standards for Transportation Facilities.* 2006.

U. S. Department of Defense, U. S. Department of Housing and Urban Development, U. S. General Services Administration, U. S. Postal Service, *Architectural Barriers Act（ABA）Standards.* 2015.

B.7
信息无障碍全球立法情况及我国
信息无障碍立法可行性分析

浙江大学卜佳俊教授课题组 *

摘　要：　互联网的蓬勃发展，引领了社会信息化的新潮流，创造了人类社会交流的新空间，给人类的生产生活带来巨大的影响与改变。国际上自20世纪80年代就开始关注信息无障碍。21世纪初，国际上对于信息无障碍的相关法律开始涌现。本报告将对全球各个国家与地区涉及信息无障碍的法律法规展开调研，分析和汇总信息无障碍相关法律的分布状况、强制效力、实施对象与保障措施。通过比较和分析国内外相关法律法规及政策，指出我国信息无障碍立法具有可行性、重要意义、法律与政策基础、实践经验和发展基础。

关键词：　信息无障碍　无障碍环境　无障碍立法

随着社会的不断进步，生产力的不断发展，在经历了农业、工业与信息社会后，生活方式的重心逐渐转移到线上，社会的运转与日常生活越来越多地用到在线工具和在线方式。万维网联盟创始人、图灵奖获得者蒂姆·伯纳斯·李（Tim Berners-Lee）曾说过"网络的力量在于其普适性，无论残障与

---

　*　由浙江大学计算机学院卜佳俊教授牵头负责，课题组成员为浙江大学张建锋、冉若曦、王炜、王姝懿、于智、周晟、马凌洲。本报告执笔人卜佳俊，主要研究领域为智能媒体计算、大数据分析与挖掘、信息无障碍技术。

否都能访问才是最重要的一点"。然而，社会中依然存在一些特殊人群，他们身体上的残障与缺陷，导致在参与互联网社会和使用互联网技术中存在障碍与挑战，也无法获取互联网带来的各种便利。特殊人群在"互联网+"时代出现的信息鸿沟问题已不容小觑，信息平等也日益成为人类社会追求的目标。

一 信息无障碍相关背景与需求

信息无障碍是指任何人（无论是健全人还是残疾人，无论是年轻人还是老年人）在任何情况下都能平等地、方便地理解、交互和利用信息，[①] 其目的是缩小全社会不同阶层、不同地区、不同年龄、不同健康状况的人群在信息理解、信息交互、信息利用方面的数字鸿沟，使他们更加便利地参与社会生活。信息无障碍的基础是信息获取，使用已有的感官来弥补部分缺失感官带来的信息获取鸿沟，利用替补的感官来获取信息，如视力残疾人访问网页时，可以将网页中无法看见的文字信息通过读屏软件转换成声音信息来获取和理解网页中的内容。

美国哈佛商学院有关研究人员的分析表明，人脑接收外部信息主要依赖五种感官，占比分别为视觉83%，听觉11%，嗅觉3.5%，触觉1.5%，味觉1%，对于特殊人群而言，感官的缺陷将阻碍他们便捷获取互联网信息。[②]

在特殊人群中，不同程度的缺陷使得他们对互联网信息无障碍服务建设的需求不尽相同。为了更好地开展信息无障碍标准及建设，我们从以下几大类特殊人群的不同需求进行阐述与分析。

（一）视力障碍

截至2010年，我国视力障碍人群已达1263万人，由于视力的缺失，他

---

① 工业和信息化部、中国残疾人联合会：《关于推进信息无障碍的指导意见》［工信部联管函（2020）146号］，http://www.gov.cn/zhengce/zhengceku/2020－09/23/content_5546271.htm。
② D. G. Treichler, "Are You Missing the Boat in Training Aids?" *Filem and Audio-Visual Communication* 48 (1967): 14－16, 28－30, 48.

们只能依赖听觉和触觉来感知世界，无法直接获取视觉信息。① 互联网上绝大部分信息都是通过终端屏幕显示、依靠视觉来感知的，因此视力障碍人群在网站与 App 的信息访问上存在着健全人难以想象的困难，他们迫切需要实现互联网信息无障碍。一般情况下，视力障碍人群通常使用读屏软件（Screen Reader）以及触摸设备访问网页内容。读屏软件可以将一些文本内容转化为语音流，帮助视障者获取信息。与健全人正常阅读的方式相比，通过读屏软件获取信息存在信息获取速度较慢、只能线性获得信息、无法获取网页上的非文本内容等弊端。视障用户希望互联网能提供相应的无障碍服务能力，特别是解决非文本信息的转化问题，如提供读屏软件无法提供的提示帮助信息。

此外，视障者中的色盲患者会对一些特定颜色或颜色组表达的内容产生理解和辨识障碍，如果互联网中的重要信息或超级链接等采用特定颜色标注，色盲患者将无法感知。视力低下的视者在网页显示方面对字体的大小和对比度有着独特需求，网站与 App 中的内容描述如果文字字体过小，将会导致他们在阅读方面产生障碍。因此，字体颜色、大小及对比度是色盲、色弱以及低视力人群对互联网无障碍服务的主要需求。

（二）听力障碍

对于听力障碍人群而言，他们听不到或听不清周围环境的声音，但拥有正常的视觉。② 听力障碍人群在上网的操作中与健全人类似，但在获取互联网中没有文字注解的视频和音频内容上存在巨大障碍。此外，用户在访问互联网遇到意外情况或者存在问题，需要客服人员提供技术支持时，如果客服只提供电话交流这一种途径，听障者就难以与客服人员沟通并快速有效地解决问题。听障者最常用的交流方式——手语则因在不同地域的表达存在较大

---

① https：//www.cdpf.org.cn/zwgk/zccx/cjrgk/15e9ac67d7124f3fb4a23b7e2ac739aa.htm.

② http：//www.stats.gov.cn/ztjc/zdtjgz/zgrkpc/dqcrkpc/ggl/202105/t20210519_1817698.html.

差异，提供手语辅助电视台、视频网站在兼容性方面也存在无法弥补的短板。因此，文本交流和音频信息文本转化问题是目前听障用户的主要服务需求。

（三）多重残障

多重残障者在互联网信息交流中困难重重，可供选择的信息交流方式非常有限。以视听障者为例，他们听觉和视觉同时缺失，较大程度依赖触觉来感知周围信息，而大多网站与 App 没有提供虚拟现实的信息传递接口，加上辅助器具对触觉的局限性，视听障者无法获取电子信息内容。部分聋哑儿童和盲童由于有视听障碍，且心智尚未发育完全，还会存在认知与学习障碍，这使得本就受到视听障碍限制的信息交流又多了一层困难，更加难以获取互联网的信息。

（四）认知和学习障碍

认知与学习障碍主要指智力活动能力明显低于一般人水平。我国共有568 万认知障碍患者。该群体由于认知能力较差，对于互联网提供的信息往往无法正常理解和记忆。如过密的文字内容布局、过长的语句、过难的术语和成语以及过分的语言描述，对他们的理解都是一种极大的考验；对于需要运用感官特性如形状、大小、视觉位置、方向或声音等进行辅助理解和操作的内容，如地图导航等，他们将束手无策。因此，对于认知与学习障碍群体而言，互联网内容可理解性的建设非常重要。

（五）老年人与儿童

第七次全国人口普查数据显示，我国 60 岁及以上老年人口超 2.64 亿，65 岁及以上老人占总人口数的 13.5%，接近"深度老龄化"水平。① 2021年的 CNNIC（中国互联网络信息中心）统计数据显示，我国 50 岁及以上

---

① http：//www.stats.gov.cn/tjsj/tjgb/rkpcgb/qgrkpcgb/202106/t20210628_ 1818824.html.

网民群体所占比例达 26.3%，互联网持续高速向中老年群体渗透。然而随着年龄的增长，老年人身体功能也在趋于衰退，出现如视力下降、听力减弱及记忆理解认知能力弱化等问题，在接收信息或其他方面也面临着困难。

在 CNNIC 报告中，我国 19 岁以下网民占比为 16.6%，总数超过 1.58 亿人。儿童群体的认知与学习能力也处于弱势，由于儿童的认知与心智尚未成熟，对于互联网中一些内容会出现理解困难甚至误解。

由于上述不同特殊人群在访问互联网上面临的各种困难，特殊人群在"互联网+"时代已经出现相当规模的信息鸿沟问题，信息无障碍服务成为他们迫切的实际需求，应保障他们能够平等无障碍地获取信息。对于残疾人而言，他们更希望得到社会的关心与尊重，因此信息无障碍服务建设也是体现"互联网+"时代社会公平的重要表现。

二 国内外信息无障碍立法保障现状

2006 年 12 月 13 日联合国大会通过了《残疾人权利公约》[①]，《公约》包含 146 个签字国，并有 90 个缔约国批准了《公约》。这是目前在开放供签字之日获得签字数量最多的联合国公约。公约第九款明确要求"缔约国当采取适当措施，确保残疾人在满足人人平等的基础上，无障碍地进行物质环境交互，享用交通工具，利用信息通信技术和系统，以及享用在城市和农村地区的其他开放性设施和服务"。《公约》的通过标志着信息无障碍的重要性日益凸显。全球各国陆续出台了 30 余部涉及信息无障碍的专项法律、法规与强制政策，涵盖了亚洲、欧洲、美洲和大洋洲等 25 个国家与地区。信息无障碍法律主要规范了各国在政府部门、公共服务单位和私营企业的互联网内容与服务。[②]

---

① https：//www.un.org/chinese/disabilities/convention/convention.htm.

② https：//www.w3.org/WAI/policies/.

（一）亚洲国家及地区

1. 中国香港与台湾地区

香港于 2012 年出台了《政府网站信息发布指南》（ *Guidelines on Dissemination of Information through Government Websites* ）① 作为信息无障碍强制性政策，主要针对政府部门，目前的版本主要参考了《互联网内容无障碍指南》（ *Web Content Accessibility Guidelines* ，WCAG）2.0 的 A 级和 AA 级准则。

台湾参考了 WCAG 2.0，在 2017 年实施了《网站无障碍 2.0 版》作为强制性政策，主要针对公共部门。

2. 日本

日本在 2000 年颁布了《建立先进的信息和电信网络社会的基本法案》，另外由工业标准调查会负责制定信息无障碍标准。2000 年发布了《标准开发人员指南》（JIS Z 8071）、《老年人和残疾人指南信息和通信设备软件和服务第 1 部分：通用指南》（JIS X 8341－1）等系列标准，分别在信息与办公设备、网站内容等方面指导信息无障碍开发，以满足特殊人群的需求。② 日本政府要求政府网站在招标时对企业进行审核，所有招标企业均需符合无障碍要求，否则将不纳入政府采购标准。

3. 印度

印度在国家政策上明确了全社会应当为残疾人建立一个包容、平等的环境。1992 年出台的《印度康复委员会法案》大力发展康复中心的服务人力资源。1995 年出台的《残疾人（平等机会、权利保护和充分参与）法》，为残障人士提供了教育、就业、创造无障碍环境、社会安全方面的保障。1999 年出台的《自闭症、脑瘫、精神发育迟滞和多重残疾患者福利国家信托法》在规定这四类人法定监护权的同时，也为其提供最大化的自主生活

---

① https：//www. gov. hk/en/about/accessibility/docs/disseminationguidelines. pdf.
② 代红、徐洋、张群、赵菁华：《国内外信息无障碍法律法规及标准研究》，《建设科技》2019 年第 13 期，第 37～39、53 页。

权利法律保障。

除了法律框架外，印度还开发建设了广泛的无障碍基础设施，致力于不同领域的无障碍发展。印度政府一直在帮助残疾人采购符合 ISI 标准的经久耐用、科学制造的现代辅助工具和器具，通过减少残疾带来的影响，来促进他们的身体、社会和心理独立。参与为残疾人制造高科技辅助设备的私营、公共和联合部门企业将由公共部门银行提供财政支持。[①]

4. 其他亚洲国家

以色列于 1998 年出台反歧视法《残疾人平等权利法案修正案》（*Equal Rights of Persons with Disabilities Act, as amended*）；朝鲜于 2008 年出台了反歧视法《残疾人福利法案》（*Act on Welfare of Persons with Disabilities*），均对信息无障碍做出相关要求。

（二）欧盟及欧洲国家

1. 欧盟

欧盟在 2016 年开始实施了《网络和移动无障碍指令》（*Web and Mobile Accessibility Directive*）法案，目的是评估进入欧盟市场的 ICT 产品和服务是否满足无障碍要求。该标准规定了信息和通信技术产品和服务无障碍设计的技术要求，确保特殊人群在 ICT 产品和服务的使用中权利平等。该法案采用了所有 WCAG2.0 中 A 级及 AA 级的准则。同时欧盟还有一个针对公共部门和私营部门的法案《欧洲无障碍法案》（*European Accessibility Act*），该法案也以 WCAG 2.0 为法案的参考标准。

2. 英国

英国新的平等法《平等法》（*Equality Act* 2010）出台于 2010 年，这个反歧视法将英国其他平等法整合到一起，适用于英格兰、苏格兰和威尔士（不含北爱尔兰），参考 WCAG2.0。

---

① https：//www. medindia. net/indian_ health _ act/national – policy – for – persons – with – disabilities – national – policy – statement. htm.

新的平等法在信息获取、服务、就业等方面都对残疾人做出了保障，要求所有信息社会服务提供商户都必须事先考虑残障人士的需求，确保所有残障人士能够访问网站，包括使用语音文字转换软件的视障患者；手部灵巧度受损，不能使用鼠标的人；有阅读障碍和学习困难的人。[①]

3. 法国

法国于 2005 年 2 月 11 日颁布第 2005 – 102 号法律（*Law N°2005 – 102*）以保障残疾人的平等权利和机会。该法案确保残疾人在因残疾而面临诸多问题时能够得到补助，使残疾人能够有效参与社会活动，为残疾人提供现代化的无障碍服务。该法第 47 条规定，国家、地方当局和依赖公共通信服务的公共机构有义务向残疾人提供公共通信服务。例如可以通过点击专门的按钮来调整信息的大小，以便视障者使用或为听障者增加声音。这些服务应该遵循有关互联网可访问性的国际标准。2016 年和 2018 年，法国政府分别对该条目进行了补充和修订，要求任何在线公共通信服务的主页应清楚地标明其是否符合无障碍规则，未能使在线公共通信服务符合该规则，将受到罚款处罚。[②]

4. 德国

2011 年 9 月，德国《信息技术无障碍条例》（*Barrierefreie-Informationstechnik-Verordnung*）（BITV 2.0）测试标准正式生效。BITV 2.0 是基于 2008 年由网络无障碍倡议（*Web Accessibility Initiative*，*WAI*）发布的 WCAG 2.0 完成的。

BIK 是一个由 DIAS 公司和德国联邦政府组织的、由包括盲人和视障人群在内的特殊人群组织构建的联合组织，取名于德语信息访问与交流（barrierefrei informieren und kommunizieren）的首字母。该机构的目的是提高残障人士的网络访问能力，从而增加其潜在就业机会。该机构有两大主要部门：BITV 检测与 BIK 工作。此项目得到德国联邦就业和社会事务部（Bundesministerium für Arbeit und Soziales）的资金支持。

---

① https：//www.equalityhumanrights.com/en/equality – act/equality – act – 2010.

② https：//www.legifrance.gouv.fr/dossierlegislatif/JORFDOLE000017759074/.

目前所有德国的联邦机构网站都要经过 BITV 的检测与评分。网站得分在 90 分以上时，该网站才被认为是无障碍的。

5. 欧洲其他国家

欧洲各国积极在法律法规与政策上对信息无障碍进行相关要求。丹麦2007 年发布强制性政策《公共部门软件开放标准使用协议》（*Agreement on the use of open standards for software in the public secto*）；芬兰 2003 年发布无障碍法《公共部门电子服务和通信法》（*Act on Electronic Services and Communication in the Public Sector*）；爱尔兰 2004 年发布反歧视法《2000 ~ 2004 年平等地位法案》（*Equal Status Acts 2000 to 2004*）；2005 发布无障碍法《2005 年残疾法案》（*The Disability Act*, 2005）；意大利 2004 年发布无障碍法《2004 年 11 月 9 日第 4 号法：支持残疾人进入的规定》（*Law 9 January* 2004, *n. 4, Provisions to support the access of disabled pe*）；荷兰 2016年施行采购法《采购法 2012》（*Procurement Law* 2012）；2016 发布强制性政策《荷兰政策》（*Policy in the Netherlands*）；挪威 2013 发布反歧视法《信息通信技术通用技术规定》（*Regulations on universal design of ICT*）；瑞士 2002 年发布反歧视法《联邦消除残疾人不平等法》（*Federal Law on the Elimination of Inequalities for Persons with Disabilities*）。

（三）美洲部分国家

1. 美国

美国 1990 年修订的《美国残疾人法》（*The American Disabilities Act of* 1990），明令禁止在服务及就业方面的歧视残障人士，具有重大意义。从1998 年开始，《美国康复法第 508 条修正案》（*Section 508 of the US Rehabilitation Act of* 1973, *as amended*）正式实施，被称为 508 法案。法案中涉及信息无障碍的内容明确指出，为提供无障碍的网络，所有政府网站必须按 508 法案中要求组织规划，任何为政府服务的签约公司都必须按照规则来设计和开发页，任何与政府有业务往来以及接受政府资金资助的公司都必须严格提供无障碍的网络服务。① 目前 508 法案的信息无障碍内容完全来自 W3C 的 WCAG 2.0。

2. 加拿大

加拿大政府于 2000 年施行由国库委员会秘书处首席信息官科［Chief Information Officer Branch (CIOB) of the Treasury Board Secretariat］提出的无障碍检测"常见的外观和感觉"（*Common Look and Feel，CLF*）1.0 标准，而后在 2007 年推出 CLF 2.0 检测标准。根据 CLF 标准的要求，所有政府部门网站必须满足 WCAG 2.0 标准 AA 级要求，同时必须通过 CLF 2.0 标准。政府于 2016 年发布《通信和联邦身份政策》（*Policy on Communications and Federal Identity*），要求官方发布内容需符合 Web 可访问性标准的要求，并应提供与残疾人基本平等的公开信息。

（四）大洋洲国家

澳大利亚 1992 年发布反歧视法案《1992 年反歧视残疾人法》［*Disability Discrimination Act* 1992 (*DDA*)］，2016 年发布采购推荐政策《采购标准指南》（*Procurement Standard Guidance*）；新西兰 2013 年发布强制性政策《在线实践指南》（*Online Practice Guidelines*），均对信息无障碍做出相关要求。

三　信息无障碍立法的规范对象与问题分析

通过对其他国家法律法规的梳理，可以看到不同国家及地区的信息无障碍立法规范、对象目标、采纳标准等均存在较大差异。为了进一步了解各地法律及政策的执行力度，这里将以世界范围内无障碍法律政策相对较完善的五个国家和地区为研究对象，从规范对象、执行依据与执行力度三个方面分别对美国、日本、加拿大、澳大利亚、欧盟进行平行对比。

---

① 钱小龙、邹霞：《美国信息无障碍事业发展概况：Section 508 解读》，《电化教育研究》2007 年第 12 期，第 86～91 页。

（一）各国相关法律主要规范对象

在各个国家或地区，不同的法律法规所要求的对象会有所不同。总体来说，各个国家或地区的法律法规对象主要划分为两大类：公共部门和私营部门。其中公共部门包括政府及其经营或拥有的实体，以及接受政府资助的实体，私营部门则包括不属于公共部门的企业、组织及非营利组织。表1中罗列了目前无障碍法律及政策相对较为完善的五个国家及地区的部分相关法律及政策范围。

表1 五个国家及地区的部分无障碍相关法律及政策适用范围

	无障碍法律或政策名称	主要规范对象
欧盟	Web 和移动可访问性指令 （Web and Mobile Accessibility Directive）	公共部门
	欧洲无障碍法案 （European Accessibility Act）	公共部门，私营部门
美国	美国康复法第508条修正案 （Section 508 of the US Rehabilitation Act of 1973, as amended）	公共部门
	美国残疾人法修正案 ［Americans with Disabilities Act of 1990（ADA），as amended］	公共部门，私营部门
日本	建立先进的信息和电信网络社会的基本法案 （Basic Act on the Formation of an Advanced Information and Telecommunications Network Society）	公共部门，私营部门
加拿大	加拿大人权法案 （Canadian Human Rights Act）	公共部门，私营部门
	通信政策与联邦身份 （Policy on Communications and Federal Identity）	公共部门
澳大利亚	反歧视残疾人法 ［Disability Discrimination Act 1992（DDA）］	公共部门，私营部门

如表1所示，目前在部分发达国家及地区，法律和政策对公共部门（政府或者政府出资项目中）的产品和服务的信息无障碍性都有相应要求。

在严格要求公共部门项目的同时，部分国家或地区也会对私营部门的产品和服务有相应的法律法规与政策要求，通过同一个或不同的法律法规对公共部门和私营部门进行约束。

在全球范围内，对公共部门的法律及政策要求在国家法律体系中几乎是必须的，对私营部门的无障碍要求则通常是结合本国的情况，制定相应的信息无障碍相关的法律或者政策。

（二）各国法律法规及政策执行依据

信息无障碍相关法律法规及政策在各个国家的建立，不仅履行了联合国《残疾人权利公约》的倡议，也提高了产品和服务在市场的效能，使其能服务于更广泛的人群。为使本国或本地区的信息无障碍相关产品和服务在法治轨道上能更快更好发展，目前无障碍法律较为完善的国家和地区都是通过提高整体认识，来深刻理解信息无障碍立法的重要性。各国家和地区均紧密参考本国家或本地区现有的法律法规及政策的实际情况与实践经验，深度结合信息无障碍相应标准规范，通过相关标准规范对法律法规及政策的执行进行衡量（在一个国家或者地区，信息无障碍相关的标准通常会作为信息无障碍法律法规或政策实施的依据），从而不断丰富信息无障碍法律法规及政策的执行和监管依据。

各个国家或者地区在制定本国或本地区的信息无障碍标准时，通常涉及个人设备（包括但不限于计算机、智能手机、电子书和电视等）和公共服务（包括但不限于电视广播、自动取款机、售票机、公共交通服务、银行服务和电子商务网站等）。在本国或者本地区的法律法规及政策依据中，可参考一份或多份相关标准，从而建立本国或本地区信息无障碍法律政策和标准相结合的监管体系。

在各个国家或地区信息无障碍标准的制定过程中，需要同时考虑本国或本地区的实际情况和国际间标准的统一性。目前在已实施无障碍法律法规的国家中，标准文档几乎都采取了引用国际标准的方式进行制定，因为无障碍政策法规、技术标准和具体实践在各国差异较大，这些差异不利于制定

"国际公认的标准"，遂引用国际标准可以最大限度地减少不同国家间针对产品和服务的无障碍的特定规则，从而使国际企业受益于一套通用规则，这不仅能更好地推动各个国家的跨境贸易，也可促进信息无障碍产品和服务建设的高质量发展。

目前各个国家或地区在信息无障碍的标准引用中，通常选择多家在国际信息无障碍标准领域具有代表性的机构的无障碍标准，例如国际标准化组织（ISO）、国际电工委员会（IEC）、国际电信联盟标准化部（ITU-T）、万维网联盟（W3C）、互联网工程任务组（IETF）等。表2中列出了五个在国际上较有影响力的法律标准文档及其所参考的国际标准。

表2 五个国家和地区的法律标准及其参考的标准文档

国家及地区	无障碍法律或政策名称	该国家或地区标准名称	参考的国际标准
欧盟	Web 和移动可访问性指令	EN 301 549	ETSI ETS 300 381 ISO/IEC 40500：2012（WCAG）2.0.
美国	康复法案第 508 条修正案	信息和通信技术（ICT）标准和指南 ［Information and Communication Technology（ICT）Standards and Guidelines］	ATSC A/53 Part 5；2014 ANSI/AIIM/ISO 14289 - 1 - 2016 ANSI/IEEE C63.19 - 2011 ITU-T Recommendation E.161 IETF RFC 6716 W3C WCAG 2.0
日本	建立先进的信息和电信网络社会的基本法案	JIS X 8341 - 3	W3C WCAG 2.0 W3C ATAG 2.0 W3C WAI - ARIA 1.1
加拿大	通信政策与联邦身份	Web 无障碍标准 Standard on Web Accessibility	W3C WCAG 2.0
澳大利亚	反歧视残疾人法	Web 无障碍国家过渡战略 （Web Accessibility National Transition Strategy） 数字服务标准无障碍要求 （Digital Service Standard accessibility requirement）	EN 301 549 W3C WCAG 2.0

综上所述，目前在已实施无障碍法律法规的国家或地区中，信息无障碍的实施受到法律法规、政策和标准等多种方式相结合的约束。在标准的制定过程中，虽然各个国家及地区的所参考的标准大部分都是引用了相同的国际标准，但是通常在引用过程中也会根据本国的情况进行相应修订。修订可以保证本国或本地区标准既能够符合相应需求，又能规避因各国或地区的标准不统一造成国际贸易壁垒的情况。

（三）各国法律政策执行力度

在法律和政策执行力度层面，各个国家或地区均会根据本国或本地区的实际情况来制定相应的法律法规及政策。在已实施无障碍法律法规的国家或地区，大部分国家或地区的执行依据是信息无障碍相关法律，其中个别国家或地区是在已有信息无障碍相关法律的前提下，制定信息无障碍相关政策以强化信息无障碍相关法律法规的具体执行力度。信息无障碍相关的政策通常分为强制性政策和推荐性政策，这些政策会对本国或地区的产品和服务提出要求以满足残障人士的需求。

反歧视法、无障碍法和采购法是目前各个国家和地区中主要的信息无障碍法律法规。这些法律法规与强制性政策对产品和服务无障碍属性进行了强制性的约束，同时也为信息无障碍法律诉讼提供了相应的支持。

无障碍相关法律在各个国家和地区已经建立多年，但不同国家地区在实施无障碍相关法律法规时的执行力度是参差不一的，例如在美国，如果某公司的产品和服务未遵守美国残疾人法案（ADA），那么这家公司将会面临至少三个方面的后果：首先，他们将面对一系列的罚款，美国联邦法律允许对首次违规处以最高75000美元的罚款，再次违规后的罚款最高为150000美元，而且允许州和地方政府额外罚款；其次，他们将面临法律诉讼、人身伤害索赔以及法律或民事处罚；最后，该公司品牌将被公开登记，对企业或品牌形象会造成长久损失。迪士尼、Netflix、NBA、Edx、美国银行等大型企业，eBay、BOSS、雅诗兰黛、New Balance等知名品牌的网站和应用均曾因Section 508陷入法律纠纷。在美国，每年投标竞争公司之间的无障碍法律诉讼，占了整个无障碍法律诉讼的绝大部分。这也增加了各公司在进行政府项目投标前对自身产品无障碍的审查力度与自觉性。在韩国，反歧视法中规范了对无障碍的要求，对于要求的实施，会有相应的监管和执行方案。如果本国有产品和服务没有服从相关要求，将会被处以 3000 万韩元以下的过失罚款，如果涉及恶意歧视，最高可能面临三年以下有期徒刑。在欧盟，《欧洲无障碍法案》作为法律法规，为无障碍相关的诉讼提供了法律依据，同样对产品和服务做出了约束。同时，这些地区法规也会对政府的采购和招标提出无障碍要求，投标公司实施无障碍的意愿无形中会因此有所提升，竞争公司之间对产品和服务无障碍的监管也会因此增强。

虽然说这些国家和地区针对无障碍法律有着严格的执行力度，但目前在法律执行过程中也会面临着诸多问题，例如新技术缺乏标准依据、无障碍检测度量衡不一致、无障碍存在一定主观性、监管机构依据不一致等问题。因此覆盖不够全面成了法律实施过程中的一个主要问题。举例来说，韩国有着极其严格的无障碍法律执行力度，但政府监管和法律执行力度过于严格，标准又不够明确，导致该国无障碍法律法规在国内存在没有很好的实施等问题。因此如何解决法律的执行力度和标准不统一、如何确保监管机构的权威性也是影响一个国家无障碍法律实施的关键因素和难题。

在欧盟、美国等目前已知的无障碍法律执行较为成功的国家和地区，政府部门和政府相关项目受到无障碍法律的严格要求，这能够快速有效地提升产品和服务的无障碍水平，也能让本国的无障碍法律得到平稳有效的部署。

四 我国信息无障碍立法可行性分析

欧美发达国家从 20 世纪 90 年代就开始关注信息无障碍的立法工作，《美国康复法第 508 条修正案》于 1990 年正式出台，是第一部涉及信息无障碍的法律。同时，信息无障碍的发展受到政府多种经济手段的影响。欧盟及欧洲各国也相继出台了比较成熟的相关政策和法规。其他地区和国家对于信息无障碍立法的意识较晚，立法数量较少，在我国，信息无障碍这一概念在 21 世纪初才开始受到关注。调研数据与大量国内外的实践证明，实行"法律法规＋方针政策＋技术标准"的运作模式，是推动信息无障碍建设的最有效举措，这样的运作模式最根本的保障就是法律法规。经过十余年的发展，我国已基本建成符合我国国情的信息无障碍的标准与规范体系，进而完善信息无障碍标准体系，为建立信息无障碍服务的推动和监管机制奠定技术规范方面的基础。

我国亟待进一步完善相应无障碍法律法规体系的建设，增强对应法律法规的执法监管能力，加强执法力度，并配套制定信息无障碍建设管理办法、服务细则等相关政策文件。

（一）信息无障碍立法的重要意义

在我国的社会构成中，残疾人、老年人等身体机能差异人群具有庞大的基数。党的十九届五中全会提出，要健全基本公共服务体系，完善共建共治共享的社会治理制度。在数字经济高质量发展的过程中，特殊人群往往因身体机能、基础环境、语言文化或行为习惯而无法共享数字经济发展成果。无障碍建设的最终目的是尊重每一个人，让每一个人都能平等地融入社会大家庭，能够幸福快乐地生活在现代化的社会中，信息无障碍恰恰能够帮助每一个人平等享受信息技术发展带来的社会进步福利。无障碍环境建设同样是残疾人事业发展的重要一环，是残疾人权益的重要保障，更是其融合社会的重要条件。[1]

《"十四五"残疾人保障和发展规划》要求，要立足新发展阶段、贯彻新发展理念、构建新发展格局，坚持弱有所扶，以推动残疾人事业高质量发展为主题，以巩固拓展残疾人脱贫攻坚成果、促进残疾人全面发展和共同富裕为主线，保障残疾人平等权利，增进残疾人民生福祉，增强残疾人自我发展能力，推动残疾人事业向着现代化迈进，不断满足残疾人美好生活需要。

---

[1] "深共享，无障爱"深圳关怀对标国际先进城市（http：//life. szonline）中张海迪说的话。

（二）信息无障碍相关法律与政策基础[①]

《中华人民共和国宪法》明确规定了国家尊重和保障人权，同时对残疾人劳动、生活、教育、医疗、社会保险、社会救济等方面提出了具体意见。目前中国已形成的无障碍法律法规体系以《宪法》为核心，以《残疾人保障法》为基本法律，为保障残疾人权益、发展残疾人事业保驾护航。

2008 年 4 月 24 日最新修订的《中华人民共和国残疾人保障法》正式提出将信息交流无障碍作为残疾人的重要权益之一，是信息交流无障碍推进的重要法律依据。其中第五十二条规定："国家采取措施，为残疾人信息交流无障碍创造条件；各级人民政府和有关部门应当采取措施，为残疾人获取公共信息提供便利；国家和社会研制、开发适合残疾人使用的信息交流技术和产品；公共服务机构和公共场所应当创造条件，为残疾人提供语音和文字提示、手语、盲文等信息交流服务，并提供优先服务和辅助性服务。"[②]

2012 年 6 月 13 日，国务院第 208 次常务会议通过了《无障碍环境建设条例》，并自 2012 年 8 月 1 日起施行。这是我国第一部关于无障碍环境建设的行政法规，标志着我国无障碍环境建设步入了法制化的轨道。条例涉及市政建设、公共交通、信息交流、社区服务等诸多领域，其中提道："国家鼓励、支持采用无障碍通用设计的技术和产品，推进残疾人专用的无障碍技术和产品的开发、应用和推广；县级以上人民政府应当将无障碍信息交流建设纳入信息化建设规划，并采取措施推进信息交流无障碍建设；残疾人组织的网站应当达到无障碍网站设计标准，设区的市级以上人民政府网站、政府公益活动网站，应当逐步达到无障碍网站设计标准。"[③]

《"十四五"残疾人保障和发展规划》针对信息无障碍环境建设进一步

---

① 王炜：《网站无障碍检测平台用户学习系统的设计与实现》，浙江大学硕士学位论文，2018。

② http：//www.gov.cn/test/2008 - 12/11/content_ 1174760_ 7. htm.

③ http：//www.gov.cn/flfg/2012 - 07/10/content_ 2179947. htm.

明确内容："加快发展信息无障碍，将信息无障碍作为数字社会、数字政府、智慧城市建设的重要组成部分，纳入文明城市测评指标。"

（三）信息无障碍标准体系与实践经验

在技术标准方面，工业和信息化部（原信息产业部）在 2006 年将信息无障碍纳入"阳光绿色工程"计划，启动了信息无障碍的标准研究工作，2007 年以来制定并发布了涉及电信网及互联网技术、设施、服务、产品等方面的信息无障碍技术标准 15 项，其中《信息无障碍－身体机能差异人群－网站设计无障碍技术要求》（YD/T 1761－2008）参考 W3C 的 WCAG 2.0 制定，并于 2008 年发布，为我国开展互联网无障碍建设提供了技术依据。[①] 此后工信部对该标准进行更新，在 2012 年发布了《网站设计无障碍技术要求》（YD/T 1761－2012）。

2020 年 3 月 1 日，国家标准《信息技术 互联网内容无障碍可访问性技术要求与测试方法》（GB/T 37668－2019）正式实施。作为我国互联网信息无障碍领域创新性的国家标准，该标准依照我国移动互联网的发展现状，在移动应用方面增加相关技术要求，充分体现了对互联网新技术的考虑、兼容和支持。国际标准 WCAG 2.1 在测试方法上有着一定不足，因此该国家标准在最大限度保持与国际标准兼容性的基础上，为每项技术要求添加了对应的测试方法，使得标准的可实施性有了显著改善，不仅能更好地服务国内用户，也能为我国互联网企业走出国门、走向国际提供标准上的保障。

截至 2021 年 6 月，我国先后颁布了信息无障碍领域相关国家标准 4 项、行业标准 17 项，这些技术标准为我国政府开展信息无障碍立法工作建设提供了技术依据，该类标准的有效实施提升了我国信息无障碍整体服务能力，推动了我国信息无障碍事业的长足发展。

---

① 王炜：《网站无障碍检测平台用户学习系统的设计与实现》，浙江大学硕士学位论文，2018。

（四）信息无障碍产业现状与发展趋势

我国信息无障碍产业第一次高速发展是在 2008 年到 2010 年，借助举办 2008 北京奥运会及残奥会、2010 广州亚运会及亚残运会等重大赛事和 2010 上海世博会等重大活动的契机，将 IBM、微软等跨国巨头的信息无障碍技术与理念引入中国。从 2010 年开始，以百度、阿里巴巴、腾讯、科大讯飞为代表的一批新兴互联网企业开始投入信息无障碍领域的研究和开发之中。

经过十多年的发展，信息无障碍的社会关注度得到了显著的提高，一系列相关政策和文件经由国家各部委出台，用以提高政府和公共服务的信息无障碍水平。2020 年新冠肺炎疫情带来社会生活部分向线上转移，更是让大家体会到信息无障碍是一个全社会的问题，不仅仅能够帮助到残疾人，更能够帮助以老年人为代表的所有身体机能差异人群。2020 年 11 月，国务院办公厅印发了《关于切实解决老年人运用智能技术困难的实施方案》，同年 12 月，工信部印发了《互联网应用适老化及无障碍改造专项行动方案》，标志着信息无障碍建设已经成为国家信息化建设中的重点工作。截至 2020 年底，国内已有近 50 家公司专门设立负责企业产品信息无障碍的部门，其中包括几乎所有的互联网头部企业。随着 2022 年北京冬奥会与冬残奥会、杭州亚运会与亚残运会等重大赛事的临近，结合最近发布的一系列政策、文件、技术标准，我们相信我国迎来了新一轮信息无障碍建设的"黄金窗口期"，这同时也是我们这个互联网大国信息无障碍建设水平大幅度提升的"关键机遇期"。

五　总结

信息无障碍专项立法是保障残疾人信息无障碍权的重要途径，我国亟须进一步完善信息无障碍相关的立法、司法工作。现阶段我国的信息无障碍法律保障是远远不够的，但经过十余年的发展，我国已经具备了信息无障碍立法的良好基础，形成了完备的上位法基础与充分的无障碍司法诉讼经验，初步建设起符合我国国情的信息无障碍标准体系框架，以互联网企业为代表的一系列高新企业已经逐步形成信息无障碍服务的理念。随着国家"适老化"行动的全面推广，2022 年北京冬奥会与冬残奥会、杭州亚运会与亚残运会的临近，无障碍已经成为全社会共同关注的焦点问题。在此大环境下，信息无障碍的立法工作将成为我国信息无障碍发展下一阶段的重点工作之一。

发展篇

Development Reports

B.8

中国建筑物无障碍建设发展报告（2021）[*]

夏 菁 孙苏苏^{**}

摘 要： 本报告聚焦于在国家治理体系和治理能力现代化建设进程中，如何提升建筑物无障碍环境建设水平使其满足有障碍群体多样化的无障碍需求这一主题。本报告从我国建筑物无障碍建设的历史沿革、现状特征、主要问题与立法建议四个方面予以阐述。我国建筑物无障碍环境建设经历了改革开放初期和快速城镇化两个实践阶段，目前正处于高质量发展阶段，福利模式导向的法律体系、难以适应残障群体多元化与系统性无障碍需求以及模糊的法律责任等成为阻滞其进一步提升的主要问题所在。基于此，本报告建议应从法律层面建立面向所有人共建共享的无障碍立法体系、优化完善相关行

---

* 本报告为国家社科基金年度项目"残疾人融合发展评价及提及路径研究"（项目编号：20BRK029）阶段性研究成果。

** 夏菁，合肥工业大学建筑与艺术学院讲师，研究领域为弱势群体空间公平共享；孙苏苏，江苏省中医院老年科主管护理师，研究领域为老年患者护理。

业规范以应对残障群体多元化的无障碍需求、落实不同利益方共同维护无障碍环境建设的责任和义务等三个方面着手，实现政府与社会、市场等多元合作，中央与省及市县分工明确的建筑无障碍环境治理体系。

关键词： 建筑物无障碍　无障碍环境　残疾人

2021年7月，国务院发布的《"十四五"残疾人保障和发展规划》中明确提出我国当前面临的突出问题之一是"无障碍等多样化需求还没有得到满足"。在国家治理体系和治理能力现代化建设进程中如何提升我国建筑物无障碍建设水平，这是新阶段新理念新格局下必须回应的问题。我国建筑物无障碍从福利导向的价值理念、行政主导的实践模式，如何向权利导向的价值理念、向政府市场社会共同实践的模式转换，亟须从最高位阶的立法予以保障，以明确赋予全体公民的权利及应承担的义务。① 在依法治国的制度环境下，有必要将无障碍环境建设变成每一个人追求美好生活过程中都应有的担当，进而实现国家层面的无障碍战略与全民共建共享的格局。快速城镇化阶段我国建筑物无障碍环境建设取得了突出成就，但以"建成度"为导向的管理模式亟须向以"可使用性"为导向的治理模式转换，这也是我国建筑物无障碍建设面向高质量发展的重要方向。②

以《无障碍环境建设条例》、《无障碍设计规范》（GB50763 – 2012）、《民用建筑设计统一标准》（GB50352 – 2019）等法律法规为依据，本报告中的建筑物无障碍主要指民用建筑无障碍，并进一步将建筑物无障碍的内涵界定为便于残疾人等社会成员自主安全地出入相关建筑物所进行的建设活

---

① 许巧仙：《破解无障碍环境建设困境：以社会治理理论为视角》，《河海大学学报》（哲学社会科学版）2015年第6期，第43～48页。

② 夏菁、陈宏胜、王兴平：《残疾人视角的无障碍设施低使用率研究——以南京市为例》，《城市规划》2020年第12期，第47～56页。

动，其适用范围覆盖三类与"人"的日常活动及使用需求紧密关联的建筑：居住建筑、公共建筑及历史文物保护建筑。居住建筑主要包括住宅建筑及宿舍建筑；公共建筑则主要包括办公建筑、司法建筑、教育建筑、医疗康复建筑、科研建筑、体育建筑、文化建筑、商业服务建筑、城市公共厕所、加油加气站、高速公路服务区建筑及福利及特殊服务建筑等。

一　我国建筑物无障碍建设的历史沿革

我国无障碍环境建设水平总体上落后于欧美等西方发达国家，但我国与欧美等西方国家的无障碍环境建设均缘起于以建筑物无障碍建设为主导的物理环境无障碍建设，之后才逐渐延伸至社会环境。与此同时，社会环境无障碍体系的建构也对建筑物无障碍提出了新的要求。总体上我国建筑物无障碍环境建设呈现阶段性特征，分别是：改革开放初期的建筑物无障碍建设、快速城镇化阶段的建筑物无障碍建设、高质量发展阶段的建筑物无障碍建设。

（一）改革开放初期的建筑物无障碍建设

改革开放初期的建筑物无障碍建设总体上以典型的建筑功能空间或典型建筑物为代表展开相关理论与实践工作。这一阶段主要聚焦在 1984 年至 2000 年，以 1984 年中国残疾人福利基金会的成立为起点，以 20 世纪末为分割点。残疾人福利基金成立伊始，便将推动残疾人"平等参与"社会生活设为目标，我国无障碍环境建设开始逐步走向大众视野。这一时期的无障碍环境建设主要以建筑物无障碍环境建设为主导，参与推动的主要力量是建筑设计单位及建筑师，相关标准规范的内容主要是对建筑设计内容提出的要求，主要的无障碍实践也以典型建筑无障碍改造为主。1985 年 3 月，以北京市建筑设计研究院为代表的建筑设计专家发起并组织召开了以"残疾人与社会环境"为主题的学术研讨会。1985 年 4 月，在全国人大六届三次会议和政协六届三次会议上，部分人大代表和政协委员提出了《在建筑设计规范和市政设计规范中，考虑残疾人需要的特殊设置》的建议和提案。[①] 随后，北京市政府开始了对典型空间及建筑物进行无障碍改造的首批项目实践。实践内容包括对王府井、东单至东四、西单至西四、美术馆至朝阳门四条大街，以及百货大楼、新华书店、工艺美术服务部、吉祥戏院、儿童影院等建筑进行无障碍改造。1986年，这些按照无障碍最低标准改造的建筑通过了验收，这一改造实践不仅形成了国际影响力，如其被授予"国际通用无障碍建筑"的标牌，还极大地鼓舞了我国系统全面推进无障碍环境建设的决心和信心。[②]

1986年，建设部、民政部、中国残疾人福利基金会共同商定，组织编制我国第一部《方便残疾人使用的城市道路和建筑物设计规范（试行）》（JGJ50-80）[③]，1988年国务院正式批准了该规范，这是我国制定的第一部无障碍环境建设行业标准，也是建筑物无障碍设计在实践层面的参照最高标准，后在2001年和2012年分别对其进行了修订。此后，我国无障碍环境建设在立法（1990年，国家颁布《中华人民共和国残疾人保障法》）、地方实践（1990年，建设部、民政部、国家计委、中国残疾人联合会联合发布了《关于认真贯彻执行〈方便残疾人使用的城市道路和建筑物设计规范〉（JGJ50-88）的通知》）以及发展政策（中国残疾人事业"八五""九五"计划纲要等）等方面均开始全面启动无障碍建设。[④]

（二）快速城镇化阶段的建筑物无障碍建设

快速城镇化阶段的建筑物无障碍建设总体上以从中央到地方、从典型建筑扩展至覆盖所有民用建筑、从日常基本生活延伸至覆盖精神文化需求的建筑空间，逐渐形成多层次、广覆盖的建筑物无障碍体系。这一时期主要聚焦在2001年至2016年，即以21世纪开始《城市道路和建筑物无障碍设计规范》

---

① 凌亢主编《残疾人蓝皮书：中国残疾人事业发展报告（2019）》，社会科学文献出版社，2019。
② 安天义：《我国无障碍法律环境研究及国际比较》，清华大学硕士学位论文，2010。
③ 凌亢主编《残疾人蓝皮书：中国残疾人事业发展报告（2019）》，社会科学文献出版社，2019。
④ 周文麟：《北京无障碍环境建设与发展历程》，《北京规划建设》2010年第2期，第4页。

（JGJ50 - 2001）出台，之前的《方便残疾人使用的城市道路和建筑物设计规范》（JGJ50 - 88）同步废止为起点，以党的十九大对我国下一步发展做出新的战略部署为分割点。随着 2012 年国务院颁布《无障碍环境建设条例》，地方陆续出台了落实国家行政法规的地方性法规和政府规章，相关的行业和地方标准也在持续推进中。这一阶段一方面是对前一阶段出台标准的修改完善，另一方面是实现了无障碍环境建设在行政法规这一法律体系中的突破，这也为地方指导具体的无障碍建设、管理维护等各项工作提供了上位法依据。

（三）高质量发展阶段的建筑物无障碍建设

高质量发展阶段的建筑物无障碍建设总体上呈现以新的时代需求和切实以有障碍需求群体无障碍地开展各项活动为目标，以便做出全面、系统、便捷、安全、充满细节和人文关怀的建设指引。党的十九大以来，高质量发展成为引领未来发展的战略方向，这也对建筑物无障碍建设提出了新的时代要求。各省级行政主管部门纷纷更新落实国务院《无障碍环境建设条例》的地方政府规章，深圳市率先从无障碍设施建设跃升至无障碍城市建设，以顺应时代的要求，树立民生幸福的标杆。就深圳编制的《无障碍城市建设条例》中有关建筑物无障碍的内容而言，一方面，其将建筑设计与前端的规划许可审批关联以强化建筑物在源头上落实无障碍，"建设单位在办理建设工程规划许可审批时，应当按照报建文件编制技术规定提供无障碍设计专篇"；另一方面，其对改造项目提出政府投资项目和非政府项目的差异化改造计划，其中对非政府改造项目采取激励措施，"鼓励所有权人或管理者进行改造，由政府给予补贴"。这意味着，在高质量发展阶段，如何使建筑物无障碍从设计贯通至实施管理全过程、更好地面向"人"的使用、满足有障碍群体的无障碍需求等方面已经开始了实践探索。

二　我国建筑物无障碍建设的现状与特征

我国国土面积覆盖广，城乡发展存有一定差距，自然地理条件差异大，东中西等不同区域的社会经济发展水平也不同，残疾人口、老龄人口的数量规模大，诸多因素决定这一特殊的治理现状难以完全采用西方国家建筑物无障碍建设现成的模式。通过近40年的实践摸索，我国建筑物无障碍建设的治理现状总体上呈现三大特征：已融入各层级的无障碍环境建设法律体系；已成为全国范围内无障碍环境建设实践的重要内容之一；相关行业规范标准的内容不断拓展延伸。

（一）已融入各层级的无障碍环境建设法律体系

我国建筑物无障碍建设内容已融入各层级的无障碍环境建设法律体系，其覆盖的无障碍体系包括法律、行政法规、行业标准、省市级地方性法规（见表1）。这说明我国近40年的无障碍环境建设过程中，建筑物无障碍建设实践一直以法律形式予以推进，其间一方面寻求较高位阶的法律作为基层政府落实建筑物无障碍环境建设的顶层设计，另一方面地方结合自身实践，以不断细化完善的地方法规标准展开具体的实践工作。这为我国跨越中央到基层政府之间的制度距离、实现短时内为更多有障碍群体提供建筑物无障碍环境建设服务提供了实践路径。

表1　建筑物无障碍与无障碍法律体系（部分）

类别	名称	时间	有关建筑物无障碍的主要内容
法律	《中华人民共和国残疾人保障法》	2008	"第七章　无障碍环境"中的"第五十三条"
	《中华人民共和国老年人权益保障法》	2012	"第六章　宜居环境"中的"第六十四条"
行政法规	《无障碍环境建设条例》	2012	"第二章　无障碍设施建设"中的"第九条、第十条、第十一条、第十二条、第十七条"
行业标准	《无障碍设计规范》（GB50763-2012）	2012	"3 无障碍设施的设计要求""7 居住区、居住建筑""8 公共建筑""9 历史文物保护建筑无障碍建设与改造"
	《住宅建筑规范》（GB50368-2005）	2005	"5.3 无障碍要求"

续表

类别	名称	时间	有关建筑物无障碍的主要内容
地方性法规（省级）	广东省人民政府令第229号《广东省无障碍环境建设管理规定》	2017	有关公共建筑物无障碍建设的要求和原则："第十条" 有关公共建筑无障碍建设、改造、管理的具体内容规定："第十二条、第十五条"
	山东省人民政府令第324号《山东省无障碍环境建设办法》	2019	"第三十六条、三十七条"中对违反本办法中有关公共建筑无障碍建设相关规定的具体处罚措施，包括处罚的具体金额
地方性法规（市级）	《广州市无障碍环境建设管理规定》	2020	对工程建设项目单位、设计单位、施工单位、工程监理单位等不同建设管理单位做出有关公共建筑无障碍建设的具体要求："第十一条" 对公共建筑无障碍建设项目竣工验收的具体规定："第十四条"

（二）已成为全国范围内无障碍环境建设实践的重要内容之一

从我国最早展开的典型建筑无障碍改造与建设实践，到一系列有关建筑无障碍法律法规与政策文件的出台，建筑物无障碍已成为全国范围内无障碍环境建设实践的重要内容之一。2019年，全国共出台了537个地方性无障碍环境建设与管理法规、政府令和规范文件，其中，有关无障碍建设、维护与管理等内容中建筑物无障碍均是重要的板块。2019年，全国共有1737个地市、县系统开展无障碍环境建设，共为136万户残疾人家庭实施了无障碍改造[1]，这也反映我国以家庭无障碍改造为切入点的建筑无障碍环境建设覆盖面广、拓展速度快。2002年、2007年、2013年五部委联合开展了创建全国无障碍设施建设示范城市工作，近300个城市获得了表彰和称号[2]，以城市为对象

---

[1] 中国残疾人联合会：《2019年残疾人事业发展统计公报》，http://www.cdpf.org.cn//zwgk/zccx/tjgb/0aeb930262974effaddfc41a45ceef58.htm，2020-04-02。

[2] 薛宇欣、凌苏杨：《美日等发达国家无障碍环境建设机制的对比分析》，《住区》2020年第3期，第118~122页。

的系统性无障碍环境建设实践中，建筑物无障碍作为其中的重点内容也随之处于广泛实践状态。此外，我国要求无障碍设施建设与主体工程同步设计、同步施工、同步验收的三同步原则，并对其在施工图设计阶段实施针对"强条"的严格审查制度。这为我国深入地块内具体建筑物从设计到施工再到验收阶段的一般性无障碍环境建设提供了共同遵循的准则。

（三）相关行业规范标准的内容不断拓展延伸

我国建筑物无障碍建设的相关行业规范与技术标准不断增多，既包括建筑物无障碍环境建设本身的相关规范标准，又包括相关规划建设中对建筑物无障碍环境建设的重视。就我国最早出台的国家级建筑物无障碍环境建设规范而言，其修订完善的过程也体现了总体的行业规范理念和内容等演变的过程（见表2）。在《方便残疾人使用的城市道路和建筑物设计规范》（JGJ50-88）、《城市道路和建筑物无障碍设施规范》（JGJ50-2001）、《无障碍设计规范》（GB50763-2012）三个版本无障碍环境建设的最高标准中，有关建筑物无障碍建设的内容从只关注部分建筑节点到区分房屋建筑和公共建筑，再到增加历史文物保护建筑，这反映了更加具体、更有针对性的建筑无障碍建设实践。[①]

表2　三版无障碍设计规范对建筑物无障碍建设的影响

名称	主要技术内容	主要修订技术内容	对建筑物无障碍建设的影响
《方便残疾人使用的城市道路和建筑物设计规范》（JGJ50-88）	总则；城市道路设计；建筑物设计；国际通用标志	—	明确建筑物无障碍的内容，主要是对城市广场、公园、游览地等室外公共设施的出入口、坡道、电梯、厕所、停车位及其他有关设施的基本空间尺度参数要求

① 凌亢主编《残疾人蓝皮书：中国残疾人事业发展报告（2019）》，社会科学文献出版社，2019。

名称	主要技术内容	主要修订技术内容	对建筑物无障碍建设的影响
《城市道路和建筑物无障碍设计规范》（JGJ50 – 2001）	总则;术语;城市道路无障碍实施范围;城市道路无障碍设计;建筑物无障碍实施范围;居住区无障碍实施范围;建筑物无障碍设计;建筑物无障碍标志与盲道	(1)修订了缘石坡道的类型、坡度及宽度,盲道的实施范围及盲道宽度,建筑入口形式及坡道宽度,门及电梯配件,无障碍厕所及浴室面积,轮椅席及客房的数量;(2)增加了术语,桥梁及立体交叉无障碍设施;学校、居住建筑及居住小区无障碍设计内容;(3)扩展了城市道路和建筑物无障碍环境和无障碍设施建设	房屋建筑无障碍实施范围包括:办公、科研、商业、服务、文化、纪念、观演、体育、交通、医疗、学校、园林、居住建筑等。无障碍要求是:建筑入口、走道、平台、门、门厅、楼梯、电梯、公共厕所、浴室、电话、客房、住房、标志、盲道、轮椅席等
《无障碍设计规范》（GB50763 – 2012）	总则;术语;无障碍设施的设计要求;城市道路;城市广场;城市绿地;居住区;居住建筑;公共建筑及历史文物保护建筑无障碍建设与改造	新标准在内容上将"城市广场""城市绿地"与"历史文物保护建筑"进行专章阐述。在"公共建筑"章,以公共建筑类型为导向作具体的无障碍设计要求,摒弃了原标准在"建筑物无障碍设计"章节以及入口、坡道、道路、楼梯、扶手等节点导向的规定方式	增加了历史文物保护建筑无障碍建设和改造的具体内容

三 我国建筑物无障碍建设存在的主要问题

（一）福利模式导向的法律体系难以建立面向所有人共建共享的无障碍环境

当前，我国有关无障碍环境建设的最高法律是《无障碍环境建设条例》

这一行政法规，其规定的相关内容主要是对政府、国家行政机关等有关无障碍环境建设的责任和义务。这一方面反映我国目前的无障碍环境建设在立法层面仍以政府主导的福利模式为主，不能充分彰显政府、市场、社会等全民共建共享的立法理念；另一方面这也说明以行政法规为基础的立法本法具有局限性，应抓紧制定面向所有公民的更高位阶的法律。《民用建筑设计统一标准》（GB 50352 - 2019）中将"民用建筑"按照使用功能分为居住建筑和公共建筑两大类，其中居住建筑又可分为住宅建筑和宿舍建筑。就我国目前出台的有关这几种类型的相关行业标准来看，住宅建筑和公共建筑中以政府主导建设的建筑物对无障碍设计的关注度显著高于宿舍建筑和私人业主经营的建筑物。如《宿舍建筑设计规范》（JGJ 36 - 2016）、《商店建筑设计规范》（JGJ 48 - 2014）、《办公建筑设计规范》（JGJ 67 - 2006）等行业规范中均未对无障碍设计内容做出具体规定。这说明我国在面向所有建筑物无障碍方面的行业标准覆盖面仍不足，更深层次问题是当前已覆盖的相关行业标准主要是政府主导的建筑物，而以私人业主经营管理为主的相关行业标准对无障碍设计与管理维护从顶层设计上仍很薄弱。在我国充分发挥市场潜力、让市场发挥决定性作用的社会主义现代化建设征程中，突破福利模式导向的法律体系，建立覆盖政府主导和市场主导的所有建筑物无障碍建设环境非常重要。

（二）规范标准的内容体系难以适应残障群体多元化、系统性的无障碍需求

总体而言，我国当前建筑无障碍技术规定的相关内容仍不够详尽，对指导具体实践的可操作性不足。相关规范标准的内容体系未能充分体现以"人"为核心、以无障碍设施可达和可使用为导向的管理内容。（1）就相关技术规范的内容设置而言，以有关建筑物无障碍的国家标准《无障碍设计规范》（GB50763 - 2012）为例。该规范的总体内容架构在日常活动中并未体现残疾人以就业为导向的建筑物需求；在具体的建筑功能空间使用上，相关具体的建筑设计规范与行业标准在室内环境中缺乏对无障碍需求的考虑，包括住宅建筑、宿舍建筑、办公建筑、商业建筑等；在面向不同身体功能损

伤残疾群体差异化建筑使用需要时，既有的规范标准也缺乏以使用需求为导向的空间共享的标准设计和动态的无障碍活动流线设计指引。（2）就具体的技术规定而言，相关建筑设计标准之间的内容表述与具体的技术参数规定有待统一，具体的参数设置仍有待进一步研究。以相关建筑设计规范中有关坡道无障碍的规定为例（见表3），在建筑无障碍的国家标准《无障碍设计规范》（GB50763－2012）及其配套的《国家建筑标准设计图集 无障碍设计》（12J926）中将坡道表述为"轮椅坡道"，而在《民用建筑设计统一标准》（GB50352－2019）、《住宅设计规范》（GB 50096－2011）等规范中，只将其表述为"坡道"。此外，《无障碍设计规范》（GB50763－2012）和《国家建筑标准设计图集 无障碍设计》（12J926）中对坡度为1∶8和1∶16时对应的最大高度界定为0.3m和0.9m，而《住宅设计规范》（GB 50096－2011）中对坡度1∶8和1∶16时的最大高度界定为0.35m和1m。与此同时，《民用建筑设计统一标准》（GB50352－2019）中并未界定不同坡度及其对应的最大高度，给出的是室内坡度和室外坡度的技术参数，但其他标准中并未采取室内和室外空间无障碍的类型划分，故并无室内和室外无障碍技术参数的差别化内容规定。我国相关技术规范中坡道普遍采用的最大坡度是1∶8，这与美国、英国等发达国家技术规范中的最低值相比，仍有差别，美国《可达和可使用建筑设施规范》①、英国的《建筑规范 M》中要求坡度最大值为1∶12。

表3 我国相关建筑设计规范中有关坡道无障碍的规定

名称	内容	评价
《无障碍设计规范》（GB50763－2012）	3.4.4 轮椅坡道的最大高度为0.3m时,水平长度为2.4m,坡度为1∶8;最大高度为0.6m时,水平长度为6m,坡度为1∶10;最大高度为0.75m时,水平长度为9m,坡度为1∶12;最大高度为0.9m时,水平长度为14.4m,坡度为1∶16;最大高度为1.2m时,水平长度为24m,坡度为1∶20	表述为"轮椅坡道",内容给出坡度、最大高度和水平长度三项

---

① ICC.（2010）. *Accessible and Usable Buildings and Facilities.* p. 22.

名称	内容	评价
《民用建筑设计统一标准》(GB50352-2019)	6.7.2 室内坡道坡度不宜大于1:8;室外坡道坡度不宜大于1:10	划分为室内和室外坡道坡度
《住宅设计规范》(GB50096-2011)	6.6.2 坡道坡度,坡度1:8时,最大高度0.35m;坡度1:10时,最大高度0.6m;坡度1:12,1:16,1:20时,最大高度0.75m,1m,1.5m	内容给出坡道坡度和最大高度
《住宅建筑规范》(GB50368-2005)	5.3.2 高度0.35m时,坡度≤1:8;高度0.6m时,坡度≤1:10;高度0.75m时,坡度≤1:12;高度1m时,坡度≤1:16	内容给出高度和坡度
《国家建筑标准设计图集 无障碍设计》(12J926)	轮椅坡道设计,坡道设计参数1:8至1:20,依据不同高差及条件可选用不同坡度 轮椅坡道最大高度和水平长度:坡度1:8,最大高度0.3m,水平长度2.4m;坡度1:16,最大高度0.9m,水平长度14.4m	表述为"轮椅坡道",内容给出坡度、最大高度和水平长度三项,并给出1:8、1:12、1:20三种坡度的坡道使用图示

(三)模糊的法律责任难以可持续地落实日常生活中建筑无障碍环境

法律对社会行为的约束某种程度上体现为对法律严肃性和权威性的彰显,这必然要求法律既要明确相关主体的权益,又要落实其责任,包括应履行的建设责任和未履行到位的惩罚措施,进而形成激励约束并举的格局。然而,当前我国建筑无障碍环境建设相关的法规政策更加强调相关权益主体应履行的建设责任,对相关建设责任未履行到位的约束机制十分薄弱,这在实际执行过程中难以充分发挥法律督促实践的效用。在我国最高位阶的无障碍环境建设行政法规《无障碍环境建设条例》中,"第五章 法律责任"只给出应对不符合无障碍设施工程建设标准以及未履行保护或维修责任导致无法正常使用的情况予以处罚,但处罚的力度、限期维修的时限等并未做进一步的明晰。地方政府在出台地方政府规章过程中也普遍以细化落实《无障碍环境建设条例》中有关建设责任的相关内容为主,对

"法律责任"这一篇章的内容细化并不多。如广东省 2017 年施行的《广东省无障碍环境建设管理规定》、浙江省 2018 年施行的《浙江省实施〈无障碍环境建设条例〉办法》、安徽省 2020 年施行的《安徽省无障碍环境建设管理办法》等有关建筑物无障碍环境建设的法律在责任规定上，与国务院出台的《无障碍环境建设条例》相较并无明显的推进。山东省 2019 年施行的《山东省无障碍环境建设条例》给出了具体的罚金范围，但对未履行到位的相关责任并未作细化说明，对实践中纷繁复杂的建设行为仍缺乏有效约束。

四　提升我国建筑物无障碍建设水平立法建议

（一）在法律层面建立面向所有人共建共享的无障碍立法体系

我国的无障碍环境建设总体上呈现政府行政主导色彩较浓的特征，其突出表现是在特定时间段和特定空间范围内呈"运动式"推进的模式。然而无障碍环境建设是系统性、综合性、可持续性工程，需要借助基层、社会组织和专业人员等力量统筹推进。此外，在我国具有强大治理规模负荷这一现实背景下，也只有整合多元力量、调动全社会共同参与无障碍环境建设，才能在面上全面推广的同时，在点上彰显高质量和高品质人居环境营建。因此，我国需要在更高位阶的法律上开展无障碍环境专门性立法工作，一方面突破当前行政法规更多指向政府等行政部门的现状，将其扩展至全社会参与，也同步强化全民无障碍意识；另一方面，调动全民积极性，在增加全民参与感与责任感的同时，也为政府提高无障碍环境建设效率、减少行政成本、更好地为民生服务提供有效支撑。从中央到地方形成上下联动格局，从政府主导到充分发挥市场在资源配置中的作用，形成政府、市场、社会与业主等多元利益主体合力共赢的局面，这既是我国未来在法律层面面向高质量发展的重要方向，也是我国切实深化改革、推进国家治理体系和治理能力现代化的实践需求。

（二）优化完善相关行业规范以应对残障群体多元化的无障碍需求

当前我国有关建筑无障碍的行业规范与技术标准更多的是对典型建筑节点的具体技术要点予以规定，缺乏面向多元需求的实践指导。技术标准的法律效力不强，与法律文件之间关联性弱，更较少被法律引用，造成实施力度偏软。由于我国的法律文件多是原则性条文，不包含技术标准规定，实际执行的主体往往不知道该如何参照法律文件使其落地，若对可指导具体实施的技术标准赋予法律效能，则可帮助基层政府在落实无障碍环境建设过程中做到有法可依。[①] 就国外相关的规范而言，如《多伦多市可达性设计指南》（City of Toronto：Accessibility Design Guidelines）中将残障群体活动空间分为外部区域和内部区域，其中对具体空间的无障碍设计指引不仅包含最低标准，还包括适用于不同场景的差异化建议标准，为了更好地帮助相关人员将无障碍设计落实在实践中，其中的配图多以三维绘图方式呈现。未来，我国应充分研究不同类型障碍群体使用不同建筑功能空间的障碍特征与需求，加强对我国有障碍群体障碍类别及相关无障碍建筑使用的人体工程学研究，在参考发达国家技术规范的同时，结合我国具体情况，因地制宜进行无障碍建筑改造实践，完善我国相关的行业规范，使其更能适应当前有障碍群体的无障碍使用需求。此外，在发挥市场要素在推进建筑无障碍环境建设过程中的作用时，应增加相关建筑无障碍产品供应企业等市场主体参与建筑无障碍环境建设的行业规范与标准制定。在发挥基层治理的多元主体积极性中，应增加残疾人、老年人等社会组织在参与行业规范、监督规范执行与实施等过程中的作用。最后，就我国目前技术标准多以新建建筑为导向，对存量空间需要无障碍改造的内容实践指引较少的情况，未来应加强并形成以结果为导向的既有建筑物无障碍改造规范指引与建成后评估监督体系。

---

① 薛宇欣、凌苏杨：《美日等发达国家无障碍环境建设机制的对比分析》，《住区》2020年第3期，第118～122页。

（三）落实不同利益方共同维护无障碍环境的责任和义务

在形成面向所有人共建共享、优化完善相关行业规范以应对多元化无障碍需求的同时，还应通过体系化、层级化的法律法规去落实不同利益方共同维护无障碍环境建设的责任和义务。具体内容包括明确从中央到地方不同层级政府应承担的责任和义务，给予从最高位阶法律到地方性规范与政策文件的纲领性指引，确定不同利益主体在参与建筑无障碍环境建设全过程中的责任和义务等。就具体的建筑物无障碍法律法规内容而言，应细分不同类型建筑的无障碍环境建设要求，如区分住宅建筑、宿舍建筑、政府主导的公共建筑与市场导向的公共建筑，区分新建建筑与既有的存量建筑，区分有障碍群体使用频率高的建筑与使用频率低的建筑等。当然，应构建越面向一线建筑无障碍建设实践，相应法律法规和技术标准越具体、越精细，相关权利与义务越清晰的立法体系，以切实地为有障碍群体无障碍使用建筑物发挥法律保护人民权益的作用。

B.9
中国城市无障碍社区发展报告（2021）*

向立群　连菲　李慧**

摘　要： 社区是城市居民生活和城市治理的基本单元。目前，我国城
　　　　市社区还存在着因无障碍设施建设不充分、管理体系集成不
　　　　完善而导致的身心障碍者生活不便利、参与度不足等突出问
　　　　题。无障碍社区营造是城市无障碍环境建设重要的组成部
　　　　分，也是为居民提供精准化、精细化服务工作的重要组成环
　　　　节。随着老龄化程度的加深、生育政策的放开，推动城市无
　　　　障碍社区的建设，使有需求的人士能够在社区中便利生活，
　　　　是十分必要的。基于此，本报告从城市无障碍社区的含义及
　　　　内容出发，首先分析了我国城市无障碍社区发展的现状，进
　　　　而总结了发达国家及地区营造无障碍社区的经验。最后，从
　　　　建设管理机制的建立、监督反馈机制的培育以及明确法规、
　　　　开放建设等方面，为推动我国城市无障碍社区的发展提出了
　　　　相应建议。

关键词： 无障碍社区　包容性环境　老年友好社区

---

* 本报告为国家社科基金项目"残疾人融合发展评价及路径研究"（项目编号：20BRK029）阶
段性研究成果。

** 向立群，厦门大学建筑与土木工程学院建筑系助理教授，研究领域为老年友好社区、养老设
施、无障碍环境及建筑策划；连菲，哈尔滨工业大学建筑学院、寒地城乡人居环境科学与技
术工业和信息化部重点实验室副教授、硕士生导师，研究领域为高龄者建筑设施、循证设计
及可拓建筑策划；李慧，哈尔滨工业大学建筑学院、寒地城乡人居环境科学与技术工业和信
息化部重点实验室硕士研究生，研究领域为认知友好社区环境。

  社区既是城市居民生活和城市治理的基本单元，也是党和政府联系、服务人民群众的"最后一公里"。目前，我国城市社区还存在着因建设及管理集成不充分，导致身心障碍者参与度及获得感不足的突出问题和短板。无障碍社区的营造是改善社区环境、为社区居民提供精准化、精细化服务工作的重要组成环节，报告将从城市无障碍社区的含义及内容出发，分析我国城市无障碍社区发展的现状，总结发达国家及地区营造无障碍社区的经验，进而为加快我国城市无障碍社区的发展提出相应建议。

一　城市无障碍社区的含义及内容

  "社区"译自"Community"，这一概念最早由德国社会学家斐迪南·滕尼斯（Ferdinand Tönnies）于1887年，在其著作《社区与社会》（*Community & Society*）中提出。滕尼斯强调人与人之间的亲密关系和共同的精神意识，以及对社会（Society）的归属感、认同感，认为社区是基于亲缘关系而结成的社会联合。[1] 滕尼斯对于"社区"概念的阐述超越了地理学范畴，而具有社会学内涵。社区包括地域、人口、区位、结构和社会心理因素五个要素。经由芝加哥学派的多年发展，社区的特征逐渐可以归纳为：有一定地理区域及人口；居民之间有共同的意识和利益；居民之间有着较密切的社会交往。[2][3][4]

  1982年12月3日，第37届联合国大会通过《关于残疾人的世界行动纲领》（World Programme of Action Concerning Disabled Persons），首次提出"社区行动"这一概念，建议"特别优先考虑向地方社区提供信息资料、培训和资金"，"鼓励和促进地方社区相互间的合作以及信息经验的交流"。2006年12月13日，第61届联合国大会通过《残疾人权利公约》（Convention on the Rights

---

[1] Ferdinand Tönnies. *Community & Society*, East Lansing: Michigan State University Press, 1957, p. 1.

[2] 王明洁、高薇：《浅议社区》，《城市》1997年第1期，第12~15页。

[3] 江立华、沈浩：《中国城市社区福利》，社会科学文献出版社，2008，第43页。

[4] 袁继红：《社区管理实务》，电子工业出版社，2009，第190页。

of Persons with Disabilities），体现了残疾人服务社区化的思想，确认"所有残疾人享有在社区中平等生活的权利以及与其他人同等的选择"。

2018 年，我国住房和城乡建设部（以下简称住建部）发布的《城市居住区规划设计标准》（GB 50180 – 2018）将居住区——即物理层面的"社区"——定义为城市中住宅建筑相对集中布局的地区，按步行距离、居住人口和住宅数量，细分为十五分钟、十分钟、五分钟生活圈。居住区应为老年人、儿童、残疾人的生活和社会活动提供便利的条件和场所，其步行系统应连续、安全、符合无障碍要求。在对既有居住区生活环境进行改造与更新时，亦应着重考虑无障碍设施建设。

"无障碍"不但包括对于设施、环境、产品以及服务的设计与改善，也包含对于信息的获取及沟通方式的转变。① 我国于 2012 年 8 月 1 日起施行的《无障碍环境建设条例》专门设置了"无障碍社区服务"章节，从法治层面界定了无障碍社区服务的内涵。

无障碍社区应当是开放和包容的，能够满足不同年龄层次和身体状况的社区成员的需求，使居于其中的成员能够在与他人的社会联系中产生归属感。② 美国华盛顿州议会于 2010 年通过的《无障碍社区法案》（The Accessible Communities Act）指出，当残疾人能够被社区真正地接纳、欢迎，在社区中获得与他人平等的机会，并参与社区活动时，他们不但能够使社区变得更为丰富、多样，也能够为社区的经济活力做出贡献。③

在无障碍设施普及程度较高的国家和地区，"无障碍"即"accessible"，意为"可接近的、可到达的"——这表明无障碍相关设施及环境并不强调使用对象，而是注重使每个有需求的人都可以自如地行动。随着我国社会老龄

---

① Governor's Committee on Disability Issues and Employment: *What is the WA State Accessible Communities Act*, Accessible Communities, 2021, https://accessiblecommunities.wa.gov/about – accessible – communities – wa – state/what – wa – state – accessible – communities – act.

② BC Healthy Communities Society: *Inclusive Communities*, Plan H, 2021, https://planh.ca/take – action/healthy – society/page/inclusive – communities.

③ Engrossed Substitute Senate Bill 5902, *Persons with Disabilities-Increased Access*, Olympia: State of Washington, 2010, p. 1.

化程度的加深，城市社区内的老年人逐渐增多；"三胎"政策的放开，也会在可预见的未来，导致儿童数量有一定程度的增加。以社区内的坡道为例，其建成不仅能够减轻老年人上下台阶时的负担，也能够方便婴儿车的上下；对于一般居民而言，出行携带行李箱时，也可顺利进出小区……无障碍社区的建设，并非对少数人的特殊照顾，从中受益的，实则是每一位居民。

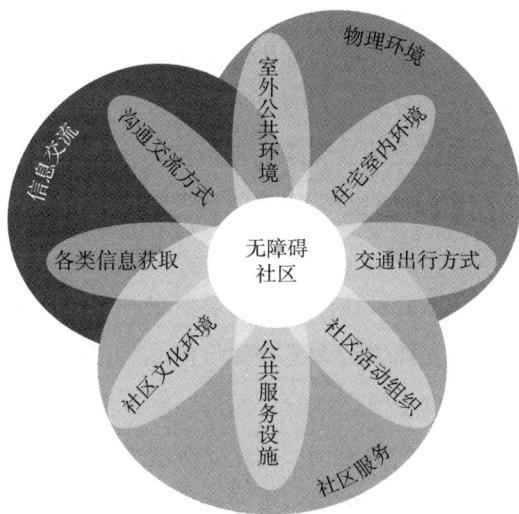

图1　无障碍社区包含的内容

总体而言，本报告所界定的无障碍社区，应通过物理环境、信息交流、社区服务的共同作用，消除和减轻老年人、儿童、残障人士等群体的行动障碍，确保其在社区中进行各种行为活动的方便，能够让每个人平等地参与社区生活与文化，达到心灵无障碍的深层目标。

二　中国城市无障碍社区的发展现状

（一）无障碍社区相关法规及政策

我国宪法第四十五条第三款规定："国家和社会帮助安排盲、聋、哑和其他有残疾的公民的劳动、生活和教育。"据此，全国人民代表大会常务委员会先后制定了《中华人民共和国残疾人保障法》（1990 年颁布、2018 年最新修正）、《中华人民共和国老年人权益保障法》（1996 年颁布，2018 年最新修正），以保障相关人群的合法权益。

《中华人民共和国残疾人保障法》在 1990 年颁布之初，就对良好环境及无障碍措施提出了要求。在最新修正版中时，第七章已由"环境"修改为"无障碍环境"，并从无障碍设施的建设和改造、残疾人信息交流无障碍、公共服务机构和公共场所等方面，强调了对于残疾人权利的保障。《中华人民共和国老年人权益保障法》则在不断地修订、修正过程中，增加了"宜居环境"章节，对无障碍设施及宜居社区建设提出了要求。

为创造无障碍环境，国务院于 2012 年通过《无障碍环境建设条例》，对无障碍社区建设及无障碍社区服务做出了要求，规定新建、改建、扩建的城镇居住区，应当符合无障碍设施工程建设标准，否则由住房和城乡建设主管部门依法给予处罚并责令改正。

《无障碍环境建设条例》施行后，国家及地方层面密集出台了多项无障碍相关政策，充分显示出对于无障碍事业的关注，具体如下：

住建部等于 2014 年下发《关于加强老年人家庭及居住区公共设施无障碍改造工作的通知》，要求各地加强老年人家庭及居住区无障碍改造工作，为老年人提供安全、便利的无障碍设施。

国务院 2015 年发布《关于加快推进残疾人小康进程的指导意见》，明确提出加快推进政府机关、学校、社区、社会福利、公共交通等公共场所和设施的无障碍改造，逐步推进农村地区无障碍环境建设；有条件的地方要对贫困残疾人家庭无障碍改造给予补贴。

国务院新闻办公室 2016 年发布《国家人权行动计划（2016—2020年）》，明确了要确保新（改、扩）建道路、建筑物和居住区配套建设无障碍设施，推进已建设施无障碍改造。

2019 年 6 月，黑龙江省哈尔滨市率先在全国副省级城市中出台《哈尔滨市无障碍系统化专项规划设计导则》和《哈尔滨市信息无障碍设计导则》

（以下简称双《导则》），将《无障碍环境建设条例》的原则要求转化为能够指导实际操作的技术方案，为无障碍环境建设的规范化、标准化、系统化开展提供了有力支撑。双《导则》包含"居住类建筑"及"康复、社会福利、社区养老等公共服务场所信息无障碍"分册，将无障碍社区与智慧城市建设兼容、无障碍设施与智能设备兼容，以推动无障碍社区的智慧化发展。其中，"居住类建筑"分册在"系统化设计要点"章节中，通过文字表述与大量示意图的结合，从人行道路、停车场所、活动场所、配套服务设施、街巷胡同、单元入口、交通空间、适老套型八个方面，对居住社区的无障碍环境提出了要求，同时关注社区养老机构及村镇社区的系统化设计要点。"康复、社会福利、社区养老等公共服务场所信息无障碍"则从社区活动中心应当配备的设备、社区养老机构应当提供的信息和服务等方面，对信息无障碍的等级进行划分。

2020年，住建部等13个部门在《关于开展城市居住社区建设补短板行动的意见》的重点任务"因地制宜补齐既有居住社区建设短板"中，明确提出"加强居住社区无障碍环境建设和改造，为居民出行、生活提供便利"。

居家改造方面，民政部、国家发改委等9部委于2020年7月联合印发《关于加快实施老年人居家适老化改造工程的指导意见》，要求以需求为导向，推动各地改善老年人居家生活照护条件，增强居家生活设施安全性、便利性和舒适性，提升居家养老服务质量。

建设规范及标准方面，现行《无障碍设计规范》（GB50763－2012）由住建部于2012年发布，适用于全国城市新建、改建和扩建的城市道路、城市广场、城市绿地、居住区、居住建筑、公共建筑及历史文物保护建筑等，是全国范围内实施的强制性标准。另有以《老年人照料设施建筑设计标准》（JGJ450－2018）为代表的行业标准，对社区内可能包含的不同类型建筑在无障碍设计方面做出了规定。

总体而言，我国目前尚无与无障碍社区建设直接相关的法律法规及政策标准，但作为无障碍环境建设中的一环，无障碍社区的营造已逐渐得到国家及地方层面建设部门的重视，相关法规和标准的不断完善，也逐渐为无障碍社区的建设奠定了坚实的基础。

（二）无障碍社区建设取得的成果

在《无障碍环境建设条例》的指导下，各地相继出台的实施方案、设计标准等，均展现了对无障碍社区建设的关注。

北京市方面，《北京市居住区无障碍设计规程》（DB11/T1222－2015）（以下简称《设计规程》）于2015年经北京市规划委员会、北京市质量监督局批准，2016年2月1日正式实施。《设计规程》要求，在进行居住区总体规划时，应同时进行居住区无障碍环境规划，确保家庭、社区公共空间、外部公共场所之间的无障碍衔接；无障碍标识系统应当科学合理、易于识别、完整有效。2019年，北京市人民政府办公厅印发《北京市进一步促进无障碍环境建设2019—2021年行动方案》（以下简称《行动方案》），居住区无障碍改造作为17项重点任务之一，被纳入老旧小区综合整治、背街小巷环境整治提升和美丽乡村建设规划，统一实施。《行动方案》要求，居住建筑出入口应设置无障碍坡道和轮椅回转空间，具备条件的老旧住宅楼可按有关政策加装电梯；居住区内便民服务场所应设置必要的无障碍设施。

《行动方案》出台后，各辖区、街道积极推进相关工作，并取得了显著成效。以大兴区高米店街道绿地社区西斯莱公馆为例，社区接到居民对于人行路口无障碍坡道缺失的反映后，立即走访核实需改造的点位并上报给高米店街道，商讨改造方案。在大兴区城管委及小区共建单位中建八局的支持下，截至2021年5月底，社区的30个无障碍坡道改造点位已经开始施工。此外，高米店街道工作人员已对辖区19个社区进行了全面摸排，统计出了700余处需要进行改造的点位，还有270余处"七小门店"① 需

---

① 小餐馆、小网吧、小旅馆、小浴室、小歌舞厅、小理发店、小便民店。

要改造。摸排完成后，街道将根据项目方案，全力推进约 850 个点位的改造。①

浙江省方面，浙江省人民政府残疾人工作委员会于 2017 年 7 月 26 日印发并施行《浙江省无障碍社区创建考核办法》，每年组织一次无障碍社区创建考核评估工作，计划 2017 年至 2020 年全省创建 300 个省级无障碍社区。2018 年 12 月 31 日《浙江省实施〈无障碍环境建设条例〉办法》正式施行，要求县级以上人民政府加强无障碍环境社区建设工作，推动完善社区文化、体育、养老、医疗卫生等公共服务设施的无障碍服务功能。

2018 年的统计数据表明，浙江省无障碍社区创建共投入资金 5549 万元，改造坡道 1236 处，盲道 104649 米，护栏 12096 米，建成无障碍停车泊位 390 个，无障碍公共卫生间 325 个，无障碍公园 117 个②。到 2020 年底，浙江省已公布了三批省级无障碍社区名单，无障碍社区创建工作的成效显著。

以杭州市上城区九华社区及天仙社区为例。相关工作者采用"润物细无声"的宣传和嵌入式无痕改造的方式，将无障碍设施改造工作与提升居民生活便利、美化小区景观环境等紧密结合。各类低位服务台的设置，日间照料中心爬楼机的添置，图书阅览区盲文书籍借阅、残疾人读书位、无障碍读屏软件的增加，对工作人员及居民进行的简单手语培训等，均是无障碍社区营造过程中人性化服务的具体表现。这些措施不但提升了残疾人的社区活动参与度，也满足了其融入社会、沟通交流的心理需求。

江苏省方面，无障碍社区的建设成果突出体现在为老旧社区既有住宅加装电梯上。南京市对于老旧住宅加装电梯的实践走在全省前列，2016 年 11 月，南京市在原《南京市既有住宅增设电梯暂行办法》的基础上，修订并

① 孙延安、吴艺兰：《大兴这个社区一周改造 30 个无障碍坡道，轮椅儿童车不再遇槛儿难行》，《北京日报》2021 年 5 月 26 日，https：//baijiahao. baidu. com/s？ id = 1700783956 074150740&wfr = spider&for = pc。

② 章然、何丽军：《你知道吗？浙江已有 102 个社区成为"无障碍社区"》，《钱江晚报》2018 年 8 月 21 日，https：//baijiahao. baidu. com/s？ id = 1609401895424910174&wfr = spider&for = pc。

出台了《南京市既有住宅增设电梯实施办法》。随后，南京市积极编制配套文件，制定了10个具体操作细则，在简化办事程序、减轻资金负担、提高可操作性等方面实现了突破；市、区层面都成立了由政府分管领导负责，房产、住建、消防、质监以及街道等部门共同参与的议事协商机制。通过一系列举措，南京市加装电梯工作得以有序、稳步推进。截至2020年5月，南京市累计签订增设2489部电梯的书面协议，其中2203部通过规划部门初审，1489部已办理规划审批手续，1277部已办理施工许可，在建及完工1129部。① 在南京经验的基础上，2020年初，江苏省《政府工作报告》将"完成500个老旧小区综合整治，持续推进老旧多层住宅加装电梯"列为十件民生实事之一，重点推进。截至2020年底，省定目标任务明确的500个老旧小区改造项目已全部完成，老旧多层住宅加装电梯288部。②

受新冠肺炎疫情的影响，针对住宅设计暴露出来的短板及城镇老旧小区改造过程中群众反映强烈的突出问题，江苏省于2020年12月30日正式发布了修订版地方标准《住宅设计标准》（DGJ32/J26 - 2017）（以下简称《标准》），从多方面细化、提升了住宅无障碍与全龄友好设计要求，特别体现出对老年人及儿童群体的关爱。新版《标准》将"新建四层及四层以上住宅或住户入口层所在楼面距室外设计地面的高度超过10m时，必须设置电梯并满足无障碍使用要求"设置为强制条文，必须严格执行。

广东省方面，深圳市在全国的无障碍发展中处于领先地位。2016年底，福田区莲花街道在"民生微实事"项目的经费支持下，完成了深圳市首个无障碍社区莲花北社区85处无障碍设施的改造工作，改造涉及多层住宅楼入口的坡道铺设、扶手增建，路缘坡道建设，残疾人专用停车位设置，无障碍标识增加等。莲花北社区无障碍设施的完善，不仅方便了社区内152位残障人士的出行，更为老人、儿童、推婴儿车的家长，以及骑

---

① 姜奇卉：《江苏老旧小区新增加装并投入使用电梯405部！要方便也要舒适》，荔枝网，2020年6月13日，http://jsszfhcxjst. jiangsu. gov. cn/art/2020/6/15/art_ 8642_ 9213143. html。

② 黄钰晔、张瑜：《2020年江苏住建领域民生实事全部完成，老旧多层住宅加装电梯288部》，《现代快报》2021年1月13日，http://www. myzaker. com/article/5ffe7d211bc8e0ca29000057。

行的居民带来了便利。① 2018 年 11 月 26 日正式实施的《深圳市创建无障碍城市行动方案》（以下简称《行动方案》）亦将莲花北社区列入无障碍城市创建工作的首批试点项目中。

《行动方案》的实施，不仅是深圳市率先从无障碍设施建设发展到无障碍环境建设的体现，更从理念文化塑造、政策制度推进、器物环境发展三方面，打造了深圳市创建无障碍城市"三位一体"的格局。在此基础上，深圳市于 2019 年发布《深圳市无障碍城市总体规划（2020—2035 年）》，提出了到 2025 年形成"健全残疾人帮扶制度"，到 2030 年形成无障碍全产业链和全球无障碍城市建设的"深圳经验"，到 2035 年创建中国特色社会主义现代化无障碍城市范例的目标。

（三）无障碍社区发展面临的问题

虽然我国的城市无障碍社区建设已取得了令人瞩目的成就，但整体而言，还存在着无障碍理念文化未完全树立、社区建设及管理集成不充分、身心障碍者参与度及获得感不足等问题。

总结无障碍社区建设工作的开展情况，最大问题往往不在技术层面，而在普及和认识"无障碍"的理念层面——公众包括部分政策制定者、社区管理者和服务者甚至一些专业人士，尚未树立起包容性环境的理念，对无障碍的理解还停留在坡道、盲道、电梯的层面，理论与实践不平衡导致的重器物建设轻制度建设，重建设轻管理，重倡导轻执行，重立法轻执法现象普遍存在。②③

创建、改造无障碍社区是庞大的系统工程，这一过程不仅是对于相关建设标准、规范的被动响应，更需要各职能部门协调运转。我国城市目前普遍

---

① 汪仕林：《莲花北村变身全市首个无障碍社区》，搜狐焦点深圳站，2017 年 2 月 7 日，https：//www.sohu.com/a/125624094_ 124752。

② 张东旺：《中国无障碍环境建设现状、问题及发展对策》，《河北学刊》2014 年第 1 期，第 122～125 页。

③ 《深圳市无障碍城市总体规划（2020—2035 年）》，深圳市南山区人民政府网站，2020 年 5 月 9 日，http：//www.szns.gov.cn/main/bmfw43/gyfw62/czcjrfwzt/zcwj25/content/post_ 7651834.html。

缺乏对于无障碍设施的整体规划，建设主体多元、建设标准不统一、衔接不规范、管理不落实的现象客观存在①。部分已建成设施经常被占用或受到破坏，严重影响了设施使用率②。因此，建立系统的组织管理机制十分必要。通过系统的组织管理机制，保证在设计、施工上有据可循、细节考究、整体连贯，在验收、监管、维护上权责分明，避免多次改造导致的人力、物力成本增加，进而真正做到将无障碍设施当作社区环境重要且必需的组成部分，使其长久、有效地发挥功能。

此外，限于宣传力度、沟通渠道，部分身心障碍者的受教育程度等诸多因素，相当一部分身心障碍者形成了被动接受救助的思维习惯，难以主动走出家门、参与教育培训，发挥自身才能，奉献社会，因而社会参与度较低，获得感、安全感、幸福感亦不强③。身心障碍者往往更加敏感，更渴望得到尊重、包容，而非同情，其对于无障碍社区的需求和偏好并不能只依靠顶层设计和专家论证，更不能仅依赖无障碍设施及环境建设相关政策、法规出台时短暂的意见征询获得。建立一个最大程度向身心障碍者开放的社会体制，保障他们能够最大限度地参与相关政策、法规的制定，允许不同利益之间的博弈，使"用户主导"成为无障碍社区建设中不可或缺的一环，才能有效提高身心障碍者的参与感及获得感。

三　发达国家和香港地区营造无障碍社区的经验

（一）澳大利亚：国家战略回应无障碍社区

2011 年，澳大利亚各级政府在全国残疾人及其照护者委员会（National

---

① 《深圳市无障碍城市总体规划（2020—2035 年）》，深圳市南山区人民政府网站，2020 年 5 月 9 日，http://www.szns.gov.cn/main/bmfw43/gyfw62/czcjrfwzt/zcwj25/content/post_7651834.html。

② 张东旺：《中国无障碍环境建设现状、问题及发展对策》，《河北学刊》2014 年第 1 期，第 122～125 页。

③ 同注①。

People with Disabilities and Carer Council）于 2008 年至 2009 年展开广泛调查所得的基础上，出台了《国家残疾人战略 2010～2020》（National Disability Strategy 2010 – 2020），提出了一系列与《国家残疾人协议》（National Disability Agreement）相呼应的政策方针，旨在改善残疾人及其亲属、照护者的生活质量。

这项为期十年的国家战略明确了优先采取行动的六个领域——包容及无障碍的社区（Inclusive and accessible communities）、司法及权利保护（Rights protection，justice and legislation）、经济保障（Economic security）、个人及社区支持（Personal and community support）、学习及技能（Learning and skills）、健康及福利（Health and wellbeing），并指出在国家战略发展、实施和监督过程中，残疾人的参与具有十分重要的意义。

其中，"包容及无障碍的社区""个人及社区支持"作为国家战略的两个重要组成部分，展现了澳大利亚政府对障碍社区建设的关注及对社区支持体系的重视。

包容及无障碍的社区领域主要关注社区的物理及生活环境，包括公园、公共建筑及住宅，公共交通，数字信息及通信技术，社交、体育、娱乐及文化生活等方面。地方政府可通过申请无障碍社区建设及改造基金（Accessible Communities Funding）改善社区公共建筑及基础设施，[1] 保障物理及生活环境的可达性，最大限度地使居住者融入社区，参与各类活动。截至 2014 年 11 月，共 88 个无障碍社区建设及改造项目成功获批无障碍社区建设及改造基金，总额逾 490 万澳元。[2]

个人及社区领域支持主要关注以残疾人为中心的社区服务，包括专业服

---

[1] Australian Government，Department of Social Services，*Make Local Communities Accessible for all Australians-Accessible Communities*，Department of Social Services，2016 – 09 – 15，https：//www. dss. gov. au/our – responsibilities/disability – and – carers/program – services/for – service – providers/accessible – communities/make – local – communities – accessible – for – all – australians – accessible – communities#q_ 1.

[2] Australian Government，Department of Social Services，*Accessible Communities Initiative-Successful Local Governments*，Department of Social Services，2014 – 11 – 07，https：//www. dss. gov. au/our – responsibilities/disability – and – carers/grants – funding/accessible – communities – initiative – successful – local – governments.

务及非专业的照护和支持、残疾人的社区融入和参与等,旨在构建一个可持续发展的社区残疾人支持系统,提供普遍的个人和社区支持服务,以满足残疾人及其亲属、照护者的需求,使残疾人能够最大限度地保持独立,并参与到社区经济、社会及文化活动中。2013 年,该领域最重要、影响力最广泛的成果——《国家残疾人保险计划法案》(National Disability Insurance Scheme Act 2013),在澳大利亚各级政府的支持下正式实施。至 2021 年第二季度末,已有超过 46 万名残疾人从这一计划法案中获益。

(二)美国:与老年友好社区实践相结合

早在 1961 年,美国国家标准学会(American National Standards Institute)就发布了《身体残疾人可进入和使用的建筑物和设施的规范》 (A117.1 Accessible and Usable Buildings and Facilities)。1974 年,这一标准得到了联邦政府住房与城市发展部(Department of Housing and Urban Development)的支持,至今仍在定期更新。1968 年,联邦政府通过《建筑障碍法》,从国家层面资助无障碍设施的设计、建设及改造等工作。1990 年,国会通过《美国残疾人法》,次年与该法案对应的《ADA 建筑物和设施无障碍指南》出台,二者在此后均经历了多次修订与更新。

美国国家层面重视残疾人权益及无障碍设施的建设,联邦政府、州政府等行政部门依照法案开展相关工作、接受民众监督;律师可代表残疾人对无障碍设施的缺失或不合理设置提起诉讼,通过严格执法,逐步形成全民意识。[1] 有别于澳大利亚将"无障碍社区"明确列入国家战略,除华盛顿州议会 2010 年通过的《无障碍社区法案》提出在华盛顿州各县建立无障碍社区咨询委员会,创建相应资金账户,以支持无障碍社区建设外[2],其余与残疾人权益、无障碍建筑及设施建设相关的法案、标准中,并未专门提及"无

---

[1] 薛宇欣、凌苏杨:《美日等发达国家无障碍环境建设机制的对比分析》,《住区》2020 年第 3 期,第 118~122 页。

[2] Engrossed Substitute Senate Bill 5902, *Persons with Disabilities-Increased Access*, Olympia: State of Washington, 2010, p. 1.

障碍社区"。

自 21 世纪初，世界卫生组织开始逐步推行积极老龄化框架、老年友好城市及社区计划以来，美国地方政府及民间组织相继开展了一系列举措，通过改造社区的物理及社会环境，使其能够包容更多不同身心健康状况的老年人，如疾病预防控制中心（Centers for Disease Control and Prevention）启动的"健康社区计划"（Healthy Communities Program），环保局（Environmental Protection Agency）开展的"健康社区与积极老龄化计划"（Building Healthy Communities for Active Aging）、退休人员协会（American Association of Retired Persons）推动的"宜居社区倡议"（Livable Communities），以及纽约探访护理服务中心（Visiting Nurse Service of New York）提出的"积极老龄化倡议"（AdvantAge Initiative）等。虽然不同项目各有侧重，但所有项目都涉及政府部门、非政府组织、私人基金会等多元主体的协同合作。[①] 美国以营造老年友好社区为出发点，采取的消除公共环境及住宅空间障碍、打造适合老年人参与的社区文化活动等措施，极大程度上促进了无障碍社区的建设与发展。

（三）香港地区：积极引导公众参与政策制定

1976 年，香港政府发布第一份《香港康复计划方案》，对香港地区康复服务的发展提出建议。此后，《香港康复计划方案》定期进行讨论与更新，以适时回应残疾人和社会需要。2017 年，行政长官在《施政报告》中宣布开展制定新的《香港康复计划方案》。

受康复咨询委员会（以下简称：康咨会）委托，香港理工大学作为主要顾问，协助研究残疾人各类康复及护理服务的长远规划，整合研究结果，并组织公众参与。经历了划定范畴、制定建议、建立共识三个阶段后，2020年 6 月，《香港康复计划方案》更名为《残疾人及康复计划方案》（以下简

---

① 胡晓婧、黄建中：《老年友好的健康社区营造：国际经验与启示》，《上海城市规划》2021年第 1 期，第 1~7 页。

称《方案》）正式发布。《方案》包含四个策略方向、20 个主题，共计 62 项策略建议。其中一个主要策略方向为"加强社区照顾服务，让在社区生活的残疾人士与家人得到所需的支持，并在有需要时可获安排尽快入住院舍"，包含五个主题和 13 项策略建议；此外，精神健康友善小区、小区环境的通达性及无障碍服务两个主题，亦是"推动伤健共融文化，促进畅通易达的环境、交通及信息传达，让残疾人士可全面参与社会"这一主要策略方向的重要组成部分。

公众参与是《方案》讨论及更新过程中历时较长且极为重要的环节，这一环节的参与者为：（1）康复及护理服务运营者，包括资助及非资助小区照顾服务、院舍照顾服务的运营者；（2）康复及护理服务的使用者，包括使用者个人和病人自助组织；（3）与残疾康复服务有关的业界组织和专业团体；（4）关注团体或个人，包括不同残疾类别组织、社会福利关注团体和小区代表（包括政党代表及区议员）。三个阶段的公众咨询会、利益相关者会议及焦点小组讨论共计逾 3000 人参与，接获共 378 份书面意见，各阶段的公众参与活动情况总结见表 1。

表 1　各阶段公众参与活动情况

方案制订阶段	公众参与活动时间	参与人次	接收书面意见数量
划定范畴	2018 年 3 月至 2018 年 6 月	1100	70
制定建议	2018 年 12 月至 2019 年 5 月	1100	195
建立共识	2019 年 11 月至 2020 年 1 月	850	113

资料来源：康复咨询委员会《残疾人及康复计划方案》，中华人民共和国香港特别行政区劳工及福利局网站，2021 年 6 月 30 日，https：//www.lwb.gov.hk/tc/highlights/rpp/index.html。

《方案》更新过程中，除广泛、深入地征求公众意见，理解残疾人及其家人、照护者的真正需要，以及相关服务对残疾人真实需求的响应程度外，康咨会亦与政府达成共识，若通过公众参与活动收到的意见没有争议，行政上可行、财政上可持续，便采取"成熟一项推一项"的做法。因此，当《方案》正式发布时，各项策略建议已处于不同实施阶段——部分建议已开始落实推行，部分已有初步落实方案，较长期的建议则有待进一步咨询相关部门或利益相关者后，敲定落实方案。

四　推动中国城市无障碍社区发展的建议

现今，关于无障碍的理念与认识已经发生了巨大变化，无障碍问题是每个人都会遇到的问题。坡道、扶手、电梯等无障碍设施的简单整合取代不了包容的概念，包容又不仅仅是空间的、功能的包容，还有文化的、制度的包容。无障碍社区建立在一个新的社会观念之上：残障人士能够自主地生活在社区并且是社区中所有环境、设施和活动的重要参与者。这个目标需要一个完整的支持系统作为保障。具体建议如下。

（一）建立多元责任主体横纵协同的建设管理机制

无障碍社区的营造不仅是建设问题，更是管理问题，国家层面要出台指导性政策，明确无障碍社区建设与管理的一级责任主体，明确牵头部门、配合部门、管理部门、监督检查部门以及资金来源，从而在横向上形成责任网络。更重要的是，无障碍社区的建设与监管是一个持续的过程，因而还应在时间维度上建立纵向的工作机制，确保社区不是一时的无障碍，而是时时的无障碍。

关于横向的责任网络，以居家适老化改造为例。在民政部、国家发改委等9部委联合印发的《关于加快实施老年人居家适老化改造工程的指导意见》中，明确要求各相关部门加强协作配合，注重制度衔接。民政部发挥养老服务部际联席会议牵头作用，加强统筹协调、督促落实和绩效评价；民政部、财政部通过指导统筹使用彩票公益金予以支持；住建部指导有条件的地区结合城镇老旧小区改造，同步开展居家适老化改造；国家卫生健康委（全国老龄办）将居家适老化改造作为实施健康中国行动、推进老年友好社区和老年友好城市建设的重要内容；银保监会支持商业保险机构开展相关的产品和服务创新；扶贫办、残联协助做好相关改造对象的认定和资格审核。在建立国家层面的责任主体网络基础上，各级地方再相应建立各层级的责任主体网络，保证实际工作的有效开展。

关于纵向工作机制，就是在时间维度上建立起长效的监督、建设改造和保障机制。如果无障碍社区建设仅在一定周期内进行，那么社区的无障碍仅仅是周期结束当时的无障碍，建成环境和设施设备会随时间而发生老化、损坏、占用等问题，从而再次变成障碍或危害。因此责任主体要分工协作，还要建立"定期社区无障碍体检"和"实时社区无障碍问题反馈"相结合的联动机制，并依靠多元资金供给提供保障，避免过了政策执行期就无人管理、无人负责、无钱维护的情况，确保社区无障碍状态的可持续。

（二）鼓励、支持和培育自下而上的监督反馈机制

以国家和各级地方政府健全工作机制的自上而下推进为基础，还要鼓励、支持和培育公众参与决策、研究部门论证、民间组织自发推进的"自下而上"监督反馈机制。建立以社区残障人士及其家属、老年人、儿童家长、认知障碍人士家属为主的义务监督员队伍，对社区的环境和无障碍设施进行实时监督。出现问题及时向上反馈，街巷道路、广场、公园等公共空间反馈给区残联和街道办事处；居住小区内部环境设施反馈给社区管理委员会和小区对应物业。由街道办事处和物业实施维护修理工作，由区残联和社区管理委员会负责分别对两个单位的维修工作进行监督检查验收。除此之外，建筑立面、交通信号灯和斑马线等内容，还涉及城市管理中心和交警等部门。无论是新建、改造还是维护修复，都应在专业人士或咨询机构（第三方机构）的指导下进行，应由专业人士因地制宜提出建改或维修方案，以避免因盲目照搬、套用统一做法而造成不能用、不好用问题，也避免因维护、修理不当而走样不好用。

（三）明确法规，开放建设

关于无障碍社区的建设内容，应通过制定国家法规和地方标准从物理环境、信息、社区服务三方面构建起完整、明确的社区无障碍具体内容框架。物理环境方面包含：（1）建筑环境（私人住户的居家环境、住宅公共区域、

社区内公共建筑）；（2）交通与活动空间环境（社区内道路、公共交通站点、广场、公园绿地）。信息无障碍应转变传统的福利型立法模式，树立以权利为本位的立法模式；明确、细化各主体信息无障碍方面的责任，明确规定政府相关部门和公共服务机构以及私营实体如商超、菜市场等在信息无障碍建设方面的职责。社区服务应当贯彻权利本位的残疾观念，落实《残疾人权利公约》的赋权理念。无障碍立法不仅要完善、明确社区无障碍服务的具体内容，还要注重多元主体的共同联动，建立多层次、立体化的监督与激励机制。依据法规和标准，社区居民能够通过投诉和公益诉讼获得无障碍权益保障。此外，应鼓励智能技术在无障碍环境建设中的创新，推动"物理环境无障碍""信息环境无障碍""服务环境无障碍"三个领域高度融合，以促成真正的"心灵无障碍"。

　　法规和标准为无障碍社区提供了法律保障和标准依据，但无障碍社区的建设切不能封闭独立。目前我国已经施行或正在逐步施行的政策有老旧小区改造、宜居社区建设、智慧社区建设等，学术界提出的相关概念有老年友好社区、儿童友好社区、认知友好社区、包容性社区环境等。因此，无障碍社区建设在内容上应是一个开放的系统，在顶层设计上能够与社区建设的各项政策接轨，在具体设计方案和实施方案上做到协调各方、合并相似建设内容、解决冲突内容，从而避免劳民伤财、资源浪费，更是避免对一部分人群的无障碍变成对另一部分人群的不友好。例如老旧小区改造对居民楼进行外立面粉刷，可能造成千楼一面，这对认知障碍者是严重的困扰，易造成迷路、走失等问题。因此，社区建设的方案应充分由专业人士和机构主导，以严谨的学术研究成果为依据，纳入学界作为咨询论证方，纳入代表性居民参与决策，并与其他政策和建设工作合理对接，才能物尽其用、事半功倍。

B.10
中国基本公共服务无障碍报告（2021）

杨宜勇　蔡其新[*]

摘　要：　加快推进无障碍环境建设有利于提高我国众多残疾人和失能半失能老人乃至老年人的福祉。在党的坚强领导下，要突出以人民为中心的发展思想，"十四五"期间应该更加重视无障碍在社会基本公共服务中的价值，必须紧扣"七有"，迎接挑战，善用机遇，补足短板，使得"七有"变为"七优"，"七有"变为"九有"，加快推进无障碍在社会基本公共服务应用体制机制中的创新，以实现多部门在法律框架下合作经常化。政府和社会组织应密切合作，政府与市场双元驱动，完善无障碍环境建设参与机制。健全国家基本公共服务制度体系，不断满足人民群众的无障碍服务需求，不断突破各种障碍，争取早日完成全国性无障碍环境建设立法，健全无障碍法律保障机制。

关键词：　无障碍环境　基本公共服务　无障碍城市建设

一　无障碍在社会基本公共服务中的基础价值

基本公共服务是由政府主导、保障全体公民生存和发展基本需要、与经

---

* 杨宜勇，国家发改委市场与价格研究所所长，二级研究员，中国人民大学社会保障研究所博士生导师，研究领域为宏观经济、市场体系、价格政策、社会福利和劳动经济；蔡其新，中国人民大学公共管理学院博士研究生，研究领域为社会政策、人类生命周期及跨学科研究。

济社会发展水平相适应的公共服务。基本公共服务强调其基本性和政府主导性，通过国家权力介入或公共资源投入，满足公民的生存、生活、发展等社会直接需求，循序渐进从基本生存权、基本尊严和基本健康三个不同层次满足公民需要。① 从中国当前的现实来看，基本公共服务包括义务教育、公共卫生与基本医疗、基本社会保障、公共就业服务。无障碍环境建设并不仅是针对障碍人群的特殊服务，而是一项具有包容性的社会基本公共服务，适用于全体社会成员。无障碍环境建设体现了社会基本公共服务的文明性、惠普性及尊享性三种基础价值，同时这三种基础价值相互促进，构成社会基本公共服务价值体系的重要组成部分。联合国针对无障碍环境已经进行了很多阐述和声明，虽然宣言、原则、准则、标准规则和建议不具有法律约束力，但这类文书具有无可否认的道德约束力，是各国政府行为的实际准则。联合国将无障碍环境确认为保障残疾人机会均等的优先事项，应积极改变社会排外观点，通过提高无障碍环境提供平等参与社会的机会。无障碍环境的特点主要包括可得性、便利性、资源可供性、特殊性和平等性五个方面。②

根据《平等、参与、共享：新中国残疾人权益保障 70 年》白皮书测算，目前我国残疾人总数超 8500 万，到 2030 年，我国每年将新增残疾人200 万～250 万人，平均每 15～20 秒钟就将新产生一名残疾人，保守估计，2030 年，我国残疾人数量将达 1 亿。③ 这些数据表明，我国日益增长的无障碍需求和基本公共服务提供之间的矛盾将愈加明显，必须促使基本公共服务进步以适应新的需求。

文明性是历史进步之必然。残疾人是人类大家庭的平等成员。从基本人权的角度来看，全球各国政府都必须承担基于宪法和法律规定尊重和保障残疾人的人权和人格尊严的责任，使残疾人能以平等的地位和均等的机会充分

---

① 《"十三五"推进基本公共服务均等化规划》，中国政府网，2017 年 3 月 1 日，http://www.gov.cn/zhengce/content/2017 - 03/01/content_ 5172013. htm。

② UN General Assembly. 52/82. Implementation of the World Programme of Action concerning Disabled Persons: towards a society for all in the twenty-first century, 12 December 1997.

③ 《平等、参与、共享：新中国残疾人权益保障 70 年》白皮书，中华人民共和国国务院新闻办公室网站，2019 年 7 月，http://www.scio.gov.cn/ztk/dtzt/39912/41159/index. htm。

参与社会生活，共享国家创造的物质文明和精神文明成果。各国均应使残疾人的意愿得到尊重，保障残疾人权利，注重残疾人的社会参与，推动残疾人真正成为权利主体，成为经济社会发展的参与者、贡献者和享有者。[①] 无障碍环境既是残疾人、老年人等障碍群体参与社会的必要条件，也是社会文明进步的重要标志。加强完善无障碍环境建设，受益的不仅仅是残疾人、老年人、婴幼儿和孕妇，还包括社会中的所有个体。不断完善无障碍环境建设同时是我国切实履行联合国《残疾人权利公约》和2030可持续发展议程的职责所在，也是历史进步的必然要求。

普惠性是按需分配。从底线思维考量，障碍人群特别是残疾人的基本生存发展需求必须在制度中得以最低保障，普惠性制度是政府给予残疾人及其他障碍群体在社会参与上公平待遇的必然路径。[②] 公共服务建设是一个国家文明的重要标志，无障碍基本公共服务区别于一般公共服务，其普惠性主要体现在障碍群体能够享受到均等化基本公共服务。

尊享性不是施舍。把无障碍嵌入社会基本公共服务体现了尊享性的基础价值，体现了对服务对象的应有尊重而不是施舍。无障碍是共享社会基本公共服务的充分保障。坚持普惠性与特惠性相结合是我国无障碍环境建设的重要特征，有利于无障碍环境建设中资源的有效合理配置，通过普惠性制度政策安排既照顾到残疾人的公平待遇，又通过特惠性制度政策安排解决障碍群体的特殊困难和特殊需求。[③]

根据《中华人民共和国国民经济和社会发展第十四个五年规划和2035年远景目标纲要》的精神，加快数字社会建设已是不可阻挡的趋势，数字技术的快速进步将为教育、医疗、养老、抚幼、助残等重点领域的公共服务提供更多可能性。加快信息无障碍建设，帮助老年人、残疾人等共享数字生

---

① 《平等、参与、共享：新中国残疾人权益保障70年》白皮书，中华人民共和国国务院新闻办公室网站，2019年7月，http://www.scio.gov.cn/ztk/dtzt/39912/41159/index.htm。

② 《"十三五"加快残疾人小康进程规划纲要》，中国政府网，2016年8月17日，http://www.gov.cn/zhengce/content/2016-08/17/content_5100132.htm。

③ 同上。

活，同时保障妇女未成年人和残疾人基本权益，坚持男女平等基本国策，坚持儿童优先发展，提升残疾人关爱服务水平，切实保障妇女、未成年人、残疾人等群体发展权利和机会，进一步提升残疾人保障和发展能力，完善残疾人就业支持体系，完善无障碍环境建设和维护政策体系。

二 "十四五"期间的挑战与机遇

"十四五"时期，无障碍环境建设既面临重大机遇，也面对着繁重艰巨的任务；既有许多有利条件，也存在深层次矛盾和问题。现在看来，"十四五"时期外部环境可能更加复杂，不确定性和挑战更多，人民对美好生活有更多期盼。要在习近平总书记关于加强社会公共服务体系建设重要论述指导下，分析"十四五"时期加强社会公共服务体系建设面临的形势，研究提出"十四五"期间加强无障碍在社会公共服务体系建设的总体思路和重大举措。在分析"十四五"时期加强社会公共服务体系建设的新形势、新问题、新任务时，既着眼于百年未有之大变局的世界形势，又紧紧把握新时代我国社会主要矛盾变化，做出国际环境更趋错综复杂、经济基本面长期向好、社会基础更加多元变化等重大判断，提出当前加强社会公共服务体系建设面临总体发展不平衡不充分、服务供给有待提质增效、体制机制改革仍需攻坚等问题和挑战，并针对这些问题和挑战，提出更加精准的社会公共服务政策体系、更加丰富的社会公共服务供给内容、更加多元的社会公共服务渠道保障、更加高效的社会治理体制机制等新任务新举措。无障碍公共服务正是社会基本公共服务体系中最重要的组成部分之一。

首先，从挑战上看，我国人口基数大，进入21世纪以来，人口老龄化速度加快，因老致残风险增加，残疾人工作任务量、复杂性明显增加，不仅需要面对超过8500万残障人士的无障碍需求，同时需要服务于日益增长的老年人口的无障碍服务需求，包括其家庭成员在内，这些需求所影响的人数达数亿。从中国基本公共服务当前的现实来看，残疾人义务教育仍需要加强，公共卫生和基本医疗资源配置未能有效向残障群体倾斜，残疾人基本社会保障水平仍有较大提升空间，公共就业服务水平未能满足残障群体多元化的就业需求。同时，从无障碍硬件建设角度来看，我国无障碍环境建设仍存在一些亟待解决的困难和问题。第一方面，全社会无障碍意识有待进一步提高，中国长期以来由于社会文化规范对残障群体和"无障碍"存在很多不恰的理解，公共政策对无障碍环境建设不够重视；第二方面，虽然我国已经制定了一系列关于无障碍建设的标准和规范，但一些新建无障碍设施不规范、不系统，无障碍建设相关技术标准尚未得到有效执行；第三方面，部分城市已建设施未进行无障碍改造，无障碍改造成效参差不齐；第四方面，无障碍设施管理亟待加强，无障碍设施管理不当导致人民生命财产损失的事件层出不穷；第五方面，和城市无障碍建设相比，农村无障碍建设明显落后，在信息交流无障碍建设，残疾人、老年人家庭无障碍改造等方面存在明显不足；第六方面，公众满意度评价整体不高和客观存在的城市规划问题；第七方面，我国的公共服务水平和能力与残疾人类别化、个性化、多层次的需求之间还有较大差距，政府部门分工合作、联动推进、社会广泛参与的机制仍待进一步完善，依法推进无障碍环境建设还需加大力度。①

从机遇上看，党的十八大以来，党中央、国务院高度重视无障碍环境建设工作。有关"无障碍"的政策法规就出台了十余次，顶层设计逐步清晰。在以"十三五"规划、国家新型城镇化规划、基本公共服务均等化规划等为代表的国家战略和政策方针的推动下，国家基本公共服务制度框架和指导思想已经明确，也制定了基本公共服务的发展原则，建立了基本公共服务清单，提出了贫困地区脱贫攻坚、重点帮扶特殊困难人群、缩小城乡差距等一系列保障措施。随着信息技术的加速发展和广泛应用，中国无障碍环境发展迎来了难得的历史机遇。综合分析判断，"十四五"时期我国无障碍环境建设正处在创新发展重大机遇期、基本服务转型期和矛盾问题凸显期。我们必

---

① 《"十四五"残疾人保障和发展规划》，中国政府网，2021年7月8日，http://www.gov.cn/zhengce/content/2021 – 07/21/content_ 5626391. htm。

须充分抓住历史机遇，加快建设完善无障碍环境。当前我国正处于"十四五"的开局之年，无障碍环境建设特别需要国家层级重视在社会基本公共服务体系中统筹考虑与顶层设计。无障碍作为社会基本公共服务应纳入国家发展战略加以推进和实施，并持续推动改革走向深化。"十四五"时期是巩固残疾人社会保障安全网、加快推进残疾人公共服务的重要时期，必须在全面总结"十三五"时期成就、分析形势、找准短板弱项基础上，按照《"十四五"残疾人保障和发展规划》的要求和精神，把握好"十四五"公共服务规划的总体方向和规划的重点内容，抢抓发展战略机遇期，化挑战为发展机遇，不断提高我国无障碍环境建设和发展水平。

三 "十四五"期间的指导思想和主要目标

高举中国特色社会主义伟大旗帜，深入贯彻党的十九大和十九届二中、三中、四中、五中全会精神，坚持以习近平新时代中国特色社会主义思想为指导，贯彻落实习近平总书记关于残疾人事业的重要指示批示精神和党中央、国务院决策部署，立足新发展阶段、贯彻新发展理念、构建新发展格局，坚持弱有所扶，以推动残疾人事业高质量发展为主题，以巩固拓展残疾人脱贫攻坚成果、促进残疾人全面发展和共同富裕为主线，保障残疾人平等权利，增进残疾人民生福祉，增强残疾人自我发展能力，推动残疾人事业向着现代化迈进，不断满足残疾人美好生活需要。[①]

加强无障碍环境建设必须从认识论、实践论、方法论三个层面系统学习习近平总书记关于加强社会公共服务体系建设、保证和改善民生重要论述的丰富内涵和基本要求。始终把人民放在心中最高位置，践行以人民为中心的发展思想，着力解决发展不平衡不充分问题和人民群众急难愁盼问题，不断满足人民对美好生活的新期待，推动人的全面发展，社会公共服务的制度建

---

① 《"十四五"残疾人保障和发展规划》，中国政府网，2021 年 7 月 8 日，http://www.gov.cn/zhengce/content/2021－07/21/content_ 5626391. htm。

设一以贯之。[①] 在无障碍基本公共服务方面,强调坚持党的全面领导,坚持以人民为中心,坚持保基本、兜底线,坚持固根基、提质量,坚持统筹协调、形成合力,主要目标是到 2025 年,残疾人脱贫攻坚成果巩固拓展,生活品质得到新改善,民生福祉达到新水平,到 2035 年,残疾人事业与经济社会协调发展,与国家基本实现现代化目标相适应。[②] 本报告提出,要从幼有所育、学有所教、劳有所得、病有所医、老有所养、住有所居、弱有所扶等方面继续健全国家基本公共服务制度体系,坚持尽力而为,量力而行,织密扎牢基本民生保障网。

无障碍基本服务应具备以下特性:

作为必备的基本性。所谓基本公共服务主要指回应公众基本需求,这关系到一国以内生活的所有人群均有机会享受生存和发展基本服务的权力。无障碍在社会基本公共服务中具有必备的基本性,其核心是保障障碍群体平等得到基本公共服务的机会。

作为免费的公益性。无障碍服务具有公共物品属性,必须坚持公益性导向,中央和地方财政要加大倾斜支持力度,专款专用,加强监督,让人民群众免费使用无障碍环境建设的成果,真正服务于人民群众的无障碍需求。

作为区域间的均等性。当前,受发展水平制约,我国东中西部之间、城市与农村之间基本公共服务水平差距较大,尤其是革命老区、民族地区、边疆地区、贫困地区财力相对有限,基本公共服务水平较低,影响了无障碍环境建设水平的区域均等性。要增加对薄弱地区和困难群体集聚地区的财政转移支付,加强无障碍环境建设完善基本公共服务体系,让全国各地城乡之间基本均等、全体人民普遍受惠。

作为距离间的便利性。切实缩短有需求的人民群众获得无障碍服务的距离。结合 5G 技术,加快打造智能化的无障碍基本公共服务,推动无障碍公

---

① 国家发展和改革委员会:《加强社会公共服务体系建设》,中国市场出版社,2020,第 15 ~ 16 页。

② 《"十四五"残疾人保障和发展规划》,中国政府网,2021 年 7 月 8 日,http://www. gov. cn/zhengce/content/2021 – 07/21/content_ 5626391. htm。

共服务新业态不断发展、供给方式不断创新、服务模式更加丰富。利用智能化网络的手段来提升城市生活的效率与品质，在这一过程中，使得未来的无障碍设施借助智能化网络与大数据的优势，向提供多元化服务的方向发展。

作为障碍群体间的公平性。无障碍环境建设要注重障碍群体间的公平性。一方面扎实推进残疾人基本公共服务重点项目，另一方面为基于不同需求的障碍群体提供平等的无障碍服务，坚持统筹兼顾和分类指导相结合，促进无障碍环境建设与不同障碍群体间需求相协调、相适应。

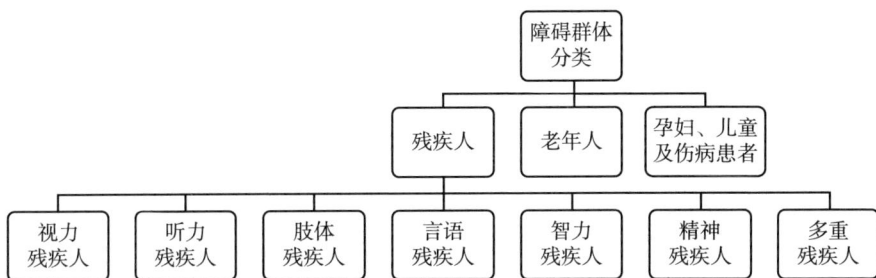

图1　针对不同类型障碍群体的无障碍环境类型

四　"十四五"期间的重点任务

《"十四五"残疾人保障和发展规划》提出了"十四五"期间的重点任务：完善残疾人社会保障制度，为残疾人提供更加稳定更高水平的民生保障；帮扶城乡残疾人就业创业，帮助残疾人通过生产劳动过上更好更有尊严的生活；健全残疾人关爱服务体系，提升残疾人康复、教育、文化、体育等公共服务质量；保障残疾人平等权利，为残疾人提供无障碍环境和便利化条件；完善支持保障条件，促进残疾人事业高质量发展。① 本报告进一步提出，"十四五"期间我国无障碍在社会基本公共服务应用的主要任务是抓住

---

① 《"十四五"残疾人保障和发展规划》，中国政府网，2021 年 7 月 8 日，http：//www. gov.
cn/zhengce/content/2021－07/21/content_ 5626391. htm。

重点，知难而进，迎接挑战，善用机遇，补足短板，使得"七有"变为"七优"，"七有"变为"九有"。必须牢牢紧扣党的十九大报告提出的"七有"，更加系统地深刻领会习近平总书记关于加强公共服务体系建设的精神实质和核心要义，在继承中发展、在发展中创新。强化公共服务对经济社会发展的引擎功能，坚持人民中心发展理念，以人民群众"七有"需求为导向。其中，处于基础地位的以人民为中心的发展思想、共同富裕的发展道路和增进民生福祉的发展目的，决定了我国无障碍环境建设的建制目标；处于指导地位的对社会保障体系建设的总体要求和基本定位，决定了我国无障碍环境建设的发展方向；处于执行层次的有关深化社会保障改革与政策体系建设的具体论述，则决定了当前无障碍环境建设需要尽快采取行动的关键性措施。① 按照中央的决策部署和习近平总书记的要求，全力推动实现无障碍在社会基本公共服务中的应用，不断满足人民日益增长的美好生活需要。

要全景展示"十三五"时期我国加强社会公共服务体系建设的历史性成就，善于全面深刻总结经验和教训。当前，我国基本公共服务能力和均等化水平已得到显著提高，社会服务兜底能力有效提升，残疾人权益保障制度基本健全，基本公共服务体系已得到完善。以法律法规为引领，国家将无障碍环境建设持续纳入国民经济和社会发展大局，各省出台《无障碍环境建设条例》实施办法以及主管部门相继制定实施了上百项无障碍相关政策和行业无障碍建设标准规范，城乡无障碍环境建设全面推进，② 我国的无障碍环境建设已经从有形发展到无形，全社会的无障碍环境建设正在全面推进，无障碍服务水平全方位提升。

"十四五"时期要注重无障碍环境建设在社会公共服务制度中的进一步规范和完善，提升均等化程度，不断改善供给质量，保障供给方式更加多元化。推进无障碍环境建设要列出服务清单、重点任务，制定好保障措施和实

---

① 郑功成：《全面理解党的十九大报告与中国特色社会保障体系建设》，《国家行政学院学报》2017年第6期，第8~17页。
② 唐汉：《鼎故革新 化茧成蝶——〈无障碍环境建设条例〉实施五周年成就综述》，《中国残疾人》2017年第8期，第22~23页。

施机制，把无障碍环境建设作为公共产品向全民提供，为障碍人群提供满足其贯穿一生的基本生存需求与发展需求的服务。

（一）"七有"变"七优"

优幼所育。持续优化改善残疾婴幼儿抚育环境，通过家庭支持政策，减缓或消除残疾儿童及其家庭成员的心理负担及经济负担，提高应对问题能力，更好促进残疾儿童生存和发展。

优学所教。要健全残疾人教育体系，完善特殊教育保障机制，持续优化教育资源配置，使得残疾人平等受教育的权利得到更好保障，明显提高残疾人自身素质和能力，不断增强其社会参与。为因残障而陷入困境的儿童群体提供更好的教育保障。改善残障儿童的生存发展环境，是社保兜底机制的重要内容，也是家庭、政府和社会的共同责任。

优劳所得。中央和地方政府应加强协作和配合，在全面小康社会建成的基础上，由中央财政统筹、地方政府财政全力配合持续巩固农村贫困残疾人脱贫成果，保证残疾人家庭人均收入平均增长与国内生产总值增长基本同步。通过完善残疾人就业法规政策，多渠道、多形式促进残疾人就业创业［残疾人自主就业创业补贴、残疾学生见习补贴、招录（聘）残疾人的用人单位补贴、辅助性就业机构补贴、通过公益性岗位安排残疾人就业的用人单位补贴、超比例安排残疾人就业奖励、残疾人就业服务奖励等］，通过职业技能培训提升残疾人职业素质和就业创业能力，2025 年城乡残疾人职业技能培训人数达到 200 万，健全公共机构为残疾人提供就业岗位制度，创造更多残疾人就业岗位，提倡更多企业实施残疾人就业友善政策，提供辅助性就业岗位和公益性就业岗位，改进残疾人就业服务，维护残疾人就业权益。[①]同时要引导残疾人树立正确的就业观念，多方努力构筑残疾人就业服务网络。

---

① 《"十四五"残疾人保障和发展规划》，中国政府网，2021 年 7 月 8 日，http：//www. gov. cn/zhengce/content/2021 – 07/21/content_ 5626391. htm。

优病所医。持续优化改善残疾人基本医疗、基本康复水平，提高残疾人医疗设施使用率，提高中央财政统筹，加大财政转移支付向欠发达地区倾斜，继续加快完善重度残疾人医疗报销制度。医疗改革方面，资助符合条件的残疾人参加城乡居民基本医疗保险，由于不少伤残人士同时是长期病患，而医疗改革下未来的融资方案未明，加上伤残人士要买医疗保险有困难，要面对加保费、选择少的问题，伤残人士面对老化问题亦比健全人士多，故医疗改革未来发展要多加关注此类群体。

优老所养。持续优化改善残疾老年群体的基本养老水平，加大中央财政及地方财政倾斜，保障残疾老年群体基本养老水平逐步提高，提高残疾人保险覆盖率和待遇水平，落实地方政府为重度残疾人代缴城乡居民基本养老保险费、对残疾人个体工商户和安置残疾人就业单位社会保险进行补贴等政策，帮助残疾人按规定参加基本养老和基本医疗保险，实现应保尽保，鼓励残疾人参加补充养老等商业保险。① 建立健全残疾人基本福利制度，实现残疾老年群体基本民生兜底保障，保障其基本生存能力。

优住所居。政府政策兜底残疾人普遍享有基本住房，加快老旧小区改造，加大财政资金投入力度，优先解决低收入残疾人家庭住房安全问题。持续支持符合条件的农村低收入残疾人家庭实施危房改造，对符合条件的城镇残疾人家庭优先配租公租房，不断改善残疾人居住条件。逐步完善无障碍设施建设，解决无障碍设施严重不足、发展不平衡的问题，无障碍服务设施向社区、农村延伸普及，缩小地区及城乡差距，加大残疾老年人家庭无障碍改造力度，特别要注重改善农村的无障碍建设，农村危房改造统筹考虑无障碍设施设备建设安装。②

优弱所扶。从改善残疾人基本公共服务基础条件出发，不断提高无障碍服务质量和效益，显著增强基层残疾人综合服务能力，从文化环境建设着

---

① 《"十四五"残疾人保障和发展规划》，中国政府网，2021 年 7 月 8 日，http：//www. gov. cn/zhengce/content/2021 - 07/21/content_ 5626391. htm。

② 《"十四五"残疾人保障和发展规划》，中国政府网，2021 年 7 月 8 日，http：//www. gov. cn/zhengce/content/2021 - 07/21/content_ 5626391. htm。

手，引导全社会尊重、关心、帮助残疾人。加强残疾人康复和托养设施建设，鼓励社会力量提供针对残疾群体的无障碍服务，加强残疾人无障碍设施建设和维护。优先解决全国范围贫困重度残疾人家庭无障碍改造的需求，切实了解及更新全国残疾人基本服务状况和需求动态。

（二）"七有"变"九有"

在党的十九大报告提出的"幼有所育""学有所教""劳有所得""病有所医""老有所养""住有所居""弱有所扶"基础上，将"残有所助"及"孕有所护"考虑进无障碍环境建设之中，使得无障碍环境建设从需求侧考虑覆盖全部有需要人群，切实保障人民群众无障碍服务需求，贯穿一生的基本生存需求与发展需求，全面增加人民群众的社会福祉。

无障碍环境建设使得残有所助。残疾人公共服务应随着经济社会进步由生存型向发展型升级，一方面结合多种措施消除社会对残疾人的偏见和歧视，引导社会助残的公德风尚，逐步建立公民无障碍意识，使得残疾人有更多机会参与并融入社会发展进程，另一方面采取强有力的社会保护和公共服务建设来达到保护和促进障碍人群发展的目的。第一，全面检视地方无障碍环境建设规划。优化地方总体规划设计，纳入无障碍城市建设要求，并且加强地方的督导巡查。由于建设主体的多样多元以及对社会发展速度的追求，许多城市往往忽略了弱势群体的需求，要加强统筹无障碍城市建设要求纳入各地总体规划与设计，充分考虑不同类型障碍人群的需求。第二，加快信息无障碍建设。配合国家科技创新和信息化建设，加大力度完善信息无障碍的建设，全面实现互联网网站和移动互联网应用程序信息无障碍，自助服务终端信息无障碍，食品药品说明信息无障碍，应急服务信息无障碍，同时通过残疾人服务大数据建设项目，建设残疾人人口基础信息和服务需求、服务资源信息数据库，实现与政府有关部门数据的联通共享，推动精准化服务和精细化管理。[①] 第三，无障碍纳入中小学

---

① 《"十四五"残疾人保障和发展规划》，中国政府网，2021 年 7 月 8 日，http：//www.gov. cn/zhengce/content/2021 –07/21/content_ 5626391. htm。

教育。配合国家教育改革，增设"无障碍"的教育课题，打好社会建设无障碍环境的共识基础。建议将"无障碍"的相关课题纳入中小学教育阶段的学习内容当中，并且积极鼓励学生探讨伤健共融、关爱小区的相关课题，加快推动我国全面建成无障碍环境进程。

无障碍环境建设使得孕有所护。特别是在国家提倡"一对夫妇可以生三个孩子"的政策背景下，无障碍环境建设应该更加关切到孕妇群体，并且为备孕群体做好无障碍环境的准备。孕妇群体是容易被忽视的障碍群体，有形障碍和无形障碍会损害孕妇在生育期间正常融入社会，无障碍环境建设要与时俱进，从制度上破除各种障碍，满足孕妇群体的无障碍需求，切实维护孕妇群体享有无障碍环境权益。应加深雇主及雇员对怀孕歧视的了解，加强公众教育和宣传工作，包括向他们提供培训，以消除工作场所发生的怀孕歧视行为。

五 "十四五"期间的体制机制创新

无障碍应该准确嵌入社会基本公共服务应用的体制机制创新之中，以实现多部门在法律框架下合作经常化，使得政府和社会组织密切合作，政府与市场双元驱动，并完善无障碍环境建设参与机制，做到部署周密，环环相扣。

第一，多部门在法律法规框架下合作经常化。细化统筹和部门职责分工，明确无障碍环境建设的管理主体。在制定政策法规时，应明确各职能部门在无障碍建设中承担的具体责任，将多部门在法律框架下合作经常化落到实处，更好地推进无障碍环境建设。

第二，政府与社会组织密切合作。各级政府在推进无障碍在社会基本公共服务的价值与应用的过程中，坚持统筹协调、形成合力。发挥政府主导作用和社会力量、市场主体协同作用，必须加强和社会组织的合作，积极发挥社会组织的强大能力。政府在社会无障碍环境建设中虽处于主导地位但并非唯一主体，政府需要大力协调好包括政府、企业和社会志愿组织在内的多元主体，才能有效满足社会无障碍环境需求，同时也要积极引导社会组织积极主动参与无障碍建设，建立健全无障碍环境建设的社会监督机制。发挥地方优势和基层首创精神，集成政策、整合资源、优化服务，促进残疾人事业与经济社会协调发展，推动城乡、区域残疾人事业均衡发展。[①]

第三，政府与市场双元驱动。由于障碍人群的需求呈现出多层次、多样化的特征，有必要在无障碍环境建设中既突出政府责任，确保残疾人公平享有基本民生保障和基本公共服务，依法维护好不同障碍群体享有平等权益，又充分发挥社会力量、残疾人组织和市场机制作用。[②] 要重视扶持"无障碍"相关产业发展，目前我国与"无障碍"相关的产业种类不齐全，发展不充分。"无障碍"涉及科技研发、城乡建设、经济拉动和消费需求等各个方面，在经济高质量发展阶段，科技创新、制度创新、产品创新、市场创新是推动无障碍发展的核心动力。要创造条件使得市场能够平等地参与无障碍公共服务供给，鼓励地方政府制定促进社会资本投入无障碍环境建设的优惠激励政策。

第四，完善无障碍环境建设参与机制。政府应当在无障碍环境建设中起到决策、引领作用，并主动推动社会参与，重视参与机制和参与平台的建设和完善，同时要在不同层面加强扶持公益组织参与无障碍环境建设。无障碍环境建设需要全社会共建共治共享，创造更多条件让障碍人群参与无障碍环境建设。应该制定相关政策鼓励支持作为无障碍服务使用者的障碍人群，有更多条件主动为无障碍环境建设相关的公共政策制定和标准制定提供意见或建议，使得无障碍服务可以更加适配障碍人群的真正需求，提高无障碍环境建设及服务提供水平。

六　加快我国无障碍环境立法

根据联合国的报告，针对残疾人权利的立法在过去的 10 年中已经得到

[①] 《"十四五"残疾人保障和发展规划》，中国政府网，2021 年 7 月 8 日，http：//www. gov. cn/zhengce/content/2021 - 07/21/content_ 5626391. htm。

[②] 《"十三五"加快残疾人小康进程规划纲要》，中国政府网，2016 年 8 月 17 日，http：// www. gov. cn/zhengce/content/2016 - 08/17/content_ 5100132. htm。

很大改进，也比较有效地防止了残疾人权利受到侵犯，但针对残障群体的社会保护仍不足以确保残障群体享受各方面的权利，残障群体仍然会受到包括社会文化传统和规范在内的较为普遍的社会歧视，社会和公共政策对"残疾"概念的错误理解也阻碍了残障群体充分参与国家社会生活和文化生活。国际立法在提高残疾人权利方面起到的基础作用和重要意义已经在全球范围得到重视，并已经有了很多有益于残障群体的实践，但国际立法并不具备强制性，国内立法在无障碍环境建设中仍然是促进社会变革、提高残疾人地位的最为有效的手段，这也关系到其他障碍群体的福祉。①

从我国无障碍立法现状来看，截至 2020 年底，我国共出台了 674 个省、地市、县级无障碍环境建设与管理法规、政府令和规范性文件。相关法律法规的出台，使得我国无障碍环境建设初步实现了"有法可依"。但现阶段由于相关法规位阶低、规定原则性较强等原因，无障碍环境建设尤其是信息无障碍建设的推进仍然存在诸多问题。② 多地立法细化《无障碍环境建设条例》相关规定，例如《北京市无障碍设施建设和管理条例》规定，铺设盲道保持连续，盲道上不得有电线杆、拉线、地下检查井、树木等障碍物，并与周边的公共交通停靠站、过街天桥、地下通道、公共建筑的无障碍设施相连接。除此之外，一些地方还专门出台了相关的法规，进一步细化了无障碍设施建设和管理方面的规定。"十三五"期间，各地在乡村振兴、新型城镇化和老旧小区改造中统筹推进无障碍环境建设，18 个省（区、市）出台《无障碍环境建设条例》实施办法。③ 这些都表明，我国推进无障碍环境建设需要更高的法律制度顶层设计提供统一有力的法律保障，才能将我国无障碍社会建设向制度化、标准化和规范化的轨道推进。

---

① 《联合国致力于提高残疾人地位的努力》，联合国网站，https：//www.un.org/chinese/esa/social/disabled/index1.htm。
② 中国残疾人联合会：《2020 年残疾人事业发展统计公报》，https：//www.cdpf.org.cn/zwgk/zccx/tjgb/d4baf2be2102461e96259fdf13852841.htm。
③ 《确保盲道帮"盲"专家呼吁制定无障碍环境建设法》，《法治日报》2021 年 5 月 18 日，https：//www.chinanews.com/sh/2021/05－18/9479537.shtml。

（一）国外无障碍立法经验分析

美国的无障碍环境法律体系以《美国残疾人法案》（Americans with Disabilities Act）为核心，作为一项全面的民权法，规定公共和私人雇主歧视残疾人是非法的。美国残疾人法案（ADA）于 1990 年成为法律，作为一项民权法，禁止在公共生活的所有领域歧视残疾人，包括工作、学校、交通以及所有开放的公共和私人场所。法案的目的是确保残疾人与其他人享有同样的权利和机会。ADA 为残疾人提供不限种族、肤色、性别、国籍、年龄和宗教的公民权利保护，同时它保证残疾人在公共设施、就业、交通、州和地方政府服务以及电信方面的平等机会。ADA 分为五章，涉及公共生活的不同领域。2008 年，美国残疾人法案修正案（ADAAA）签署成为法律，并于 2009 年 1 月 1 日生效。ADAAA 对"残疾"的定义进行了许多重大修改。ADAAA 中残疾定义的变化适用于 ADA 的所有章，包括第一章（拥有 15 名或更多员工的私人雇主、州和地方政府、职业介绍所、工会、雇主代理人和联合管理劳工委员会），第二章（州和地方政府实体的计划和活动）和第三章（被视为公共住宿场所的私人实体）。① 此外还有《电信法》《公平住房法》《航空承运人准入法》《老年人和残障人士投票无障碍法案》《全国选民登记法》《机构化人员的公民权利法案》《残疾人教育法》《康复法》《建筑障碍法》等，它们形成了环环相扣的无障碍环境法律保障体系，为有无障碍环境需求的公民提供了全面系统的权利保障。

加拿大《无障碍法案》（Accessible Canada Act）的"障碍"是禁止任何事物——包括任何物质、建筑、技术或态度，任何基于信息或通信的事物，或任何政策或实践的结果——阻碍残障人士充分和平等地参与社会，包括身体、精神、智力、认知、学习、沟通或感觉障碍或功能限制。"残疾"是指任何损害（包括身体、精神、智力、认知、学习、沟通、感官损害或功能限制——无论是永久性的、暂时的或偶发性的，无论明显与

---

① What is the Americans with Disabilities Act（ADA）?．https：//adata. org/learn – about – ada.

否）与障碍相互作用，阻碍一个人充分和平等地参与社会。① 对"障碍"及"残疾"的法律意义阐释，将影响到主要法律和诸多部门配合立法的运行和实施，也影响到无障碍社会建设的广度和深度。该法案的目的是通过在议会立法权力范围内的事物在 2040 年 1 月 1 日或之前实现一个没有障碍的加拿大，使所有人尤其是残疾人受益，特别是在就业、建筑环境、信息和通信技术、货物、服务和设施采购、运输等领域识别和消除障碍，并预防新的障碍。

《欧洲无障碍法案》（European Accessibility Act）是一项指令，旨在通过消除成员国不同规则造成的障碍来改善无障碍产品和服务的内部市场的运作。企业将受益于欧盟关于可访问性的共同规则带来的成本降低、跨境交易更便捷、为其可访问的产品和服务提供更多的市场机会。残疾人士和老年人将受益于在市场上更容易获得的产品和服务，以更具竞争力的价格获得产品和服务，在获得交通、教育和开放的劳动力市场方面的障碍更少，在需要无障碍专业知识的地方获得更多工作，享受更广阔的产品和服务。欧洲无障碍法案涵盖了已被确定为对残疾人最重要的产品和服务，同时最大可能适应在欧盟国家或地区不同的无障碍要求。委员会就无障碍问题征求了利益相关者和专家的意见，并全面考虑了《联合国残疾人公约》规定的义务。2021 年3 月，欧盟委员会通过了《2021—2030 年残疾人权利战略》。该战略建立在之前的《2010—2020 年欧洲残疾人战略》的成果之上，该战略为实现无障碍欧洲和赋予残疾人权铺平了道路，使他们能够享受自己的权利并充分参与社会和经济。尽管在过去十年取得了进展，但残疾人仍然面临相当大的障碍，并且面临更高的贫困和社会排斥风险。该战略的目标是确保欧洲所有残疾人，无论其性别、种族或民族、宗教或信仰、年龄或性取向如何，都能享受他们的人权，拥有平等的机会、平等的机会参与社会和经济，无论他们的支持需求如何，都可以在欧盟自由行动，不再受到歧视。这一新的强化战略考虑到了残疾的多样性，包括长期的身体、精神、智力或感官障碍（符合

---

① Government of Canada. Summary of the Accessible Canada Act. https：//www. canada. ca/en/employment – social – development/programs/accessible – people – disabilities/act – summary. html.

《联合国残疾人权利公约》第 1 条）。①

日本的无障碍环境由《日本国宪法》第 11、12、13、14、25、26、27 条进行最高保障，基本原则由《精神及生理障碍者基本法》确立。在支持独立和社会参与上，有《社会福利服务法》《身体障碍者福利法》《儿童福利法》《精神障碍者福利法》《精神健康法》《暂时性身体残障法》等；在健康和照护上，有《精神障碍者精神关怀及福利法》《母婴健康法》《长期照护保险法》；在教育上，有《基本教育法》《鼓励聋哑、身体障碍、精神障碍及智力障碍者学校参与法》；在就业上，有《身体残疾者就业促进法》《就业对策法》《就业保险法》《人力资源发展促进法》；在居住环境上，有《老年人及身体障碍者建筑无障碍法》《促进老年人和残疾人便利的公共交通基础设施法》《残疾人辅助犬法》《技术援助和设备的研究、开发和销售促进法》《道路交通安全法》《道路改善特别措施法》《铁路企业法》《邮政法》《电信服务法》《促进残疾人使用通信和广播服务的企业法》《广播法》《公职选举法》。在住房上，《公共住房法》也规定了无障碍环境的标准和规则；在收入安全和税收方面，《特别育儿津贴法》《育儿津贴法》《国民年金法》《职工年金法》《日常生活安全法》《工伤赔偿保险法》《所得税法》《当地税法》《消费税法》《继承税法》都针对障碍人群做出了特殊保护规定。② 可见日本社会在无障碍社会建设上已经具备了充足有力的法律保障。

（二）对未来我国无障碍环境立法的建议

无障碍城市建设意味着无障碍环境建设的范围、措施、质量等方面的全面提升，无障碍将全面融入城市建设和未来可持续发展之中，通过无障碍城

---

① Employment, Social Affairs & Inclusion, European Commission. European accessibility act, https://ec.europa.eu/social/main.jsp? catId=1202&langId=en.
② Japanese Society for Rehabilitation of Persons with Disabilities. Laws on Disabilities "The 38 Selected Japanese Laws Related to Persons with Disabilities", https://www.dinf.ne.jp/doc/english/law/japan/selected38/index.html.

市立法，残疾人、老年人、儿童、孕妇、伤病患者等障碍群体都可以依法得到全方位、多角度、多层次的关怀。深圳作为中国特色社会主义先行示范区，作为民生幸福标杆，2025年公共服务水平达到国际先进水平是其发展目标之一。2009年，深圳市就率先以地方立法形式出台了《深圳市无障碍环境建设条例》，成为最早推动无障碍环境建设的城市之一。深圳市在总结无障碍环境建设工作实践经验的基础上，在全国首次提出无障碍城市理念，对标国际先进水平，自2021年9月1日起施行的《深圳经济特区无障碍城市建设条例》是全国首部无障碍城市建设立法。从这个层面来看，深圳的立法经验可以作为地方政府的参考和借鉴。本报告对我国无障碍环境立法提出以下建议：

第一，在检视《无障碍环境建设条例》和其他配套法律法规实施效果的基础上，做好全国性立法的准备。从国外无障碍建设立法成功实践的经验来看，配套法律法规的不断完善也是重要一环，"无障碍"理念也应该全面融入法律法规的创制和实施之中。

第二，我国应该继续健全无障碍环境建设保障机制，坚持依法推进与改革创新相结合。中央和地方可以制定出台相应的财政政策和税收优惠政策，鼓励、支持无障碍环境建设的推进，允许地方政府进行不同层面和不同领域的探索，不断积累探索的成功经验和失败教训，注重不同地区之间政策和经验的学习和互相借鉴。

第三，我国应该在法规政策标准体系不断完善、服务水平不断提高的基础上借鉴发达国家和地区的无障碍环境法律法规立法经验，尽快出台《无障碍环境建设法》，通过法律形式健全无障碍环境建设保障机制。①

---

① 《郑功成呼吁无障碍环境建设法早日出台》，《中国民政》2020年第11期，第22页。

B.11
中国手语盲文发展报告（2021）[*]

张居晓　肖爱玲　林皓[**]

摘　要： 手语和盲文是听障和视障人群必需的特殊语言文字，其发展能够强化特殊人群国家通用语言文字意识，消除特殊人群的信息交流障碍，从而促进残疾人平等参与和融合发展。本报告的主要内容是在共享融合理念下，首先梳理了我国手语盲文的发展历史沿革及发展现状，其次结合其在信息交流无障碍建设中的核心地位，以国际视角对比分析了目前我国手语盲文事业发展过程中存在的问题。当前我国规范和推广手语和盲文的法律地位不高、适用性与可操作性不强，人才数量偏低，社会服务供给不足。最后，报告提出建立健全信息交流无障碍法律保障体系，明确手语和盲文的法律地位等建议。

关键词： 手语　盲文　信息交流无障碍

我国有三千多万听力和视力残疾人[①]，手语和盲文是其中大多数人开展

---

[*] 本报告受中国残联"手语语言政策及规划：国际比较研究"项目资助（CLS2019 – 05）。

[**] 张居晓，博士，南京特殊教育师范学院数学与信息科学学院副院长，副教授，研究领域为盲用信息技术，信息无障碍，机器学习；肖爱玲，上海外国语大学硕士研究生，研究领域为手语语言学、语言政策；林皓，博士，上海外国语大学助理研究员，研究领域为手语语言学。

[①] 中国残疾人联合会：《2010 年末全国残疾人总数及各类、不同残疾等级人数》，中国残疾人联合会网站，2012 年 6 月 26 日，https：//www.cdpf.org.cn//zwgk/zccx/cjrgk/15e9ac67d7124f3fb4a23b7e2ac739aa.htm。

信息交流和生活所必需的特殊语言文字。[①]

为了不断促进特殊人群平等融入社会，提高特殊人群生活质量，体现人权平等的核心，实现小康社会"残疾人一个也不能少"的目标，需要加强信息无障碍建设。推广使用手语和盲文是信息交流无障碍的主体，对于听障和视障人群而言，信息交流无障碍与环境无障碍建设相比具有同等甚至更为重要的作用。全面建成小康社会，构建和谐的社会语言生活，加快提升残疾人教育和文化水平，对手语和盲文规范化提出了迫切要求。

党的十九大以来，党和国家坚持以人民为中心的发展思想，贯彻共享融合发展理念，为了让残疾人、老年人等也能和所有人一样，享受科技发展带来的幸福生活，需要不断加强手语和盲文信息无障碍建设，缩小或消除"信息鸿沟"，补齐信息普惠短板，使各类社会群体都能平等方便地获取和使用信息，切实增强人民群众的幸福感、获得感和安全感。[②]

本报告的主要内容是在共享融合理念下，对我国手语和盲文发展历史沿革、发展现状和存在的主要问题进行系统梳理和全面总结，并提出完善信息交流无障碍建设的对策。

一 我国手语和盲文的信息交流无障碍建设进程

手语的信息交流无障碍发展以手语标准化为主要特征，以国家层面编印出版的手语工具书为主要成果；盲文的信息交流无障碍发展以盲文方案的形成为主要特征，以现行盲文、双拼盲文和国家通用盲文为主要成果。我们结合手语和盲文发展特征，将手语和盲文信息交流无障碍建设进程分为三个阶段：

---

① 程凯：《推广国家通用手语和通用盲文是残疾人事业的一项基础性工作》，《残疾人研究》2018年第3期，第3~7页。

② 工业和信息化部、中国残疾人联合会：《关于推进信息无障碍的指导意见》，中华人民共和国国务院新闻办公室网站，2020年9月11日，http://www.scio.gov.cn/xwfbh/xwbfbh/wqfbh/42311/44021/xgzc44027/Document/1690214/1690214.htm。

（一）手语和盲文信息交流无障碍孕育萌芽阶段（1949~1987年）

此阶段为新中国成立直到 1988 年中国残疾人联合会成立。早在 1953 年，国家先后成立了中国盲人福利会，教育部盲聋哑教育处设立盲文编译组，担负出版印刷盲文读物和盲校教科书的任务。随后黄乃先生主持设计了"现行盲文"方案，盲人李盯成功研制盲文铅印排版法，第一个盲文版残疾人读物《盲人月刊》出版。1959 年 7 月，教育部印发《关于各类盲人教育使用盲字的通知》。这一时期，残疾人作为国家公民，其基本权益（如受教育权等）逐步得到保障。无障碍理念虽未形成，但组织建设逐步完善，无障碍媒介（盲文）研究及无障碍技术得到发展，传统媒体开始尝试无障碍建设。

1958 年 7 月 29 日，中国聋哑人福利会邀请语言学家、文学家、心理学家、聋教育工作者以及对聋人手语有研究的人士组织了聋人手语改革委员会，在中国文字改革委员会指导下，着手进行汉语手指字母方案和手语词汇的研究，[1] 这标志着我国有领导有组织的通用手语整理研究工作正式起步。[2] 随后的六年间，聋人手语改革委员会先后研制并出版了汉语手指字母方案［《聋人汉语手指字母方案（草案)》《汉语手指字母方案》］与《聋人手语草图》（共四辑），标志着中国手语的雏形初现。

党的十一届三中全会后，残疾人事业也随着改革开放蓬勃发展。1979 年，《聋人手语草图》整合修订为《聋哑人通用手语图》（共两辑）。同年 8 月，来自全国各地的聋校教师、手语翻译、语言学研究者等专家在北京召开第一次全国手语工作会议，讨论并制定了 430 个政治学习中新词汇的手语单词，发行了《聋哑人通用手语图第三辑·试行本》。[3] 1982 年，召开第二次

---

① 教育部：《我国手语和盲文规范化工作的新里程碑》，中华人民共和国教育部网站，2018 年 5 月 21 日，http://www.moe.gov.cn/jyb_xwfb/s271/201805/t20180521_336624.html。

② 顾定倩：《我国通用手语的发展沿革（一）》，《现代特殊教育》2017 年第 3 期，第 22~23 页。

③ 高宇翔：《无声世界：中国聋人史略》，郑州大学出版社，2018，第 217 页。

全国手语工作会议，讨论并修改部分常用词，补充 540 个科技新词，发行了《聋哑人通用手语图第四辑·试行本》。至此，四辑《手语图》全部编制完成，为中国手语的形成奠定了基础，产生了广泛的社会影响。

1985 年底，为适应时代需要，开始对四辑《手语图》进行全面修订。1987 年 5 月，第三次召开全国手语工作会议，整理并修改了 3000 多个常用词汇，《中国手语》呼之欲出。

1987 年 1 月，国家教委初等教育司制定全日制盲校小学教学计划；1988 年 3 月，中国残疾人联合会成立，同年 11 月发布《中国残疾人事业五年工作纲要（1988—1992）》，明确"做好盲文、手语的研究、推广和应用工作"，标志着盲文改革与汉语拼音方案同步进行，逐步体现"融合"理念。尤其是 1982 年修订的《宪法》明确了"国家对发展残疾人福利事业的责任"；《残疾人保障法（草案）》和《无障碍设计暂行规定（草案）》中已经初现"无障碍"概念，但此时"无障碍"更多体现在环境无障碍建设方面，信息交流无障碍尚未形成。这一时期，无障碍理念开始融入残疾人事业，手语和盲文的工作重点围绕标准规范建设和教育教学展开。

（二）手语和盲文信息交流无障碍理念形成发展阶段（1988～2011年底）

此阶段为中国残疾人联合会成立到党的十八大前。在这一阶段，两个大事件推动了"信息交流无障碍"理念的形成与发展：一是 2007 年中国作为首批签署国签署了联合国《残疾人权利公约》[1]；二是 2008 年北京奥运会和残奥会的召开。中国残联作为残疾人各项事业的有力推动者，将手语和盲文发展作为重点工作。

1990 年，《中国手语》出版发行。该书编订过程遵循"统一基本词的手

---

[1] 编辑组：《中国残疾人事业重要文件选编：1978–2018》，华夏出版社，2018，第 947～971 页。

势""保留手势的形象化""同字异义动作有区别""适量使用手指字母""增加索引提高检索力"原则。同年颁布的《残疾人保障法》第二十九条、第五十四条和第五十五条明确规定"政府应当组织和扶持手语盲文的研究和应用""国家为残疾人信息交流无障碍创造条件"[①] "公共服务机构和公共场所应当创造条件，为残疾人提供语音和文字提示、手语、盲文等信息交流服务，并提供优先服务和辅助性服务"。[②] 1991 年的《中国残疾人事业"八五"计划纲要（1991～1995 年)》（简称《"八五"计划》，以下均为中国残疾人事业计划纲要）明确"扶持盲文、盲人有声等读物"。

1992 年底至 1994 年 8 月，中国聋人协会组织专家补充手语的新词词目及手势动作设计。补充的手语词汇侧重经济和文化教育方面，并吸收了一些国际手语的打法。2003 年 4 月，《中国手语（修订版)》发行，收录词目5586 个。2009 年 9 月，国家标准《中国手语基本手势》发布，从手语规范化标准化层面进一步助力信息交流无障碍建设。

1993 年国家教委发布《全日制盲校课程计划》。1995 年全国试行推广"双拼盲文"方案。1996 年的《"九五"计划》明确"大、中城市图书馆要提供盲文及盲人有声读物借阅"。1998 年印发《特殊教育学校暂行规定》对学校无障碍建设做出规定。2001 年的《"十五"计划》将"无障碍建设"作为重点工作，强调"积极推行城市道路和建筑物无障碍，发展信息和交流无障碍"。2006 年的《"十一五"计划》和配套的《无障碍建设"十一五"实施方案》，更加明确"努力创建信息交流无障碍环境"。2008 年中共中央国务院印发《关于促进残疾人事业发展的意见》，明确"加快无障碍建设和改造""制定有关无障碍建设的法律法规、设计规范和行业标准""积极推进信息和交流无障碍"。2010 年 16 个部委联合印发《关于加快推进残疾人社会保障体系和服务体系建设的指导意见》，再次强调"推进信息和交

---

① 潘祥辉、李东晓：《视听障碍人群信息汲取的传播环境：一个文献综述》，《重庆社会科学》2011 年第 9 期，第 76～81 页。

② 王小梅：《我国广播影视规制对人权的保障及其完善》，《比较法研究》2018 年第 6 期，第89～100 页。

流无障碍建设，提高全社会无障碍意识""将信息交流无障碍纳入信息化建设规划"，制定各类信息无障碍技术标准。2011 年的《"十二五"计划》指出"加强信息交流无障碍建设"。

此阶段，国家出台了许多无障碍建设规范和标准，推动了手语和盲文的规范化，是手语和盲文发展的形成阶段。同时也存在较多问题，手语和盲文的推广使用中存在障碍，如手语的规范化局限于"编手语"的范畴，采集和整理聋人既有手势没有成为主要方法，导致"手语不通用"[①]；盲文则有现行盲文和双拼盲文之分等。

（三）手语和盲文信息交流无障碍理念高质量发展阶段（2012 年以后）

党的十八大以后，信息交流无障碍进入高质量发展阶段。

2012 年颁布实施的《无障碍环境建设条例》第三章即为"无障碍信息交流"，对信息交流无障碍建设进行细化。同年 12 月，手语盲文信息化等工作纳入《国家中长期语言文字事业改革和发展规划纲要（2012—2020 年)》，明确"加强国家通用手语和盲文规范化、标准化、信息化建设，修订通用盲文国家标准，研制通用手语国家标准"。这是首次在国家语言文字工作的纲领性文件中写入手语和盲文，对信息交流无障碍建设具有重要的现实意义和深远的历史意义。[②]

此后，手语和盲文更多地被纳入国家语言文字工作部门的工作要点中。2015 年 1 月，国务院印发《关于加快推进残疾人小康进程的意见》[③]，明确"制定实施国家手语、盲文规范化行动计划，推广国家通用手语和通用盲文"，

---

① 顾定倩：《我国通用手语的发展沿革（二）》，《现代特殊教育》2017 年第 7 期，第 16 ~ 17 页。

② 顾定倩：《加快手语、盲文规范化进程，构建无障碍沟通环境》，《语言文字应用》2013 年第 1 期，第 19 ~ 20 页。

③ 国务院：《关于加快推进残疾人小康进程的意见》，中国政府网，2015 年 2 月 5 日，http://www.gov.cn/zhengce/content/2015 – 02/05/content_ 9461. htm。

这是国务院文件第一次明确提出手语盲文工作的要求。[①]《"十三五"加快残疾人小康进程规划纲要》中要求"制定实施国家手语、盲文规范化行动计划，推广国家通用手语和通用盲文，提高手语、盲文信息化水平"。

2015 年，四部委印发《国家手语和盲文规范化行动计划（2015—2020年）》，明确了手语和盲文规范化工作的目标、任务和措施。2018 年 7 月 1日《国家通用手语常用词表》和《国家通用盲文方案》两项国家语言文字规范颁布实施。中宣部、中国残联、教育部、国家语委、国家广电总局共同启动国家通用手语和国家通用盲文推广工作。[②] 2019 年，《汉语手指字母方案》发布，《国家通用手语词典》发行。残疾人语言文字基础研究和应用项目建设全面展开，在全国范围确定了 12 个信息点开展手语信息收集，组织完成各类相关课题研究近 50 项，其中国家语委重大课题"国家手语词汇语料库建设"推动我国第一个手语语料库初步建成，共采集全国 9 个地区共 6万多个手语词视频。"国家通用手语水平等级标准""国名、地名规范化手语研究""国家通用盲文分词连写规则研究"等研究成果为手语盲文的标准研制提供了依据。同时，手语盲文研究基地建设和专业人才培养得到加强，手语主持人、信息采集人员、学校教师、残疾人专门协会人员接受培训，相关机构的作用得到充分发挥，有力促进了手语盲文相关研究和推广工作。到2020 年，视障人员、听障人员普通话水平测试总人数已超千人；盲文出版物享受国家补贴政策，盲文教材和大字版教材免费提供给视障人员使用。

手语和盲文信息交流无障碍理念高质量发展突出特点：

1. 在政策法规上，信息交流无障碍与无障碍环境建设相辅相成。目前，信息交流无障碍包含在《无障碍环境建设条例》中，但规范标准与无障碍环境建设有差异，逐步独立成章，并进一步独立成法律法规和规范标准。

[①] 教育部：《关于政协十二届全国委员会第四次会议第 2204 号（教育类 208 号）提案答复的函》，中华人民共和国教育部网站，2016 年 9 月 1 日，http：//www. moe. gov. cn/jyb_ xxgk/xxgk_ jyta/jyta_ gaojiaosi /201609/t20160926_ 282282. html.

[②] 中国残联教就部、中国聋人协会、中国盲人协会等：《推广使用〈国家通用手语常用词表〉〈国家通用盲文方案〉，保障残疾人语言文字权利》，《现代特殊教育》2018 年第 15 期，第5~8 页。

2. 人工智能、大数据技术等新一代信息技术的发展，使得信息无障碍内容更加丰富。[①] 无论是教育领域的数字化无障碍学习，还是生活领域的无障碍智能生活都受益良多。

3. 科技辅具的发展有效助力信息无障碍。学校生活中对信息无障碍的需求更加迫切。适合听障和视障人群的科技辅具类型很多，主要分为弥补听视力、增强学习效果和智能人机交互三类科技辅具。

4. 手语和盲文的规范化是信息交流无障碍的重要内容。手语和盲文规范化是信息化工作基础，信息化又推动听障和视障人群无障碍信息交流环境形成，从而进一步促进信息交流无障碍建设发展[②]。

二 国外手语和盲文信息交流无障碍建设现状

2006 年，联合国大会通过了《残疾人权利公约》，此后许多国家遵循条约内容，制定了适合本国国情的保障残疾人权益的法律和政策，涉及康复、教育、就业、无障碍环境建设等方面。手语和盲文是信息交流无障碍建设的重点工作，直接关乎听障和视障人群的切身利益。手语和盲文的建设与发展是推动听障和视障人群社会融合的有力抓手。正因如此，许多国家不断完善残疾人事业相关法律法规，致力于保障残疾人的人权，鼓励其积极参与社会活动。

（一）国际条约文件

1982 年，联合国大会通过了《关于残疾人的世界行动纲领》。该纲领通过时间较早，虽未直接提及"信息无障碍"，但要求会员国"认清和消除妨碍残

---

① 凌亢主编《残疾人蓝皮书：中国残疾人事业发展报告（2020）》，社会科学文献出版社，2020，第 217 ~ 218 页。

② 程凯：《推广国家通用手语和通用盲文是残疾人事业的一项基础性工作》，《残疾人研究》2018 年第 3 期，第 3 ~ 7 页。

疾人参与社会生活的各种障碍"，包括物质环境的障碍和信息交流的障碍。[①]

1993 年，联合国大会通过了《残疾人机会均等标准规则》。该规则明确了残疾与障碍等一系列基本概念，并列出三大类 22 条规则，将无障碍分为信息交流的无障碍和物质环境的无障碍两类。其中，共用 7 个条款阐述信息和交流的无障碍，明确"各国应制定办法使信息服务和各种文件做到对各种类别的残疾人均无障碍""应提供手语传译服务来使聋人和其他人之间方便交流""各国应确保供残疾人能无障碍地使用一般公众使用的新的电脑化信息系统和服务系统"等。[②]

2002 年，联合国经济及社会理事会通过了《琵琶湖千年行动纲要》。其目标是在亚太地区为残疾人营造包容、无障碍和以权利为本的社会，将"无障碍建设"作为优先领域（特殊学校等），针对关键问题制定了解决措施。然而，该纲要尚未将信息无障碍单列出来。

2006 年，联合国大会通过了《残疾人权利公约》。该公约是 21 世纪通过的第一个综合性人权公约，对世界人民对待残疾人的态度转变产生了深远影响。《公约》强调了无障碍环境权利及"无障碍"的一般性原则；明确了听障和视障人群的替代性交流方式、手段和模式，包括无障碍信息和通信技术[③]；列举了"无障碍"的具体措施，如"提供专业手语译员""便利使用手语、盲文、辅助和替代性交流方式及残疾人选用的其他一切无障碍交流手段、方式和模式"等。

（二）国外手语和盲文信息交流无障碍建设近况

"语言"包括口语和手语及其他形式的非语音语言。语言立法是语言政策与规划的最高形式。手语和盲文的本体规划过程也是手语的语言属性和盲文

[①] 编辑组：《中国残疾人事业重要文件选编：1978 - 2018》，华夏出版社，2018，第 901 ~ 922 页。

[②] 同注[①]，第 933 ~ 934 页。

[③] 《残疾人权利公约》（联合国大会第 61/106 号决议），联合国网站，2006 年 12 月 13 日，https：//undocs. org/zh/A/RES/61/106。

的特殊符号属性逐渐得到非立法形式的隐性认可的过程，而在不同法律体系中针对手语的显性立法方兴未艾。以手语立法为例，从1981年瑞典首先立法承认手语的语言地位开始，截至2016年，芬兰、葡萄牙、冰岛、南非、厄瓜多尔、新西兰等12个国家在宪法层面对手语进行了立法，另有美国、法国、德国、俄罗斯、日本、加拿大等36个国家在其他法律层面对手语立法。[①]

宪法层面的认可通常最具声望，然而其象征性可能大于实用性[②]。其他手语和盲文相关法律主要可分为两种：一种是将手语和盲文纳入专门的语言法，但其强制力往往不够，更侧重文化及地位规划层面；另一种是将手语和盲文纳入专门的残疾人保障法，进行强制性保护。尽管各国国情不一，但在处理听障和视障人群及其信息交流障碍方面体现出一定的相似性，即各国政策制定者更倾向于将手语和盲文的事务归于残障法律框架下。

1. 美国

美国建设了较为完善的信息交流无障碍法律法规体系，使得美国残疾人能够通过计算机技术尽可能不受影响地获取信息，充分保障了他们信息获取与使用的权利。美国视障高等教育的发展也从侧面说明了信息交流无障碍建设的积极作用。美国手语和盲文相关的法律法规主要包括《美国残疾人法案》《美国残疾人康复法案第508条修正案》（简称508修正案）《2002电子政务法》《图书馆服务和技术法案》《信息自由法》等。其中《美国残疾人法案》为实现信息交流无障碍立法奠定了基础，明确规定了必须提供手语翻译和盲文服务的范围[③]；而508修正案则是国际上最早的一部信息无障碍法律，对信息无障碍立法具有开创性意义。[④]

[①] 林皓、魏丹、赵蓉晖：《手语立法的国际比较研究》，《语言文字应用》2018年第2期，第36~43页。

[②] De Meulder, M., Murray, J. J., & McKee, R. L., et al. *The legal recognition of sign languages: Advocacy and outcomes around the world.* Multilingual Matters, 2019, pp. 1~16.

[③] 美国司法部民权局：《美国残疾人法案》，美国司法部民权局网站，2009年1月1日，https://www.ada.gov/2010_regs.htm。

[④] 钱小龙、邹霞：《美国信息无障碍事业发展概况：Section 508解读》，《电化教育研究》2007年第12期，第86~91页。

2. 英国

英国出台的法律法规中涉及手语、盲文和信息交流无障碍的有《反残疾歧视法案》（1995）、《通信法案》（2003）、《版权法案》（2002）等。

3. 澳大利亚

澳大利亚先后出台了《残障歧视法案 1992》《公共交通无障碍标准》《残障者教育标准》等法律法规，从而确保听障和视障人群在生活与学习中享有平等的权利①，使用手语和盲文实现信息交流无障碍。

4. 日本

日本的《残疾人基本法》第 19 条是"信息利用的无障碍化"，明确要求"国家和社会团体采取措施"，使得听障和视障人群能够享受信息交流无障碍②，同时对无障碍网络服务方面做出明确要求。

除此以外，加拿大、德国、西班牙、法国、印度、菲律宾等国家都出台了手语盲文以及信息交流无障碍相关的法律法规和标准规范。

三 我国手语和盲文发展中存在的问题

作为《残疾人权利公约》第一批签署国，我国特别重视包括手语盲文发展的残疾人事业。随着联合国《残疾人权利公约》和《2030 年可持续发展议程》逐步得到实施③，我国将手语和盲文的规范与推广作为残疾人事业发展的基础性工作。目前，我国已构建以《宪法》为基础，以《残疾人保障法》等法律为核心，以《残疾人教育条例》《无障碍环境建设条例》等残疾人事业行政法规为框架，以《"十三五"加快残疾人小康进程规划纲要》

---

① 孙祯祥、赵洋：《澳大利亚信息无障碍法规政策研究》，《图书与情报》2010 年第 3 期，第 114～117 页。

② 住房和城乡建设部、工业和信息化部、中国残疾人联合会：《国内外无障碍建设法律法规选编》，华夏出版社，2010，第 280～281 页。

③ 《习近平向 2013—2022 年亚太残疾人十年中期审查高级别政府间会议致贺信》，新华网，2017 年 11 月 30 日，http：//www.xinhuanet.com//politics/leaders/2017 - 11/30/c _ 1122035883. htm。

《国家手语和盲文规范化行动计划（2015—2020 年）》等相关部委规章、地方性法规和其他规范性文件为主体的手语和盲文信息交流无障碍体系。然而，在规范与推广国家通用手语和国家通用盲文、实现信息交流无障碍的过程中还存在以下问题：

（一）规范和推广手语和盲文的法律地位不高，立法效力不强

世界上有近半数的国家通过法律明确手语和盲文的语言文字地位。我国自 1949 年以来一直实施积极的语言规划政策。《残疾人保障法》是残疾人的合法权益保护法律体系中的核心法律，其部分条款列入了手语和盲文相关规定（如第二十五条"师资"、第二十六条"辅助手段"及第三十八条"措施"中的相关规定）。2008 年该法经修订，在第五十五条无障碍相关条目中对手语和盲文服务进行了补充。

然而，截至目前，国家层面仅有《手语和盲文规范化行动计划（2015—2020）》和《第二期国家手语和盲文规范化行动计划（2021—2025 年）》是针对手语和盲文语言文字规范工作而制定的专项规划，尚未对手语盲文立法或者纳入专项法规，明确手语盲文的语言地位。

（二）规范和推广手语和盲文责权较宏观，适用性与可操作性不强

相比于美国联邦层面的《美国残疾人法案》中涉及手语盲文在各个领域的详细规定，我国的手语盲文立法还显得较为宽泛。目前，我国的手语和盲文立法处于语言政策、残疾人保障、无障碍建设三类政策法规的交叉领域，未能切实保障手语盲文使用群体基本权益的情况屡见不鲜，亟须能协调各职能部门的统一法律，明确机构职责，保证法律解释及执行的统一。

以《无障碍环境建设条例》为例，有关职责规定过于宏观。比如，涉及职责的多为"应当""鼓励""支持"等（如"无障碍信息交流"所有条款都是"应当"），规定力度明显不足。此外，执行主体多为"国家""有关部门""县级以上人民政府"等，执行主体规定过于宏观，易造成主体角色缺乏定位，极大削弱了整个法规的适用性与可操作性。再如，尽管规定了

手语播报频次，但"每周至少一次"的下限对聋人群体信息接收的及时性保障力度明显不够，对手语播报的关键因素，如译员画面占比、手语翻译与语音播报的配合方式等缺乏具体规定。此外，尽管明确了公共领域手语服务的必要性，但规定过于笼统，难以具体落实。

（三）规范和推广手语和盲文的人才数量偏低

在我国目前的教育体系中，手语和盲文研究主要被包含在特殊教育之中。尽管近年逐步建立起手语和盲文学科，但从事手语和盲文推广的人员数量整体偏低，从事手语和盲文研究的专业人才更是凤毛麟角，研究基础薄弱，研究水平亟待提高。

以盲文研究为例，从 20 世纪 50 年代至今，没有平行的盲文研究团队，盲文研究一直没有学术争鸣的良好研究环境。高校和科研机构能够承担课题研究的副高级职称以上的人员屈指可数，目前国内没有招收盲文研究方向的硕士点，从事盲文信息化研究的专业人员寥寥无几。

手语专业人才也是同样匮乏。手语语言学专业人才的培养在国外已有半个世纪的历史，在香港则有近 20 年的历史，内地仅有以复旦大学中文系为主的研究机构培养手语专业博士高端人才。2016 年，南京特殊教育师范学院申办手语翻译本科专业，培养应用型人才。我国语言学界不承认手语语言地位的声音依旧强势，严重制约着国内手语语言学的研究和人才培养。

（四）手语和盲文的社会服务供给不足

社会上提供手语翻译、盲文翻译和手语盲文出版等服务的机构、人才都相当匮乏。《残疾人保障法》第 52 条规定"推进信息交流无障碍"，第 55 条要求"在公共服务机构和公共场所，应当创造条件，为残疾人提供语音和文字提示，手语等信息交流服务"，然而缺乏政府在社会各个领域对手语翻译的配置、使用要求和支持政策。目前，我国手语翻译尚未纳入国家职业资格目录，国内业余从事手语翻译（多为特殊学校老师）的人数不足千人，数量严重不足，质量与职业道德也无法得到保证。

美国从制度上扶持手语翻译等社会服务的系列做法对我国来说有一定借鉴意义。1973 年《联邦康复法案第 504 条》规定了政府及事业单位对手语翻译的支持；1990 年《美国残疾人法案》规定了私人企业对手语翻译的支持；1994 年《残疾人教育法》规定了教育系统对手语翻译的支持。此外，美国在人才培养上大力发展手语翻译专业。美国高校手语翻译专业开设已有 30 多年历史，开设的大学有 130 多所①，有 26 所高校设立了手语翻译学士点和硕士点。同时，手语翻译的职业化进程也在不断推进，通过成立系列协会，更有针对性地支持手语翻译服务，如聋人翻译服务注册中心、国家翻译培训联合会、翻译人员训练师会议、大学翻译教育委员会、美国手语教师协会等。2014 年，聋人翻译服务注册中心拥有超过 1.5 万名职业手语翻译，包括听人翻译和聋人翻译，从业人数远超我国。

（五）手语和盲文的信息化水平不高

我国手语和盲文的信息化水平与国外相比存在较大差距，直接制约了出版行业的发展与手语盲文的推广。以盲文为例，尽管我国盲文规范化工作不断推进，但三种类型盲文信息化水平均不高。汉语盲文是用符号表示汉语文字，由于汉语有多音字、音调等复杂性，再加上汉语盲文独特的标调和分词连写使得我国盲文信息化难度大、要求高、挑战多，中文与汉语盲文之间翻译存在诸多困难，导致盲文信息化实际水平远远落后国际水平。国家通用盲文理论上比现行盲文在实现信息上更有优势，但目前尚未实现准确的汉盲互译，需要利用人工智能技术和科技攻关，建立相关数据库和语料库。此外，盲文信息化水平不高，还表现在盲文出版自动化、智能化程度低。我国盲文出版行业一直处于半手工半电子化的程度，盲文翻译、编辑困难，工作效率低。目前，我国尚无国产盲

---

① 孟繁玲：《美国大学手语翻译专业发展给我们的启示》，《中州大学学报》2010 年第 27 期，第 41 页。

文印刷设备，完全依赖从美国、挪威、瑞典、日本等国进口，刻录、印刷、打印等核心技术也基本全部使用进口设备。盲人和盲校教师难以在个人电脑等移动终端上读写盲文。

四　加快手语和盲文信息交流无障碍建设的对策建议

（一）建立健全信息交流无障碍法律保障体系，明确手语和盲文的法律地位

加强手语和盲文的立法工作，通过立法明确手语盲文的语言文字地位和各级政府的责任。国际上手语和盲文发展一般经历了"规范化—教育教学政策—立法"的过程，这种手语和盲文规划路径与我国当前的发展趋势不谋而合。[①]

世界各国对手语和盲文的立法方式各异，主要分三类：

一是信息交流无障碍专门立法：专门立法能够将与手语和盲文相关的各个方面融为一体，如（特殊）教育、手语文化、信息无障碍等，保障较为全面，也有利于提高效力。韩国的手语立法采取这种方式。

二是手语和盲文纳入普通语言文字法：即将信息交流无障碍的相关条文写入普通语言文字法。从我国国情考虑，将手语盲文纳入《国家通用语言文字法》中总体规划、统筹推进，或许能够较好体现"手语和盲文是国家语言文字工作的重要组成部分"。[②] 然而，总体而言《国家通用语言文字法》是规范指导性法律，不具备高强制性，其执行效力可能被削弱。

三是信息交流无障碍纳入残疾人保护法[③]：将手语和盲文作为聋人和盲

---

① 林皓、赵蓉晖：《英国手语的发展演变探析——以语言政策为视角》，《北京联合大学学报》2018 年第 32 期，第 69 ~ 75 页。

② 程凯：《推广国家通用手语和通用盲文是残疾人事业的一项基础性工作》，《残疾人研究》2018 第 3 期，第 3 ~ 7 页。

③ 林皓、魏丹、赵蓉晖：《手语立法的国际比较研究》，《语言文字应用》2018 年第 2 期，第 36 ~ 43 页。

人的一项基本权利，贯穿其教育、工作与生活等方方面面。美国在联邦层面（即国家政府层面）主要采取该方式对美国手语进行立法，以保障美国聋人的教育、工作以及生活相关手语无障碍的权益。相较而言，这种立法方式更有利于切实保障聋人手语权益的具体落实。

有些国家会综合利用以上三种方式，只是在不同层面进行立法或实施政策。例如，美国的《残疾人保障法》是在联邦层面立法，相关手语内容写在针对聋人的保障条例中并明确执行方式，但并未明确承认美国手语的语言法律地位。这主要是由于美国没有颁布类似我国《国家通用语言文字法》的法律规定，甚至英语也未在其法律保护范围之内，被列为官方语言或第一语言。在州层面，却有部分州承认手语的法律地位（甚至该州的地方美国手语）。

综上，我们建议将手语和盲文纳入普通语言文字法，同时也将信息交流无障碍相关保障内容纳入我国残疾人保护法中，明确手语和盲文的法律地位，加强国家通用手语和国家通用盲文的法律保障。如此，将更有利于手语盲文的规范推广，有利于保护听障和视障人群的合法权益。

（二）明确国家与各级政府职责，完善无障碍法律体系实施机制，增强其可操作性

政府应当将手语和盲文纳入国家语言文字工作大局总体安排，在制定和实施语言文字规划政策时，应注重保护听力残疾人和视力残疾人的语言文字权益。[1] 如此才能实现公平、无障碍地运用手语和盲文进行信息交流。因此，需要明确国家与各级政府在推广国家通用手语和通用盲文过程中的主体职责，强化教育部门和教育机构在保护听力残疾人使用手语、视力残疾人使用盲文上的主导责任，突出残工委和残联在落实信息交流无障碍等工作上的执行和监督责任。同时，不断提高社会意识，承认并支持手语盲文

---

[1] 程凯：《加强盲文、手语的研究规范和推广维护视障、听障人士的语文权益》，《语言科学》2016年第15期，第359~360页。

的学习和使用。

2021 年 7 月发布的《第二期国家手语和盲文规范化行动计划（2021—2025 年）》较好地解决了"适用性与可操作性不强"的问题。然而，作为规范性文件，其效力相对有限。同时，建议在残疾人保障法律体系中完善监督机制，增设处罚规定，从而改善手语盲文相关政策的落实情况，切实保障手语和盲文使用者的基本权益。目前，在地方层面，深圳市做了尝试性工作。在 2021 年 9 月起施行的《深圳经济特区无障碍城市建设条例》中首次明确了无障碍环境建设中违规处罚条例，对"举办有听力残疾人参加的大型会议和活动未配备手语翻译或者字幕的"以及"电视节目未按规定加配字幕或者手语翻译的"，"由文化广电旅游体育部门责令限期改正；拒不改正的，给予通报批评"。这种监督处罚措施的设立对我国其他地区的手语政策制定具有借鉴意义。

中国残疾人联合会作为专门为残联人利益服务的机构，应系统有效地开展对各层机构的指导和监督，并不断积极推进和完善无障碍法律体系的实施机制。

（三）加强手语和盲文学科建设和人才培养

手语和盲文研究型和应用型人才的匮乏制约了手语和盲文的发展，因此我们建议通过以下方式加强手语和盲文学科建设和人才培养。

一是鼓励和培育一批专家学者投入到手语和盲文的本体研究和规范化工作的政策研究及基础理论研究中去，建议在国家语委项目、全国自科基金和社科基金项目等研究规划项目和重大研究项目中，增加手语和盲文基础研究和应用研究项目。

二是鼓励更多高校开设手语和盲文相关专业，进行学科建设，培养本科层次应用型人才和研究生层次的研究型人才，并继续增设手语和盲文专业的研究机构。

三是加大手语和盲文培训力度，提高听障和视障人群的手语和盲文水平。

（四）尽快建立手语和盲文社会服务保障体系

不断推动手语翻译、盲文翻译职业化，提高翻译人员的待遇，建立手语和盲文社会服务保障体系，具体应做到以下几点。

一是尽快设立手语翻译、盲文翻译职业类别，设置相应资格考试，鼓励相关人员进入行业就业，同时拓展手语和盲文相关专业大学毕业生的就业渠道。

二是不断扩大手语和盲文应用型人才数量。通过职业资格考试、设置相关专业、组织手语和盲文比赛等途径，扩大社会认知度，让更多人才进入手语和盲文行业。

三是制定手语翻译、盲文翻译等专业服务的薪酬标准，并将手语和盲文服务纳入政府购买服务项目，设置企业和组织提供手语盲文服务的准入机制。由政府主导建立和实施国家通用手语、盲文翻译服务补贴制度，从而吸引更多优秀人才进入手语、盲文翻译行业。

（五）加快手语和盲文信息化建设，大力开展手语和盲文推广工作，营造信息交流无障碍环境

加快手语和盲文信息化建设，尤其是加大科技辅具的建设投入，从而推进信息交流无障碍，保障"合理便利"的有效落实。

一是建设手语和盲文语料库及手语和盲文信息平台，提高信息化水平。尽快构建国家通用盲文语料库大数据平台，助力信息交流无障碍。

二是弥补手语盲文出版行业信息化水平低的短板，推出更多更好的实体书籍和电子资料，如手语讲解视频、盲文试卷、数学公式翻译等，满足听力和视力残疾人的学习需求。

三是推广使用国家通用手语和国家通用盲文。如在教育领域，国家通用手语和盲文应纳入各级各类相关教育评价体系，如考试试卷应该推广使用国家通用盲文。在国家举办的升学考试中，英语试卷建议使用二级英语盲文。在公共服务领域，国家发布有关政策文件时应同时发布国家通用手语和盲文

版；飞机、铁路、轮船、地铁等公共交通应为听力和视力残疾人提供广播、字幕以及国家通用手语等语言文字服务，为其提供更为友好的出行软环境①；市级以上电视台应积极创造条件，在播出节目时配备手语翻译及字幕，开办手语栏目或节目等。

---

① 中国残疾人联合会、中央宣传部、教育部等：《第二期国家手语和盲文规范化行动计划（2021－2025 年）》，安徽省教育厅网站，2021 年 8 月 12 日，http：//jyt. ah. gov. cn/tsdw/ahsyywzgzwyhbgs/zcfg/40456948. html。

B.12
中国互联网信息无障碍
发展报告（2021）

李庆忠 何川 王菊*

摘　要：　本报告梳理了我国信息无障碍发展历程，分析了信息无障碍相关政策取得的历史进步，指出了目前信息无障碍建设面临的问题和挑战。研究发现，制度层面缺乏强制效力与监督措施、政策层面普遍缺乏配套落地实施办法、需求层面仍然存在较多障碍、技术层面遵循无障碍开发规范不积极、意识层面社会对信息无障碍认识尚不充分等五大问题和挑战。报告最后，提出加快信息无障碍立法、明确政府采购目录产品必须符合信息无障碍要求、提高信息无障碍在创建文明城市指标中的权重、强化监督落实明确违法处罚措施、将信息无障碍纳入通识教育体系、设立我国信息无障碍宣传日等六条立法建议。

关键词：　互联网　信息无障碍　无障碍环境　信息无障碍宣传日

我国拥有8500万残疾人，2.64亿60岁及以上老年人，信息技术的快

---

* 李庆忠，全国政协委员、中国残联理事、中国盲人协会常务副主席，世界盲联亚太区主席；何川，中国盲人协会副主席、秘书长，北京市盲人协会主席，中国视障文化资讯服务中心信息无障碍中心主任；王菊，硕士，中国视障文化资讯服务中心（中国盲文图书馆）参考咨询馆员，社会工作师，研究领域为残疾人社会工作。

速发展不应也无法忽略这 3 亿多人的信息需求。信息无障碍①作为无障碍环境建设的重要组成部分，旨在通过信息化手段弥补身体机能、所处环境等存在的差异，使任何人（无论是健全人还是残疾人，年轻人还是老年人）都能平等、方便、安全地获取、交互、使用信息，共享信息化发展成果。近年来，我国信息无障碍建设稳步推进，出台了一系列法规政策和标准，信息无障碍环境不断优化。但由于我国信息无障碍发展时间短，全社会对信息无障碍的理解与认识尚不成熟，信息无障碍发展中仍然面临诸多问题和挑战。本报告梳理了我国信息无障碍发展历程，分析了信息无障碍相关政策取得的历史进步，指出了目前信息无障碍建设面临的问题和挑战，在综合分析的基础上提出信息无障碍立法建议。

一 我国互联网信息无障碍发展历程

"在信息时代和网络社会中，就残疾人群的生存和发展而言，信息无障碍较之城市设施无障碍具有同等甚至更为重要的意义。"2000 年 7 月，在日本冲绳召开的 G8 会议发表了《实现全球信息化社会的冲绳宪章》，第一次提出"逾越数字鸿沟"的概念，即信息无障碍的理念，② 明确了信息无障碍建设的重要意义。2006 年 12 月 13 日，联合国大会通过《残疾人权利公约》，公约第 9 条，明确了关于信息无障碍的基本实施建议和适当措施，明确了缔约国确保残疾人获取信息与通信技术的义务。第 21 条、第 29 条和第 30 条，更加详细说明了这一问题，并指出，媒体、通信和 ICT（信息通信技术）可作为扩展平台，帮助残疾人实现表达意见、获得信息、参与文化生活、娱乐、休闲和体育活动的权利。这些条款一致要求所有内容、通信、信息、硬件、软件和接口做到无障碍获取。

---

① 本报告中的信息无障碍均指互联网信息无障碍。
② 《信息无障碍》，人民网，2013 年 5 月 20 日，http：//wza.people.com.cn/wza2013/info.php。

（一）我国信息无障碍起步

我国信息无障碍事业进入公众视野始于 2004 年。2004 年 10 月 15 日，中国残疾人联合会、中国互联网协会主办，中国盲文出版社、中国互联网协会互联网天地杂志社、IBM 全球信息无障碍中心在北京共同举办了首届中国信息无障碍论坛，论坛以"信息无障碍"为主题，围绕"残疾人需要信息无障碍""信息无障碍需要全社会的关注""信息无障碍作为公益事业可以带来新的商机"及"中国信息无障碍的现状及发展方向"等观点展开讨论，开启了我国信息无障碍事业发展历程。

1. 完善法律提供法制保障

2007 年 3 月 30 日我国成为联合国《残疾人权利公约》缔约国，按照公约核心理念和信息无障碍方面的要求，2008 年对《中华人民共和国残疾人保障法》进行了全面修订，为推进信息无障碍建设提供了法制保障。《中华人民共和国残疾人保障法》第五十二条规定："国家和社会应当采取措施，逐步完善无障碍设施，推进信息交流无障碍，为残疾人平等参与社会生活创造无障碍环境。"第五十四条规定："国家采取措施，为残疾人信息交流无障碍创造条件。各级人民政府和有关部门应当采取措施，为残疾人获取公共信息提供便利。国家和社会研制、开发适合残疾人使用的信息交流技术和产品。"

2. 出台文件推动发展

党中央、国务院连续出台文件推动信息无障碍发展。2008 年《中共中央、国务院关于促进残疾人事业发展的意见》提出："加快无障碍建设和改造，要求制定、完善并严格执行有关无障碍建设的法律法规、设计规范和行业标准。""积极推进信息和交流无障碍。""公共机构要提供语音、文字提示、盲文、手语等无障碍服务，影视作品和节目要加配字幕，网络、电子信息和通信产品要方便残疾人使用。"该意见通常称为信息无障碍 7 号文件，是截至目前国内关于信息无障碍建设的"最高行动纲领"。

2010 年，国务院办公厅转发了中国残联等 16 个单位《关于加快推进残疾人社会保障体系和服务体系建设的指导意见》，规划了 2015～2020 年任务目标，要求推进信息和交流无障碍建设，提高全社会无障碍意识。有关部门要将信息交流无障碍纳入信息化建设规划，制定信息无障碍技术标准，推进互联网和手机、电脑等信息无障碍实用技术和产品研发。政府政务信息公开要采取信息无障碍措施，公共服务机构要提供语音、文字提示、盲文、手语等无障碍服务。图书和声像资源数字化建设要实现信息无障碍。

2015 年 1 月，《国务院关于加快推进残疾人小康进程的意见》明确提出，"完善信息无障碍标准体系，逐步推进政务信息以无障碍方式发布、影像制品加配字幕，鼓励食品药品添加无障碍识别标识。鼓励电视台开办手语栏目，主要新闻栏目加配手语解说和字幕。研究制定聋人、视力残疾人特定信息消费支持政策"。

3. 制定法规填补空白

2012 年 6 月，国务院颁布了《无障碍环境建设条例》。这是我国第一部关于无障碍环境建设的专门行政法规，它标志着我国无障碍环境建设步入了法制化轨道。[1] 该条例对无障碍信息交流做出了规定，提出"国家鼓励、支持采用无障碍通用设计的技术和产品，推进残疾人专用的无障碍技术和产品的开发、应用和推广；县级以上人民政府应当将无障碍信息交流建设纳入信息化建设规划，并采取措施推进信息交流无障碍建设；残疾人组织的网站应当达到无障碍网站设计标准，设区的市级以上人民政府网站、政府公益活动网站，应当逐步达到无障碍网站设计标准"。

4. 发布标准明确技术要求

2010 年《关于加快推进残疾人社会保障体系和服务体系建设的指导意见》最早提出建设信息无障碍技术标准。"十二五"前后发布的信息无障碍建设标准有：《YD/T 1890－2009 信息终端设备信息无障碍辅助技术的要求和评测方法》《YD/T 2065－2009 信息无障碍用于身体机能差异人群的信息

---

① 郑功成主编《中国残疾人事业研究报告（2019）》，社会科学文献出版社，2019，第 34 页。

终端设备设计导则》《YD/T 2098 - 2010 信息无障碍语音上网技术要求》《YD/T 2313 - 2011 信息无障碍术语、符号和命令》《YD/T 1761 - 2012 网站设计无障碍技术要求》《YD/T 1822 - 2012 网站设计无障碍评级测试方法》等。

5. 政务信息无障碍率先行动

2008 年北京奥运会之前，首都之窗和第 29 届夏季奥运会官网已完成无障碍建设，2010 年上海世博会，中国上海、世博会及上海残联网站也进行了无障碍建设。① 2013 年以来，人民网、新华网开设信息无障碍专题报道信息无障碍。2013 年"美丽中国——中国政务信息无障碍公益行动"正式启动，2014 年 3 月，100 家中央媒体和 100 个地方政府共同开展"双百示范行动"，对于推进中国政务信息无障碍交流环境建设起到重要作用。

（二）"十三五"期间快速推进

"十三五"期间，伴随互联网信息技术迅速发展，信息无障碍建设也在加快推进，表现在四个方面。

1. 相关文件密集出台

仅在 2016 年一年，出台文件中就有 7 份涉及信息无障碍，分别为 2 月《关于加强网站无障碍服务能力建设的指导意见》、3 月《中华人民共和国国民经济和社会发展第十三个五年规划纲要》、7 月《国家信息化发展战略纲要》、8 月《"十三五"加快残疾人小康进程规划纲要》、9 月《无障碍环境建设"十三五"实施方案》、9 月《国家人权行动计划（2016—2020年)》、10 月《关于推进老年宜居环境建设的指导意见》、12 月《"十三五"国家信息化规划》等。2017～2020 年，又陆续出台了《关于支持视力、听力、言语残疾人信息消费的指导意见》《关于推进信息无障碍的指导意见》《关于切实解决老年人运用智能技术困难的实施方案》《互联网应用适老化

---

① 《加快推动无障碍环境建设　共创文明交流新环境》，人民网，2019 年 8 月 6 日，http：//wza. people. com. cn/wza2013/a/xinwensudi/2019/0806/1410. html。

及无障碍改造专项行动方案》等政策文件。

2. 相关标准加速制定

《YD/T 3076 –2016 信息无障碍视障者互联网信息服务辅助系统技术要求》《GB/T 36353 –2018 读屏软件技术要求》《GB/Z 36471 –2018 信息技术 包括老年人和残疾人的所有用户可访问的图标和符号设计指南》《YD/T 3694 –2020 移动通信终端无障碍测试方法》《GB/T 36443 –2018 信息技术 用户、系统及其环境的需求和能力的公共访问轮廓框架》《TISC –0007 – 2021 Web 信息无障碍通用设计规范》等，国家标准、行业规范的完善为信息无障碍技术应用发展提供了支撑。2020 年 3 月 1 日《GB/T 37668 –2019 信息技术互联网内容无障碍可访问性技术要求与测试方法》正式实施，这是互联网信息无障碍领域的第一个国家标准，被誉为"在互联网上铺盲道"的实质进展。

3. 相关领域加速拓展

"十三五"期间，信息无障碍从主抓政务网站无障碍向推进公共服务无障碍转变。"十三五"以前，信息无障碍建设主要针对政务网站、残联网站以及政务服务提出信息无障碍要求，具体无障碍服务要求集中在提供语音、文字提示、盲文、手语、加配字幕等，其他要求相对泛化，其他公共服务的信息无障碍提及较少。"十三五"以来，提出大力推进互联网和移动互联网信息服务无障碍，公共服务机构、公共场所和公共交通工具要完善信息交流无障碍服务。要推进政府和从事相关公共服务的行业采取信息无障碍措施，鼓励支持相关信息无障碍产品的研发、生产、推广和应用。

4. 相关企业逐渐加入

越来越多的企业响应政府号召加入信息无障碍建设队伍。有的企业主动开展信息无障碍产品开发和服务系统建设，主动邀请视力残疾人对网站、应用程序进行无障碍测评，根据体验结果进行无障碍优化。有的企业积极参与信息无障碍行业标准制定，根据标准要求在国内率先对设备进行无障碍优化。有的企业开发助盲信息服务系统及应用程序，为视障者提供图片辨识、视频协助等服务。还有一些社会团体或组织通过广泛宣传信息无障碍理念，提升社会对信息无障碍工作的重视程度，共同推动我国信息无障碍发展。

（三）新冠肺炎疫情加速信息无障碍进程

新冠肺炎疫情让人们意识到信息无障碍受益群体不仅包括残疾人，更包括数量庞大的老年人群体、不同地域和文化层次的特殊群体，2020年以来，相关部门大力推动互联网应用适老化水平及特殊群体的无障碍普及，推动科技创新成果惠及全民。《关于推进信息无障碍的指导意见》重申了信息无障碍的概念，明确了仍然存在的顶层设计欠缺、市场有效供给不足、产品服务质量不高、社会普遍认知不强等问题。提出了加强信息无障碍法规制度建设、加快推广便利普惠的电信服务、扩大信息无障碍终端产品供给、加快推动互联网无障碍化普及、提升信息技术无障碍服务水平、完善信息无障碍规范与标准体系建设、营造良好信息无障碍发展环境等七大任务，计划到2025年底，建立起较为完善的信息无障碍产品服务体系和标准体系。《互联网应用适老化及无障碍改造专项行动方案》为推动信息无障碍政策落地实施提供了范例。

二 互联网信息无障碍政策发展现状

我国信息无障碍事业经历近二十载，如今信息无障碍环境明显改善，相关法律法规和规范性文件不断完善，重点受益群体的信息无障碍体验更顺畅，信息获取、使用和交互能力不断提升，为"十四五"期间更好地发展信息无障碍事业提供了坚实基础。

信息无障碍理念认识逐渐深化。以"受益群体"范围举例，2016年以前的法律法规政策文件中，提及信息无障碍受益群体主要是指残疾人。信息无障碍建设的法律依据是《中华人民共和国残疾人保障法》，最高政策依据是《中共中央、国务院关于促进残疾人事业发展的意见》，第一部行政法规《无障碍环境建设条例》中关于信息无障碍建设要求也主要针对残疾人。直到 2016 年 10 月，全国老龄办、中国残联等 25 个部门制定《关于推进老年宜居环境建设的指导意见》，提出"构建适老信息交流环境。进行信息无障碍改造，提升互联网网站等通信设施服务老年群体的能力和水平，全面促进和改善信息无障碍服务环境，消除老年人获取信息的障碍，缩小数字鸿沟"，信息无障碍受益群体开始扩展到老年人。2016 年 12 月，国务院《"十三五"国家信息化规划》提出"统筹构建国家特殊人群信息服务体系，提供精准优质高效的公共服务"，在此受益群体表述为特殊人群。2020 年《关于推进信息无障碍的指导意见》将受益群体表述为：老年人、残疾人、偏远地区居民、文化差异人群等信息无障碍重点受益群体（简称"重点受益群体"）。受益群体表述的转变表面上看是受益群体范围扩大，实则体现了全社会对信息无障碍概念及理念认识的深化。

信息无障碍政策落地实施力度在加大。以 2020 年 9 月工信部、中国残联共同印发的《关于推进信息无障碍的指导意见》和 2020 年底工信部印发的《互联网应用适老化及无障碍改造专项行动方案》为代表的政策文件，落实信息无障碍的任务更加清晰，责任更加明确，要求更加具体，成为信息无障碍政策文件落地实施的典范。

信息无障碍建设内容更加具体丰富。2008 年前后，信息无障碍建设主要指公共机构无障碍服务，影视作品加配字幕，网络、电子信息和通信产品方便残疾人使用。网站的信息无障碍建设主要针对政府和残联网站。应该说当时人们对信息无障碍的认识尚处于起步阶段。2010 年以后开始提出制定信息无障碍技术标准，让信息无障碍开始有技术依托。2015 年和 2017 年实施信息消费支持政策，让信息无障碍扩展到基础设施建设领域。2016 年提出加强无障碍通用产品和技术的研发应用以及鼓励企业提供信息无障碍服务，开始动员社会力量参与解决信息无障碍。2020 年《关于推进信息无障碍的指导意见》中提出的信息无障碍建设任务涵盖了基础设施、产品终端、技术标准、环境建设以及评价等方方面面的内容，内容更加明确具体。

三　互联网信息无障碍问题与挑战

我国信息无障碍建设取得了长足进步，相关法规和标准体系已初步建成，但在实践发展过程中还存在一些问题和挑战。

（一）制度层面缺乏强制效力与监督措施

信息无障碍法律法规和技术标准体系虽然相对完善，但缺乏强制效力。有法律不遵从、有规划难落实、有标准不执行是信息无障碍发展的制度障碍。举例来说，尽管 2008 年我国修订通过的《中华人民共和国残疾人保障法》、2012 年国务院颁布的《无障碍环境建设条例》，以及 2016 年公布的《关于加强网站无障碍服务能力建设的指导意见》，对于互联网信息无障碍有相应的标准和明确的要求，但实际上能达到无障碍标准的网站并不多，政府网站、政务服务 App 没有实现信息无障碍的情况仍然相当普遍；各种商业网站、手机系统和应用软件仍然存在诸多应用障碍，许多智能产品无障碍优化仍然不尽如人意。其中重要原因是相关法规政策大多数为"应当""鼓励"等倡导性意见，不具备强制效力，对于法律法规政策是否落地实施，落地实施后效果如何没有监督措施。

（二）政策层面普遍缺乏配套落地实施办法

有些产品研发企业或软件开发人员对于改进信息无障碍问题"感觉无从下手"，一方面是因为他们对规范性文件和技术标准的理解缺乏主动性，另一方面也在于过去很长一段时间内，关于信息无障碍的规范性文件多为宏观或框架性指导意见，缺乏落地配套措施和具体实施方法，导致有的企业或开发人员产生无所适从感。比如，2010 年《关于加快推进残疾人社会保障体系和服务体系建设的指导意见》，规划了 2015～2020 年任务目标，要求提高全社会无障碍意识，但后续并未就如何提升全社会无障碍意识出台具体操作办法。

（三）需求层面仍然存在较多障碍

视力残疾人是信息无障碍重点受益群体之一。中国盲人协会作为视力残疾人权益代表组织，一直关注视力残疾人信息无障碍需求及应用情况。2017年，在联合国教科文组织的支持下，开展了关于我国成年重度视力残疾人信息无障碍状况调查；2018年，委托深圳无障碍研究会开展了面向视障群体的信息无障碍环境建设现状及政策应用研究。近年来，中国盲人协会也一直积极参与信息无障碍工作，包括参与国家相关政策的制定过程，提出群体的需求和建议；配合工业和信息化部等有关职能部门，共同开展信息无障碍的评测达标工作；参与编制适老化和无障碍网站、App、智能终端等相关标准；共同推动《马拉喀什条约》落地；与企业联合开展网络就业推进、通信费用减免等项目；以及参与大学校园无障碍、数字人民币等多项有关信息无障碍的工作。在参与信息无障碍建设过程中，发现视力残疾人关于信息无障碍的一些需求尚未得到满足，总结起来有如下方面。

1. 常见障碍仍然随处可见

读屏软件的兼容问题、验证码问题、按钮问题、图片和标签识别问题等，是重度视力残疾人在互联网使用时遇到的常见障碍，这些障碍在信息无障碍推进中已成为共识问题，但至今仍然普遍存在。手机端和PC端读屏软件经常会遇到一些无法朗读或未命名的标签或按钮，一些基本功能无法用读屏软件来操作，比如播放按钮只是一个图标，没有添加说明文本。软件在读屏时只能说出"按钮"两个字，不能说出它的具体含义。有的在社交软件中打开的电子文档，读屏软件无法读取；还有一些杀毒软件，要关闭读屏功能才能使用，等等。

工业和信息化部在《互联网应用适老化及无障碍改造专项行动方案》中专门针对读屏软件兼容、验证码、按钮标签和图片信息不可读等问题提出改造方案。但该行动方案中所涉及的网站和应用程序在整个互联网应用中只是一部分，要实现这些常见问题的全网无障碍优化还需要更大努力。

2. 政务服务网站及应用程序无障碍优化不尽如人意

2020 年以来，各地区各部门依托全国一体化政务服务平台，大力推进"一网通办""异地可办""跨区通办"，"掌上办""指尖办"逐步成为政务服务标配。[①] 然而，据视力残疾人用户反映，很多政务服务网站及应用程序尚未进行无障碍优化，在使用过程中经常遇到障碍。

3. 自助终端产品应用存在较大困难

政务服务终端、自助服务终端被广泛应用，政务大厅、医院、银行、机场、火车站、地铁站随处可见，并普遍采用了信息化操作界面。视力残疾人反映有的自助终端完全没有做无障碍优化，有的自助终端只对使用中的某些环节做了优化。随着越来越多的终端产品走进人们日常生活，这些产品存在的信息障碍还需要充分考虑。

4. 阅读和文献查询互联网应用存在障碍

2010 年《关于加快推进残疾人社会保障体系和服务体系建设的指导意见》中提出图书和音像资源数字化建设要实现信息无障碍。但现实情况是大部分数字阅读文献类互联网应用，包括文献提供类、图书数字加工类、数字图书馆等网站、应用程序和设备，提供的文献查询与文本索引仅能用眼睛看，并无其他可替代感知方式。

5. 产品无障碍优化缺乏系统规划

无障碍优化不能贯穿产品研发始终，出现"有时好用，有时不好用，版本一升级就不能用了"的情况大量存在，"可能是换程序员了"或者"升级版本时忘了无障碍优化"。究其原因，一方面在于软件开发人员对信息无障碍的认识存在差异；另一方面，更与企业产品研发时缺乏系统规划有关。

（四）技术层面遵循无障碍开发规范积极性不高

部分网站信息无障碍建设不尽如人意，与在"打地基"时没有考虑信

---

① 中国互联网络信息中心：《第 47 次中国互联网络发展状况统计报告》，2021 年 2 月，http：//www. cac. gov. cn/2021 - 02/03/c_ 1613923423079314. htm。

息无障碍有很大关系。① 比如，目前广泛用于国内各类移动设备平台开发的安卓操作系统，底层代码已预留了无障碍接口，但是国内一些应用开发商，有的因为控制开发成本或测试成本，不去沿用、遵循无障碍接口开发规范，有的是不懂残疾人需求，最终导致即使视力残疾人群有了配备读屏软件的手机，也无法使用应用程序的情况。有的企业在后来的产品开发中开始接通无障碍接口，但整体的无障碍建设成本提高了很多。据了解，当前大多数的编程语言都有无障碍接口，可以和相应的辅助技术进行配合，只需遵循无障碍开发规范从底层开始注重无障碍开发，就能够完善信息无障碍优化体验。

（五）意识层面社会对信息无障碍认识尚不充分

随着人工智能技术的不断发展和应用加速，相关技术与辅助工具的融合将推动行业实现跨越式发展，未来将不仅仅造福残疾人、老年人等特殊群体，更能够惠及特殊场景下的健全人。举例来说，服务于听障者的语音转文字功能，也能够在不方便听的场景下帮助健全用户读取信息；服务于视障者的文本语音功能，也能够帮助健全用户在不方便看的场景下使用地图导航；实时翻译功能，也能够帮助人们在旅行时跨越语言障碍顺畅交流。信息技术的发展让人们有更多通用技术可以选择，人工智能、大数据等可以作为障碍群体使用的辅助技术，在给特殊群体带来便利的同时，也能为所有人改善生活环境。但是，社会对信息无障碍的认识尚未形成广泛共识。首先，重点受益群体中的一部人对信息无障碍缺乏认识。比如有的残疾人或老年人对使用互联网或相关产品有畏难情绪，对信息无障碍相关服务和方法知之甚少。其次，企业对信息无障碍的认识停留在献爱心层面。信息无障碍技术已经很成熟，之所以现在还有不同程度的障碍，部分是因为很多企业把无障碍优化当作献爱心，是在做慈善，当然也有企业从履行企业社会责任的角度开展工作。这样做的结果容易导致无障碍优化不

---

① 《我用耳朵"看"世界 ［倾听·关注互联网信息无障碍建设（下）］》，《人民日报》2020年1月2日，第7版。

能贯穿产品研发始终，企业缺乏系统规划，没有全流程控制。具体到开发人员，每个人对信息无障碍的认识存在差异，当遇到产品升级或开发人员变更时，无障碍问题又可能出现。

四 立法建议

《中华人民共和国国民经济和社会发展第十四个五年规划和2035年远景目标纲要》将无障碍环境建设作为突出重点工作予以强调，要求加快信息无障碍建设，帮助老年人、残疾人等共享数字生活。2021年7月国务院印发《"十四五"残疾人保障和发展规划》中，将信息无障碍作为数字社会、数字政府、智慧城市建设的重要组成部分，纳入文明城市测评指标。2021年9月开始实施的《中华人民共和国数据安全法》第十五条提出，国家支持开发利用数据提升公共服务的智能化水平。提供智能化公共服务，应当充分考虑老年人、残疾人的需求，避免对老年人、残疾人的日常生活造成障碍。为推动信息无障碍发展在"十四五"期间取得新成就，提出如下建议。

（一）加快信息无障碍立法工作

党中央、国务院高度重视并全面支持开展信息无障碍工作，工信部、中国残联等各部委及相关机构也制定了相对完善的规范性文件和技术标准。但由于相关政策缺乏强制效力和有力监督措施，导致各项法规、政策的落地实施存在较大差异，信息无障碍建设仍然存在诸多问题和挑战。《关于推进信息无障碍的指导意见》已经提出了加强信息无障碍法规制度建设，推进信息无障碍相关立法工作的任务。建议加快推进信息无障碍立法进程，提升信息无障碍建设法律地位，为任何人在任何时候都可以共享美好数字生活新图景提供法律保障。

（二）明确政府采购目录产品必须符合信息无障碍要求

借鉴国外在推动信息无障碍建设中的经验，立法明确政府在推动信息无障碍发展中的管理监督作用和应承担的具体责任，结合国内情况，建议立法明确政府在采购信息软件及应用程序或信息终端产品时将信息无障碍作为硬性指标，对不符合无障碍要求的产品实施"一票否决"制。

（三）提高信息无障碍在创建文明城市指标中的权重

2021 年 7 月国务院印发《"十四五"残疾人保障和发展规划》中，将信息无障碍作为数字社会、数字政府、智慧城市建设的重要组成部分，纳入文明城市测评指标。建议立法明确信息无障碍在数字社会尤其是智慧城市建设中的重要地位，研究并提升其在文明城市创建指标中的权重。

（四）强化监督落实明确违法处罚措施

立法强化责任主体，明确责任分工，强化落实监督，制定具体处罚措施，提升对公共服务网站、应用程序及终端系统的信息无障碍监督力度，对不符合无障碍要求的相关产品及服务限期整改，对在一定期限内仍无法完成信息无障碍的产品及服务采取强制关停及下架处理。明确中国盲人协会等受益群体代表机构必须参与监督工作，配合职能部门开展测评达标工作。

（五）将信息无障碍纳入通识教育体系

信息无障碍是一个需要全社会参与的系统工程，教育机构也是重要参与者。鼓励教育机构加强对信息无障碍技能和意识的培养，包括在计算机、软件工程专业的开发课程中增强无障碍开发理念，在工业设计上增加通用设计课程，将信息无障碍列入通识教育。据了解，浙江大学已经在学科设置中纳入信息无障碍相关内容。希望更多的高等教育甚至是职业教育将信息无障碍纳入其中。

（六）设立我国信息无障碍宣传日

2012 年，联合国将每年 5 月的第三个星期四定为"全球无障碍宣传日",但是无障碍宣传在我国还没有被广泛认识,建议立法设立我国信息无障碍宣传日,利用宣传日广泛进行信息无障碍宣传。

参考文献

《2020 年全球无障碍日 中国信息无障碍重大进展发布》,人民网,2020 年 7 月 14 日,http://wza. people. com. cn/zxd/a/zuixinzixun/2020/0521/137. html。

韩鑫:《让信息无障碍成为社会共识》,《人民日报》2020 年 11 月 23 日,第 5 版。

《盘点 2017 年中国信息无障碍十大进展》,新华网,2018 年 2 月 2 日,http://www. xinhuanet. com/gongyi/2018 - 02/02/c_ 129804299. htm。

王勇:《2018 年中国信息无障碍十大进展发布》,《公益时报》2019 年 1 月 8 日。

中国信息通信研究院和深圳市信息无障碍研究会:《中国信息无障碍发展白皮书 (2019 年)》,http://www. caict. ac. cn/kxyj/qwfb/bps/2019071t20190726_ 206187. htm。

凌亢主编《中国残疾人事业发展报告 (2019)》,社会科学文献出版社,2019,第 34 页。

代红等:《国内外信息无障碍法律法规及标准研究》,《建设科技》2019 年第 13 期。

《首届中国信息无障碍论坛在北京举行》,中国互联网协会官网,2011 年 8 月 12 日,https://www. isc. org. cn/gyjs/xxwza/listinfo - 15479. html。

支 撑 篇
Support Reports

B.13
中国辅助器具基本保障制度
发展报告（2021）

吕　程*

摘　要：　辅助器具是创建无障碍环境的基础。我国是世界上辅助器具需求人数最多的国家，但至今尚未在国家层面建立辅助器具基本保障制度，无法充分满足障碍群体的基本辅助器具需求。本报告从辅助器具需求与服务获取现状出发，系统梳理了我国辅助器具保障制度的发展历程及现状，并与部分发达国家和地区的制度进行了比较。在此基础上，总结分析了我国现有辅助器具保障制度存在的政策覆盖人群不广泛、辅助器具配置目录不统一、费用支付规则不合理、补贴资金来源不稳定、服务传递机制不完善等不足之处。最后，对上述有待改进的方面提出建议，以期推动我国辅助器具基本保障制度的建立与实施。

---

* 吕程，大连理工大学博士研究生，研究领域为辅助器具政策。

关键词： 无障碍环境 辅助器具 基本保障制度

一 辅助器具与无障碍环境

残疾的发生与环境密切相关。根据《世界残疾报告》，残疾不仅是指个人健康状况的损伤，还包括由个人和环境之间相互作用产生的消极结果所导致的活动受限和参与局限。① 所以，残疾是一种由于人与周围环境之间的不协调而形成的生存状态。在人的一生中，这种与环境不协调的状况随时都会发生，而且每个人都可能在某个人生阶段遭遇这种状况，即使是健全人。例如，一个健全人在黑暗环境中和盲人一样都存在视觉障碍，在国外的环境中和聋哑人一样存在言语和听觉障碍。从某种程度上，这些现象也可以说是一种"残疾"。②

在健全人占大多数的社会中，绝大部分环境都是基于健全人的需求而建设的。这使得大部分的人造环境与残疾人的需求不协调，不能为残疾人使用，给他们融入环境带来了障碍。为了克服人造环境带来的障碍，需要为这部分群体创建无障碍环境。建设无障碍环境，不仅是障碍群体参与社会生活的需要，同时也是其提高生活质量的需要，更是使之发挥潜能、为社会做贡献、实现自我价值的需要。更重要的是，无障碍环境也能使健全人受益。例如城市地铁站的无障碍电梯，不仅方便残疾人，也能为老年人、推婴儿车的成人以及手提重物的健全人提供便利；再比如手机读屏软件，不仅为视障人群提供帮助，也能使视力暂时受损或阅读手机不便的健全人受益。所以，无障碍环境建设是惠及残疾人、老年人、妇女、儿童以及其他所有社会成员的民生工程，是物质文明和精神文明的集中体现，是现代社会文明进步的标志。

---

① 世界卫生组织、世界银行：《世界残疾报告》（概要），《中国康复理论与实践》2011 年第 17 卷第 6 期，第 501~507 页。

② 朱国陵、王保华：《论残疾、无障碍环境与辅助器具》，《残疾人研究》2016 年第 03 期，第 40 页。

辅助器具在无障碍环境建设中起到了重要作用。由于多数功能障碍者自身的健康状况无法改变，只能通过创建无障碍环境来帮助他们融入社会。辅助器具从改变个人环境和公共环境两方面为功能障碍人群的无障碍环境建设提供帮助。[1] 一方面，针对自身损伤导致的障碍，可以利用个人用辅助器具来弥补功能上的不足，实现个人无障碍环境，例如听力障碍者的助听器、肢体障碍者的轮椅、假肢等；另一方面，针对外界环境带来的障碍，可以依靠公共用辅助器具来消除人造环境里遇到的障碍，实现公共环境无障碍，例如针对肢体障碍者的建筑物入口的坡道、扶手，针对视力障碍者的盲道、电梯按键盲文等。可以说，创建无障碍环境的实质就是用辅助技术帮助功能障碍者补偿和改善自身功能，克服环境里的障碍。所以，辅助器具是无障碍环境建设的物质基础，也是影响无障碍环境建设质量的重要因素之一。

我国有超过 2 亿的老年人，残疾人口超过 8500 万，加上相当数量处于康复期的伤病人群，是世界上辅助器具需求最大的国家。提供基本辅助器具服务，既能满足障碍群体参与社会生活的基本需求，同时也能极大地提升障碍群体的自理能力，减轻护理负担，降低保健成本，是解放和发展社会生产力的有益手段。[2] 因此，建立辅助器具基本保障制度，提供满足需求的辅助器具服务是十分必要的。这不仅是社会人权保障的体现，也是社会文明和公正的体现，更是政府责任意识的体现，对推动无障碍环境建设高水平、高质量发展具有重要意义。

二 辅助器具需求与服务获取发展现状

辅助器具需求是我国残疾人基本需求的重要组成部分。根据第二次全国

---

[1] 朱图陵、王保华：《论残疾、无障碍环境与辅助器具》，《残疾人研究》2016 年第 3 期，第 40 页。

[2] 董理权、吴小高：《我国残疾人基本辅助器具服务保障制度建立的必要性浅析》，《中国康复理论与实践》2016 年第 22 卷第 8 期，第 989~992 页。

残疾人抽样调查①，按照需求比例从高到低，我国残疾人基本需求排名前四的是医疗服务与救助需求、救助或扶持需求、辅助器具需求和康复训练与服务需求，其比例分别为72.78%、67.78%、38.56%和27.69%。在与残疾人康复相关的服务中，辅助器具依然是主要需求之一。残疾人康复需求按照比例从高到低，排名前四的为医疗服务与救助需求、贫困残疾人救助需求、康复训练与服务需求，以及辅助器具需求，其比例分别为34.84%、33.25%、14.76%和13.49%。② 此外，不同类别的残疾人对辅助器具的需求存在显著的差异性。③ 其中，听力残疾对辅助器具的需求最高（31.64%），视力残疾（15.69%）、肢体残疾（15.54%）和言语残疾（12.17%）对辅助器具的需求次之，而智力残疾（3.94%）与精神残疾（1.98%）对辅助器具的需求较低（如图1所示）。

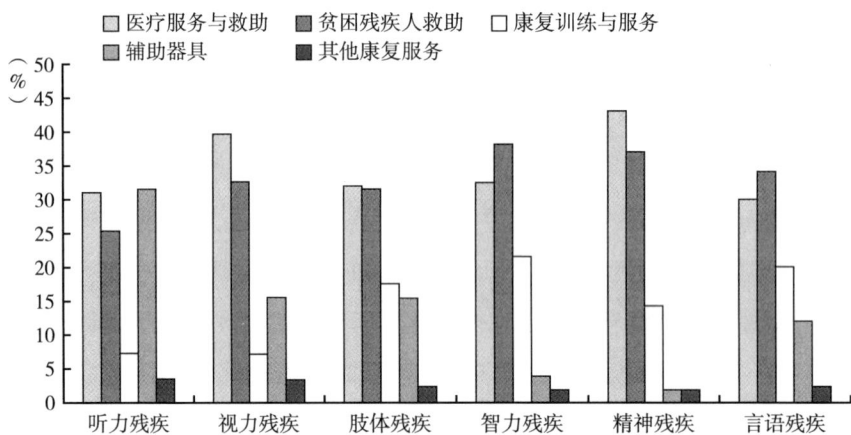

图1　第二次全国残疾人抽样调查中各类残疾人康复需求及占比

资料来源：第二次全国残疾人抽样调查办公室编《第二次全国残疾人抽样调查资料》，中国统计出版社，2007。

---

① 《第二次全国残疾人抽样调查主要数据公报》，https：//www.cdpf.org.cn/zwgk/zccx/cjrgk/93a052e1b3d342ed8a059357cabf09ca.htm。
② 邱卓英、李欣、李沁燚等：《中国残疾人康复需求与发展研究》，《中国康复理论与实践》2017年第23卷第8期，第869~874页。
③ 同上。

"十三五"期间，残疾人事业在全面建设小康社会的进程中取得了新成就。残疾人小康进程的主要任务目标大部分已经顺利实现，特别是残疾人城乡居民基本医疗保险参保率、困难残疾人生活补贴和重度残疾人护理补贴等基本民生指标均已达到预期值，残疾人生活的获得感、幸福感、安全感得到了进一步提升。[①] 随着残疾人小康进程的深入，残疾人的康复需求也发生了变化。根据"十三五"期间某省级残疾人各类基本康复服务状况和需求专项调查数据[②]（如图2所示），辅助器具需求在所有康复服务需求中的占比有了显著提升，且与残疾人类别密切相关。数据显示，对于听力残疾、视力残疾和肢体残疾，辅助器具都是需求最高的康复服务，分别占调查人群总数的65.50%、56.50%和55.90%。相比而言，智力残疾和精神残疾的辅助器具需求量占比较低，仅占调查人群总数的27.44%和10.78%。以听力残疾为例，各类康复需求占比从高至低分别为辅助器具（65.50%）、药物（22.70%）、护理（19.10%）、功能训练（16.20%）和手术（2.20%），辅助器具需求远高于其他康复需求。以上数据表明，"十三五"期间，辅助器具已经成为我国残疾人需求最高的康复服务。

但是，残疾人接受的辅助器具服务与日益增长的需求之间仍存在较大差距。根据2016～2020年中国残疾人联合会公布的《中国残疾人事业发展统计公报》汇总的数据（如表1所示），"十三五"期间，我国获得基本康复服务人数及获得各类辅助器具适配服务的人数总体呈上升趋势，但获得各类

---

① 陈功、谭文静、刘尚君等：《"十三五"规划残疾人事业实施情况中期评估——第三方评估》，《中国康复医学杂志》2020年第35卷第9期，第1025页。

② 田红梅、邱卓英、李欣等：《肢体残疾人康复需求与康复服务发展状况 Logistic 回归分析研究》，《中国康复理论与实践》2020年第26卷第5期，第508～512页；鲁心灵、李欣、邱卓英等：《视力残疾人康复需求和康复服务发展状况 Logistic 回归分析研究》，《中国康复理论与实践》2020年第26卷第5期，第513～517页；程子玮、陈佳妮、邱卓英等：《听力残疾人康复需求与康复服务发展状况 Logistic 回归分析研究》，《中国康复理论与实践》2020年第26卷第5期，第518～522页；鲁心灵、李欣、邱卓英等：《精神残疾人康复需求与康复服务发展状况研究》，《中国康复理论与实践》2018年第24卷第11期，第1252～1256页；杨剑、葛晶晶、李欣等：《智力残疾人康复需求与康复服务发展状况研究》，《中国康复理论与实践》2018年第24卷第11期，第1246～1251页。

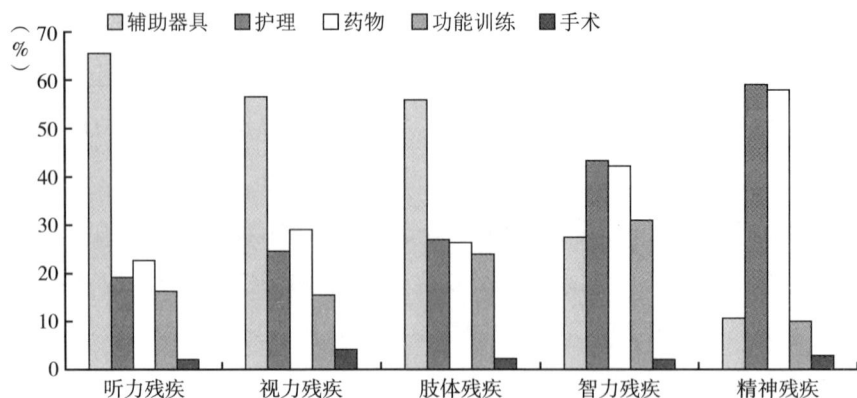

图2 "十三五"期间某省级残疾人各类基本康复需求及占比

辅助器具适配服务的人数相对较少，仅占所有获得康复服务总人数的30%左右。特别是2020年度，受新冠肺炎疫情影响，获得辅助器具适配服务的人数及占比均大幅下降。

表1 "十三五"期间各年度获得康复服务及辅助器具服务人数

年份	获得各类辅助器具适配 服务人数（万人）	获得康复服务总人数 （万人）	辅助器具服务人数占比 （％）
2016	132.2	279.9	47
2017	244.4	854.7	28
2018	319.1	1074.7	29
2019	314.5	1043.0	30
2020	242.6	1077.7	22

资料来源：根据历年《中国残疾人事业发展统计公报》整理。

以上分析表明，尽管残疾人事业的发展已经让越来越多的残疾人获得了辅助器具服务，但日益增长的辅助器具需求还远远无法得到满足。

三 辅助器具保障政策发展现状

（一）辅助器具保障政策总体发展历程及现状

我国现有的辅助器具保障人群包括伤残军人和警察、普通残疾人、老年人与部分保险用户，分别由包括民政部、中国残疾人联合会、人力资源和社会保障部、卫生健康委员会、退役军人事务部在内的不同部门主管。

面向伤残军人和警察的辅助器具保障政策最早可以追溯到 20 世纪 50 年代初由民政部门在全国各省开展的慰问伤残军人假肢矫形器服务。① 此后，针对伤残军人和警察的辅助器具问题，国家和地方分别制定了专门的法规和政策。2004 年，国务院与中央军委颁布《军人抚恤优待条例》，并于 2011 年进行了修订。条例第三十一条对伤残军人的辅助器具保障进行了明确规定，"残疾军人需要配制假肢、代步三轮车等辅助器械，正在服现役的，由军队军级以上单位负责解决；退出现役的，由省级人民政府民政部门负责解决"。② 此后，民政部、中国残联于 2013 年共同发布了《关于残疾军人享受社会残疾人待遇有关问题的通知》，明确残疾军人应当享受安装假肢、配发轮椅车等辅助器具待遇。③ 2016 年，民政部、公安部、中国残联联合发布了《关于伤残人民警察享受社会残疾人待遇有关问题的通知》，要求符合条件的伤残人民警察享受惠及特定残疾人的辅助器具保障政策，如安装假肢、配发轮椅车等。此外，重庆、广东、湖北等十三个省区市陆续出台了伤残军人和警察的辅助器具地方政策。

面向残疾人的辅助器具保障措施始于 20 世纪 90 年代的各类社会救助公益项目，包括"三项康复""长江新里程""残疾人事业专项彩票公益金康复项目""七彩梦行动计划"等。"十一五"期间，《中华人民共和国残疾人保障法》修订实施，《中共中央国务院关于促进残疾人事业发展的意见》《国务院办公厅关于加快推进残疾人社会保障体系和服务体系建设指导意见》等重要政策陆续出台，强调了康复在帮助残疾人恢复和补偿功能、平等参与社会生活中的重要性。其中，2008 年修订实施的《中华人

---

① 魏晨婧、李高峰：《我国康复辅助器具福利政策现状与思考》，《社会福利（理论版）》2021年第 5 期，第 4 页。
② 《军人抚恤优待条例》，http：//www.mva.gov.cn/gongkai/zfxxzdgkml/fgzc/flfg/201903/t20190321_23361.html。
③ 《关于残疾军人享受社会残疾人待遇有关问题的通知》，http：//www.gov.cn/zwgk/2013-04/07/content_2371464.htm。

民共和国残疾人保障法》中明确要求政府有关部门应当组织和扶持残疾人康复器械、辅助器具的研制、生产、供应、维修服务，对辅助器具服务提出了更高的要求。中国残联、教育部、民政部等十六个部门于2010年联合印发的《关于加快推进残疾人社会保障体系和服务体系建设指导意见》中明确要求，有条件的地方对重度残疾人适配基本型辅助器具给予政府补贴，为保障重度残疾人的基本辅助器具需求提供了政策支持。2016年，国务院印发了《"十三五"加快残疾人小康进程规划纲要》。其中，残疾人的辅助器具适配率被列为约束性指标，同时把加强辅助器具推广和适配服务、保障残疾人基本康复服务需求作为提升残疾人基本公共服务水平的主要任务。为此，中国残联、国家卫生计生委、民政部等六个政府部门联合印发了《辅助器具推广和服务"十三五"实施方案》，对"十三五"残疾人辅助器具推广和服务工作进行了安排部署。此后，国务院于2017年通过并发布了《残疾预防和残疾人康复条例》，明确提出按照国家有关规定对基本型辅助器具配置给予补贴，同时鼓励有条件的地区应当根据本地实际情况提高保障标准，扩大保障范围，进一步在政策上保障了残疾人辅助器具的基本需求。此后，各地残联开始尝试建立地方性的辅助器具补贴制度，将辅助器具补贴人群扩大至所有持证残疾人，辅助器具服务也开始由救助性质向福利性质转变。

面向老年人的辅助器具保障措施则是在老龄化社会进程中不断深入的。近年来，相关部门发布了一系列政策文件，推进老年人生活基本型辅助器具配置工作。2016年，人力资源和社会保障部办公厅印发了《关于开展长期护理保险制度试点的指导意见》，为探索建立长期护理保险制度提供了系统的指导，并在全国15个城市率先开展该制度的试点工作。2019年，国家发改委、民政部、中国残联共同制定并印发了《"十三五"社会服务兜底工程实施方案》，在实施方案中重点支持养老服务体系建设，并在建设任务中提出"支持养老设施配置基本康复辅助器具设备包，提升养老设施的硬件条件和服务质量"。2020年，民政部、国家发改委、财政部等九个部门共同制定并印发了《关于加快实施老年人居家适老化改造工程的指导意见》，将轮椅、助行器、护理床、淋浴椅等辅助器具纳入了老年人居家适老化改造项目和老年用品配置推荐清单中。

面向保险用户的辅助器具保障政策主要针对工伤保险和医疗保险支付者。对于工伤致残的人群，辅助器具保障政策主要是国务院 2004 年颁布的《工伤保险条例》。对于医疗保险支付群体，目前尚无国家发布的辅助器具保障政策，仅有少数地区采取了通过基本医疗保险对个别种类辅助器具进行补贴的办法，且仅限于残疾参保人。[1]

（二）我国地方性辅助器具补贴政策

2016 年，国务院印发了《"十三五"加快残疾人小康进程规划纲要》，将残疾人基本型辅助器具补贴作为残疾人民生兜底保障重点政策的内容之一。为此，全国部分省市根据自身情况制定了相应的基本型辅助器具补贴政策。下面以深圳、北京、宁波、江苏和福建为例对目前我国的地方性辅助器具补贴政策进行比较。

各地区都采取了立法保障先行的策略，针对辅助器具服务出台了管理办法。2010 年，深圳市第一个出台了《深圳市残疾人辅助器具服务管理办法》。2015 年和 2016 年，宁波市和北京市相继制定并通过了各自的残疾人辅助器具服务管理办法。2017 年，江苏省和福建省也分别颁布了关于残疾人辅助器具适配补贴的政策。下面就上述五个政策的具体内容进行比较分析。

上述地方辅助器具补贴政策的区别主要表现在辅助器具的补贴人群范围、补贴标准、资金来源及补贴目录四个方面。在补贴人群范围方面，除深圳市和宁波市，其余地区的补贴政策对象要求为本地户籍且持有当地残联核发的残疾人证。除了符合上述要求的人群，老年人和儿童也包括在补贴范围内，但五个地区的具体补贴范围存在一定区别（如表 2 所示）。

---

[1] 魏晨婧、李高峰：《我国康复辅助器具福利政策现状与思考》，《社会福利（理论版）》2021 年第 5 期，第 4 页。

表2　我国部分地区残疾人辅助器具补贴政策比较①

地区	补贴人群范围	补贴模式	补贴目录	资金来源
北京市	北京市户籍,持证残疾人	差别补贴	人群分为成年残疾人和残疾儿童两类,并根据辅助器具额度分类补贴	政府财政支出
深圳市	持深圳市残联核发残疾人证	平均补贴	按照辅助器具类别建立A类和B类补贴目录	专项保障资金
江苏省	江苏省户籍,持证残疾人	平均补贴	《江苏省残疾人基本辅助器具目录》	政府财政支出
福建省	福建省户籍,持证残疾人	差别补贴	《残疾人基本型辅助器具适配补贴目录》	政府财政支出
宁波市	持宁波市残联核发残疾人证	差别补贴	《残疾人辅助器具实用手册》《残疾人辅助器具适配目录指南》	专项保障资金

在补贴标准方面,上述地区采取的补贴方式主要为平均补贴和差别补贴两种。平均补贴,即采用同样的标准对符合条件的残疾人进行平均化补贴,比如深圳市和江苏省;差别补贴,即采用异样的标准对贫困水平不同的残疾人进行差异化补贴,比如北京市、宁波市和福建省。前者属于完全的社会福利性质,而后者是将辅助器具的社会救助性质与社会福利性质进行了结合。

在资金来源方面,上述地区的补贴资金主要来自政府财政支出和专项保障资金。北京市的资金由市、区两级政府财政承担;深圳市的资金来源主要包括市福利彩票公益金和市、区两级残疾人就业保障金;江苏省的资金由各级政府财政承担;福建省的资金主要依靠各级政府财政支出;宁波市的资金由各级政府设立的残疾人康复和辅助器具专项资金负责。

在补贴目录方面,上述地区的目录可以分为统一制定的目录和按人群及辅助器具类别分类的目录两种。江苏省、福建省和宁波市采用了制定同一目录的办法。其中,江苏省、福建省结合本省情况制定了统一的残疾人基本辅

---

① 杨立雄、李晞:《中国残疾人辅助器具政策研究》,《残疾人研究》2018年第1期,第45~46页。

助器具补贴目录，而宁波市则以上海市辅助器具服务网、《残疾人辅助器具实用手册》及《残疾人辅助器具适配目录指南》为依据制定了辅助器具补贴清单，并对其定期更新。北京市和深圳市则采用了按人群及辅助器具类别分类的办法。其中，北京市将人群分为成年残疾人和残疾儿童，并根据辅助器具额度进行分类补贴；深圳市则根据辅助器具类别建立了两类补贴目录。

（三）部分国家和地区辅助器具保障制度

为了保障功能障碍群体的辅助器具需求，部分发达国家和地区制定了与辅助器具相关的法律法规，明确了相关的责任约束，为辅助器具服务体系的完善、辅助器具服务的保障以及辅助器具工作的可持续发展奠定了坚实的基础。① 下面就美国、日本、澳大利亚等发达国家和地区在辅助器具法律法规、服务模式以及支付方式等方面的做法进行比较分析，为我国辅助器具政策的制定和服务体系的完善提供参考。

表3　部分国家和地区辅助器具法律法规及保障模式

国家/地区	法律法规	主要支付方式	主管部门
美国	《残疾人法》《残疾人辅助技术法》	商业保险	教育、就业、医疗等不同政府部门共同承担
日本	《介护保险法》《障害者自立支援法》	社会保险	政府主导，中央到地方各级政府共同承担
澳大利亚	《国家残疾战略》	福利模式	联邦国民服务部、健康和老年部、家庭与社区服务部等政府部门
中国台湾地区	《残障福利法》《身心障碍者保护法》《身心障碍者权益保障法》	社会保险	卫生福利部门、劳动部门和教育部门

资料来源：石萍、喻洪流《国内外康复辅助器具支付体系状况和比较》，《产业科技创新》2020年第2卷第17期，第39～43页。

---

① 阮剑华、郭瑾、陶健婷：《国内外残疾人辅助器具服务模式的对比与启示》，《第七届北京国际康复论坛论文集（下册）》，第355～360页。

（1）美国①

为了保证残疾人使用辅助器具的合法性，美国制定了《残疾人法》和《残疾人辅助技术法》两部法律，对残疾人使用辅助器具做出了系统而全面的规定。其中，法条中明确要求美国各级政府把残疾人辅助器具的专项补贴作为职能部门预算的一部分，并保证残疾人真实地获得相应的辅助技术服务，使其在就业、教育、医疗等方面的生活需求得到满足。

美国的辅助器具支付方式主要为商业保险模式。投保人可根据需要，通过自愿投保的方式参与。例如，除了常规的医疗保险，美国的老年人通常会考虑额外购买一份商业保险，来满足自身对长期护理服务的需求。此外，美国政府还提供了其他方式为不同类型的基本型辅助器具提供补贴，包括国家税收、公益基金、义务教育、私人保险等。政府各部门共同分担以及多渠道筹资的方式为各类人群的康复需要提供有力的资金支持。在残疾发生后，大部分残障人士的康复辅助器具只需要满足相应条件并获得康复师出具的购买必要性声明，就能以极少费用得到适合自己的辅助器具，甚至完全免费。

（2）日本②

日本以《介护保险法》和《障害者自立支援法》两部法律作为辅助器具政策的法律保障。前者主要针对年满65岁的老年人，以及年龄在40岁到64岁且患有特定疾病的社会保险投保人，而后者则针对全体残疾人（包括成人与儿童）以及特定的疑难病患者。从两部法律所保障的对象可以看出，日本辅助器具政策不光适用于社会救济人群，更是覆盖了绝大多数的老年人、残疾人等功能障碍群体。

日本的辅助器具支付方式主要为社会保险模式。在该模式下，社会成员的投保具有强制性，而且保险支付的比例及享受的待遇都在国家制定的相应法律中得到了体现。以《介护保险法》为例，该法律是一种根据护理保险

---

① 石萍、喻洪流：《国内外康复辅助器具支付体系状况和比较》，《产业科技创新》2020年第2卷第17期，第39~43页。
② 魏晨婧、田中理、王清平：《日本辅助器具社会保障政策研究》，《中国康复理论与实践》2021年第27卷第8期，第900~907页。

进行费用支付的辅助器具保障制度，主要用于提高老年人自理能力和照护水平。法条中规定了投保的强制性，即 40 岁以上的全体国民必须加入。保险中辅助器具的资金来源主要有保险、政府税金和用户自付三个渠道。根据收入水平不同，用户自付费用的比例分别为 10%、20%、30%，收入越高，相应负担比例越高。费用的剩余部分由保险和政府共同承担，其中保险支付比例为 50%，其他部分由中央政府及各级政府以固定比例分担。相比于单一渠道筹资，共担机制很好地缓解了资金压力，降低了筹资的风险性和不稳定性，也减轻了个人的经济负担，保证了辅助器具工作的可持续性。

（3）澳大利亚[①]

作为联合国《残疾人权利公约》最早的缔约国之一，澳大利亚政府委员会联合联邦、州和地方政府共同制定了《国家残疾战略》。作为澳大利亚残疾人事业最高政策文件，该法律明确提出要确保所有残疾人都能获得辅助技术服务，以提高个人能力，消除行动和沟通上的障碍，使其作为平等公民更好地参与社会活动并发挥自身潜力，贡献社会。

澳大利亚的辅助器具支付方式主要为社会福利模式。作为社会福利的保障主体，澳大利亚联邦、州和地方各级政府按照《国家残疾战略》的要求，通过制定一系列支持项目，以期实现辅助器具服务全面覆盖所有地区和所有残疾人，充分体现了该模式的普惠性。这些支持项目包括国家支持计划、州和地方政府支持计划以及其他非营利机构的支持计划三个部分。其中，国家级支持计划包括国家残疾保险计划、国家残疾协议、卫生部居家养老设施等。州和地方政府支持的辅助技术服务项目包括新南威尔士州辅助器具和设备项目、维多利亚州辅助器具和设备项目、昆士兰州 65 岁以上老人医疗辅助器具补助计划等。这些项目主要是针对特定群体的特殊服务项目，其支持资金由联邦、州和地方政府共同出资，并由州和地方政府统一管理。非营利机构的支持计划主要有国家非营利愿景澳大利亚、全澳非营利脑瘫联盟的辅

---

① 杨思创、邱服冰、汤修齐等：《澳大利亚残疾人辅助技术服务政策与发展研究》，《中国康复理论与实践》2021 年第 27 卷第 8 期，第 891～894 页。

助技术支持服务、国家非营利皇家聋哑儿童研究所等项目。这些项目主要提供辅助技术服务支援，一般不提供资金资助。

（4）中国台湾地区

中国台湾地区制定了多个法条对身心障碍者（残疾人的别称）的辅助器具需求进行保障，主要有《残障福利法》《身心障碍者保护法》和《身心障碍者权益保障法》。三部法律在制度层面构建起完善的辅助器具保障体系，为满足身心障碍者在多层次、多领域的需求提供了具有包容性的政策支持。

中国台湾地区的辅助器具服务主要由卫生福利部门、教育部门和劳动部门负责。卫生福利部门主要为所有身心障碍者提供生活类辅助器具补助。教育部门主要为所有身心障碍者提供教育类辅助器具，同时配套了无障碍校园、专职教员等服务类资源，满足不同类型身心障碍者的个性化需求。劳动部门主要提供劳动工作辅助器具支持，根据残疾员工的体力、感觉、能力、职业经验及愿望等条件，为身心障碍者找到适合自身的职业规划。一方面，三个部门所负责的工作是互不干涉的，这样能够有针对性地满足身心障碍者在某个特定方向的辅助器具需求；另一方面，三个部门所负责的工作是彼此关联的，能够完整地覆盖身心障碍者在各人生阶段的辅助器具需求。这种系统化的辅助器具服务保障体系能够使障碍群体在人生的各个阶段都能顺利融入社会，实现自我价值。[①]

四 现有辅助器具保障制度存在的问题分析

（一）政策覆盖人群不广泛

目前，我国的基本型辅助器具保障制度中，只有伤残荣誉军人和工伤

---

① 岳静、张红涛：《台湾地区辅助技术服务概况及对大陆地区发展的思考》，《残疾人研究》2016 年第 3 期，第 59~64 页。

致残者的辅助器具供给有相对完善的制度性保障，其他绝大多数残疾人的辅助器具服务只能通过临时项目解决，缺少满足全体人群辅助器具需求的普惠性政策。[①] 这些临时政策多针对少数的特定群体，例如贫困低收入人群、失能人群、儿童与高龄人群等，无法满足大多数功能障碍者的辅助器具需求。这就使得占辅助器具需求者少数的特定群体反复获得辅助器具服务，而其余大多数的普通人群因为不满足政策的门槛而被拒之门外，无法享受相应的辅助器具保障政策。此外，我国的辅助器具政策涉及多个部门管理，各政策的主管部门并不统一，这就造成了资源因缺乏整合而被浪费。这种分割管理的局面会使得各部门之间掌握的残疾人信息不一致，造成政策的重复制定，不利于建立服务于全体有需求人群的普惠性辅助器具政策。

（二）辅助器具配置目录不统一

我国目前尚未制定满足全体人群辅助器具需求的重点辅助器具统一清单，造成了现有辅助器具配置目录存在待遇差异化、种类不丰富、针对性不强等问题。例如，民政部给出的《残疾军人康复辅助器具配置目录》（以下简称"目录"）涉及了96项，而在各地实际制定并落实的政策中，有的省市将目录缩水了近2/3，而个别经济发达地区的辅助器具种类却超出了目录的规定。由于地域发展水平的不同，造成了实际辅助器具目录存在差别，使得残疾人享受的辅助器具待遇出现了严重的不平衡。[②] 此外，由于我国并未制定关于辅助器具个性化适配的相关政策，辅助器具的供给主要依靠政府主导的招标和采购，造成了可供选择的产品种类单一，且无法根据个人实际情况进行定制。这就造成了现有配置目录存在种类不丰富、针对性不强的问题，不仅无法满足全体障碍人群的

[①] 魏晨婧、李高峰：《我国康复辅助器具福利政策现状与思考》，《社会福利（理论版）》2021年第5期，第4~6页。

[②] 杨立雄、李晞：《中国残疾人辅助器具政策研究》，《残疾人研究》2018年第1期，第46~51页。

差异化康复需求，也阻碍了辅助器具的应用与推广，制约了康复辅助器具产业发展。

（三）费用支付规则不合理

衡量辅助器具支付规则是否合理的指标主要有支付额度上限、个人自付比例、支付时间限制等。按照项目目标分类，我国的辅助器具项目主要分为救助型、保障型和福利型。在救助型辅助器具项目中，救助的目标对象是确定的，支付规则也较为简单直接，这是由项目的临时性质决定的。相比较而言，在带有保障和福利性质的辅助器具政策中，设定合理的支付规则可以有效避免因福利滥用而产生的多余费用，对于有效控制经费支出十分重要。目前，支付规则不合理的问题集中体现在个人自付比例和自费起付标准的设置上，要么没有确定个人自付比例，要么确定的自费起付标准过高，使得合理控费难以直接实现，只能通过后续限定支付人资格、降低支出标准、减少产品种类等手段来达到控制经费的目的，导致政策覆盖人群缩小，辅助器具配置种类减少等一系列问题。

（四）补贴资金来源不稳定

部分发达国家和地区通过多种方式对辅助器具的支付费用进行补贴，保证了辅助器具政策的顺利运行。相较而言，我国的辅助器具补贴资金以各级政府财政的福利支出为主，部分依靠社会保险和公益基金，支付方式较为单一。作为辅助器具补贴资金的主要来源，政府财政的福利支出主要由市级、区县级财政负责，比如北京市、江苏省和福建省。但是，除了少部分经济发达地区，绝大部分地区尚未将对基本型辅助器具的补贴支出作为政府财政预算的一部分。在社会保险方面，只有缴纳工伤保险的社会人员能够享受一定的辅助器具支付政策，医疗保险尚未纳入辅助器具费用的支付体系中，造成了社会中绝大多数的辅助器具需求者无法通过医疗保险报销全部或部分辅助器具费用，特别是对辅助器具需求较高的老年人群体。另外，各类公益基金也是补贴资金的一个重要出处，其主要形式有福利彩票、社会捐助、慈善公益等。但总体而言，这些公益基金对康复辅助器具的保障具有临时性、阶段性、人群限定性、机构主导性等特征，不能作为稳定的资金来源。

（五）服务传递机制不完善

我国获取辅助器具服务的人数少，一个很重要的原因在于服务传递机制不完善。服务传递过程主要分为适配评估与产品供应两个阶段。辅助器具的适配是指基于功能障碍者身体状况、需求目标、家庭环境等情况，通过身体检查、功能评估、适应度训练、康复指导等环节，保证所选择的辅助器具满足使用者的康复需求。[①] 在适配评估阶段，主要问题是缺乏第三方评估机构，无法保证评估结果的客观性。同时，参与评估的人员的专业性不足，大多不具备相应的专业教育背景，而是依靠过往工作经验或参加国家、省、市举办的短期培训后提供评估服务。相比较而言，发达国家和地区对评估人员的管理则较为严格。以中国台湾地区为例，卫生福利部门对提供评估服务的人员统一管理，且根据专业背景及服务领域进行了分类，以满足不同类别群体的需求。除此之外，所有评估人员还需通过由政府相关部门举办的统一培训后才可以提供评估服务。

在产品供应阶段，缺乏对用户群体需求的考虑，无法满足用户的真实需求。一方面，辅助器具的供应主要以政府集中采购的方式进行批量供应，产品种类单一，针对性不强。另一方面，部分地区采取了直接现金补贴的方式，完全依靠用户自己在市场中选择，而用户又无法充分获取辅助器具的相关信息。这就使得用户虽然花费了时间和精力，却因为缺少专业的服务，不能选择适合自己的辅助器具产品。过度市场化与过度国家化并存的现象使辅助器具产品供应质量大打折扣。

---

① 岳静、张红涛：《台湾地区辅助技术服务概况及对大陆地区发展的思考》，《残疾人研究》2016 年第 3 期，第 59～64 页。

五 加快建立辅助器具基本保障制度的建议

（一）建立统一辅助器具保障制度，提高政策覆盖范围

建立国家层面的辅助器具服务福利保障体系。辅助器具社会福利服务体系应当从"救济型阶段"逐渐向"保障型阶段""福利型阶段"转变，从选择性向普惠性转变。针对辅助器具需求巨大的老年人和残疾人，应当在国家层面，探索建立适合老年人和残疾人的基本辅助器具社会保障体系。针对老年人，建议以"高龄差出资比例配置"为原则，根据老年人年龄范围确定合理的个人支付比例，同时制定老年人统一的基本型辅助器具配置类别清单；针对残疾人，建议以"残疾功能适配需求出资比例配置"为原则，根据残疾人的功能障碍类别及程度确定合理的个人支付比例，同时制定残疾人统一的基本型辅助器具配置类别清单。其中，类别清单和个人支付比例可以根据经济发展情况逐年进行调整。[①]

（二）建立重点辅助器具类别清单，满足基本辅助器具需求[②]

从国家层面建立统一的辅助器具类别清单制定机构体系，同时确定清单的制定流程，组织各领域相关人员开展清单制定工作。制定辅助器具类别清单时，应以满足基本辅助器具需求为原则，按照准备、评审和发布三个阶段组织专家评审。在辅助器具类别的确定上，应充分考虑不同人群在辅助器具使用上的差异性，尽可能多地满足不同使用场景下的需求。各省、市可根据当地财政、人群特点等实际情况，在满足中央辅助器具清单的前提下，适当修改清单内容（如辅助器具种类和指导价格等），并将修改情况向中央辅助

[①] 罗椅民：《我国适老辅助器具与残疾人辅助器具需求分析》，《标准科学》2019 年第 6 期，第 57 ~ 61 页。

[②] 杨立雄、李晞：《中国残疾人辅助器具政策研究》，《残疾人研究》2018 年第 1 期，第 46 ~ 51 页。

器具目录制定单位进行说明。重点辅助器具清单应定时进行更新，在同期组织领域专家进行评审，并于征求社会意见后重新发布。在可供选择的辅助器具种类上，应充分考虑不同人群的个性化康复需求，制定满足政策人群基本需求的辅助器具类别清单，使符合目录定义的产品均可纳入支付范围，提高产品丰富性。

（三）完善多级补贴筹资体系，保证资金来源稳定

完善救助 + 保险 + 福利多层级补贴筹资体系，使基本辅助器具政策的顺利实施具有充足的资金来源保证。[1] 首先，加大对低保、"特困"等特定群体的救助，合理扩大补贴对象范围，保证"两项补贴"政策全面覆盖。有条件的地方要根据当地残疾人的实际情况，确立分档分级补贴制度，同时特别关注"依老养残""一户多残"的重度困难残疾人家庭。加强各级政府部门主导和协调作用，切实保障困难群体的基本辅助器具需求。[2] 其次，将辅助器具费用支付纳入社会保险范畴。充分借鉴发达国家和地区的经验，对不同诱因产生的辅助器具配置费用，由相应的社会保险进行有针对性的补贴。根据人群类型以及对辅助器具的需求程度，逐步将辅助器具配置及服务纳入不同的社会保险体系中，保证支付体系的稳定性，同时也能使管理成本进一步降低。最后，积极探索建立辅助器具消费福利保障制度。对于覆盖面较小、支付能力较弱的群体，通过开展辅助器具社区租赁服务、政府部分补贴等办法，减轻个人承担辅助器具的支付比例，切实减轻因辅助器具带来的经济负担。

（四）制定合理费用支付规则，避免福利滥用现象

建立政府与个人的费用分担机制，明确中央与地方分担比例。对辅助

---

[1] 魏晨婧、李高峰：《我国康复辅助器具福利政策现状与思考》，《社会福利（理论版）》2021年第5期，第4~6页。

[2] 徐建中：《在新的历史起点上推动残疾人福利工作更高质量发展》，《社会福利》2021年第2期，第15~16页。

具的起付线、封顶线和共付机制，应根据各地区财政情况、辅助器具需求差异制定适宜的标准。政策制定可以采取分步走的办法。在制度建立之初，均实行共付机制，但政府承担的比例应设置在适当水平。在制度运行之后，每年对全国整体及各地区运行状况进行评估，对分担比例实行动态调整、多退少补的策略，逐步提高或降低政府承担的比例。针对经济欠发达地区，应当慎重考虑起付线及个人支付比例，有条件的情况下尽可能降低甚至取消起付线，同时加大政府分担比例，减轻因个人承担带来的经济压力。[①]

建议合理设置个人自付比例，避免福利滥用现象。除需要社会救济的低收入群体，在获取辅助器具、享受福利政策的同时，个人都需要自己支付一定比例的费用。实行总价控制，租赁产品与其他服务经费统筹考虑，每月根据失能程度、障碍类型等指标限定总额。这样能引导功能障碍者申请辅助器具服务时充分考虑其投入收益比，有助于避免福利滥用，也便于根据不同类型群体制定个性化的政策。[②] 通过设置用户自付比例的方式也能间接地对辅助器具服务供应方进行监督，只有优质的服务才能获得用户的付费，从而激发企业提供更优质的产品和服务，促进行业良性发展。

（五）完善辅助器具服务传递机制，提高服务专业水平

建立统一的辅助器具适配评估机构，确保评估的中立性。统筹协调残联、人社、民政等各部门优势资源，打通各部门信息渠道，以现有具备评估服务能力的机构为基础，将适配评估服务网络延伸至基层及偏远地区。应加大专业人才培养的投入，鼓励将辅助器具相关知识纳入相关专业高等教育以及医师、护士、特殊教育教师、养老护理员等专业人员的培养体系中。[③] 鼓励相关企业为教师、学生提供实习岗位。规范辅助器具从业人员职业分类、

---

① 杨立雄、李晞：《中国残疾人辅助器具政策研究》，《残疾人研究》2018 年第 1 期，第 46 ~ 51 页。

② 魏晨婧、田中理、王清等：《日本辅助器具社会保障政策研究》，《中国康复理论与实践》2021 年第 27 卷第 8 期，第 900 ~ 907 页。

③ 岳静、张红涛：《台湾地区辅助技术服务概况及对大陆地区发展的思考》，《残疾人研究》2016 年第 3 期，第 59 ~ 64 页。

国家职业标准、职称鉴定等职业准入政策，有效地扩充服务人才队伍、提升服务水平，保证服务的科学性、规范性和有效性。

鼓励市场竞争，同时加强政府监督。加快政府从产品供应向政策制定、政策执行监督以及资金管理的角色转变。尽快确立"补贴＋服务＋产品"的三位一体服务模式，① 既要避免"一刀切"的集中采购模式带来的过度国家化，也要摒弃单纯的资金补贴方式带来的过度市场化。一方面，应降低民营企业的市场准入标准，使障碍群体有更多的辅助器具产品可供选择；另一方面，鼓励多元主体的市场竞争，同时做好服务与产品价格的监管，并利用互联网技术实现用户与服务资源的对接，从而真正起到正面引导消费者获取高质量服务的作用。

---

① 魏晨婧、李高峰：《我国康复辅助器具福利政策现状与思考》，《社会福利（理论版）》2021年第5期，第4~6页。

B.14
中国高校无障碍专业人才培养
发展报告（2021）

康丽 凌亢*

摘 要： 老龄化问题的日趋严重和残障人口数量的快速增长对我国无障碍环境建设提出了更高、更紧迫的要求。新的历史时期，专业人才不足已成为制约无障碍事业高质量发展的关键因素。高校作为人才培养的重要阵地，承担着为党育人为国育才的重要使命和责任。坚持人才引领发展战略，加快专业化人才培养,以不断提升我国无障碍环境建设的现代化水平，满足人民对美好生活环境的需求，是高校义不容辞的责任。本报告系统梳理了我国高校无障碍专业人才培养发展历程，从学科专业建设、课程建设、教材建设、师资队伍建设、产学研协同育人等五个方面全面分析我国高校无障碍专业人才培养现状及存在的问题，结合我国当前及未来无障碍事业发展需要，提出加强顶层设计，健全培养体系；加强师资队伍建设，丰富教学资源；加强多主体协同，创新人才培养机制；加强全面提升，优化外部环境等促进高校无障碍专业人才培养的对策建议。

关键词： 无障碍专业人才 无障碍环境 高等教育

---

* 康丽，博士，副教授，南京特殊教育师范学院无障碍管理学院副院长，研究领域为残疾人事业管理；凌亢，博士，二级教授，博士生导师，中国残疾人数据科学研究院首席专家，南京晓庄学院特聘教授，主要研究领域为应用统计。

一　高校加强无障碍专业人才培养的现实需求

推进无障碍环境建设，是实现"十四五"时期"改善人民生活品质，提高社会建设水平"的目标任务，基本实现2035年"人民平等参与、平等发展"远景目标，保障残疾人、老年人等社会成员平等参与社会生活，实现融合共享的社会发展局面的重要举措，是体现社会文明程度、高质量发展水平的重要标志。我国现有8500多万残疾人，2.6亿60岁及以上老年人，积极营造关爱残疾人、老年人等特殊群体，关注无障碍环境建设的良好氛围，并将这种对障碍人群及老年人的关怀扩展为惠及所有人的一种通用安排，已经成为现代化建设的重要内容，无障碍环境建设刻不容缓。

为人民群众特别是残疾人和老年人群体提供便利而无障碍的社会环境是满足人民群众对美好生活环境需要，不断提升人民生活品质，增强人民生活获得感、幸福感和安全感的需要，是落实党"以人民为中心"和"弱有所扶"理念的重要内容。党中央、国务院高度重视无障碍环境建设，将其列入公共服务、城乡建设、信息化发展、积极应对人口老龄化等一系列国家发展规划之中进行了部署。我国的无障碍环境建设经过三十多年的发展，在无障碍物质环境、信息无障碍、无障碍服务等方面均取得了显著成效，但依然存在全国各地、不同行业领域无障碍建设与发展参差不齐；无障碍环境建设系统化、规范化程度不高，农村无障碍环境建设、老旧小区无障碍环境改造任务艰巨等一系列问题。从制度层面来看，我国无障碍环境建设政策法规、标准体系不断完善，但也存在法规位阶较低、法律责任有待进一步强化、内容有待进一步丰富、标准有待进一步完善等问题。这些问题的解决迫切需要无障碍专业人才的大力支持。

高校肩负人才培养重任，作为培养中国特色社会主义事业合格建设者和可靠接班人的重要阵地，在贯彻实施人才强国战略中具有特殊的地位和作用，肩负着重要的使命。无障碍事业的发展不仅关系到 8500 多万残疾人、2.6 亿老年人的幸福生活，同时也是惠及所有人的民生工程。充分发挥高校在人才培养方面的优势，培养高素质无障碍专业技术人才与管理人才，为实现无障碍事业高质量发展提供有力的人才支撑，是提升人民生活品质，满足人民日益增长的对美好生活环境的需要，是我国认真履行联合国《残疾人权利公约》，积极应对老龄化问题，促进社会发展和人类文明进步的重要举措。

二　我国高校无障碍专业人才
培养发展历程

　　无障碍环境建设是适应人口发展和社会文明进步而逐步发展起来的一门新兴学科，我国高校无障碍专业人才培养的发展与无障碍环境建设实践的发展紧密关联，伴随无障碍环境建设实践的兴起与发展经历了起步、探索、快速发展三个阶段。

（一）起步阶段（2000 年以前）

　　20 世纪 80 年代，无障碍专业人才培养伴随我国无障碍环境建设实践的发展开始起步。当时全国尚没有专门的无障碍研究机构，高校内也没有相关的无障碍课程，但国内已有较为系统地介绍无障碍设计原理的代表著作。1994 年出版，由西安交通大学建筑系蒋孟厚教授编写的《无障碍建筑设计》介绍了科学的无障碍建筑设计原理、方法以及加拿大和中国香港的无障碍建筑设计规范。该书的出版填补了我国建筑理论在无障碍建筑设计方面的空白，对提高专业人员素质，开阔专业人员视野具有重要意义和价值。2000 年，北京市建筑设计研究院周文麟高级工程师编写的《城市无障碍环境设计》由科学出版社出版。该书为"建筑、科技、文化丛书"系列之一，主要基于残疾人行走的特点对其环境障碍进行分析，为无障碍环境设计提供了重要理论依据。该书为大专院校师生，以及城市规划、建筑、道路设计单位等有关人员学习了解城市无障碍环境建设理论提供了重要参考。

（二）探索阶段（2001～2011年）

随着无障碍建设工作的不断推进，无障碍人才培养工作在不断探索中取得阶段性成果。首先，无障碍研究机构在浙江大学、同济大学两所高校相继成立。2009年1月12日，科技部、中国残联以及浙江大学共同启动"中国残疾人信息无障碍建设联合行动计划"，中国残疾人信息和无障碍技术研究中心挂牌成立。该计划通过共同创办残疾人信息无障碍技术学术交流开放平台和跨学科研究机构，开展包括理论研究、技术研发、应用普及、标准制定、人才培养等系列工作，计划的实施标志着我国无障碍人才培养进入新的发展阶段。2011年5月16日，住建部、中国残联、同济大学等相关组织联合成立"无障碍建设工程联合研究中心"。中心围绕无障碍建设基础理论研究、无障碍课程建设、无障碍建设专业人才培育、无障碍国际合作及交流等方面开展系列工作。其次，无障碍教材建设取得显著成效。2011年，无障碍领域出版了两本省部级规划教材，天津大学王小荣教授主编的《无障碍设计》荣获普通高等教育土建学科专业"十一五"规划教材，西安建筑科技大学李志民教授主编的《无障碍建筑环境设计》荣获普通高等院校建筑专业"十一五"规划精品教材。如表1所示，同济大学的潘海啸教授、青海大学的刘连新教授、浙江师范大学孙祯祥教授等国内高校专家学者陆续出版无障碍相关教材或专著，为无障碍专业教学提供了良好的教学资源支撑。此外，无障碍硕士研究生层次人才培养达到百余人。根据中国知网硕博士论文库检索结果，这一时期数据库收录清华大学、天津大学、天津科技大学、西南交通大学等国内10余所高校无障碍相关硕士研究生论文124篇，论文主题主要集中在建筑科学、城乡规划、交通运输、计算机科学等领域。

表1　2001～2011年无障碍教材/专著信息统计表

序号	编著者	教材/著作名称	出版社	出版年份	备注
1	刘连新、蒋宁山	《无障碍设计概论》	中国建材工业出版社	2004	
2	丁成章	《无障碍住区与住所设计》	机械工业出版社	2004	
3	江海涛	《道路和建筑无障碍设计图说》	山东科学技术出版社	2004	
4	潘海啸	《城市机动性和无障碍环境建设》	同济大学出版社	2008	
5	黄群	《无障碍通用设计》	机械工业出版社	2009	
6	王小荣	《无障碍设计》	中国建筑工业出版社	2011	普通高等教育土建学科专业"十一五"规划教材
7	曲昭嘉	《建筑无障碍设计与施工手册》	机械工业出版社	2011	
8	李志民、宁岭	《无障碍建筑环境设计》	华中科技大学出版社	2011	普通高等院校建筑专业"十一五"规划精品教材
9	孙祯祥	《无障碍网络环境构建的理论与实践》	科学出版社	2011	

资料来源：根据国家图书馆中文书目检索结果整理。

（三）快速发展阶段（2012年至今）

为推进全国无障碍环境建设工作取得实效，中国残联、住建部、教育部先后联合发布"十二五""十三五"无障碍环境建设方案，其中强调高校要成立相关研究机构开展无障碍建设研究，要开设无障碍相关课程，培养专业人才。这些政策的出台促进了无障碍专业人才培养的快速发展。

2012年，天津大学建筑学院开始面向建筑学、城市规划、环境设计三个本科专业开设"无障碍设计"专业理论选修课。2016年，建筑学院进一步开设"无障碍设计理念与实践研究"研究生理论选修课。2017年，天津大学在南开大学开设全国第一个"无障碍"高校通识课程"无障碍——生活中的人性化设计"，课程面向所有学科和专业的学生，不断提升学生的无障碍意识与认知。同年 4 月，首期全国无障碍建设专题培训班在同济大学开班，来自全国残联系统的 64 位干部系统学习了无障碍建设和管理的理论与实践知识。此外，同济大学建筑与城市规划学院依托学校教学和科研优势，在"城市交通学""建筑设计"等课程中融入了"交通无障碍""建筑设计无障碍"等内容。

2012 年，北京联合大学设立信息无障碍辅助技术（0835Z1）二级学科硕士点，培养具有无障碍理念的软件技术高级专业人才。该学科是隶属于一级学科软件工程之下的目录外二级学科，该学科点于 2014 年正式列入硕士研究生（学术型）招生专业目录，当时主要开设四个研究方向。2019 年起，不再单设研究方向，纳入软件工程学科下的视觉计算与环境认知方向。详情如表 2 所示。

表 2　北京联合大学信息无障碍辅助技术学科点开设信息表

年份	学科代码	学科名称	主要研究方向
2014 年	0835Z1	信息无障碍辅助技术	01 特殊教育通用学习设计 02 无障碍计算语言学与人机交互 03 盲文信息化 04 基于地理信息的无障碍软件研究
2015 年	0835Z1	信息无障碍辅助技术	01 特殊教育通用学习设计 02 无障碍计算语言学与人机交互 03 盲文信息化
2017 年	0835Z1	信息无障碍辅助技术	01（全日制）无障碍计算语言学与人机交互
2019 年至今	083500	软件工程	01 视觉计算与环境认知

资料来源：根据北京联合大学研招网发布的信息整理。

2014 年起，浙江大学以计算机科学与技术一级学科招收硕士研究生，开设信息无障碍研究方向。2021 年，电子信息专业学位硕士研究生招生新增信息无障碍研究方向。详情如表 3 所示。在博士研究生招生方面，2019 年，浙江大学计算机科学与技术、软件工程专业均开设了无障碍计算研究方向。2021 年，在原来 2 个专业基础上，新增电子信息专业开设信息无障碍研究方向。详情如表 4 所示。

表3 浙江大学计算机科学与技术学院无障碍方向硕士研究生招生目录信息表

年份	学位类别	一级学科代码	一级学科名称	专业代码	专业名称	具体研究方向
2014～2019 年	学术型	0812	计算机科学与技术	081203	计算机应用技术	信息无障碍
2020 年	—	—	—	—	—	—
2021 年	学术型	0812	计算机科学与技术	081203	计算机应用技术	信息无障碍
	专业学位	0854	电子信息	(00)11	计算机技术	信息无障碍

资料来源：根据浙江大学研究生院发布的招生目录信息整理，2020 年信息不详。

表4 浙江大学信息无障碍方向博士研究生招生目录信息表

年份	学院名称	专业代码	专业名称	导师姓名	学习形式	主要研究方向
2019 年	计算机科学与技术学院	081200	计算机科学与技术	卜佳俊	全日制	无障碍计算
		083500	软件工程	卜佳俊	全日制	无障碍计算
2021 年	计算机科学与技术学院	081200	计算机科学与技术	卜佳俊	全日制	信息无障碍
		083500	软件工程	卜佳俊	全日制	信息无障碍
		085400	电子信息	卜佳俊	全日制	信息无障碍
		085400	电子信息	王灿	全日期	信息无障碍

资料来源：根据浙江大学研究生院发布的招生目录信息整理，其他年份信息不详。

2016 年 4 月，清华大学建筑学院联合美术学院、计算机科学与技术系、机械工程系、社会科学学院等共建清华大学无障碍发展研究院，主要发展方向涉及国情咨询与研究、人居环境与技术创新、人才培养与学科建设、社会协同与理念传播。清华大学无障碍发展研究院通过"无障碍发展国际学术大会""非常无障碍沙龙""通用无障碍工作坊""全国无障碍通用设计研修营""校园无障碍学生 SRT 项目"等多种形式，在青年学生中普及无障碍，在大学课堂上传授无障碍，在大学校园里体验无障碍，在国际舞台上展示无障碍，持续推进校园无障碍和国际交流，培育文化、传播理念、立德树人。2017 年 11 月，无障碍环境研究专业委员会在清华大学建筑学院成立；2018 年 10 月，北京大学设立"无障碍人文基金"项目；2019 年 10 月，"国家无障碍战略研究与应用丛书"第一辑出版发行；2020 年 12 月，中国传媒大学成立全国首个无障碍信息传播研究院。在清华大学、天津大学、浙江大学等多所知名大学的示范引领下，东北财经大学无障碍发展研究中心、北京服装学院无障碍服装研究中心、中国人民大学无障碍法制研究与评估中心、兰州大学信息无障碍研究中心等高校无障碍相关研究机构相继成立，促进了我国无障碍高层次专业人才培养的快速发展。

2021 年 7 月，南京特殊教育师范学院向教育部申请设置无障碍管理本科专业。作为公共管理大类下新增的一个目录外专业，专业紧密结合当前无障碍事业发展需求进行人才培养的规划，融合多学科领域知识，培养具有宏观视野，系统掌握无障碍管理基本理论，熟悉无障碍领域相关政策法规，掌握无障碍管理方法和技能的复合型、应用型专门人才。无障碍管理本科专业的申请设置，在人才培养层次、培养类型上有利于进一步完善我国高校无障碍专业人才培养体系。

三　我国高校无障碍专业人才培养发展现状

学科是人才培养的综合平台，专业是人才培养目标、方案、课程、教材、实践等各项工作的载体，专业人才培养要以学科建设为重要支撑，以专业建设为主要载体，以课程建设、教材建设为主要抓手，以师资队伍建设为保障，构建产学研协同育人机制，不断夯实一流人才培养体系。

（一）学科专业建设情况

我国高校于 20 世纪 80 年代末开始无障碍专业人才培养，在过去的三十多年里，无障碍专业人才培养进程发展缓慢。目前，无障碍教研活动主要分布于建筑学、计算机科学与技术等一级学科，相关专业有建筑学、城乡规划、人居环境科学与技术、软件工程、计算机技术等。目前，国内尚无高校开设专门的无障碍本科专业。高层次人才培养方面，北京联合大学于2012年率先在软件工程一级学科下设置目录外二级学科信息无障碍辅助技术硕士点；2014年起，浙江大学以计算机科学与技术一级学科招收信息无障碍研究方向研究生，在信息无障碍高层次人才培养方面进行了多年探索，成效显著。

本报告进一步以无障碍为关键词，在中国知网硕博士论文数据库进行检索，截至2021年8月1日，已开展无障碍相关硕博士人才培养的高校有浙江大学、清华大学等30多所高校，涉及建筑设计及理论、城市规划与设计、计算机科学与技术等20多个学科，完成硕博士论文总计361篇。数据表明，我国高校坚持立德树人根本任务，无障碍高层次人才培养能力在不断增强。截至2019年，无障碍相关学科国家社科基金立项6项，项目多集中于图书馆、情报与文献学等学科（如表5所示）。截至2020年，无障碍相关学科国家自科基金立项12项（如表6所示）。我国高校面向国家需求和科技前沿，在建筑环境与结构工程以及计算机科学等领域，学科自主创新能力不断提升。

表5 无障碍相关学科国家社科基金项目立项情况（截至2019年）

立项时间	项目类别	学科分类	项目名称	项目负责人	项目负责人所在单位
2019年	一般项目	图书馆、情报与文献学	老年人信息无障碍的状态演变及适老化信息服务研究	赵英	四川大学
2018年	一般项目	体育学	全面建成小康社会进程中残疾人体育参与无障碍环境建设问题研究	李波	南京大学
2013年	一般项目	图书馆、情报与文献学	新型网络环境下信息无障碍建设的影响因素及保障研究	赵英	四川大学
2011年	一般项目	教育学	揭示聋人认知规律及其无障碍数字化学习资源建设研究	郑权	江苏师范大学
2010年	青年项目	新闻学与传播学	全媒体时代我国视听障碍群体的媒介使用与满足研究	潘祥辉	南京大学
2006年	一般项目	图书馆、情报与文献学	信息平等意义上的无障碍网络环境构建研究	孙祯祥	浙江师范大学

资料来源：根据国家社会科学基金项目数据库检索结果整理。

表6　无障碍相关学科国家自科基金项目立项情况（截至2020年）

立项时间	项目类别	学科分类	项目名称	项目负责人	项目负责人所在单位
2020年	面上项目	建筑环境与结构工程	基于无障碍理念的建筑地面通行安全性能关键指标研究	贾巍杨	天津大学
2020年	青年科学基金项目	建筑环境与结构工程	基于多源数据的城市公园绿地无障碍设计规范研究	萧嘉欣	广东工业大学
2018年	青年科学基金项目	建筑环境与结构工程	养老设施无障碍环境的色彩设计理论与方法研究	赵伟	天津大学
2014年	青年科学基金项目	建筑环境与结构工程	建筑无障碍标识色彩与尺度量化设计策略研究	贾巍杨	天津大学
2011年	面上项目	计算机科学	基于社会化媒体的网络信息无障碍关键技术研究	李庆	西南财经大学
2011年	面上项目	人工智能	面向视力残疾人网页内容无障碍访问的自动图片描述技术研究	王灿	浙江大学
2010年	青年科学基金项目	计算机科学	基于MathML的数学信息盲人可访问性方法研究	蔡川	兰州大学
2009年	面上项目	计算机科学	基于个性化真实感灵巧虚拟手的无障碍直接操纵技术研究	万华根	浙江大学
2008年	青年科学基金项目	机械设计与制造	电化学刻蚀制造末端膨大的倾斜的仿生刚毛阵列	郭东杰	南京航空航天大学
2008年	青年科学基金项目	计算机科学	面向视障用户的网络信息智能化处理关键技术研究	李庆	西南财经大学
2005年	重点项目	计算机科学	普适计算研究－手语无障碍信息服务的普适计算	尹宝才	北京工业大学
1989年	面上项目	建筑环境与结构工程	为残疾人服务的"无障碍建筑设计"及其立法问题	蒋孟厚	西安交通大学

资料来源：根据科学网基金项目查询结果整理。

（二）课程建设情况

天津大学建筑学院是国内第一个系统性开设无障碍设计专业课程的高校，在无障碍课程建设方面走在全国前列，课程建设成果丰硕。早在2012

年，该院就面向建筑学、城市规划、环境设计三个本科专业开设"无障碍设计"专业理论选修课，并一直延续至今。2016年，建筑学院又面向研究生开设理论选修课"无障碍设计理念与实践研究"。2017年，进一步推出校际联合课程，在南开大学开设无障碍通识课程。2020年，建筑学院开发的"无障碍通用标识环境设计实验虚拟仿真实验"课程获批国家级一流本科课程。

在信息技术与高等教育深度融合的大趋势下，各高校积极推进落实教育部发布的《教育信息化2.0行动计划》，运用"互联网+教育"的新理念、新平台和新技术，建设在线开放课程，共享优质教育资源。本报告基于中国大学慕课、学堂在线等主流在线课程平台检索各高校开设的无障碍相关课程，检索结果如表7所示。天津大学的"无障碍通用标识环境设计实验虚拟仿真实验"荣获国家级一流虚拟仿真实验课程，成为目前无障碍实践教学课程建设的标杆。东南大学基于中国大学慕课开设"风景园林设计原理"课程，内容包含无障碍设计、通用设计知识模块。山东工艺美术学院基于智慧树平台开设"环境无障碍（通用）设计"课程。这些在线开放课程资源在增进学生对无障碍专业知识的了解、促进无障碍知识在更大范围进行传播方面发挥了积极作用。

表7　无障碍相关在线课程（截至2021年8月）

在线课程平台	课程名称	开设院校	开设时间	教学团队	学习人数	无障碍相关内容模块
国家虚拟仿真实验教学课程共享平台	无障碍通用标识环境设计实验虚拟仿真实验	天津大学	2020年获批国家级一流本科课程	董雅、赵伟、贾巍杨、王小荣、曲翠萃	不详	面向城市规划、建筑学等专业，主要以色彩和尺度要素为实验单元，将应用场景与设计关键要素虚拟仿真，通过虚实互补的实验环节，提高学生优化设计能力，培养学生自主研究与创新能力
中国大学慕课	城市详细规划原理	河南城建学院	2018年已开设6次	刘会晓、邢燕、赵玉凤等10人	9178	居住区交通组织与道路规划单元包含居住区道路无障碍设计内容模块

续表

在线课程平台	课程名称	开设院校	开设时间	教学团队	学习人数	无障碍相关内容模块
中国大学慕课	建筑构造原理与设计	南阳理工学院	2019年已开设4次	赵敬辛、牛烨、任海洋等8人	3383	建筑学、历史建筑保护工程专业的核心课程，城乡规划、土木建筑工程等专业的基础课程。课程第十单元为"无障碍设计构造"，主要学习无障碍设计的范围、建筑物无障碍设计构造
中国大学慕课	风景园林设计原理	东南大学	2019年	成玉宁、袁旸洋	11753	课程第五单元"公众行为与景园设计"中介绍无障碍与通用设计，促进学生了解人在景园环境中的行为，学习人性化景园设计方法
中国大学慕课	环境设施设计赏析	南京理工大学泰州科技学院	2020年已开设3次	杨晶晶、沈小华	1509	课程第四单元"环境设施的人性化设计"中包含环境设施的人性化思想、环境设施的无障碍设计两个内容模块
中国大学慕课	建筑设计原理	中国矿业大学	2020年已开设2次	韩晨平、王栋、李明等5人	2256	建筑学专业的基础必修课程，主要讲述建筑设计基本知识和基本原理；第五单元"设计技术规范概要"的第五个内容模块为无障碍设计
学堂在线	视觉无障碍智能交互	清华大学	2020年	史元春	817	介绍团队最新研制的基于界面理解转换的智能交互操作系统，已为视障人士实现多种视觉无障碍智能交互应用
智慧树	环境无障碍（通用）设计	山东工艺美术学院	2021年	赵一凡、吕桂菊、王健	不详	环境设计、建筑学、城乡规划等专业的基础课程。教学使学生在城市公共空间设计、室内设计中掌握无障碍设计基本理论知识。培养具有关爱社会弱势群体人文素养的设计师

资料来源：主要基于国家虚拟仿真实验教学课程共享平台、中国大学慕课、学堂在线、智慧树等课程平台数据整理。

（三）教材建设情况

教材建设是高校的一项基本建设工作，是培养高素质人才的重要环节。为适应无障碍教学需要，各高校结合自身课程实际情况，编写出版了相关教材。目前已有三十余部无障碍教材出版，其中"十一五"规划教材主要有天津大学王小荣教授编写的《无障碍设计》、李志民教授编写的《无障碍建筑环境设计》。2019 年，王小荣教授编写的教材成功入选普通高等教育土建学科专业"十三五"规划教材。教材的出版为开设"无障碍设计"专业课奠定了良好基础。此外，辽宁人民出版社编撰出版的"国家无障碍战略研究与应用丛书"第一辑，内容全面系统，涉及无障碍环境建设的各个领域，填补了国家无障碍研究及教育领域的空白。

表8　2012～2021 年无障碍教材/专著信息统计表

序号	作者	教材/专著名称	出版社	出版年份
1	赵英	《信息无障碍支持体系研究》	四川大学出版社	2012
2	沈晓军	《老年福利机构无障碍辅具配置》	中国社会出版社	2012
3	周序洋	《无障碍设施设计施工及验收》	中国建筑工业出版社	2013
4	焦舰	《城市无障碍设计》	中国建筑工业出版社	2014
5	刘连新	《城镇无障碍设计》	中国建材工业出版社	2014
6	熊红霞	《残障人士无障碍旅游入华史及其发展》	科学出版社	2015
7	贾祝军	《无障碍设计》	化学工业出版社	2015
8	熊红霞	《成都无障碍手册（景区、交通篇）》	四川人民出版社	2017
9	魏晨婧	《老年人无障碍设计与辅具应用》	国家开放大学出版社	2018
10	胡燕	《无障碍虚拟学习环境的设计研究》	科学出版社	2018
11	赵英	《信息无障碍建设的影响因素及保障体系研究》	中国社会科学出版社	2018
12	张昆	《信息无障碍》	清华大学出版社	2018
13	冯希	《城市无障碍公交车站设计及使用行为研究》	天津大学出版社	2018
14	王小荣	《无障碍设计》（普通高等教育土建学科专业"十三五"规划教材）	中国建筑工业出版社	2019
15	段培君	《无障碍国家战略》	辽宁人民出版社	2019
16	杨宜勇	《无障碍与社会公共服务》	辽宁人民出版社	2019

序号	作者	教材/专著名称	出版社	出版年份
17	吕小泉	《无障碍与现代奥运》	辽宁人民出版社	2019
18	邵磊	《无障碍与校园环境》	辽宁人民出版社	2019
19	潘海啸	《无障碍与城市交通》	辽宁人民出版社	2019
20	陈兴涛	《无障碍与当代住区》	辽宁人民出版社	2019
21	薛峰	《无障碍与宜居环境建设》	辽宁人民出版社	2019
22	贾巍杨	《无障碍与城市标识环境》	辽宁人民出版社	2019
23	卜佳俊	《无障碍与信息技术》	辽宁人民出版社	2019
24	王靖宇	《无障碍与导盲犬研究》	辽宁人民出版社	2019
25	黄露莎	《视觉无障碍游戏化交互设计指南》	中国水利水电出版社	2020
26	姚亚波	《民用机场旅客航站区无障碍设施设备装置技术标准》	中国民航出版社	2020
27	赵剑	《基于多模态人机交互的听障者无障碍技术研究》	科学出版社	2020
28	陈凯家	《无障碍家居生活和康复活动设计实用指南》	北京工业大学出版社	2020
29	郑康	《无障碍卫生间设计要点图示图例解析》	中国建筑工业出版社	2021

资料来源：根据国家图书馆书目检索结果整理。

（四）师资队伍建设情况

无障碍事业的高质量发展取决于高校输出人才的质量，而高校专业人才培养的关键在于师资队伍。本报告于 2021 年 8 月 1 日以"无障碍"为关键词检索无障碍相关硕博士论文，并根据论文收录数量进行排序，浙江大学、天津科技大学、西南交通大学为排名前三的高校，研究以这三所高校为例，结合高校官网对相关教师的介绍对无障碍方向的研究生导师队伍进行分析。

如表 9 所示，浙江大学目前已形成以卜佳俊教授领衔的信息无障碍研究团队，该团队不仅在信息无障碍领域取得了丰硕成果，也为社会输送了优秀的信息无障碍专业技术人才。团队早期主要是在陈纯院士带领下开展研究工作，目前主要带头人为卜佳俊教授，团队核心成员主要包括王灿、高艺、郭庆、王强、王炜。从年龄看，团队以"70 后"为中坚力量，团队建设有梯度，年龄结构合理。浙江大学建筑工程学院的裴知副教授，主要以城乡老年人居环境无障碍方向开展研究与人才培养，就这一领域而言目前尚未形成一定规模的教学与科研团队。天津科技大学无障碍相关方向研究生导师主要集中在机械工程学院与艺术设计学院（如表10所示）。机械工程学院导师队伍方向主要集中在人机工程领域，规模较小，2011年之前成员科研合作较为紧密。艺术设计学院主要集中在无障碍产品设计领域，导师队伍在规模上、年龄结构上略好于机械工程学院，但仍可能出现后续发展乏力问题，需要加强队伍建设。西南交通大学的研究生导师队伍主要以建筑与设计学院教师为主，主要研究领域为工业设计、景观设计，导师队伍规模较为合理，但梯队建设有待加强（如表11所示）。

表9　浙江大学无障碍相关学科研究生导师队伍信息表

序号	姓名	出生年份	职称、导师资格	研究方向	二级单位
1	陈纯	1955年	教授、博导	计算机图形图像处理、计算机视觉、人工智能等	计算机科学与技术学院
2	卜佳俊	1973年	教授、博导	信息无障碍、人工智能、智能媒体计算	计算机科学与技术学院
3	王灿	1973年	博士、副教授、博导	数据挖掘、信息检索、残疾人信息无障等	计算机科学与技术学院
4	裴知	1982年	副教授、博导	城乡老年人居环境、环境行为学理论与方法	建筑工程学院
5	高艺	1987年	副教授、博导	物联网与传感网、边缘计算等	计算机科学与技术学院
6	郭庆	1973年	副教授、硕导	移动多媒体、人工智能	浙江大学创新软件研发中心
7	应放天	—	研究员、博导	整合与创新设计、数字化艺术与设计等	计算机科学与技术学院
8	王强	1968年	副教授、硕导	数字图像处理、计算机图形学等	计算机科学与技术学院
9	王炜	—	工程师	信息无障碍	浙江大学创新软件研发中心

资料来源：根据浙江大学教师个人主页及浙江大学创新软件研发中心团队介绍整理。

表 10　天津科技大学无障碍相关学科研究生导师队伍信息表

序号	姓名	出生年份	职称、导师资格	研究方向	二级单位
1	张建国	1955 年	教授、博导	人体运动生物力学、仿生学交叉融合的基础和应用研究	机械工程学院
2	张峻霞	1968 年	教授、博导	人机工程与人机交互、智能康复机器人	机械工程学院
3	祁素萍	1970 年	教授、硕导	景观生态规划与设计	艺术设计学院
4	张琲	1969 年	教授、硕导	产品设计	艺术设计学院
5	孙明	1967 年	教授、硕导	空间环境色彩、室内空间设计	艺术设计学院
6	纪向宏	1976 年	教授、硕导	视觉传达设计等	艺术设计学院

资料来源：根据天津科技大学学院官网介绍整理。

表 11　西南交通大学无障碍相关学科研究生导师队伍信息表

序号	姓名	出生年份	职称、导师资格	研究方向	二级单位
1	徐伯初	1952 年	教授、博导	交通工具设计理论研究、产品设计理论研究、环境艺术设计	建筑与设计学院
2	黄涛	1957 年	教授、硕导	工业设计、设计理论	建筑与设计学院
3	吴贵凉	1958 年	教授、硕导	工业设计、环境艺术设计	建筑与设计学院
4	邱建	1961 年	教授、博导	城乡景观规划、景观理论与设计	四川省住房和城乡建设厅兼职导师
5	徐涛	1966 年	副教授、硕导	城市公共空间及景观设计	建筑与设计学院
6	唐莉英	1972 年	副教授、硕导	景观建筑学、环境艺术设计、室内设计	建筑与设计学院
7	吴茵	1974 年	副教授、硕导	老年人居住环境、城市设计、环境心理学	建筑与设计学院
8	李娟	1975 年	副教授、硕导	智能交通系统、交通规划与管理	交通运输与物流学院

资料来源：根据西南交通大学官网介绍整理。

（五）产学研协同育人情况

建立产学研协同育人机制，吸引更多社会资源投入人才培养，是高校创新人才培养机制的重要方式，也是提高人才培养质量的有效途径。各高校在无障碍产学研协同育人方面不断探索，取得了明显成效。浙江大学中国残疾人信息和无障碍技术研究中心与中国残联等社会团体、行业组织，与阿里巴巴等一流互联网企业积极合作，联合进行标准研制、技术研发、推广应用，积极组织硕博士研究生参与项目实践，以科研反哺教学，在实践中培养一流技术创新人才，较好地实现了人才培养、科学研究、教育教学、社会服务的一体化发展。

浙江旅游职业学院作为无障碍旅游实践的开拓者，建校 37 年来，始终坚持"依托行业、产学结合、接轨国际"的办学理念，努力填补无障碍旅游服务领域标准的空白。学院推动制定《乡村景区无障碍环境建设指南》《无障碍旅游服务规范》，通过研究标准、制定标准、宣贯标准、培训标准，助力旅游企业正确运用标准。自 2012 年起，学院与浙江省、市、区残联及残疾人协会、浙江省五十余家旅游企业及多家社会组织联合推进残疾人无障碍旅游。学校结合亚残运会举办需要，助力企业创建无障碍示范旅行社、无障碍示范饭店、无障碍示范景区，并以此为抓手，构建"浙江省无障碍旅游服务机构"运营常态化机制，规范无障碍旅游市场主体行为。学院通过打造产学研育人生循环机制，将理论研究转化为推动无障碍旅游产业的力量，为推动浙江省乃至全国无障碍旅游事业，提升老年人、残疾人等身心障碍人群的旅游体验发挥了重要作用。

四 我国高校无障碍专业人才培养存在的问题分析

（一）人才培养体系不健全

从高校无障碍人才培养体系现状来看，目前国内尚无一所高校独立开设无障碍本科专业，无障碍人才培养的层次多指向研究生教育而非本专科教育，尚未形成本硕博一体化的人才培养梯队，人才培养体系尚不健全。就研究生教育阶段而言，信息无障碍领域发展较好。作为计算机科学与技术学科的一流高校，浙江大学将信息无障碍研究方向正式纳入硕博士研究生招生目录，开展信息无障碍方向的硕博士研究生培养，有力地推动了高层次信息无障碍技术人才的培养。但在建筑学、管理学等领域，尚未正式纳入招生目录，进行专业人才培养。无障碍人才培养无论是培养层次，还是培养类型上均不完善。

无障碍事业的特殊性决定其需要专门的高等教育人才培养体系，但我国无障碍学科理论体系和人才培养体系还没有完全建立。无障碍具有典型的学科交叉性，主要涉及工学的计算机科学与技术、建筑学等类别，管理学的管理科学与工程、公共管理等类别；直接或间接涉及理学的心理学类等领域。无障碍的特殊性及专业性决定了当前常规的专业设置和培养方式无法满足社会对无障碍专业人才的需求。因此，需要专门的培养目标、培养模式与课程设置。而这些，都是现有专业无法覆盖的。因此加快构建多层次、多类型无障碍人才培养体系，使之融入各级各类教育教学过程是有效满足社会对无障碍专业人才需求的必然选择。

（二）学科交叉融合力度不够

无障碍环境建设是涉及多领域、多层次的社会系统工程。当前，无障碍建设已经从城市道路、公共建筑、公共交通，发展到信息交流和社会服务，无障碍内涵不断丰富、外延不断拓展。无障碍环境建设的内在要求决定了无障碍专业人才培养必然涉及建筑、计算机、医学、社会学、管理学等多个学科领域。清华大学无障碍发展研究院联合建筑学院、美术学院、计算机科学与技术系、机械工程系、社会科学学院，整合多学科背景的师资力量进行重大工程及项目的研发、建设，创立了无障碍跨学科交叉创新的标杆。但多数高校建筑学、计算机科学、管理学等不同学科之间，学科内部合作交流不畅，难以形成合力破解复杂多样的无障碍难题，更难以实现学科的交叉创新。"新文科""新工科"建设均强调学科的交叉、融合，以更好地服务国家战略需要、社会发展需要。因此，搭建跨学科交流平台，促进无障碍相关学科的交叉融合是无障碍教育发展的未来方向。

（三）教学资源建设与共享不足

2011年起，教育部在全国范围内开展国家精品开放课程建设工作。2019年，教育部全面开展一流本科课程建设。从精品开放课程建设到一流课程建设，无不显示出国家对课程建设的高度重视。但无障碍课程建设在国家大力推进精品开放课程、一流本科课程的背景下并没有得到充分重视。截至目前只有天津大学1项虚拟仿真实验项目入选国家一流课程。而且，非一流的无障碍在线课程资源数量也极为有限，国内各大主流在线课程平台无障碍相关的课程资源累计不足10门，无障碍在线课程资源建设与资源共享并没有得到充分重视。陈冀峻、赵佩雯（2021年）以环境设计专业为例，通过对浙江省内六所本科院校和上海、深圳、西安、武汉各一所本科院校的粗略调查，发现几乎没有在环设专业本科教学的培养方案中有单独设置有关无障碍设计课程的。多数只是包含在"人体工程学"等课程的相关章节中，有两所高校则明确无相关内容的教学。

教材是教育教学活动的核心载体，教材建设关系育人成效。自1995年国家教委发布《关于"九五"期间普通高等教育教材建设与改革的意见》，2000年教育部高等教育司发布《关于加强高职高专教育教材建设的若干意见》以来，教育部陆续发布"十一五""十二五""十三五"规划教材管理的意见、立项建设的通知，住建部、工信部、人社部也印发了相关领域规划教材申报的通知，但截至目前，无障碍领域教材数量少，规划教材数量则更少，目前尚无一部国家级规划教材，教材建设亟待加强。

（四）人才培养机制不完善

人才培养是一项系统工程，从选拔录取到培养过程再到社会评价，涉及多个环节。无障碍专业人才培养发展历程较短，人才培养基础薄弱，尚未形成成熟的人才培养机制。当前无障碍专业人才培养层次体系不健全，课程建设、教材建设、教学团队建设都远滞后于其他学科专业，尤其在集聚社会资源共同参与人才培养方面活力不够，与有关部门、科研院所、行业企业合作推进不足。虽然清华大学、浙江大学等国内知名高校在无障碍人才培养、产学研协同育人机制上进行了积极探索与实践，但从高校整体层面而言，无障碍人才培养机制的构建依然处于摸索阶段。如何根据国家战略发展与经济社会发展对人才的需求，动态调整专业方向，如何基于自身特色、定位规划专业布局，优化专业结构，搭建人才培养平台，推动多方合作，积极实践产学研协同培养人才，不断提升人才培养质量，都需要在实践中不断调整完善。

（五）政策支持力度不够

无障碍事业的高质量发展迫切需要高素质人才。目前，国家政策文件中明确、专门提出培养无障碍专业人才的文件主要有三个。中国残联、住建部、教育部等联合发布的《无障碍建设"十二五"实施方案》《无障碍环境建设"十三五"实施方案》中，分别强调"组织高等院校、科研机构开展无障碍建设研究，培养专门人才""支持高等院校、科研机构成立相关研究机构，开设无障碍相关课程，开展无障碍建设研究，培养专门人才"。2020年，工信部、中国残联联合发布《关于推进信息无障碍的指导意见》也明确提出"鼓励高等学校增加信息无障碍相关课程，开展助残助老理论及技术研究，培养信息无障碍领域人才"。这三项政策主要为部门工作文件，联合发文部门较少，政策的影响力度、广度明显不够，尚未引起相关部门的足够重视。无障碍专业人才培养的真正落实需要进一步加强人才政策体系建设，加快人才培养步伐，提升人才培养政策效能，从而发挥人才在促进无障碍事业发展中的战略性作用。

五　加强我国高校无障碍专业人才培养的对策建议

"十四五"无障碍事业的高质量发展对无障碍专业人才培养提出了更高

的要求，无障碍作为新兴领域，其专业人才培养既需要结合现有成熟的制度开展管理，又需要专门的支持政策。具体对策建议如下。

（一）加强顶层设计，健全培养体系

学科专业设置必须前瞻预判和主动适应面向世界发展前沿、面向经济社会发展和国家重大战略需求的时代要求，才能有效化解人才培养过程中的供需平衡问题。无障碍问题往往需要多学科专业的跨界协同、交叉融合。因此，无障碍学科专业布局必须充分遵循不同层次、类型的人才成长规律和教育教学规律，科学设置学科专业，积极探索多学科交叉融合发展。同时，也需从研究生、本科和高职学科专业体系的衔接性和系统性充分考虑普通高等教育和高等职业教育在学科专业、学位体系上的交流融通，做好无障碍学科专业体系的顶层设计和整体谋划。要鼓励有条件的院校，自主设置目录外无障碍交叉学科，促进不同学科之间的交叉融合和协同发展；要鼓励有条件的院校通过整合、新建等方式建立无障碍学院，开办无障碍专业，建设无障碍一流学科专业。

学科方面，建筑学、计算机科学与技术一流高校可进一步搭建跨学科交流平台，整合无障碍相关学科探索建立目录外无障碍理论与技术二级交叉学科，加强无障碍基础理论研究，强化无障碍技术研究，培养无障碍高层次技术人才、拔尖创新人才，从而在高层次人才培养、高质量科学研究、支撑创新驱动发展战略、服务经济社会等方面发挥更加重要的作用。特色院校可充分发挥自身优势，整合现有优势学科，申请设立目录外无障碍应用二级交叉学科，强化无障碍应用研究，培养多层次、多类型的无障碍管理与服务人才。经过一定的时间积累，时机成熟，可整合无障碍理论与技术学科、无障碍应用学科申请设立无障碍一级学科。

专业方面，无障碍事业的发展需要不同层次和类型的专业人才，高校应根据自身学科优势和办学条件，走特色发展、错位发展和差异发展之路。根据自身办学条件和历史传统，通过比较优势，创建符合自身和区域经济社会发展的高质量人才培养体系。在人才培养层次上，鼓励有条件的院校，申请开设无障碍本科专业，完善本专科、硕博士研究生教育，逐步构建从高职到本科、硕士、博士健全的无障碍专业人才培养体系。研究型大学应针对无障碍新兴交叉领域构建本硕博贯通课程体系，强化学科知识的深入性和交叉性，推进跨学科人才培养的体系性建设。在人才培养类型上，无障碍人才培养可形成多元培养模式。高等专科/职业教育阶段应着重强调无障碍技术的转化与应用；本科教育阶段强调无障碍教育基本原理、方法和思维的训练；研究生教育阶段强调无障碍高层次技术人才和拔尖创新人才的培育。

（二）加强师资队伍建设，丰富教学资源

支持和鼓励高校加强无障碍专业师资队伍建设，制定师资队伍建设规划，建立人才选聘、使用、培养、评价全方位管理体系。要积极创造条件，选聘专业理论强、实际工作经验丰富的人从事无障碍教学工作，要聘请经验丰富的无障碍技术和管理专家担任兼职教师；要鼓励高校有计划地组织无障碍专业教师赴政府部门、相关企业、科研机构合作科研或挂职，促进无障碍人才在政府、企业、智库间有序顺畅流动；要采取多种形式对高校无障碍专业教师开展在职培训，重点支持无障碍领域青年骨干教师出国培训进修；要鼓励和支持符合条件的高校承担国家无障碍科研项目、国家重大工程项目，充分发挥知名专家学者的示范作用；要鼓励高校与国内外大学、企业、科研机构在无障碍人才培养方面开展合作；要设立专门的人才培养项目及专项经费，高度重视和全力支持青年教师的成长，培育无障碍事业持续发展的生力军；要从师德师风、教书育人、科学研究、专业发展、社会服务等方面进行科学综合评价，构建结构合理、能力突出、素质优良的无障碍专业师资团队。

鼓励高校建设无障碍课程体系，开设无障碍通识课程，建设无障碍一流课程。积极引导"双一流"建设高校、部省合建高校发挥引领示范作用，重点打造一批高水平无障碍专业课程，为无障碍人才培养提供有力支撑。鼓励和支持无障碍专家讲授无障碍课程，领衔建设一批国家级、省级一流本科课程，形成布局合理、教学效果优良、开放共享的无障碍课程体系。

鼓励高校加强教材建设整体规划，全面提升教材质量，切实发挥教材育

人功能。首先，教材建设要以打造精品教材为引领，力求全面推进不同类型高校教材建设。无障碍领域专家要瞄准国家战略需求，集中力量打造一批学科经典教材，组织编写一批适应不同类型人才培养需要的教材，有组织地引进或翻译出版一批境外优质教材。其次，加强无障碍实践性、创新性教材建设，促进学生实践能力提升。再次，设立优秀教材奖，充分发挥优秀教材的示范性、引领性作用。最后，教材要适应数字化时代学生学习特性及学习需求，建设技术与教育教学深度融合、表现力丰富的新形态无障碍教材。

（三）加强多主体协同，创新人才培养机制

从学习理论的角度看，人才培养应建立于开放、复杂和快速变化的知识网络之上，其参与主体不仅存在于高校之中，也不仅限于教师和学生。广阔的应用场景为无障碍领域新知识的出现构建了庞大的社会网络，因此需要产学研多主体共同参与人才培养工作，并在社会网络中相互沟通，不断建立新的联系，从而促进知识不断迭代。构建多主体协同育人机制已成为一流高校跨学科培养人才的较为普遍的选择。鼓励高校根据需求和自身特色，建设跨学科人才培养平台，建设无障碍人才培养基地，探索无障碍人才培养模式。鼓励高校尝试进行无障碍辅修专业制度改革，开展双学士学位人才培养项目试点，推进跨校联合人才培养，深化国际合作等。积极推动高校与行业企业合作育人，协同创新。鼓励行业企业深度参与高校人才培养工作，从培养方案设计、课程建设、教材建设、实验室建设等各个环节加强同高校的合作。推动高校建设无障碍协同创新中心，与科研院所协同育人。鼓励学生在校阶段积极参与创新创业，形成无障碍人才培养、技术创新、产业发展的良性生态链。

（四）加强全面提升，优化外部环境

要广泛开展无障碍宣传活动，充分利用网络、广播、电影电视、报纸杂志等多种平台，传播无障碍知识，营造无障碍文化氛围。支持创作更多高质量无障碍科普读物，开展多种形式的无障碍知识和技能竞赛。要加强青少年

无障碍教育，开展无障碍知识进校园行动，将无障碍教育纳入基础教育教学内容。支持高校无障碍相关教学、科研资源对外开放，建立面向社会公众的无障碍科普公共服务平台。建立无障碍政府部门、事业单位、相关企业工作人员培训制度，充分利用高校优质无障碍教育资源开展无障碍从业人员在职培训，提升其无障碍意识和专业技能。要积极推动行业组织建立无障碍专业从业人员职业能力建设和职业资格认定，全面加快培养无障碍专业人才队伍。要不断健全和完善无障碍人才培养配套措施，创新无障碍人才评价机制，完善无障碍人才激励机制，设立无障碍优秀人才、优秀教师奖，增强专业人才的成就感、获得感。

人才是无障碍事业发展的第一资源。各级政府部门必须充分认识到无障碍专业人才培养的重要性，制定无障碍人才培养规划，优化无障碍学科专业布局，加强师资队伍建设，促进无障碍优质教学资源建设，创新无障碍人才培养机制，推动无障碍人才的专业化和职业化，为实现无障碍事业高质量发展提供人才保障。

参考文献

贾巍杨、王小荣：《从业务素质与社会责任到综合创新——建筑教育中无障碍设计意识的调查与培养模式初探》，《高等建筑教育》2014年第23卷第1期，第1~4页。

陈冀峻、赵佩雯：《无障碍环境设计课程体系及教学方法研究》，《设计》2021年第34卷第14期，第114~117页。

成斌、刘虹：《无障碍设计知识体系在建筑学专业课程中的建构探索——以西南科技大学建筑学培养方案为例》，《高等建筑教育》2015年第24卷第1期，第88~91页。

B.15
中国无障碍环境监测
评估报告（2021）*

易莹莹　白先春**

摘　要：　无障碍环境监测评估具有重要意义，目的在于从现实生活多
方面推动无障碍环境的发展，促进无障碍环境建设的不断完
善，从而有效改善包括残疾人在内的特殊群体的生存环境与
生活质量。目前，我国无障碍环境监测评估取得了可喜的成
就；无障碍环境建设内容全面化；无障碍立法和实践活动均
不断完善；无障碍环境监测评估主题多样化。同时，我国无
障碍环境监测评估也面临着监测标准、相关法规及评估机制
不完善，监测力度及范围不够，没有建立统一规范的台账制
度和监督机制等问题。建议从建立并完善相关法律法规、完
善无障碍环境建设监督过程中的标准及责任机制、建立我国
无障碍环境的监测评估体系等三个角度着手，有效提升我国
无障碍环境建设水平，促进无障碍环境建设高质量发展。

关键词：　无障碍环境　监测评估　高质量发展

---

* 本报告为江苏省高等学校自然科学重大项目"残疾人数据采集与信息管理平台研发"（项目
编号：17KJA120002）阶段性研究成果。
** 易莹莹，副教授，博士，南京邮电大学经济学院，研究领域为残疾统计。白先春，教授，博
士，中国残疾人数据科学研究院院长，研究领域为残疾统计。

无障碍环境建设是为便于残疾人、老年人等行动障碍人群在日常出行、信息交流与服务获得等方面所进行的建设活动。[①] 这不仅是特殊人群全方位融入社会的保障，也是提升国家整体实力和国际竞争力、推动高质量发展的需要。我国无障碍环境建设始于 20 世纪 80 年代，经过近 40 年的努力，伴随我国经济社会发展取得了诸多成就，无障碍物质设施进一步完善，无障碍信息交流从无到有，关注和支持无障碍发展的社会氛围日渐浓厚，无障碍环境建设基本格局已然形成。

早在 2010 年，我国残疾人总数已经达到 8500 万。有研究表明，残疾程度越高的残障人群面临的无障碍环境问题越多。[②] 此外，我国已逐步进入老龄化阶段。第七次全国人口普查资料显示，截至 2020 年底，我国 60 岁及以上老年人口达到 2.6 亿，占总人口的比重为 13.7%。老年人身体机能出现退化和障碍，迫切需要无障碍环境帮助其融入社会生活。[③] 我国无障碍环境需求巨大，建设任务繁重，但是长期以来，我国无障碍环境建设主要解决了"从无到有"的问题，却忽略了"从有到优"的问题。因此，无障碍环境的监测评估具有重要意义。《中华人民共和国国民经济和社会发展第十四个五年规划和 2035 年远景目标纲要》强调：要加强残疾人、老年人服务设施建设，完善无障碍环境建设。基于无障碍环境建设内容，全方位推动无障碍环境监测评估工作的发展，从而提高无障碍环境建设的监督管理力度和宣传力度，促进残疾人、老年人等群体更好地融入社会。

一 无障碍环境监测评估的发展历程

（一）起步阶段（1989～2012 年）

1989 年，国务院正式批准了《方便残疾人使用的城市道路和建筑物

---

① 吕世明：《我国无障碍环境建设现状及发展思考》，《残疾人研究》2013 年第 2 期，第 3 页。
② 张倩昕、苏志豪、蔡若佳：《我国无障碍环境建设的发展历程》，《老区建设》2015 年第 22 期，第 45 页。
③ 吴文博：《我国无障碍环境建设问题研究》，西北大学硕士学位论文，2015。

设计规范》，自此我国无障碍建设在理念和设计标准方面开始起步。1990年颁布的《中华人民共和国残疾人保障法》和1996年颁布的《中华人民共和国老年人权益保障法》均以法律的形式确定了国家和社会对无障碍环境建设不可推卸的责任，体现了我国对无障碍环境监测评估的高度重视。1998年4月，建设部发布《关于做好城市无障碍设施建设的通知》。同年6月，建设部等部门联合颁布《关于贯彻实施方便残疾人使用的城市道路和建筑物设计规范的若干补充规定的通知》，要求相关部门不仅要做好工程审批管理，更要对工程把好验收关。2001年，我国发布《城市道路和建筑物无障碍设计规范》作为行业标准；"八五"至"十三五"的国家五年规划纲要均非常明确地指出了建设无障碍环境的任务与措施，将执行《城市道路和建筑物无障碍设计规范》纳入基本建设审批内容，这标志着我国无障碍建设在设计标准和规范方面取得的全面进步。2000年，建设部重新修订的《方便残疾人使用的城市道路和建筑物设计规范（JGJ50-88）》指出：如果无障碍环境没有满足被列入必须执行的24项国家强制性标准，则会按照有关规定进行处罚，即加强对无障碍建设的监测评估。相关行业部门随即制定颁布《特殊教育学校无障碍设计规范（JGJ76-2003）》《民用机场旅客航站区无障碍设施设备配置标准（MH/T5107-2009）》《铁路旅客车站无障碍设计规范（TB10083-2005）》等无障碍建设规范或标准。2006年以来，工信部制定了十余项信息交流无障碍的建设标准，以便于视听残障群体的产品研发、推动信息交流无障碍环境的建设。至此，我国在物质环境无障碍和信息交流无障碍的管理和监督上都制定了相应标准。2008年，我国加入《残疾人权利公约》，使我国残疾人的权力保障与国际接轨。根据这一公约的内容和精神，我国对《中华人民共和国残疾人保障法》进行了修订，其中第七章对无障碍环境建设做出了更为详尽的规定，值得注意的是，关于无障碍环境的规定，从原来的一条扩充到一个独立的章节，进一步明确了国家和社会在无障碍环境建设中的责任和相应措施，除建筑设施无障碍，还包括信息交流无障碍、公共服务无障碍等内容。

（二）发展阶段（2012年至今）

从 2012 年至今，无障碍环境建设作为保障残疾人、老年人等特殊群体权益的重要一环，由只是一般行业性的规范和标准制约，逐步发展为国家标准的管理和监督。2012 年，住建部第三次修订《无障碍设计规范（GB50763 - 2012）》，将无障碍环境建设从行业规范提升为国家标准，大大提升其约束力，并增加了信息交流无障碍、公共服务无障碍等新内容，使得无障碍建设更加全面而规范。2018 年，交通运输部、住建部等七部门联合出台《关于进一步加强和改善老年人残疾人出行服务的实施意见》，提出了无障碍交通基础设施建设和改造的具体要求。这标志着我国无障碍建设的设计标准和法律制度在物质内容和技术手段上从"设施"扩展到"环境"。自《无障碍环境建设条例》和《无障碍设计规范》颁布实施以来，我国无障碍环境建设从物质无障碍、信息交流无障碍的建设向人文环境的无障碍建设发展，从碎片化建设向系统化、法制化建设发展，从重建设向重管理、强监督发展。2016 年，十三部委联合印发《无障碍环境建设"十三五"实施方案》，致力于为残疾人、老年人提供一个无障碍的物质环境和信息环境，落实《国家新型城镇化规划（2014—2020年）》，进一步完善无障碍环境建设的相关政策、标准，将无障碍建设融入文明城市、智慧城市创建内容，并组织多个部门进行第三方评估。2021年 1 月 1 日，《中华人民共和国民法典》正式施行，其第二百八十一条明确了对建筑物无障碍设施维修、更新和改造的合法性，这是国家基本法对"无障碍"的首次直接规定。

二 无障碍环境监测评估的发展现状

20 世纪 80 年代以来，我国无障碍环境建设从无到有、从点到面，标准规范、法律法规进一步完善，建设内容不断丰富，建设水平逐步提高。2020年，全国范围内出台的无障碍建设管理法规和规范性文件有 674 个，比

2011 增加 248 个；系统开展无障碍建设地市、县的数量达到 1753 个，与 2011 年相比增加 908 个；全国开展无障碍环境建设检查每年基本在 3000 次以上，2020 年更是达到 8000 次；无障碍培训每年都在 3 万人次以上，"十三五"期间培训人次逐年增加，总数达到 20.6 万人次、年均达到 4.1 万人次。截至 2020 年底，全国共建有省、地市级残疾人电视手语栏目 296 个；全国省市县三级公共图书馆共设立盲文及盲文有声读物阅览室 1258 个（见表 1）。

表 1 2011～2020 年我国无障碍环境建设的基本情况

年份	无障碍建设的管理法规、规范性文件（个）	系统开展无障碍建设的地市、县（个）	无障碍环境建设检查（次）	无障碍培训（万人次）	省、地市级残疾人电视手语栏目（个）	省市县三级公共图书馆共设立盲文及盲文有声读物阅览室（个）
2011	426	845	3287	3.1	196	—
2012	438	1084	3354	3.4	214	—
2013	444	1419	3492	3.6	263	—
2014	451	1506	4906	4.0	231	1616
2015	451	1618	6445	3.6	262	1515
2016	451	1623	4904	3.2	269	850
2017	451	1622	4006	3.2	285	959
2018	475	1702	2929	3.7	295	1124
2019	537	1737	3261	4.9	304	1174
2020	674	1753	8000	5.6	296	1258

资料来源：中国残疾人联合会，https：//www.cdpf.org.cn/zwgk/zccx/index.htm，2021-08-12。
注：该数据为调整值。

（一）无障碍环境建设内容全面化

近年来，随着我国无障碍环境建设的不断发展，其内容也得到了更加系统化和全面化的拓展，主要包括物质环境无障碍、信息交流无障碍以及社区服务无障碍。

1. 物质环境无障碍

物质环境无障碍包括通行无障碍和使用无障碍。其中，前者是指残疾人等特殊群体能独立安全出行，比如，城市道路要满足肢体残疾者和视力残疾者的需求，建筑物要考虑在出入口、电梯及卫生间等处设置方便特殊人群通行的相应设施。后者强调无障碍设施的使用应达到安全、平等要求。相应地，义务主体既有改造并提供无障碍环境和设施的义务，还需要确保设施具有可获性和可及性，方便残疾人、老年人等群体的使用。

2. 信息交流无障碍

信息交流无障碍主要是针对视听阅读存在困难的残疾人或老年人设计的，如影视作品和电视节目的字幕和解说词、电视手语，盲人有声读物、盲文试卷，电信业务经营者对有需求的人群提供文字信息服务和语音信息服务等。

3. 社区服务无障碍

社区服务无障碍指对残疾人和老年人等特殊群体提供基本的服务保障，旨在方便他们参与社区生活，如完善紧急呼叫系统、为贫困家庭提供补助改造无障碍设施、为视力残疾人提供盲文选票等。

（二）无障碍建设立法和实践活动不断完善

1. 无障碍建设立法由点到面全线铺开

除了统一出台的全国性标准和法律法规之外，地方也因地制宜地针对无障碍环境建设制定了相应的区域性政策文件。北京市目前已发布 20 多项无障碍环境建设标准和指导类文件，其中不仅有行业标准，还有达到国际水平的标准和图集，基本形成了一套无障碍环境建设法规、标准和管理体系。《天津市无障碍环境建设管理办法》强调把无障碍环境建设纳入国民经济、社会发展与城乡发展规划中。[①] 福建省出台的《福建省无障碍设施建

---

① 《天津市无障碍环境建设管理办法》，天津市人民政府网，2018 年 1 月 31 日，http：// www. tj. gov. cn/zwgk/szfwj/tjsrmzf/202005/t20200519_ 2365903. html。

设和使用管理办法》规定：建设项目所有权人须承担改造建设无障碍设施的义务，他们如与管理人和使用人之间有约定建设及改造责任，约定责任人须全权负责。山东省出台的《山东省无障碍环境建设办法》规定，任何单位和个人都不得损坏和占用盲道以及轮椅通道等无障碍设施，或者改变它们的用途。广州市通过部门推荐选聘义务督察员，督察全市无障碍环境的建设、改造和使用情况，在解决问题中逐步推进无障碍环境制度与标准的落实。

表2　相关法律、法规、规章对无障碍环境建设执行标准的要求

年份	法律、法规、规章名称	制定机构
2004	《北京市无障碍设施建设和管理条例》	北京市人民代表大会常务委员会
2004	《杭州市无障碍设施建设和管理办法》 《杭州市无障碍设施建设规划（2004—2008年）》	杭州市人民政府
2009	《深圳市无障碍环境建设条例》	深圳市人民代表大会常务委员会
2010	《福建省无障碍设施建设和使用管理办法》	福建省人民政府
2011	《苏州市无障碍设施管理办法》	苏州市人民政府
2011	《成都市无障碍设施建设与管理办法》	成都市人民政府
2012	《无障碍设计规范（GB50763-2012）》	中华人民共和国住房和城乡建设部
2012	《无障碍环境建设条例》	中华人民共和国国务院
2018	《河南省无障碍环境建设管理办法》	河南省人民政府
2018	《天津市无障碍环境建设管理办法》	天津市人民政府
2019	《山东省无障碍环境建设办法》	山东省人民政府
2020	《广州市无障碍环境建设管理规定》	广州市人民政府
2021	《上海市无障碍环境建设与管理办法》	上海市人民政府

2. 无障碍司法实践活动经验不断积累

2019年至2021年3月，全国检察机关共立案办理无障碍环境建设公益诉讼案件803件。[①] 2021年5月，最高人民检察院联合中国残联共同举办

---

① 彭瑶：《中国发布丨有爱无碍　检察公益诉讼助推无障碍环境建设》，中国网，2021年5月17日，http://news.china.com.cn/txt/2021-05-17/content_77505081.htm。

"有爱无碍 检察公益诉讼助推无障碍环境建设"新闻发布会，发布无障碍环境建设诉讼典型案例。其中包括有：浙江省检察机关督促规范无障碍环境建设行政公益诉讼系列案，青海省人民检察院督促维护公共交通领域残疾人权益保障行政公益诉讼案，浙江省杭州市人民检察院督促整治信息无障碍环境行政公益诉讼系列案，福建省晋江市人民检察院督促执行无障碍设计规范行政公益诉讼案，广东省深圳市宝安区人民检察院督促整治道路无障碍设施行政公益诉讼案，江苏省宝应县人民检察院监督规范文物保护单位、英烈纪念设施无障碍环境建设行政公益诉讼案，四川天府新区成都片区人民检察院督促规范公共基础设施适老化建设行政公益诉讼案，浙江省宁波市鄞州区人民检察院督促整治无障碍指引标识行政公益诉讼案，黑龙江省铁路检察机关督促健全铁路旅客车站无障碍设施行政公益诉讼系列案，北京市延庆区人民检察院督促整治无障碍设施问题行政公益诉讼案。这些诉讼案件的办理有力地推动了无障碍设计规范、公共交通、公共服务、信息等领域的无障碍环境建设。①目前，最高人民检察院正研究制定如何在全国范围内开展无障碍环境建设检察公益诉讼的行动方案及指导意见。

（三）无障碍环境监测评估主题多样化

目前，我国无障碍环境建设的监测评估主题涉及出行、教育、信息等众多方面。

1. 出行

无障碍出行是残障人群进入社会生活的重要方面，也是残障人群所拥有的一项重要权利。随着城镇化和人口老龄化进程的加快，城市无障碍出行环境的普遍性和持续性问题日益突出。2021年2月，深圳市检察院在全市开展"无障碍出行设施专项检查监督"工作，重点检查全市无障碍通行设施

---

① 《最高检发布无障碍环境建设公益诉讼典型案例》，最高人民检察院网上发布厅，2021年5月14日，https://www.spp.gov.cn/spp/xwfbh/wsfbh/202105/t20210514_518136.shtml。

是否符合国家安全标准以及是否影响残疾人的安全出行等问题。在检察机关的推动下，宝安区政府专门制定了《宝安区无障碍畅通专项行动工作方案（2021—2022 年）》，对 122 处盲道中断和堵塞问题进行改造；对全区 175 个在建项目的无障碍设施开展专项整治行动；共处罚非法占用盲道 7255 件。①福田区人民检察院成立专项调查组，深入全区 10 个街道，检查道路井盖、无障碍通道的使用和管理状况，共计发现、整改 7 大类 19 项问题，切实保障了残障人群的出行安全。②

2. 教育

残疾人教育是我国国民教育事业的重要组成部分，也是残疾人参与社会、从事工作、体现自我价值的重要途径。2017 年 2 月，国务院修订了《残疾人教育条例》，积极推进融合教育，更加强调保障残疾人的受教育机会平等。在入学安排方面，《残疾人教育条例》规定要对特殊教育资源进行统筹安排：残疾儿童根据其受教育能力就近到普通学校或特殊教育学校接受义务教育，不能上学的通过送教上门、远程教育等方式实行义务教育。比如湖南省桂阳县教育局将送教上门工作纳入学校管理考核清单，制定了《桂阳县义务教育阶段适龄残疾儿童少年送教上门的实施方案》，组织全县 30 所学校的 160 名老师为 310 名重残儿童提供送教上门服务，积极落实监督专项检查要求。③ 在学费方面，江苏省颁布并实施《关于进一步加快特殊教育事业发展的意见》，明确规定对新入学的残疾大学生免收学费，并逐步免除住宿费，给予优先补助。④ 在资源方面，北京联合大学配置合理特殊教育资源，使用"讯飞听见"语音转写系统，将学生们听不见的讲课声音转变成

---

① 李梦欣：《避免"轮椅小仙女"悲剧，深圳检察机关开展一项行动》，正义网，2021 年 8 月 14 日，https：//baijiahao. baidu. com/s？id = 1699720823650810603&wfr = spider&for = pc。
② 《多措并举，护卫人民群众"脚下安全"》，深圳福田区人民检察院网站，2021 年 4 月 19 日，https：//ftjcy. szft. gov. cn/news － company － i_ 12897. htm。
③ 《"送教上门"让教育扶贫不留盲区》，湖南 24 小时，2020 年 10 月 14 日，https：//baijiahao. baidu. com/s？id = 1680523058638622329&wfr = spider&for = pc。
④ 钱奕羽：《江苏新入学残疾大学生今年起免收学费》，新浪网，2014 年 11 月 22 日，http：//edu. sina. com. cn/gaokao/2014_ 11 －22/1227444780. shtml。

看得见的文字，大大提高了课堂上老师的教学效率。[①]

3. 信息

当今社会已逐渐进入信息时代，获取信息是人们感知世界的重要途径。残疾人和老年人等特殊群体由于感官缺陷无法获得全面、立体的信息来感知世界，同时又缺乏制度和相应设施的保障，从而导致他们获取信息的不平等，信息无障碍建设迫在眉睫。中国残联信息中心多次深入基层，听取残疾人和残疾人工作者对信息化工作的需求，对各地残联信息化建设、残疾人服务以及信息无障碍服务能力进行调研。2020年，工信部、中国残联印发《关于推进信息无障碍的指导意见》，要求以残疾人等信息无障碍受益群体为重点，着力消除终端设备、信息消费资费、服务与应用等障碍，使各类社会群体平等、方便地获取和使用信息。同时明确规定建立信息无障碍发展评估机制，遴选优秀案例，定期对网站和移动互联网应用进行评级评价，并向社会公开。

三　无障碍环境监测评估发展中的问题分析

目前，我国无障碍环境建设取得了一定成绩，覆盖面基本实现"该有则有"，但"有而质量不高"的问题仍较为普遍。对于无障碍环境建设监测评估中的问题主要表现在以下几个方面。

（一）监测标准、相关法规及评估机制不够完善

无障碍环境是残疾人、老年人等特殊群体参与社会生活的基本条件，也是社会进步的体现。无障碍环境建设的完善有助于帮助残疾人和老年人群体正常参与社会生活，保障他们的基本权益。目前，无障碍设施建设也已由最初的物质环境建设过渡到全方位的社会环境建设，从有形的道路交通、公共

[①] 《无障碍环境建设5周年了，我们得到了哪些便利?》，搜狐网，2017年8月4日，https://www.sohu.com/a/162402356_654067。

设施发展到无形的制度、行为习惯等多方面。① 只有不断完善监管制度和法律法规，才能保障无障碍环境建设过程的规范合理。

相较于国际社会，我国无障碍环境监测评估仍处于发展的初级阶段，相关法规及评估机制不够完善。具体体现在：第一，相关法规政策缺乏针对性。我国目前常用的监测评估方法多从国外直接翻译引进，许多标准并没有结合我国的实际情况制定，并不完全适合我国国情，监测评估等重要内容缺失。第二，相关政策文件以国家层面居多，主要以指导性为主，内容过于笼统宽泛。② 虽然也有一定的地方性文件，但地域性特点体现不足。比如，我国在 2016 年 9 月制定了《无障碍环境建设"十三五"实施方案》以确保残疾人、老年人的日常出行和信息获取，但是各个地方政府在实施相关法规条例时地方特色和创新性不足。第三，无障碍设施建设在部分行业中缺乏量化标准，也缺乏针对不同主题的评估标准。这就导致监管评估存在困难，比如目前我国缺乏无障碍客运船舶、无障碍互联网终端以及行业层面的标准，这些都会影响对我国无障碍环境整体的监测评估。

（二）监测力度及范围不够

第一，监测力度不够，全社会无障碍意识有待进一步提升。在无障碍设施建设与监管方面，部分城市的建设设施未进行无障碍改造，尤其是信息无障碍交流、家庭无障碍改造特别是农村无障碍建设等较为落后。③ 在投入使用方面，尽管不少地方政府积极响应中央号召建设无障碍设施，但在设施监管和投入使用方面仍存在较大的问题。部分新建的无障碍设施存在不规范的问题，相关技术标准未能执行，不少地方的无障碍设施的开放和利用程度较低。④ 并且社会对无障碍环境建设的关注度不够，这就导致不少地方政府即

① 张东旺：《中国无障碍环境建设现状、问题及发展对策》，《河北学刊》2014 年第 3 期，第124 页。
② 彭喆一：《我国无障碍环境建设立法研究》，武汉理工大学硕士学位论文，2019。
③ 吕世明：《我国无障碍环境建设现状及发展思考》，《残疾人研究》2013 年第 2 期，第 8 页。
④ 谢宏忠、叶惠恋：《我国无障碍环境建设的现状与问题述略》，《中共福建省委党校学报》2014 年第 4 期，第 77 页。

便建设了无障碍设施，在实际投入使用中也存在大量非法占用、误用等现象，长此以往，这些设施就会老化，没有达到真正帮助残疾人减少困难的目的。此外，对损害、侵占和随意改变无障碍设施用途的行为，处罚力度不够。

第二，监管范围不够，只局限在部分行业。一方面，政策法规的覆盖范围不够。目前，我国《无障碍环境建设条例》的规定仅限于社区服务无障碍层面，与《残疾人权利公约》的要求还存在较大差距，且《无障碍环境建设条例》中仅对政府网站、公益网站和公共图书馆做出了规定，但这并不能满足残疾人无障碍使用网络的基本要求。另一方面，从无障碍设施的建设情况来看，目前，不少大城市的无障碍设施建设已经较为全面，而中小城市及农村地区仍比较落后，无障碍设施的布局、功能和维护都存在较大问题。在监管的覆盖范围方面，目前监管只在一些基础性设施方面普及，比如交通设施、标识设施，而在卫生设施和服务设施方面的监管力度不够，尤其是在公共卫生间、服务台、自动售货机这些基础的公共服务无障碍设施方面的建设和监管都存在较大的完善空间。[①]

（三）没有建立统一规范的台账制度和监督机制

北京市和杭州市已经先行探索无障碍环境的监督机制。北京市建立了无障碍信息化台账和无障碍环境建设信息管理系统，无障碍设施点位台账覆盖全市，上账销账管理趋于常态化、信息化和精细化，将无障碍设施纳入城市精细化治理体系。杭州市建立了《市人大常委会开展无障碍环境建设专项监督实施方案》，旨在对该市无障碍环境建设进行专项监督。[②] 然而，我国其他大部分城市尚没有针对无障碍环境建设建立统一规范的台账制度和专项监督方案，没有有效发挥出统计监督的作用。

---

① 彭喆一：《我国无障碍环境建设立法研究》，武汉理工大学硕士学位论文，2019。
② 《关于我市无障碍环境建设工作的调研报告（书面）》，杭州网，2020 年 6 月 16 日，https：//z. hangzhou. com. cn/2020/rddesbchy/content/content_ 7756902. html。

四 促进无障碍环境建设监测评估效果的对策建议

无障碍环境可以帮助残疾人、老年人等特殊群体独立自主生活，提高生活质量，平等地参与社会生活。总体上来看，我国无障碍环境建设还处于初级阶段，需要在不断吸收和引进国外先进成果经验的基础上，努力研发自己的无障碍建设技术，同时也需要提高无障碍建设的监督管理力度，扎实推进无障碍环境建设，保障和改善民生，助推我国经济社会的高质量发展。

（一）建立并完善相关法律法规

1. 制定专门的法律法规

当前我国缺少完整的无障碍环境建设和监管方面的法律，因此，政府部门应加强立法，引导规范公众支持和尊重无障碍环境建设。根据各地无障碍环境建设的实际情况，因地制宜地制定无障碍环境建设的监管法规。在制定法律内容时，可以参考借鉴国外无障碍环境建设的相关成功经验，同时根据各地残疾人、老年人组织对无障碍环境建设的意见和建议，并与无障碍环境建设部门共同协商、密切配合，制定既切实可行又具有一定前瞻性的法律法规进行规范。

2. 增强法律法规的可操作性

目前我国现存的无障碍环境建设法律法规虽具有指导性但操作性不强，因而制约了无障碍环境的建设与落实。因此，立法机关要减少原则性的立法，而是应通过实地调查增强法规条文建设的针对性。在加强无障碍环境建设的可操作性方面，立法部门需要做到：一是增强法规的强制性，使得在执法的过程中有法可依，减少倡导性和鼓励性的条文规定；二是细化无障碍环境建设过程的程序步骤，应从建设项目的立项、建设实施到管理维护，细化每一步的内容及程序，力争做到整个流程的每一步都有清晰明确规定；三是明确执法部门的权责，对于存在多个部门交叉管理的情况，需要明确责任主体、责任构成以及责任承担的方式，以避免出现互相推诿的情况。

（二）完善无障碍环境建设监督过程中的标准及责任机制

1. 明确各个主体部门的责任

无障碍设施的建设、使用和维护需要多部门的分工协作，只有明确了各个主体在其中的职责，才能保证高质量的无障碍环境。具体来说，无障碍设施的建设及改造主体要按照经政府和行政许可部门审核的规划设计以及国家有关施工规范标准建设无障碍环境。在项目建设的过程中，行政主管部门应对无障碍设施的配套设计、施工建设进行严格审核。对于无障碍设施的维护管理主体，若其违反日常维修和养护责任导致无障碍设施无法正常使用，应由有关行政部门责令改正，以保证无障碍设施的正常使用。

2. 加强监管力度

政府部门应对无障碍环境建设进行事前、事中、事后的全程监管，同时对政府不作为行为采取处罚措施。监管内容应依据相关法规对无障碍交通设施、标识设施、卫生设施以及服务设施的建设、使用和维护加以监管，在设施建设过程中要对规划设计、施工、监理、竣工验收备案等环节加以严格把控，督促相关责任人落实无障碍建设法律的相关要求。同时，政府行政主管部门应对违反建设标准要求的相关单位依法采取处罚措施。

3. 明确无障碍设施的行业标准

确立无障碍设施设备配置的行业标准。尤其对于残疾人、老年人等群体，要优先规定设施配备标准和行业服务标准，充分考虑到他们的真正需求，针对性地制定相关标准，从而满足他们正常参与社会活动的基本需求。

4. 规范验收过程

规范无障碍设施的施工验收，提高无障碍设施施工和维护的质量。通过质检人员、工程监理人员和合同细则，严格执行国家规范标准等要求。加强对无障碍设施原材料、构配件的采购和进厂检验，对原材料和构件质量加强监督，避免不合格材料的使用，以保证在使用过程中不会出现表面凸点脱落和磨损，表面层防护性能不足，颜色暗沉，面砖强度、防滑性能降低等质量问题。

（三）建立我国无障碍环境的监测评估体系

1. 加强无障碍环境建设统计体系研究

将"无障碍环境建设"作为专项统计项目，纳入我国残疾人事业发展统计体系。无障碍环境建设统计体系的设置既要能够涵盖无障碍环境建设的内容，又要能够反映无障碍环境建设所取得的成效和存在的不足。

2. 加强无障碍环境建设统计指标研究

目前我国能获取的常规无障碍环境建设统计数据比较少。因此，我们要研究如何通过科学性与规范性指标描述无障碍环境的建设现状。首先，我们可以借助统计分析方法来统计无障碍设施的空间分布情况以及各个地区的数量，以此判定分布是否合理，也可以通过抽查重点区域对无障碍设施的使用规范进行监管。其次，我们也可以借助大数据分析技术及管理平台对无障碍设施的规划、建设、使用、监管进行一体化的整合与管理，利用先进技术提升无障碍环境建设水平。在确保用户隐私的同时利用一些数据手段，比如免费的在线和智能手机应用程序中用户对无障碍情况的公开评价。

3. 建立舆论监督与检查监督双机制

无障碍环境建设不仅使特殊群体受益，而且也使全体社会成员受益，所以建立无障碍环境是全民的责任。第一，政府应广泛宣传，齐抓共管，号召全社会关心帮助残疾人、老年人等群体，让无障碍环境不仅体现在设施建设上，更体现在无形的社会交往与社会生活的方方面面。尤其是在无障碍理念相对薄弱的农村地区，要切实采取措施，多形式、多渠道进行无障碍设施建设的宣传，让人们意识到无障碍设施建设的重要性。要把利用"创建全国文明城市"等宣传活动与无障碍理念宣传相结合，同时在日常生活中也可以通过宣传标语、重点教育等方式加强人们的无障碍意识。第二，建立无障碍环境建设监督员队伍，定期对无障碍监督员进行培训，不断提高他们的业务素质。让舆论监督、检查监督密切配合，产生"监督＋"的聚合效应，为提高无障碍环境建设探索共建、共治、共享的新思路。第三，各地应依托"城市大脑"、数字城管平台、电话热线等，拓宽无障碍设施在建设和使用过程中存在的问题的投诉举报渠道，加强监管力度，对损害或随意改变无障碍设施用途的违法行为及时予以制止，并按规定进行处理或处罚。

B.16
中国无障碍文化建设状况报告（2021）

孙一平　骆燕*

摘　要：　根据党的十九届五中全会提出到2035年建成文化强国的总目
标、总任务，本报告提出，发展无障碍必定要有文化做支
撑，无障碍文化建设是文化强国建设的一部分。报告阐述了
无障碍文化的定义，分析了无障碍文化建设过程和存在的问
题。鉴于无障碍文化与无障碍立法是融合相伴与同行的关
系，报告提出无障碍立法的必要性和迫切性。鉴于无障碍及
无障碍文化建设的保障作用和重要意义，报告提出加强无障
碍立法和无障碍文化建设，推动文化强国建设和实现全体人
民共同富裕。

关键词：　无障碍文化　无障碍立法

党的十九届五中全会提出到2035年建成文化强国，明确了国家现代化
建设征程上文化强国建设的总目标、总任务、总指引，这亦是国家文化强国
建设的总遵循。一个民族要能创造伟大的时代，实现伟大的复兴和梦想，必
定以伟大的文化做支撑。当今，大到国家与事业，小到单位和个人，要能形
成持久、正向、成就式的发展，始终在于具有文化的力量。无障碍事业发

---
* 孙一平，清华大学无障碍发展研究院副院长，残疾人事业发展研究会无障碍环境研究专业委
员会秘书长，研究领域为无障碍文化与传播；骆燕，副教授，残疾人事业发展研究会无障碍
环境研究专业委员会副秘书长，研究领域为无障碍文化与传播。

展，必定要有无障碍文化做支撑；无障碍建设成功推进也在于具有无障碍文化的力量。所以，无障碍文化建设也是文化强国建设的一部分。

无障碍文化是在我国 40 年无障碍环境建设实践过程中逐渐形成、完善、发展起来的。产生于中国的无障碍文化具有时代性、独特性、多元性、综合性、融合性，饱含五千年优秀传统文化的丰富元素，是社会主义核心价值观的题中之义，对无障碍立法意义极大，有利于坚定文化自信。本报告就无障碍文化相关意见观点、概念内涵、发展过程，以及与立法的关系、意义等几个方面进行了概述。

一　无障碍文化的概念与发展

无障碍概念发端于欧美国家，最初为一种建筑设计理念。20 世纪 30 年代，瑞典、丹麦等国家开始在城市中建设专供残障者使用的设施，作为倡导残疾人"正常化"努力的一部分。1959 年，欧洲议会通过了《方便残障人使用的公共建筑的设计与建设的决议》。1961 年，美国制定了世界上第一个有关无障碍的标准——《便于肢体残障者进入和使用建筑设施的美国标准》。1972 年，国际残疾人康复会设立了无障碍技术专门委员会，率先推出了国际通用的"无障碍"标识。2006 年 12 月，第 61 届联合国大会通过的《残疾人权利公约》，提出"通用设计""合理便利"，以及建立无障碍环境的概念。《残疾人权利公约》用近一半的篇幅强调无障碍环境建设，向人类传导了"无障碍即人权、人权包含在无障碍环境之中"的理念。2018 年 12 月 28 日，联合国无障碍指导委员会在纽约联合国总部成立，全球开始在更广泛领域推进无障碍发展。

我国无障碍建设始于 20 世纪 80 年代初，经过了极为艰辛的奋斗历程，取得了极大成就，接近较发达国家水平。我国有 8500 万残疾人，2.64 亿老年人，对无障碍的依赖性极强。众所周知，人的一生中约 15% 的生命阶段需要无障碍，所以，应把实施国家无障碍幸福工程战略作为现代化建设的重要内容和可靠抓手。

目前《中国百科》未收录"无障碍文化"词条。世界范围尚未有"无障碍文化"的倡导。文化是人类在社会历史发展过程中所创造的物质财富和精神财富的总和，是一个国家和民族灵魂的一部分。我们认为人类的进程，就是一部"障碍"的历史，就是一部人类不断认识"障碍"、挑战"障碍"、跨越"障碍"的历史。"消除障碍"是人道主义事业的终极目标，亦是实现伟大中国梦的标准之一。所以，无障碍文化是人类文化的一部分，是人类不断认识和有意识地消除障碍、追求平等、体现人权、共享无障碍过程中创造的物质成果和精神成果的总和。无障碍文化为无障碍社会实践提供了意识形态、理论遵循、价值理念和行动指南。可以看出，无障碍事业越蓬勃发展、实现人权，无障碍文化产生的基础就越深厚越广阔；无障碍文化越枝繁叶茂、无比璀璨，无障碍事业永续推进就越扎实越行稳致远。

2016年7月1日，习近平同志在庆祝中国共产党成立95周年大会上明确提出文化自信的概念，将之前我党的道路、理论、制度的"三个自信"总结概括为"四个自信"。党的十九大报告又强调：文化自信是一个国家、一个民族发展中更基本、更深沉、更持久的力量。我们在学习领会习近平同志重要指示中获得力量、明确方向、找到遵循。无障碍文化是中国优秀文化的一部分，福祉天下的中国无障碍事业高质量、高品位发展需要以无障碍文化繁荣为支撑，以无障碍文化发展为条件，在无障碍文化中获取力量。无障碍文化是在中国无障碍建设道路上形成和发展起来的，经历了艰难的过程。2016年，中国残联副主席吕世明、中共中央党校战略学教授段培君聚集全国无障碍专家学者于福建省漳州市，提出了无障碍国家战略命题，提出了无障碍环境、无障碍创新、无障碍文化、无障碍区域四大无障碍国家战略。经过三年多苦心钻研，"国家无障碍战略研究与应用丛书"第一辑出版。在全面小康建设和脱贫攻坚的道路上，无障碍文化发挥了重要作用。

2020年9月，习近平同志在湖南考察时强调："无障碍设施建设问题，是一个国家和社会文明的标志，我们要高度重视。"总书记的指示使我们对研究、培育、发展无障碍文化，提升社会文明的底气更足、眼光更远、站位更高。广义的无障碍文化，泛指与无障碍环境建设相关的社会意识形态，包括政策法规、制度理念、发展规划、科技创新、文化教育、人文宣传、人才培养和现代文明等范畴；狭义的无障碍文化，是指与无障碍环境建设相关的文化现象，如理论研究、宣传报道、设计创意、行动口号、社会动员、精品打造、文创产品等。即横向传播的文化普及，纵向敷衍的国民教育。所以，无障碍文化战略是无障碍国家战略的重要组成部分，在完善国家战略体系、发展战略理论的同时，丰富社会主义核心价值观和中国优秀传统文化的当代内涵。这也充分说明，新时代需要无障碍文化，现代化需要无障碍文化，中华文明更需要无障碍文化。

二　无障碍文化的根基与渊源

1. 无障碍文化与中国传统文化

无障碍文化培育发展是形成无障碍社会实践最广泛、最深厚的价值观基础，它包括物质文化、制度文化和精神文化三个层面，其实质是人道的精神、人权的精神、现代化的精神，体现对人的根本尊重，对人的根本关怀，对人的自由而全面发展的褒扬和推进。在中华五千年的历史长河中，"天行健，君子以自强不息"、厚德载物、仁者爱人、扶弱济困、"老吾老以及人之老，幼吾幼以及人之幼""不以善小而不为"等优秀传统文化的精髓，早已成为当今社会无障碍文化"以人为尊""与人为贵""与人为善""人民至上""生命至上"的民族思想的根基。所以，无障碍文化涉及人的根本观念、社会的根本目标、人间温暖与平等公正。无障碍国家战略本身就寓于无障碍文化之中，无障碍文化又同属无障碍战略的重要组成部分，其目标就是弘扬无障碍文化，推进无障碍建设实践，促进人的全面发展。

2. 无障碍文化与社会主义核心价值观

2019 年，清华大学无障碍发展研究院在国际论坛上发布的《通用无障碍发展北京宣言》，全面阐述了无障碍社会人文价值，这也是我国无障碍文化形成的标志之一，概括的关键词有：人权、尊严、平等、自由、正义、包容、关爱和永续，这些关键词与社会主义核心价值观是一致的；同年"国家无障碍战略研究与应用丛书"的出版把无障碍文化推向新高度。

3. 无障碍文化与国际现代文明

"无障碍"概念发端于西方国家，基于对战争伤残人士的"人道主义"关怀，是西方文艺复兴运动以来"以人为本"思潮在建筑设计中的体现，提出了建筑的"无障碍设计"概念。1982 年联合国通过《关于残疾人的世界行动纲领》后，无障碍概念开始从建筑设计领域向与残障人生活相关的更加广泛的社会领域拓展。联合国通过的《残疾人权利公约》这部维护残疾人权益的国际法提出了"通用设计"的概念，强调实现无障碍的一个重要目标是促进残疾人"独立生活"和"充分参与"，衡量无障碍的价值和标准是保障残疾人的"平等权利"和"平等机会"。世卫组织和世界银行2011 年联合编写《世界残疾报告》强调："要努力的目标应该是建立一种'无障碍文化'，重点是消除基本的环境障碍。""即使在物理障碍被消除之后，消极的态度也会在所有领域产生障碍。为了克服对残疾的无知和偏见，需要开展教育和提高认识活动。"可见，无障碍文化具有特殊的无法替代的重要作用，开始走向世界。中国的无障碍文化除了有厚重的中华文明底蕴，还吸纳了国际现代文明理念，在高度"容融"中产生出中国精神、中国价值和中国力量。

4. 无障碍文化与国家现代化建设

"国家无障碍战略研究与应用丛书"第一辑中指出："无障碍理念深入人心是无障碍事业发展的根本动力。无障碍文化的普及将推动社会观念的现代化，环境设施的现代化，社会制度的现代化，国家治理体系的现代化，从而推动中国的现代化进程。"2021 年全国两会通过的《中华人民共和国国民经济和社会发展第十四个五年规划和2035 年远景目标纲要》，开启了我国社会主义现代化建设新征程。党的十九届五中全会提出：2035 年要建成文化强国、教育强国、人才强国、体育强国、健康中国，国民素质和社会文明程度达到新高度，国家文化软实力显著增强。无障碍文化正与其中的文化强国、教育强国、人才强国、国民素质、社会文明程度和国家文化软实力紧密关联，也是必不可少的组成部分，特别是在弘扬社会主义核心价值观的人权精神内涵，培育全社会尊重人权的文化等方面发挥的独特作用，是对现代化进程的深化和贡献。

三　无障碍文化与无障碍立法

1. 无障碍文化与无障碍立法的联系

无障碍文化的实质是人道的精神、人权的精神、现代化的精神。中共中央党校常务副校长何毅亭在"国家无障碍战略研究与应用丛书"第一辑的总序中指出"无障碍不仅关乎我国障碍人群的解放，而且关乎我们所有人的解放，是人的自由而全面发展的一个标志"。这就是把马克思关于人的自由和全面发展对应了起来，亦是无障碍文化战略的魅力与新高地。文化学研究的框架包括物质文化、制度文化、精神文化。其中制度文化重在法律法规、体制机制、治理体系和治理能力，所以前文提到法律法治寓于文化之中，但又是文化发展强有力的保障，两者共生互存、互相作用、同向并进。世界上许多国家进行了无障碍立法，形成了国家层面无障碍法律体系，保障到位、效力强劲。我国现有的《无障碍环境建设条例》是国务院行政性法规，不属于国家实体法。条例实施九年有余，对推动无障碍事业发展方面功不可没，但法的位级较低、法律效力较弱、保障实施不力、推动发展缓慢。条例执法主体模糊不清、罚则形同虚设，无障碍不合规、不执法、不合理现象和问题随处可见、随时可见，伤人夺命事件时有发生，条例执行九年中，全国没有一例处罚案件。充分说明我国现行法规不仅在推动无障碍事业发展上有局限和缺陷，也无法保障无障碍文化的繁荣与发展，无障碍文化也不可能反作用于无障碍依法治理和发展，使无障碍工作长期处在"运动型"模式，不能形成长效治理机制和国家治理体系。所以，无障碍文化与无障碍立法双向发力，无障碍事业发展才能彰显德治与法治的完美结合，形成中国儒家与道家思想"文化容融"的典范。

2. 无障碍文化方面存在的问题

中国残联主席张海迪指出："消除物理障碍固然重要，消除观念上的障碍更为重要。发展无障碍实际上是消除歧视，是尊重生命权利和尊严的充分体现。"这一理论观点与《世界残疾报告》的阐述相一致，是对我国无障碍事业提出的警示与告诫。所以我们说，无障碍事业发展的顶层是无障碍文化，推动无障碍事业发展的根本靠无障碍文化，无障碍文化构建又需要无障碍立法加以保障，这方面我国存在的问题甚多甚广。《通用无障碍发展北京宣言》强调要"加深我们对全社会平等、包容、永续发展的认识"，这体现了人类对自己的态度问题。

其一，决策层认识和态度问题。决策层指的是国家各级党政领导层。这方面问题很多，此以盲道铺设为例。我国视力残疾人有 1730 余万，其中 73% 属于低视力。国际上设置盲道（包括扶手）多为明黄色，专为低视力者辨别使用。实践中，一些政府主要领导决策：黄色盲道太难看！严重破坏了建筑主体和城市景观，坚决不要！盲道颜色一定要与建筑和景观靠色，这才是真正的美。所以，我国从北京到各个城市都能见到不能或不好使用的土灰色盲道。盲道是视力残疾人的眼，是国家和城市的文明标志，改掉明黄色就是在剥夺视力残疾（低视力）人出行参与社会的权利，剥夺了视力残疾人群体的安全感、获得感和幸福感，这是人权问题，也是我国视力残疾人不愿使用盲道的原因之一。其中，北京大兴国际机场就没有铺设明黄色提示盲道，而使用的是与地面靠色的土灰色盲道。2018 年，在赴日本考查的四五天时间内，笔者在不同城市都见到了视力残疾人使用盲道的现象。2019 年，我们考查西班牙古建筑大厅无障碍改造时，见到铺设了与古建同色的盲道，但在暗色盲道中间设置了地灯导行。人们常说，中国大街上见不到（或很少见到）残疾人。社会（大街）上见到的残疾人的数量也是社会文明程度的标尺。

其二，设计层认识和态度问题。设计层指的是全国 230 余万建设领域的工程师、建筑师、设计师、规划师、造价师和工程监理（不含大数据、信息智慧智能无障碍产品设计者）。目前全国不好用或不能用的无障碍设施设备普遍存在，包括重大项目、冬奥会和冬残奥会服务配套项目。问题出在设计团队除了对无障碍设计不够重视、理解不足以外，都是在用健全人想当然的思维方式设计产品、打造项目，这样无障碍的废品、次品、非标品自然就暴露出来，并层出不穷。从而需要改造提升的无障碍存量减少困难，新建障碍的增量天天在发生。在羽田机场改造扩建时，日本东京大学在无障碍卫生间设计之前，先打造样板间，让轮椅障碍者现场模拟并座谈72次，对使用无障碍全过程摄制的录像进行分解细研、逐段精算、系统科学设计用户如厕动线、明确设施逻辑关系与走线、精准设备功能与尺寸，创造出了全球顶尖级无障碍国际机场，堪称学习榜样。如果我国的工程师、设计师能坚持"全心全意为人民服务"的理念，也能做到发达国家的无障碍水平。事实上我国几乎没有一位工程师做过无障碍设计模拟体验，从而也不了解无障碍用户需求，不能获得无障碍设计的准确数据，不能将建筑工程学与人体工学有效衔接。

其三，实操层认识和态度问题。实操层指的是工程施工团队。实操层多以农民工为主体，特点是文化水平偏低，无障碍意识几乎为零，粗放式施工，质量不稳定，不按图施工，随意性很大。例如，有的施工队把小便池扶手错装在马桶上，使小便器丢掉了无障碍功能，又锁住了马桶的使用功能；有的施工者自认为无障碍卫生间扶手没有用，以影响保洁质量为由，蛮横地把扶手全部锯掉；张家口市某体育场馆没有建造外部无障碍坡道，技术专家提出后，施工队为了私利拒绝在其项目范围补建，最后只能妥协，将坡道建在其他施工项目范围内，延长了坡道长度，增加了国家造价，失去了无障碍设计美感，给轮椅运动员和观赛者带来了困难和麻烦；有些重点工程的施工人员按照自己的心愿随意修改原设计，设计师不天天看现场、盯人头，工程项目准走样；很多施工人员不按技术规范操作，待交付使用的无障碍设施晃几下就损坏折断，造成二次伤害和危及生命的安全隐患。这种建设不规范的无障碍设施后期改造将导致国家财政巨大支出（如果无障碍同期设计同期建设，近乎零费用）。所以，无障碍文化也包括和强调加强无障碍经济价值论研究，这也更充分证明加强无障碍文化建设的战略意义和无障碍立法的必要性、紧迫性。

其四，社会层的认识和态度问题。社会层指的是全体国民的认识和态度。它关乎着坚持无障碍文化自信，关乎着国民整体素质全面提升，关乎着现代化国家物质文明和精神文明双项达标的根本问题。

首先，无障碍文化在地方和广大百姓中知晓度较低。从目前掌握的情况看，提出无障碍文化的机构单位只有四个（深圳占三个）。如，深圳市无障碍促进会向社会公布服务内容的第七项是"无障碍文化"，但对其未下定义，未明确具体内容，处在一般的提法上。2018 年 11 月，深圳市政府出台《深圳市创建无障碍城市行动方案》，提出实施无障碍城市建设"七大行动"措施的第六项是：无障碍文化培育行动，但仅停留在开展宣传促进活动、开展中小学启蒙教育、制定无障碍市民规则以及培养无障碍专业人才队伍方面。2020 年 12 月 7 日，深圳市残联提出文化性是无障碍的特性之一，强调要养成包括平等权利获得、市民尊残文明习俗、人文关怀、技术革命、多元除障服务方式的市民文化，口号是：让包容共享的无障碍文化写在深圳大地上。2003 年成立的北京红丹丹教育文化交流中心有一项工作是：用声音解说技术为视障群体提供无障碍文化产品服务。这只是社会融合性文化服务，不是无障碍文化原本属性。所以，全社会对无障碍文化的培育推广与应用任重道远。

其次，提高对无障碍文化与无障碍立法相伴共生、相互促进、相得益彰的整体认识。这方面过去问题很多，人们思维极为模糊，社会认识难以接受，众所周知的原因，在此不一一列举。近年来有些好转，各地方和无障碍用户对无障碍立法的呼声越来越高。主要特点是个性化要求演变为整体化诉求；两会一般性提案生成集体性提案；用户需求建议扩展到民主党派要求建言。例如 2021 年全国两会期间，全国人大常委会委员吕世明的无障碍立法议案得到 156 名常委联名支持，力度大、影响广；上海以代表团名义提出无障碍立法议案，分量重、站位高，形成"两会"建策；北京市民建主委闫傲霜以民主党派名义提交两会无障碍立法专项议案。说明没有国家实体法保障，就解决不好无障碍建设中存在的严重问题。

法律是治国之重器，良法是善治之前提。在健全中国特色社会主义的无障碍法制体系，提升国家治理体系和治理能力现代化方面，最高人民检察院秉承"以人民为中心"的初心使命，坚持"生命至上"和"把人民群众放在自己心里的最高位置"的遵循，在杭州市开展无障碍环境建设检察公益诉讼探索与实践，成果显著，查出遍布所有区县的违法点 110 个。说明行政部门的不作为、慢作为造成治理能力低下。他们既是无障碍法规政策制定者，又是无障碍建设执行者和执法者，因为不懂不清楚无障碍，所以重视不到位。作为全国无障碍示范城市的杭州尚且如此，全国其他城市的无障碍环境建设状况可想而知，行政执法部门的懒作为、乱作为只会更加突出。实践证明无障碍立法是民所需、所盼和所愿。

民间无障碍立法反响越来越大。2021 年 1 月，大连星海无障碍会客厅举办了无障碍立法需求研讨，14 位专家学者、无障碍用户进行开厅演讲，全国 10 余家无障碍会客厅视频分享，强烈盼望国家无障碍立法，把为民办实事实践活动深入有效开展下去。

3. 无障碍文化发展建议

无障碍文化就是从无意识到有意识再到自觉意识的发展过程，是中国特色社会主义优秀文化的有机组成部分。培育、发展、建设无障碍文化建议如下。

第一，加快无障碍立法，为我国无障碍事业发展构建新发展格局，为实现高质量发展提供根本保障，全面实现高品质生活要求。党的十八大以来，习近平总书记在治国理政论述中把无障碍建设提到"国家和社会文明的标志"的高度，凸显了领袖的人民情怀、阐释出无障碍文化的本质属性，指明了无障碍发展的终极目标。因为社会文明程度又是国家实现现代化的标准内容，所以必须由无障碍立法加以保障。无障碍立法同属社会文明和无障碍文化范畴，同属国家实现现代化的标志之一。无障碍环境建设在国家现代化发展进程中，就是要提供更好的产品和服务，为中华民族伟大复兴奠定人民健康、百姓安居乐业、实现幸福美好生活、走向全民共同富裕之路的重要基础，必须有法可依、违法必究、执法必严，同时强调无障碍文化应在无障碍法律文本中充分体现。所以，高质量完成无障碍文化与无障碍社会实践在新发展阶段的重要使命与任务，加快无障碍国家立法是根本保证，也是尽早实现与国际现代化国家的无障碍法治体系建设同行并跑。

第二，加强无障碍文化建设。无障碍文化是我国新发展阶段不可或缺的一种先进文化。要坚持依法建设和发展无障碍文化，应纳入中央全面深化改革委员会关于建设新时代文明实践中心试点工作内容，制定无障碍文化2035年发展目标、实施方案、发布指导意见，建立无障碍文化建设机制，打造无障碍文化品牌，推动无障碍文化精品建设，强化无障碍文化提升国家治理能力现代化的经验成果，加大无障碍文化国际交流，传播中国无障碍文化理念模式，讲好中国故事、提供中国方案、贡献中国智慧。

第三，加大无障碍文化落地见效。无障碍文化是通过家庭、社区、社会无障碍畅通畅享环境，消除社会活动中的"一切障碍"，让人自由和全面发展，形成最大的无障碍惠民幸福工程。当下无障碍环境建设长期乱象，关键在于开启民智。要下苦功夫在决策、设计、实操、社会四大层面开展深入实效地引导培育、立德树人、忠诚爱民，牢固树立"今天为人铺条路，明天为己留条路"的思想教育。如，把无障碍发展战略搬进各级党校，作为党政领导干部长线教材，编入党员"学习强国"栏目，开展全党动员教育；制定全国设计师无障碍培训规划，列入专业技术职称考试晋升条件和资质考核，长期开展评选褒扬全国无障碍设计精品案例，立标杆、树样板，既灌输"以人民为中心"的思想政治道德，又要懂得什么是无障碍和怎样做好无障碍；培育提升全国施工集团整体素质，把无障碍纳入企业文化，建立岗前培训规划，把工匠精神与尊重人权、爱岗敬业、一心为民结合起来，鼓励打造全国无障碍优秀作品，抢占全球无障碍新高地；用无障碍文化与社会实践相融合的独特价值体系教化百姓，树道德、立信仰、正民风、促发展，通过实施巨大的社会教育战略工程，解决好人类对自己的态度问题，形成人人知晓无障碍、人人倡导无障碍、人人参与无障碍、人人维护无障碍、人人共享无障碍的社会氛围，为国家现代化和国家治理现代化做贡献。

第四，把无障碍纳入教育体系。《世界残疾报告》对无障碍文化的要求："需要开展教育和提高认识活动。这样的教育应该成为建筑学、设计学、信息学和市场学专业培训的常规组成部分。需要对决策者和为残疾人工作的人员进行关于无障碍环境重要性的教育。"建议国家倡导无障碍建设必须从教育抓起。教育部要编制出台"校园无障碍环境设计标准导则"，争取"十四五"时期在全国校园实现国家级无障碍化建设与改造，只要国家无障碍环境最好的地方是学校，就能让"祖国的未来"从踏进校园第一步起，就深深打上高标准无障碍的烙印，筑牢无障碍理念；建议中国教育协会成立无障碍建设委员会，统领全国教育战线校园无障碍发展规划、设计导则、评估评价、督导认证、评比表彰、公信排序、精品打造、经验推广、成果传播业务建设，支持检察机关行使无障碍公益诉讼检察权，将无障碍文化纳入校园文化和学校文明建设。建议落实无障碍办学。在"十四五"期间，教育部要总结现有大学无障碍办学经验，适时引导或启动无障碍进校（大中小幼）园、进课堂、进考场规划，积极追赶仿学发达国家，逐步在大学建立无障碍学科、无障碍教学研系、无障碍专业学院，为培育出中国的无障碍专业本科生、硕士生、博士生和博士后而不懈努力。建议加大职业学校无障碍办学力度。要加强职业学校无障碍教育课程安排，加强信息无障碍职业培训，努力培育出国家无障碍优秀专业技术群体和国家工匠团队。

无障碍国家立法是新时代无障碍环境建设高质量发展的法律保障，是满足人民群体日益增长的对美好生活需求的重要内容，也是全面建设社会主义现代化国家和走全民共同富裕道路的重要基础。无障碍文化促进无障碍立法，保障动员人民尊法、护法、执法、守法。只有实现无障碍国家立法，才能推动社会治理体系和治理能力现代化，体现"以人民为中心"和尊重人权；才能深入推动无障碍与高新科技的融合，以高质量产品拉动经济发展；才能将无障碍文化普及与社会实践进一步统一融合，提升全民族文化素养，向更高层次、更高水平、更高目标迈进，唤起人们共倡无障碍、共建无障碍，共享无障碍的优质社会环境。

参考文献

段培君等：“国家无障碍战略研究与应用丛书”第一辑，辽宁人民出版社，2019。

何毅亭：《推动无障碍建设迈上新台阶》，《学习时报》2019年10月11日，第3版。

世界卫生组织、世界银行：《世界残疾报告》，https：//www. who. int/teams/noncommunicable – diseases/sensory – functions – disability – and – rehabilitation/world – report – on – disability。

邵磊：《通用无障碍发展的理念与挑战——〈通用无障碍发展北京宣言〉侧记》，《残疾人研究》2018年第4期，第22~26页。

案 例 篇

Cases Report

B.17

成都无障碍旅游报告（2021）

熊红霞　胥志刚*

摘　要：　发展无障碍旅游是保障残疾人、老年人等社会成员旅游权
利的重要方式。本报告主要对成都无障碍旅游发展的背景
和意义、历史沿革、现状及问题、对策建议进行分析。研究
发现，我国无障碍相关法律法规和政策逐渐形成体系，成
都作为省会城市，其无障碍环境建设也取得了较大成果。
但发展无障碍旅游依然面临众多问题。其主要问题是：无
障碍环境建设管理的监督工作薄弱；无障碍旅游推动机制
不够完善，缺乏精品旅游线路和产品，无障碍旅游产品供
给不足；无障碍观念落后，信息化技术应用不足。报告提
出五点建议：一是优化地方法规的可操作性；二是完善监
督奖励机制；三是优化旅游产品；四是构建智慧无障碍环

---

* 熊红霞，博士，四川省残疾人无障碍环境建设促进会会长，研究领域为无障碍出行；胥志
刚，硕士，四川旅游学院马克思主义学院纲要教研室主任，研究领域为城市精细化治理。

境；五是推动无障碍旅游培训。

关键词：　无障碍　无障碍旅游　成都

一　发展无障碍旅游的背景和意义

20 世纪中叶，西方发达国家开始对无障碍环境建设进行深入研究。1959 年，欧洲议会通过了《方便残疾人使用的公共建筑的设计与建设的决议》，"无障碍"概念开始形成。① 旅游作为一种人类活动，一直存在于人类社会发展的各个阶段，残疾人及行动不便者的旅游行为也长期存在。早期残疾人旅游非常罕见，其目的主要是朝圣或医疗康复，没有形成产业规模。1841 年，托马斯·库克组织火车团体旅游标志着近代旅游业的开端。② 由于越来越多的人参与旅游活动，旅游是每个人的权利，成为一种共识。无障碍旅游就是随着现代旅游行业发展而逐步兴起的一种旅游概念，它与无障碍环境、无障碍生活有密切联系，又有所区别。无障碍旅游是指残疾人和老年人能够在旅游活动中独立、平等、有尊严地接受旅游服务和产品的一种新型旅游形态。③ 残疾人、老年人等行动不便者作为与无障碍旅游相关的主要群体，在中国人数众多。截至 2020 年底，全国持证残疾人 3780.7 万，其中四川省有持证残疾人 283.9 万，约占全国持证残疾人数的 7.5%。④ 成都市持证残疾人达 35.4 万，约占四川省持证残疾人数的 12.5%。依据第七次人口普查相关数据，全国 65 岁及以上人口约为 1.9 亿。其中，四川省 65 岁及以上老年人超过 1416.8 万，约占四川省总人口的

---

① 卢璐、宋保平：《残障游客无障碍旅游环境影响因素的实证研究》，《资源开发与市场》2010 年第 7 期，第 658 页。
② 彭顺生：《世界旅游发展史》，中国旅游出版社，2006。
③ 李扬：《无障碍旅游是残疾人全面小康生活的一种需求——从大连实践看残疾人无障碍旅游现状与发展》，《东北之窗》2015 年第 19 期，第 51 页。
④ 中国残疾人联合会编《中国残疾人事业统计年鉴（2021）》，中国统计出版社，2021。

16.9%，是全国 4 个 65 岁及以上人口占比高于 16% 的省份之一，成都市 65 岁及以上人口达 285.1 万人，占成都市总人口的 13.6%，高于全国平均水平 13.5%。[①] 可见，无论是从全国，从四川全省，还是从成都市来看，具有外出休闲旅游需求的残疾人和行动不便的老年人数量巨大。当前，进一步推动无障碍旅游刻不容缓。

就旅游产业而言。发展无障碍旅游，构建无障碍旅游环境，开发无障碍旅游产品，有利于推动四川旅游行业提档升级，提高旅游行业内在品质，也能为旅游行业突破"瓶颈"，应对当前的行业危机提供新的方向和可能，为旅游行业"供给侧改革"提供一种新路径。截至 2021 年 4 月，四川省已经有 A 级景区 769 家，其中 5A 级景区 15 家，居全国第三；4A 级景区数量已达到 303 家，居全国第一。[②]成都及其周边汇聚了四川主要的 A 级景区，是四川的旅游重镇。当前，成都大力发展无障碍旅游，有利于发挥成都作为省会城市的区位优势，以及建设世界旅游名城的政策优势，能让四川的全体民众享受到便利的旅游休闲，还能让来自全国以及全世界的残疾人和行动不便的老年人在成都感受西南风情、四川特色、安逸生活。

就成都发展而言。发展无障碍旅游，一方面能打开残疾人心扉，使其在心理上更健康，有利于残疾人重拾信心，参与社会活动；另一方面能为残疾人提供大量就业机会，增加残疾人的经济收入，推动社会和谐文明。同时，发展无障碍旅游，可以把旅游作为切入点，深入了解和认识当前城市及景区的无障碍建设情况，进而推动景区、酒店、交通客运站等公共系统无障碍环境建设的改善，为被社会忽视的残疾人与行动不便的老年人创造更为便利的出行条件，进一步提升城市人文环境、人居品质，彰显新时代的人文关怀。

---

① 《四川省第七次全国人口普查公报》，http://tjj.sc.gov.cn/scstjj/tjgb/2021/5/26/71a9e35493564e019268b2de2cd0a986.shtml。

② 《四川省 A 级旅游景区名录》，http://wlt.sc.gov.cn/scwlt/c100297/introduce.shtml。

二 成都无障碍旅游发展的历史沿革

随着社会经济发展和"无障碍"观念引入我国，并由东部发达地区向内地扩散。在这一过程中，成都的无障碍环境建设、无障碍旅游从无到有、逐步发展，形成具有自身特色的发展路径。

2000 年以前，在大规模、快速的城市化进程中，成都对城市无障碍设计少有关注，城市中的各种无障碍出行设施不完善，无障碍出行所需的盲文、提示音、扶手等设施不健全，城市的盲道建设不受重视，相关设施设备维护不及时，许多街道出现"死亡盲道"。在城市中许多公共设施完全没有考虑到残疾人和老年人使用的便利性。在城市里，残疾人和行动不便的老年人被限制在各个"孤岛"之中，活动空间仅限于家庭周边，除工作和就医外，无法便利出行，外出旅游更是无法实现。这一时期，成都的无障碍旅游基本属于无法实现，也未受到相关部门和市场主体的重视。可以说，这一阶段，成都无障碍旅游市场尚未得到开发，无障碍旅游发展水平与经济建设、社会发展水平不协调。

2007 年底开始，成都拉开了创建无障碍城市的序幕。① 这一年，成都开始了大规模的城市无障碍改造。在城市中大量修建缘石坡道和盲道，并对全市公共建筑进行大规模的无障碍改造，使成都的无障碍硬件环境大为改观。2008 年北京奥运会和残奥会举办后，关注残疾人身心健康、完善无障碍设施、强化景区无障碍改造，成为城市建设和景区建设的重要内容。成都及其周边景区也顺应潮流，进行了一轮新的无障碍改造。奥运会以后，有关残疾人出行的报道增多，社会对残疾人出行高度关注，让残疾人参与旅游活动，成为政府、社会关注的议题。但是，成都的旅游业发展没有与无障碍环境改善相协调，也未采取和制定促进当地无障碍旅游环境建设的具体措施和方

---

① 李晓帆：《成都有望全部实现"无障碍"》，《成都日报》2011 年 3 月 1 日，http：//www. scnews. org/system/2011/03/01/013085356. shtml。

案。这一时期，无障碍旅游属于起步阶段，有零星的探索，但没有形成长效机制。

2011 年，成都无障碍建设和管理水平进一步提高，率先制定《成都市无障碍设施建设与管理办法》，强化无障碍基础设施建设和管理。但是，城市建设中残疾人的精细化需求没有得到重视，还存在一些因规划建设不够合理造成的新障碍，"无障碍上有障碍"的现象大量存在。整体而言，成都的重点区域、场所、单位、平台开展重点无障碍项目规划建设的意识不够强，部分群众期盼的项目建设效果欠佳。

2012 年，国务院颁布了《无障碍环境建设条例》。2013 年，国务院又发布了《国民旅游休闲纲要（2013—2020 年)》，该纲要对加强无障碍建设为残疾人旅游休闲提供保障进行了具体规定，从公共服务、休闲环境等多方面做出强调。自此，成都市开始积极响应国家的号召，积极推进无障碍旅游发展。

这一时期，四川出现专注于无障碍出行、推动无障碍旅游的公益组织——四川圆梦助残公益服务中心。自 2014 年开始，该组织先后组织开展了残疾人圆梦九寨沟、盲人看草原、无障碍体验日、致公圆梦大讲堂等多次大型公益活动，并购买了西南地区唯一一辆无障碍大巴车，帮助 20 多万残疾人实现了出行旅游的梦想，推动无障碍旅游进行实践层面的探索。

2014 年，在成都成立了中国首个专为残疾人旅游而形成的业界联盟——中国残疾人旅游同业联盟。此后，四川省肢残人协会、成都市残疾人福利基金会和四川省依然旅行社合作共同进行无障碍旅游实践和理论探索。中国肢残人协会在全国范围内积极、稳步地开展旅游景区（点）残疾人无障碍出游的调研工作，成都成为这一活动的积极参与者和实践者。

2015 年，第九届残疾人运动会暨第六届特殊奥运会在四川成都、绵阳、遂宁、眉山四市举行。以此次运动会为契机，四川进行了无障碍旅游环境硬件升级，残疾人更大范围的便利出行成为可能。许多残疾人运动员参加完比赛项目后，便利、快捷地来到熊猫基地、武侯祠、宽窄巷子等成都著名景点参观。

同年，首届全国无障碍旅游发展论坛在成都召开，进一步聚合旅游行业资源，共同推进无障碍旅游发展。在此基础上，"无障碍旅游研究与发展中心"在成都成立，并出版学术专著《残障人士无障碍旅游入华史及其发展》进一步推动无障碍旅游理论研究。① 2016 年，四川无障碍旅游课题"残障人士无障碍旅游模式研发与应用"被评选为科技惠民研发项目。同年，四川圆梦助残公益服务中心发起并组织了由四川西南铁路旅行总社承办的全国首列残疾人无障碍旅游专列，进行了首次无障碍跨省旅游活动。2014~2016年，无障碍出行、无障碍旅游从理论探索走向实践；但是作为市场主体的企业、旅行社以及相关社会组织在开发无障碍旅游线路，提供无障碍旅游服务方面积极性不高，呈现无障碍旅游服务、产品等"软"建设相对滞后，市场无法提供高水平的无障碍旅游产品等问题。

2017 年至今，随着经济发展和社会进步，成都高度重视无障碍旅游，在推动无障碍旅游发展方面成果显著。四川圆梦助残公益服务中心创始人熊红霞带领 160 名志愿者花了两年多的时间进行实地调研、数据采集，于2017 年出版了《成都无障碍手册》，在调研过程中进行"无障碍体验倡导"活动，督促公共场所完善无障碍设施，打造无障碍环境。《成都无障碍手册》全面梳理了成都无障碍设施的分布情况，为在成都和来成都的残疾人、行动不便人群出行提供了方便和指引。该项目获得第四届中国公益慈善项目大赛金奖、第三届中国志愿者大赛金奖、第十一届中国青年志愿者优秀项目奖、全国青年志愿服务优秀项目库"第一批入库项目"。

近年来，越来越多的社会组织和企业关注到无障碍旅游发展的潜力。相关旅游线路和产品呈现丰富化的趋势。特别是圆梦之旅、残障人士无障碍旅游研究与发展中心、四川圆梦助残公益服务中心、四川省残疾人无障碍环境建设促进会等联合打造"助残生态圈"，探索助残新模式，初显成效。②

---

① 印伟:《残疾人的旅游权利及其保护》,《社会科学家》2018 年第 9 期,第 77 页。
② 李扬:《无障碍旅游是残疾人全面小康生活的一种需求——从大连实践看残疾人无障碍旅游现状与发展》,《东北之窗》2015 年第 19 期,第 51 页。

2019 年 5 月 19 日，由成都市残联和市文化广电旅游局共同主办的成都无障碍旅游发展研讨会举行。本次研讨会上宣读了《无障碍旅游宣言》。2020 年，四川残疾人无障碍环境建设促进会在成都成立。该促进会积极开展群众性、参与性活动推广无障碍旅游，并协助政府做好无障碍旅游环境升级工作，推动了四川各地无障碍环境建设和管理工作快速发展。2020 年，四川省住房和城乡建设厅就《四川省〈无障碍环境建设条例〉实施办法（征求意见稿）》公开征求意见。该实施办法制定实施后，将进一步推动成都的无障碍环境建设和管理，有利于将现有相关法律法规落到实处。同年，成都旅游导游协会和旅游景区管理公司，开始形成常态化的沟通机制，进一步完善行业规范，提升 A 级旅游景区、旅游星级饭店、旅行社在残疾人服务方面的水平。在此基础上，成都市的公共交通、旅游饭店、A 级景区的无障碍设施有了很大改进，公共设施的无障碍化水平也有了更大提高。在城市道路中，盲道、缘石坡道的修建为残疾人提供了出行的便利，大型公共建筑修建了许多方便残疾人使用的无障碍设施，在旅游景区，各种无障碍设施逐步完善，为广大残疾人创造了一个"平等参与"的无障碍旅游环境。

三　成都无障碍旅游发展的现状及问题

成都无障碍设施建设整体环境较为优良，主要街道大多铺设有步行盲道，约占城市道路总长度的 70%，新建道路中人行道的缘石坡道设置率和主干道路口坡化率均达 100%，全市地铁线路配套无障碍电梯 615 部、轮椅牵引机 21 台，中心城区新建 8 类 18 项基本公共服务设施 764 处均配套设置了无障碍设施，各行业无障碍设施普及率达 40%。[①] 成都景区有较为完善的无障碍旅游设施，武侯祠、锦里、杜甫草堂、四川博物馆、青羊宫等景点都配备了无障碍车位、无障碍厕所、无障碍通道，并提供手语服务，景区内也

① 中国消费者协会、中国残疾人联合会：《2017 年百城无障碍设施调查体验报告》，中国消费者协会网站，2017 年 12 月 14 日，http://www.cca.org.cn/jmxf/detail/27797.html。

有可下载的语音导览，方便游客游览。① 但对标国内外先进城市，成都在无障碍旅游理念、无障碍物质环境、无障碍信息环境等方面还存在一定差距。

（一）无障碍环境建设管理的监督工作薄弱

目前，成都无障碍环境建设管理执行不到位，监督工作薄弱。在无障碍环境建设方面已有国家层面的法律法规进行了顶层设计，但在落实方面缺乏归口部门，没有着力点。就四川而言，《四川省老年人权益保障条例》《四川省〈无障碍环境建设条例〉实施办法（征求意见稿）》对有关无障碍环境设计的审批、监督制度已经建立起来。但是，在执行层面缺乏切实可行的措施，主体责任较为分散，容易形成消极被动、相互推诿的局面。从现行法律法规来看，缺乏主动作为，多处于被动局面，对故意不执行无障碍法规的行为和单位，以及对无障碍设施的侵占和破坏行为，没有明确的归口单位进行管理、追踪、问责，在现实中存在大量有法不依、执法不严的情况。

（二）无障碍旅游推动机制不够完善

成都市已经确立了"三城三都"建立目标，要把成都打造为"世界旅游名城"，但尚未提出无障碍旅游发展的明确愿景和建设目标，还未制定无障碍城市总体规划、标准体系、设计规范，无障碍城市建设的行动方案也尚未出台。没有成立跨部门的无障碍旅游发展领导小组，还未形成统一部署、部门协同、区域联动、全社会广泛参与的工作格局。目前，成都市无障碍公共交通系统还未形成闭环，无法真正实现无障碍出行。

（三）缺乏精品旅游线路和产品，无障碍旅游产品供给不足

无障碍旅游是关爱残疾人的一种新路径。由于残疾人群体内部存在差异性、需求具有多元性，不易通过单一活动满足群体多元需求。旅游服务作为一种综合的现代服务业，能为残疾人提供全方位、多层次的服务，满

---

① 熊红霞：《成都无障碍手册》，四川人民出版社，2017。

足残疾人群体的多元需求。因此，残疾人对旅游的需求非常巨大。调查显示，我国现有的 8000 多万残疾人中，约 60% 有强烈的旅游愿望，约 11.7% 有经济能力出游；[①] 而且一般情况下残疾人旅游出行都需要一人陪同，有时候还存在一家人陪同出游的情况，毫无疑问，残疾人的旅游市场发展潜力巨大。但是，当前旅游行业经过多年的高速发展，已经处于"瓶颈期"，再加之受到新冠肺炎疫情的冲击，行业面临严重危机。一方面传统产品供过于求，另一方面新型旅游产品供不应求；一方面单一观光产品供应过剩，另一方面休闲娱乐产品供应不足。旅游包括食、住、行、游、购、娱六大要素，与之对应的产业则涉及酒店、餐饮、商店等众多行业。[②] 因此，旅游过程中的各个环节都需要考虑到残疾人群体的特殊性，旅游线路和产品都需要进行特殊设计。无障碍旅游要发展不仅仅是要有良好的无障碍物质环境，还必须有适合残疾人旅游出行的"软"环境和优秀旅游产品。

当前，组织残疾人旅游难度较大，接待残疾人旅游要求多、成本高。旅游企业开发无障碍旅游产品线路的动力不足。旅行社推出的团体包价旅游产品，没有精细化的残疾人需求调查，对市场需求没有准确把握，多是沿用传统的设计思路，旅游行程没有考虑到残疾人的特殊性。很多旅游产品和线路极不适合残疾人的身体状况，也不能满足残疾人的精神需求。无障碍旅游"软"环境相对缺失，旅游产品缺乏特色等问题比较突出。

（四）无障碍观念落后，信息化技术应用不足

当前，社会公众依然以早期的医疗模式和慈善模式看待残疾问题，缺乏现代意识。人们意识到虐待和蔑视残疾人是不道德的表现；但是整个社会对待残疾人的总体氛围是一种视而不见的态度。公众对无障碍认识还有盲区，对残疾人出行的设施缺乏基本认知，全社会无障碍法律意识和行为自觉需要进一步提高。

---

① 熊红霞：《残障人士无障碍旅游入华史及其发展》，科学出版社，2015。
② 李志勇、于萌：《旅游产业融合视角下欠发达地区经济发展路径探索》，《四川大学学报》（哲学社会科学版）2014 年第 4 期，第 124 页。

无障碍旅游信息的广泛传播有利于提升残疾人外出旅游的需求。但是，当前无障碍设施和相关资讯没有很好地利用当前的信息化技术对残疾人进行宣传。残疾人作为信息的需求方，对无障碍旅游的信息获取相对不足。与普通民众在信息获取方面的便利相比，现实中的残疾人正在遭遇"数字鸿沟"，成为信息化时代的"数字孤儿"。

四 推动成都无障碍旅游进一步发展的对策建议

推动无障碍旅游发展要调动政府、企业、社会组织等多方面力量的积极性，紧扣成都建设世界旅游文化名城和全龄友好包容社会需要，将无障碍旅游融入成都发展大格局中；要为残疾人、老年人等群体的切身利益考虑，注重规划作为城市发展的先行指引，要把无障碍环境建设放在重要位置，重点加强城市基础设施、公共交通及旅游景点的无障碍建设，同时要做到精细化管理、盘活存量、做好增量，为无障碍旅游发展赋能。

（一）优化地方法规的可操作性

地方制订实施方案时，立法机构部门应减少原则性立法，加强调查研究，使法规条文更具有针对性。政府应成立专门有残疾人参与的机构来组织协调无障碍旅游法规的制定与实施。立法层面，还应在考虑残疾人的特殊需求基础上，细化具体程序，做到法规建设程序清晰明确；法规所调整的对象责任明确，包括责任主体、责任构成以及责任承担方式。

（二）完善监督奖励机制

一方面，调动残疾人组织的积极性，鼓励其参与无障碍环境的监督。可由肢残人协会、社会公益组织、残疾人志愿者共同设立一个专门的监督机构，配合各级政府部门和残联推进无障碍环境建设。让残疾人参与无障碍设施的管理，依法对侵占、挪用或破坏无障碍设施和产品的个人和机构进行严格处理。这样才能真正让无障碍设施发挥其社会功能。

另一方面，政府应积极探索实施政府购买服务政策和"以奖代补"政策，尽快出台无障碍环境建设奖励措施。可采用补助金、减免税、低利融资等奖励办法，来促进无障碍旅游环境建设。

另外，住房和城乡建设、交通运输、文化和旅游、市场监管等有关部门应形成长效沟通机制，建立联席会议制度，构建工作合力，加强分类指导。

（三）优化旅游产品

激励企业开发残疾人旅游市场，帮助旅游景区进一步开发适合残疾人本身的旅游新产品是当前推动无障碍旅游的关键。残疾人、老年人时间充足，对旅游非常关注，需求潜力巨大，已经成为重要的旅游客源。随着旅游市场发展成熟，市场进一步细分，开发残疾游客、老年游客这种颇具潜力的消费群体是当前旅游企业突破发展瓶颈的重要路径。

一般来说残疾人的常设组织为残联，应由残联作为主体组织推动无障碍旅游发展。但在实践中，无障碍旅游产品开发和线路规划等内容的专业性较高，残联工作人员缺乏旅游方面的资质、经验、时间和精力，无法单独应对现有情况。在大规模、高频率的残疾人旅游即将到来之际，旅行社等企业主体介入能很好地解决现实问题。在实践层面，旅行社企业应积极主动与政府形成良性互动，可以采取购买政府服务的方式为残疾人提供更为实惠的旅游产品，从而实现社会价值和经济效益的平衡。

（四）构建智慧无障碍环境

通过新闻媒体、互联网等多种载体，加大力度宣传普及无障碍理念。信息时代，宣传"残疾人参与旅游"的理念，是残疾人旅游与时俱进的体现，更是无障碍旅游行业改变当前困境不得不做出的调整。[1] 将互联网平台作为推广无障碍旅游的主渠道，将有利于无障碍旅游理念的传播。当前，必须强

---

[1] 高霞著：《四川残疾人无障碍旅游需求与实现路径研究》，四川师范大学硕士学位论文，2016。

化信息技术应用，充分利用新媒体，做好对残疾人群体点对点的宣传，要把无障碍旅游活动的宣传推广作为关爱残疾人的新模式。

同时，利用日新月异的信息技术可以建立"无障碍"大数据库，将无障碍旅游不同类型的数据库信息联系起来，并利用互联网数字化平台，实现网络资源共享，从而打通线上线下，量体裁衣，构建智慧的、可感知的无障碍旅游"新基础设施"建设。

（五）推动无障碍旅游培训

当前无障碍旅游产品、线路，无法满足日益增长的需求。企业也因为在无障碍领域缺乏专业技能而裹足不前。因此，推动无障碍旅游培训就是当前的必然选择。当前，各种民间公益组织呈现健康蓬勃发展的良好态势。在这一背景下，通过社会组织参与，对旅游行业从业者进行培训，以加强手语翻译、手语导游、残疾人和老年人护理、残疾人交往通识、残疾人和老年人心理等方面的人才培训。这是解决当前行业痛点的一种有效路径。通过大量培训有利于提高旅游企业开发无障碍旅游产品的能力，提高无障碍旅游的专业化水平，进而营造人文无障碍环境。开展公益性质的培训，还能够让旅游行业从业者学会与残疾人交流，从而对残疾人有更多的理解和包容，有助于助残宣传，让更多人了解并参与其中，一起努力让残疾人更便利地参与社会活动。

参考文献

厉才茂：《无障碍概念辨析》，《残疾人研究》2019 年第 4 期，第 64 ~ 72 页。

陶长江：《境外残障旅游与无障碍旅游研究进展与启示》，《旅游学刊》2020 年第 35 卷第 3 期，第 127 ~ 142 页。

黎建飞、窦征、施婧葳、李丹：《我国无障碍立法与构想》，《残疾人研究》2021 年第 1 期，第 28 ~ 38 页。

彭喆一：《我国无障碍环境建设立法研究》，武汉理工大学硕士学位论文，2019。

Abstract

Accessible environment is aprerequisite for fully ensuring the equal participation and equal development rights of all members of society such as persons with disabilities and the elderly. It is an important basis for promoting the all-round development of people and the common prosperity of all people. It is an important symbol to measure the degree of national and social civilization. In the population aging society and the digital age, the accessible environment has changed from the special needs and preferences of persons with disabilities to the basic needs and universal benefits of all members. Accelerating the construction of Accessible environment has strong practical needs, great social value and important world significance. Accessible environment has developed for more than 30 years in China. Although it has made great progress, there is still a big gap compared with the needs of the people for a better life. It is urgent to promote the systematization, standardization and coordination of accessible environment construction on the track of law-based governance. Therefore, this book focuses on accessible environment, and systematically studies the practical exploration and legal construction of accessible environment, in order to provide decision-making reference for accessible environment legislation.

The book consists of five parts: general report, law-based governance report, development report, support report and cases report. Based on the post legislative assessment of Regulations on the Construction of Barrier-Free Environments, the general report comprehensively examines the current situation and problems of China's accessible environment and the construction of the rule of law, and puts forward specific suggestions to speed up the legislation of accessible environment. The law-based governance chapter systematically studies the development process, value orientation, local practice and the standard system for implementing law of accessible environment in China, and introduces in detail the rule of law building and information accessibility worldwide. The development report comprehensively analyzes the current situation and problems of development in the fields of buildings, urban communities, basic public services, sign language, Braille and Internet information, and puts forward specific legislative needs and suggestions. The supporting report focuses on the important guarantee conditions for promoting the development of accessible environment from four aspects: assistive devices, talent training, monitoring and evaluation and cultural construction. Taking Chengdu accessible tourism as an example, the case part analyzes the governance problems and solutions of accessible environment construction.

This book objectively describes the current status of the construction of therule of law in the accessible environment, and found that my country's accessible environment construction has made great progress in the construction of the rule of law. A series of governance problems such as non-standard, poor use, low quality, and insufficient systemicity need to be further resolved. The special law on accessible environment are absent. Existing laws and policies have problems such as insufficient compulsion, poor compliance, and poor operability. The construction of accessible environment rule of law is out of touch with the development of the times, reflecting that objective laws and people's wishes are not enough, and they can no longer adapt the requirements for high-quality development. Good law is the precedent for good governance. The construction of accessible environment urgently needs scientific legislation and high-quality legislation to solve the problems of good law compliance and strict law enforcement, and promote the high-quality development of accessible environment construction on the track of the rule of law. The report proposes that, based on the new development stage, facing the second centenary goal, in order to implement the spirit of the important instructions of General Secretary Xi Jinping and the decision-making and deployment of the Party Central Committee and the State Council, actively adapt to the country's requirements for improving the rule of law, solve problems of accessible environment governance, and promote people's all-round development and common prosperity of the country, it is necessary to thoroughly summarize practical experience, actively respond to the needs of the people, fully learn from beneficial international experience, and speed up accessible environment legislation. On the whole, this book is the first domestic work to systematically study the legalization of accessible environments, enriching and developing my country's accessibility theory and practice research.

Keywords: Accessible environment; Universal Design; Reasonable Accommodation; Common Prosperity; Scientific Legislation

Contents

I　General Report

Abstract: Based on the post-legislative evaluation of the *Regulations on the Construction of Barrier-Free Environments*, the report comprehensively reviewed the rule of law and practical exploration of accessible environment in China. Studies have found that China has basically formed a legal system for accessible environment, but still remains the problems of inconsistent legal system, the outdated concept of law, the vagueness of accessibility definition, the unclear scope of accessible environment, and the content of accessibility legal system remains to be further enriched. The guarantee conditions of accessible environment continuously improved, increased resource investment, initial formation of a policy system, continuous improvement of the standard system, and guidelines to fill in the blanks, but need to be further improved. The accessible environment construction has achieved remarkable results. However, it still faces problems such as insufficient development of accessible environment, unbalanced development of accessible environment, low quality of accessible facilities, insufficient integration of accessible environment, and imperfect accessible environment construction mechanism. Based on the new development stage and facing the second centenary goal, we should thoroughly summarize practical experience, actively respond to the needs of the people, scientifically grasp the requirements of the new development stage, fully learn from the beneficial international experience, and speed up accessible environment legislation.

Keywords: Accessible Environment; the Right to Access

Ⅱ Law-based Governance Reports

B. 2 The Report of Accessible Environment Construction
Legislation in China (2021)

/ 053

Abstract: "The Fourteenth Five-Year Plan for National Economic and Social Development of the People's Republic of China and the Outline of Long-Term Goals for 2035" clearly pointed out that the construction of accessible environment should be strengthened, and the policy system of accessible environment construction and maintenance should be improved, and the basic rights and interests of persons with disabilities should also be protected. The report took our country's accessibility environment construction legislation as the research object, reviewed the legislative history of accessible environment construction in our country through the three stages of "initial creation stage", "legislative development stage" and "quality improvement period". Besides, it also analyzed the current situation of country's accessible environment construction legislation from the following aspects: laws, administrative regulations, local regulations, etc. Although our country has issued series of relevant legal documents in the field of accessible environment construction, there are still obvious shortcomings. According to the current legislative situation and problems, suggestions and countermeasures to promote our country's accessible environment construction legislation were proposed from the following aspects: formulating a accessible environment construction law to improve the legislative system, enriching the content of the legislation and clarifying the legal relationship, improving legislative procedures and promoting the participation of persons with disabilities in accessibility legislation, standardizing the legislative evaluation to ensure the effectiveness of implementation.

Keywords: Accessibility; Accessible Environment; Rights Protection; Scientific Legislation

B.3 The Report of Value Orientation of Legal System Construction on Accessibility in China (2021)

/ 068

Abstract: After 30 years of practice and exploration on the construction of China's accessible environment, a legal system, including laws, rules and regulations, politics and standards, was initially constructed. It promoted the comprehensive development of accessible environment throughout the country from scratch. During this process, the technical, institutional, and conceptual issues have been fully exposed and become a factor restricting the further development of accessible construction. In order to make the leap from existing to being excellent of the accessible environment construction, it is necessary to promote it through higher-level legislation. This is an important step in building an accessible legal system in China. This paper focuses on the value orientation of the regulation on the construction of accessible environments: right, justice, dignity, universal benefit and pragmatism. The five value orientations are proposed to handle development problems, establish governance mechanisms, safeguard social justice, promote integrated development, explore practical ways to deal with various problems, and promote high-quality development of accessible environment construction.

Keywords: Accessibility Environment; Legal System

B.4 The Report of Local Administration System for Accessible Environmentin in China (2021) / 086

Abstract: Local regulations, government rules and relevant technical standards for accessible environment construction are main contents to improve local administration system on accessible environment, and the necessaries for the implementation of higher-level laws such as Law of the People's Republic of China on the Protection of Disabled Persons, Law of the People's Republic of China on the Protection of the Rights and Interests of the Elderly and Regulation on the Construction of Barrier-Free Environments; they are also key to promoting the construction of inclusive society, all age-friendly communities and cites. In this research, the development history of local regulations and rules for accessible environment construction is systematically analyzed, their current characteristics and general adaptability are evaluated, and practical explorations of improving regulations on accessible environment construction are investigated. In view of the problems existing in the local regulations and rules, relevant countermeasures are proposed to promote the improvement of accessible environment administration system, as well as local management level in China.

Keywords: Accessible Environment; Age-friendly Cities; Age-friendly Communities

B.5 The Report of the Standard System of Accessible Environment Construction in China (2021) / 116

Abstract: Accessible environment construction standard system is an important part of accessible legislation. In the context of the systematic development of China's accessible environment construction standards, this report compares and analyzes China's accessible environment construction standard systems with those of other countries, so as to summarizes the implementation of

China's accessible environment construction standard systems at different stages of economic development and analyzes the existing problems. Suggestions on further improvement and development of accessible environment construction standards in China during the 14th Five-year Plan period are put forward. It provides reference for the development of China's accessible environment construction standard system and the decision-making of government departments at all levels in the new era.

Keywords: Accessible Environment; Accessiblity Laws and Requlations; Standard System

B.6 Development Characteristics of Building Regulations and Standards for Accessible Environment in Developed Countries (2021) / 140

Abstract: The accessible environment construction in developed countries starts early, and the accessibility legislation is relatively complete, forming a clear Law-Regulations-Standard hierarchical system. Among them, the formulation of technical regulations and standards related to accessible building is an important part of the accessibility legislation, and also a supporting measure to ensure the implementation of legal provisions. This paper takes the United States, the United Kingdom and Japan as cases to study the development process, system structure, formulation concept, content characteristics and formulation methods of building technical regulations and standards for accessible environment. Based on the analysis of the common character and difference of the development in developed countries, this paper probes into the significance of building technical regulations and standards in promoting the construction of accessible environment and related legislative work, and proceeding from the current legislative demand of accessible environment in China, this paper puts forward some countermeasures and suggestions on the development trend and formulation of the building regulations and standards for accessible environment of China.

    Keywords: Accessibility of Building; Accessible Environment; Accessibility Laws and Regulations

B . 7   The Report of Global Information Accessibility Laws (2021)

/ 161

    Abstract: The internet boom has led the new trend of social informatization, created a new space for human social communication, and brought tremendous influence and changes to human production and life. The international community has paid attention to information accessibility since the 1980s. And then information accessibility related laws began to emerge at the beginning of the 21st century. This article investigates the laws and regulations related to information accessibility in various countries and regions, and then analyzes and summarizes their distribution status, mandatory validity, implement objects and safeguards. Further, we provide the feasibility analysis of legislation for information accessibility in our country based on the international conventions and the existing research of the International Organization for Standardization and other global institutions.

    Keywords: Information Accessibility; Accessible Environment; Accessibility Legislation Treaty

Ⅲ   Development Reports

B . 8   The Report of Development of Accessible Buildings   / 181

    Abstract: This report focuses on the multiple barrier-free needs of people with disabilities by improving the barrier-free environment construction level of buildings, under the process of modernization of national governance system and governance capacity. This report analyzes the historical evolution, current characteristics, main problems and legislative suggestions of barrier-free construction of buildings in China. The barrier-free environment of buildings in China has experienced two practical stages: the initial stage of reform and opening up and rapid urbanization period. It is in the stage of high-quality development that the welfare model oriented legal system shows difficulty in adapting to the diversified and systematic barrier-free needs of people with disabilities and the fuzzy legal responsibility have become the main problems hindering its further improvement. Based on this, this report suggests that we should establish a barrier-free legislative system for everyone at the legal level, optimize and improve relevant industry norms to meet the diversified barrier-free needs of the people, and create a jointly environment with the sharing responsibilities and obligations of different stakeholders in maintaining the construction of barrier-free environment. Therefore, our goal is to build a barrier-free governance environment and system with clear division between the central government and the local government through the path of cooperation between government, market and all citizens.

Keywords: Accessible Buildings; Accessible Environment

B.9 The Report of the Development of Accessible Communities in Urban China / 196

Abstract: A community is the basic unit of residents' lives and urban governance. Communities in urban China still face challenges due to the inadequate construction of barrier-free facilities and the insufficient integration of the management system. Problems such as the inconvenience for persons with disabilities to participate in physical and community-based activities are apparent. The construction of accessible communities is not only a necessity of the whole accessible environment but an essential part of providing residents with precise community services. As the ageing population grows rapidly, together with the changing child policy in China, promoting accessible communities to support urban residents is significantly in need. Therefore, the authors first define the concept and clarify the content of the accessible community, following which current situations regarding the development of accessible communities in urban China are described. Then, the authors summarise experiences of making communities accessible in developed countries and regions. At last, suggestions for developing accessible communities in urban China are proposed.

Keywords: Accessible Community; Inclusive Environment; Age-friendly Community; Universal Design

B.10 The Report of Social Basic Public Services Accessibility in China / 214

Abstract: The construction of a barrier-free environment is not only related to the well-being of disabled people, but also disabled and semi-disabled elderly people, and even elderly people in an aging Chinese society. It is necessary to highlight the people-centered development thinking under the strong leadership of the CPC, more attention should be paid to the value of barrier-free in the basic social public service during the "14th Five-Year Plan" period. Use opportunities to make up for shortcomings, turn the "seven haves" into "seven better" and "seven haves" into "nine haves", accelerate the innovation of barrier-free application systems and mechanisms in social basic public services, so as to achieve multi-sectoral cooperation under the legal framework regularly, allows the government and social organizations to cooperate closely, dual-driven by the government and the market, and improve the participation mechanism for barrier-free environment construction. Improve the national basic public service system and continuously meet the needs of the people for barrier-free services. Continuously break through various obstacles, strive to complete the national barrier-free environment construction legislation as soon as possible, to improve the barrier-free legal protection mechanism.

Keywords：Accessibile Environment；Social Basic Public Services；Construction of Accessible City Accessibility

B.11 The Report of Sign Language and Braille in China ╱ 233

Abstract：Sign language and braille are of essential importance for deaf and blind people. They serve as significant carriers for increasing national languages awareness, providing information and communication accessibility, and literally encouraging people with disabilities to participate equally and develop inclusively. Taking the notion of all-inclusion as its main concern, this article firstly introduces the development of national sign language and braille in China. Then, as sign language and braille are the core of information and communication accessibility, an analysis from an international perspective is carried out to examine current issues in its policymaking and implement. Finally, strategies and suggestions are proposed for quality planning and supervision for the construction of information and communication accessibility in China.

Keywords：sign language；braille；information and communication accessibility

B.12 The Report of Internet Information Accessibility
in China (2021) ╱ 252

Abstract：This article arranges the development history of information accessibility in our country, analyzes the historical progress of information accessibility laws, regulations and policies, and points out the current problems of information accessibility. The study found that there are five major problems and challenges：the lack of mandatory effectiveness and supervision measures at the system level, the general lack of supporting implementation methods at the policy level, the lack of full satisfaction at the demand level, the lack of a solid foundation at the technical level, and the lack of social consensus at the level of consciousness.

Finally, it is proposed to speed up information accessibility legislation, clarify that government procurement catalog products must meet information accessibility requirements, increase the importance of information accessibility in the creation of civilized cities, strengthen supervision and implement clear penalties for violations, incorporate information accessibility into general education. system and establish of Information Accessibility Awareness Day.

Keywords: Internet; Accessibility of Information; Accessible Environment Construction; Standard for Accessibility of Information

Ⅳ Support Reports

B.13 The Report of the Development of Basic Guarantee System for Assistive Devices in China (2021)　　　　　　　　/ 267

Abstract: Assistive devices are the foundation of creating a accessible environment. China has the largest population in demand for assistive devices in the world. However, great needs of the handicapped for assistive devices cannot be fully met due to the lack of a national basic guarantee system for assistive devices. Beginning with the current situation of basic requirements and service acquisition of assistive devices, the report systematically summarized the development history and current situation of guarantee system for assistive devices in China, and compared the system with those in some developed countries and regions. Based on the above data, the deficiencies of the existing policy to support assistive devices in China were summarized and analyzed, such as a small population covered by the policy, non-uniform directories for the purchase of assistance devices, unreasonable payment rules, subsidy from unstable funding sources and so on. Finally, some suggestions were proposed for the above-mentioned problems to promote the establishment and implementation of national basic guarantee system for assistive devices.

Keywords: Accessible Environment; Assistive Devices; Basic Guarantee System

B.14 The Report of the Development of Accessibility Professional
Talents Training in Chinese Colleges and Universities (2021)

/ 288

Abstract：The increasingly serious problem of aging and the rapid increase in the number of persons with disabilities have put forward higher and more urgent requirements for the construction of accessibility environment in China. In the new historical period, the shortage of accessibility professionals has become a key factor restricting the high-quality development of barrier-free undertakings. As an important position for personnel training, colleges and universities bear the important mission and responsibility of educating people for the PC and the country. Adhering to the talent-led development strategy, accelerating the training of specialized talents, in order to continuously improve the level of accessibility environment construction in my country, and meet the people's needs for a better living environment are the vital responsibilities of universities. This paper systematically sorts out the development process of barrier-free professional talents in my country's colleges and universities, and comprehensively analyzes the current situation and existing problems of accessibility professional talent training in my country's colleges and universities from five aspects: discipline construction, curriculum construction, teaching material construction, teacher team construction, and industry-university-research collaborative education, combined with my country's current and future accessibility development needs, proposes to strengthen the top-level design, improve the training system, strengthen the construction of the teaching staff, enrich the teaching resources, strengthen the multi-subject coordination, innovative talent training mechanism, strengthen policy support, optimize the external environment, etc.

Keywords：Accessibility Bofessional Talents Training; Accessible Environment Construction; Higher Education

B.15 The report of Monitoring and Assessment of Accessible

Environment in China（2021）

/ 312

Abstract：The monitoring and assessment of accessible environment construction is of great significance, whose purpose is to promote the development of accessible environment in an all-round way from the aspects of material environment, information exchange and community service, to ensure the continuous improvement of accessible environment construction, so as to effectively improve the living environment and quality of life of special groups, including the disabled. Accessible environment includes the accessible physical environment, information and communication, community service. At present, China has made gratifying achievements in the construction of accessibility environment; Accessible Act and practical activities are constantly improved; the accessibility monitoring and assessment work has been steadily promoted. At the same time, the monitoring and assessment of accessible environment in China is also facing some problems, such as imperfect monitoring standards, relevant laws and regulations and assessment mechanism, insufficient monitoring strength and scope, and the lack of a unified and standardized account system and supervision mechanism. It is suggested to improve relevant laws and regulations, optimize standards and responsibility mechanism in the supervision process of accessibility environment construction, establish China's accessible environment monitoring and assessment system, so as to effectively elevate the level of accessibility environment construction in China and promote the high-quality development of accessibility.

Keywords：Accessible Environment; Monitoring and Assessment; High-quality Development

B.16　The Report of Accessibility Culture in China（2021）

/ 328

Abstract：According to the Fifth Plenary Session of the 19th Central Committee of the Communist Party of China, the overall goal and task of building a culturally powerful country by 2035, this report proposes that the development of accessibility must be supported by culture, and the construction of accessibility culture is part of the building of a culturally powerful country. The report elaborated the definition of accessibility culture, analyzed the process of accessibility culture construction and existing problems. In view of the fact that accessibility culture and accessibility legislation are a relationship of integration and companionship with peers, the report puts forward the necessity and urgency of accessibility legislation. In view of the safeguarding role and significance of accessibility and accessibility culture construction, the report proposes to strengthen accessibility legislation and accessibility culture construction, promote the construction of a culturally powerful country and realize the common prosperity of all people.

Keywords：Accessibility Culture；Accessibility Legislation；Construction Status

V　Cases Report

B.17　The Report of Accessible Tourism in Chengdu（2021）

/ 341

Abstract：Developing accessible tourism is an important way to protect the tourism rights of persons with disabilities and old people. This report mainly analyzes the background, history, current situation and existing problems of accessible tourism development in Chengdu. The research found that the current national accessible laws, regulations and policies are gradually forming a system, and Chengdu has also made great achievements in accessible environment construction. However, the development of accessible tourism still faces many problems. among which the main problems are the lack of effective accessible environment facilities supervision, the insufficient supply of accessible tourism products, the backward of accessible concept, and the low level of accessible informatization. The report puts forward five suggestions: one is to optimize the operability of local laws and regulations; the second is to improve the supervision and reward mechanism; the third is to optimize tourism products; the fourth is to build a smart accessible environment; the fifth is to promote accessible tourism training.

Keywords: Chengdu; Accessibility; Accessible Tourism

社会科学文献出版社

皮 书

智库报告的主要形式
同一主题智库报告的聚合

✤ 皮书定义 ✤

皮书是对中国与世界发展状况和热点问题进行年度监测，以专业的角度、专家的视野和实证研究方法，针对某一领域或区域现状与发展态势展开分析和预测，具备前沿性、原创性、实证性、连续性、时效性等特点的公开出版物，由一系列权威研究报告组成。

✤ 皮书作者 ✤

皮书系列报告作者以国内外一流研究机构、知名高校等重点智库的研究人员为主，多为相关领域一流专家学者，他们的观点代表了当下学界对中国与世界的现实和未来最高水平的解读与分析。截至2021年，皮书研创机构有近千家，报告作者累计超过7万人。

✤ 皮书荣誉 ✤

皮书系列已成为社会科学文献出版社的著名图书品牌和中国社会科学院的知名学术品牌。2016年皮书系列正式列入"十三五"国家重点出版规划项目；2013~2021年，重点皮书列入中国社会科学院承担的国家哲学社会科学创新工程项目。

权威报告·一手数据·特色资源

皮书数据库
ANNUAL REPORT(YEARBOOK)
DATABASE

分析解读当下中国发展变迁的高端智库平台

所获荣誉

- 2019年，入围国家新闻出版署数字出版精品遴选推荐计划项目
- 2016年，入选"'十三五'国家重点电子出版物出版规划骨干工程"
- 2015年，荣获"搜索中国正能量 点赞2015""创新中国科技创新奖"
- 2013年，荣获"中国出版政府奖·网络出版物奖"提名奖
- 连续多年荣获中国数字出版博览会"数字出版·优秀品牌"奖

成为会员

通过网址www.pishu.com.cn访问皮书数据库网站或下载皮书数据库APP，进行手机号码验证或邮箱验证即可成为皮书数据库会员。

会员福利

- 已注册用户购书后可免费获赠100元皮书数据库充值卡。刮开充值卡涂层获取充值密码，登录并进入"会员中心"—"在线充值"—"充值卡充值"，充值成功即可购买和查看数据库内容。
- 会员福利最终解释权归社会科学文献出版社所有。

数据库服务热线：400-008-6695
数据库服务QQ：2475522410
数据库服务邮箱：database@ssap.cn
图书销售热线：010-59367070/7028
图书服务QQ：1265056568
图书服务邮箱：duzhe@ssap.cn

社会科学文献出版社 皮书系列
SOCIAL SCIENCES ACADEMIC PRESS (CHINA)

卡号：819243143648
密码：

S 基本子库
UB DATABASE

中国社会发展数据库（下设 12 个子库）

整合国内外中国社会发展研究成果，汇聚独家统计数据、深度分析报告，涉及社会、人口、政治、教育、法律等 12 个领域，为了解中国社会发展动态、跟踪社会核心热点、分析社会发展趋势提供一站式资源搜索和数据服务。

中国经济发展数据库（下设 12 个子库）

围绕国内外中国经济发展主题研究报告、学术资讯、基础数据等资料构建，内容涵盖宏观经济、农业经济、工业经济、产业经济等 12 个重点经济领域，为实时掌控经济运行态势、把握经济发展规律、洞察经济形势、进行经济决策提供参考和依据。

中国行业发展数据库（下设 17 个子库）

以中国国民经济行业分类为依据，覆盖金融业、旅游、医疗卫生、交通运输、能源矿产等 100 多个行业，跟踪分析国民经济相关行业市场运行状况和政策导向，汇集行业发展前沿资讯，为投资、从业及各种经济决策提供理论基础和实践指导。

中国区域发展数据库（下设 6 个子库）

对中国特定区域内的经济、社会、文化等领域现状与发展情况进行深度分析和预测，研究层级至县及县以下行政区，涉及省份、区域经济体、城市、农村等不同维度，为地方经济社会宏观态势研究、发展经验研究、案例分析提供数据服务。

中国文化传媒数据库（下设 18 个子库）

汇聚文化传媒领域专家观点、热点资讯，梳理国内外中国文化发展相关学术研究成果、一手统计数据，涵盖文化产业、新闻传播、电影娱乐、文学艺术、群众文化等 18 个重点研究领域。为文化传媒研究提供相关数据、研究报告和综合分析服务。

世界经济与国际关系数据库（下设 6 个子库）

立足"皮书系列"世界经济、国际关系相关学术资源，整合世界经济、国际政治、世界文化与科技、全球性问题、国际组织与国际法、区域研究 6 大领域研究成果，为世界经济与国际关系研究提供全方位数据分析，为决策和形势研判提供参考。

法律声明

“皮书系列”（含蓝皮书、绿皮书、黄皮书）之品牌由社会科学文献出版社最早使用并持续至今，现已被中国图书市场所熟知。“皮书系列”的相关商标已在中华人民共和国国家工商行政管理总局商标局注册，如LOGO（ ）、皮书、Pishu、经济蓝皮书、社会蓝皮书等。“皮书系列”图书的注册商标专用权及封面设计、版式设计的著作权均为社会科学文献出版社所有。未经社会科学文献出版社书面授权许可，任何使用与“皮书系列”图书注册商标、封面设计、版式设计相同或者近似的文字、图形或其组合的行为均系侵权行为。

经作者授权，本书的专有出版权及信息网络传播权等为社会科学文献出版社享有。未经社会科学文献出版社书面授权许可，任何就本书内容的复制、发行或以数字形式进行网络传播的行为均系侵权行为。

社会科学文献出版社将通过法律途径追究上述侵权行为的法律责任，维护自身合法权益。

欢迎社会各界人士对侵犯社会科学文献出版社上述权利的侵权行为进行举报。电话：010-59367121，电子邮箱：fawubu@ssap.cn。

社会科学文献出版社